TIM PARKS

Die Kunst stillzusitzen

GOLDMANN
Lesen erleben

Buch

»Als die Schulmedizin und ich uns schon gegenseitig aufgegeben hatten und ich mich zu lebenslangen chronischen Schmerzen verurteilt sah, wurde mir ein wundersamer Ausweg gezeigt: Stillsitzen, lautete die Empfehlung, und atmen. Ich saß still. Ich atmete. Am Anfang war das ermüdend, ziemlich schmerzhaft und ohne unmittelbare Wirkung. Aber mit der Zeit wurde es so aufregend und bescherte mir so enorme körperliche und geistige Veränderungen, dass ich anfing, meine Krankheit als Glücksfall zu betrachten.«

Ein großer Schriftsteller und sein bisher persönlichstes Buch: »Die Kunst stillzusitzen« erzählt eine Krankheitsgeschichte mit »happy end«, klug und unglaublich unterhaltsam. Denn anfangs geplagt von undefinierbaren chronischen Schmerzen konfrontiert Tim Parks hier die Leser mit der buchstäblich nackten Wahrheit über das Verhältnis von Geist und Körper. Um nach einer langen und letztlich fruchtlosen Konsultation von Schulmedizinern die Lösung für seine Schmerzen schließlich in einem Schweige-Retreat zu finden, in einer Atemtechnik, der Vorbereitung zur Meditation. Davon hatte Tim Parks am allerwenigsten eine Lösung seiner gesundheitlichen Probleme erwartet; als Skeptiker waren ihm all die alternativen Heilmethoden und New-Age-Versprechen reichlich suspekt.

Die meisten von uns werden irgendwann krank; aber nur wenige können darüber mit so viel Schwung, mit solch einer brillanten Intelligenz erzählen wie Tim Parks.

Autor

Tim Parks wurde 1954 in Manchester geboren, wuchs in London auf und studierte in Cambridge und Harvard. Seine Romane wurden mit zahlreichen Preisen ausgezeichnet, u. a. mit dem »Somerset Maugham Award«. Neben seiner schriftstellerischen Tätigkeit ist er als Übersetzer tätig (u. a. von Italo Calvino und Alberto Moravia) und unterrichtet Literarisches Übersetzen an der Universität von Mailand. Tim Parks lebt mit seiner Frau und drei Kindern in Verona. Mehr zum Autor und seinen Büchern unter www.tim-parks.com.

Von Tim Parks sind im außerdem im Goldmann Verlag lieferbar:

Stille. Roman (46222)
Träume von Flüssen und Meeren. Roman (47241)

Tim Parks

Die Kunst stillzusitzen

Ein Skeptiker auf der Suche nach Gesundheit und Heilung

Aus dem Englischen
von Ulrike Becker

GOLDMANN

Die Originalausgabe erschien 2010 unter dem Titel
»Teach us to sit still – A Sceptic's Journey to Health and Healing«
bei Harvill Secker, London.

MIX
Papier aus verantwortungsvollen Quellen
FSC® C014496

Verlagsgruppe Random House FSC-DEU-0100
Das FSC®-zertifizierte Papier *München Super* für dieses Buch
liefert Arctic Paper Mochenwangen GmbH.

1. Auflage
Taschenbuchausgabe Oktober 2012
Wilhelm Goldmann Verlag, München,
in der Verlagsgruppe Random House GmbH

Umschlaggestaltung: UNO Werbeagentur, München
Umschlagmotiv: plainpicture/Bildhuset
Th · Herstellung: Str.
Druck und Einband: GGP Media GmbH, Pößneck
Printed in Germany
ISBN 978-3-442-47640-4

www.goldmann-verlag.de

Für die, die mich aus dem Gefängnis befreit haben:
David Wise und Rodney Anderson;
Ruggero Solari, Edoardo Parisi, John Coleman.

Vorbemerkung des Autors

In der Zeit, als es mir nicht gut ging, und dann wieder, während ich dieses Buch schrieb, schaute ich mir besonders gerne und oft Bilder an. Es begann mit einem Bedürfnis nach Klarheit, dem Wunsch, meine körperlichen Beschwerden in einer Abbildung wiederzufinden, aber allmählich schien die Betrachtung von Bildern aller Art – Illustrationen, Fotos, Gemälde – mir Erleichterung von den sprachgesteuerten Ängsten und Sorgen in meinem Kopf zu verschaffen. So beschloss ich, einige der Bilder in dieses Buch aufzunehmen; nicht alle sind schön, nicht alle von bester Qualität, aber sie sind einfach zum festen Bestandteil der Erzählung geworden.

Vorwort

Ich habe nicht damit gerechnet, je ein Buch über den Körper zu schreiben. Schon gar nicht über *meinen eigenen* Körper. Wie indiskret. Allerdings habe ich auch nicht damit gerechnet, je so entsetzliche und unerklärliche Beschwerden zu bekommen, wie ich sie hatte. Vor allem aber habe ich nicht damit gerechnet, dass eines Tages eine Krankheit die Grundfesten meiner Weltanschauung erschüttern und mich zwingen könnte, den Vorrang infrage zu stellen, den Sprache und Geist für mich immer besessen haben. SMS, Mails, Chats, Blogs – heutzutage frisst der Geist den Körper auf. Zu diesem Schluss hat mich meine lange Krankheit gebracht. Wir sind zu Hirnvampiren geworden, die sich selber den Lebenssaft aussaugen. Sogar im Fitnessstudio oder beim Joggen spielt sich unser Leben nur noch im Kopf ab, auf Kosten unseres Körpers.

Ich verspürte keinerlei Bedürfnis, jemandem von meinem Leiden zu erzählen. Und erst recht keines, darüber zu schreiben. Ich litt unter genau den Schmerzen und Demütigungen, über die man von Anfang an nur ungern spricht. Man braucht sich bloß die Terminologie der Mediziner anzuschauen – Darm, Stuhl, Harnröhre, Blase, Schließmuskel, Prostata –, dann weiß man gleich, dass solches Vokabular nicht für gesellige Gespräche bestimmt ist. Davon will keiner etwas wissen. Wie alle anderen hatte ich vor, mich den Ärzten anzuvertrauen und ansonsten so zu tun, als wäre nichts.

Aber wir leben nun mal in der Wirklichkeit, und in meinem Fall bestand die glückliche Fügung darin, dass mir jemand genau in dem Moment, als die Schulmedizin und ich uns gegenseitig aufgegeben hatten und ich mich zu lebenslangen chronischen Schmerzen verurteilt sah, einen wundersamen Ausweg zeigte: Stillsitzen lautete die Empfehlung und atmen. Ich saß still. Ich atmete. Am Anfang war das ermüdend, ziemlich schmerzhaft und ohne unmittelbare Wirkung. Aber mit der Zeit wurde es so aufregend und bescherte mir so enorme körperliche und geistige Veränderungen, dass ich anfing, meine Krankheit als Glücksfall zu betrachten. Wäre ich nicht ein so großer Skeptiker, würde ich sagen, sie wurde mir vom Himmel geschickt, um mein Leben zu verändern. Jedenfalls war die Geschichte inzwischen viel zu spannend geworden, um ungeschrieben zu bleiben.

Worauf es vermutlich hinausläuft, ist die außergewöhnliche Diskrepanz zwischen der Art, wie wir gemacht sind, und unserer Art zu leben. Ich bin in einer Familie von bibeltreuen Anglikanern aufgewachsen. Typische britische Mittelschicht. Wozu wir Kinder vor allem erzogen wurden, waren Strebsamkeit und Fleiß. Was es über die Welt zu wissen gab, war längst bekannt, und folglich lag das richtige Verhalten auf der Hand. Wir mussten unsere Seele retten und die Seelen der anderen, wir mussten gut sein in der Schule, wir mussten studieren und eine gute Anstellung finden. Und wir mussten heiraten und Kinder bekommen, die die gleichen Ziele verfolgten und genauso lebten wie wir. Sogar das Singen diente einem Zweck. Nämlich Gott zu huldigen. Beim Spielen waren wir Soldaten, die sich gegenseitig töten wollten, im Dienst der guten Sache. Beim Sport mussten wir selbstverständlich siegen.

Unser Körper war dabei das »Gefäß«, mit dessen Hilfe wir all diesen wichtigen Aufgaben nachgingen. Verwirrenderweise konnte ein Gefäß alles Mögliche sein. In jedem Fall war es aber nur insofern nützlich, als es etwas anderes enthielt: die christliche Seele, das Mittelschichts-Ich. Der Körper als solcher besaß weder Zweck noch Identität. Nach dem Tod waren wir ohne ihn besser dran, obwohl Gott aus nicht näher erläuterten Gründen wollte, dass wir so lange wie möglich mit körperlichen Leiden ausharrten. Vielleicht um die Seele zu reinigen, das Ich zu adeln, ähnlich wie manche Leute eine Tugend darin sehen, ein altes Auto möglichst lange zu fahren. Der Körper war ein notwendiges Übel auf dem Weg zum Erfolg und ins Paradies.

Das klingt vermutlich wie eine Karikatur. Aber es stand vollkommen im Einklang mit dem Biologieunterricht in der Schule, wo man uns schlichtweg erklärte, dieses Körpergefäß sei äußerst kompliziert und fremd, etwas, das man besser den Experten überließ. Auch heute noch treffe ich nur selten Menschen, die an die grundsätzliche Einheit von Körper und Geist glauben. Wenn es hoch kommt, haben sie eine etwas attraktivere Vorstellung von den Freuden und Genüssen, die das Leben bietet: Sex, Essen, Musik, Alkohol. Ansonsten scheinen alle gleichermaßen damit beschäftigt zu sein, ihren Standpunkt zu bestimmen, ihre Karriere zu verfolgen und vorzusorgen für den Tag, an dem das bröckelnde Gefäß das erste Leck bekommt. Im Großen und Ganzen wird das *Sein* durch das *Tun* ausgelöscht, ähnlich wie der Lärm die Stille überflutet.

Bis dato habe ich zwanzig Bücher geschrieben, einundzwanzig mit diesem. Den Glauben meiner Eltern mag ich also abgeschüttelt haben, nicht aber die unermüdliche Strebsamkeit, die sie mich gelehrt haben, diese verwegene Mischung aus Beflissenheit und Ehrgeiz. Und wie mein Vater habe ich unter dem Bann der Wörter gelebt. Er las die Bibel und schrieb seine Predigten. Er erklärte uns, was richtig war und wie man sich verhalten soll. In rhythmischen, eindringlichen Sätzen. So wie Politiker es machen und die Meinungsmacher in den Zeitungen, Leute, die alles wissen und sich ihrer selbst ganz sicher sind. Meine Romane gingen in die entgegengesetzte Richtung, haben aufgezeigt, wie rätselhaft alles ist, wie einseitig jeder Standpunkt, wie komisch wir Menschen in unserer Verlorenheit. Aber auch das ist in gewisser Weise eine Predigt. Sobald man mit Worten arbeitet, steckt man doch in einer Debatte, ist gezwungen, in Bezug auf andere Stellung zu beziehen, zu bestätigen oder zu widerlegen, was zuvor schon gesagt worden ist. Nichts steht für sich oder ist vollständig in der Gegenwart verortet: Alles hat seine Wurzeln in der Vergangenheit und streckt seine Fühler in Richtung Zukunft aus. Und während wir uns echauffieren, unseren Standpunkt festklopfen, unsere Behauptungen aufstellen, bemerken wir nicht mehr den Atem auf unseren Lippen, die Spannung in unseren Händen, den Druck des Bodens unter unseren Füßen und den Puls der Zeit in unseren Adern. Keinem der Bewunderer meines Vaters ist aufgefallen, wie verspannt sein Kiefer war, wie sehr seine Hand zitterte, wenn er ein Glas hob oder ein Mikrofon hielt, welche Mühe es ihn kostete, den 2000 Jahre alten Glauben aufrechtzuerhalten, ihn immer und immer wieder zu bestätigen, den Zweiflern Mut zu machen, die Advokaten des Teufels mit immer neuen klugen Argumenten zu verwirren. Wenn ich an Dads Krebserkrankung und seinen Tod zurückdenke – er war damals neunundfünfzig und ich fünfundzwanzig –, dann erkenne ich darin eine gewisse Unausweichlichkeit. Ewig missachtet, brach das fleischliche Gefäß unter dem Druck zusammen. Manchmal glaube ich, es war die Erfindung der Sprache, die diesen merkwürdigen Kampf zwischen Geist und Leib angezettelt hat.

Kurz nach Dads Beerdigung habe ich England verlassen, um nach Italien zu ziehen, wo ich bis heute lebe. Es war beruhigend zu glauben, ich sei entkommen. Durch die neue Sprache tauchte ich in neue Debatten ein. Ich arbeitete ununterbrochen. Ich schrieb und übersetzte und unterrichtete. Aber rückblickend erkenne ich, dass ich von dem ursprünglichen Projekt nie weggekommen bin, nie nach rechts oder links geblickt habe, letztendlich dem Glauben meiner Eltern an die Berufung immer treu geblieben bin. »Deine Handschrift«, bemerkte mein Bruder in den letzten Jahren, in denen man noch handgeschriebene Briefe verschickte, »hat sich kein bisschen verändert.« Er hatte recht. Sie ist immer noch dieselbe: wild zur Seite geneigt, weist sie über das Blatt hinaus, auf ein fernes Ziel.

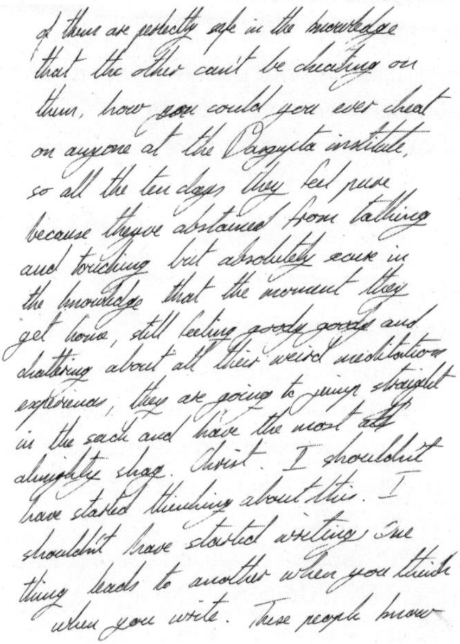
of these are perfectly safe in the knowledge that the other can't be cheating on them, how you could you ever cheat on anyone at the Pagyeta institute, so all the ten days they feel pure because they've abstained from talking and touching but absolutely sure in the knowledge that the moment they get home, still feeling goody goody and chattering about all their weird meditation experiences, they are going to jump straight in the sack and have the most all almighty shag. Christ. I shouldn't have started thinking about this. I shouldn't have started writing. One thing leads to another when you think when you write. These people know

Dann, irgendwann mit Mitte oder Ende vierzig, fingen die Symptome an, die Schmerzen, die Peinlichkeiten, die Angst und der Zorn. Sollte es mir ebenso ergehen wie meinem Vater? Aber ich darf der Geschichte nicht vorgreifen. Begnügen wir uns damit festzustellen, dass ich mit dem Schreiben dieses Buches beschlossen habe, all die Dinge darzulegen, oft in unliebsamer Ausführlichkeit, die ich jahrelang geflissentlich verschwiegen habe. Wäre alles nur eine Frage der Fehldiagnose bestimmter Ärzte gewesen, die übermäßig erpicht darauf waren, mich aufzuschneiden, woraufhin andere schließlich genau das Mittel verschrieben hatten, dass mir im Handumdrehen half, dann hätte ich mir nie die Mühe gemacht, darüber zu schreiben. Auch nicht, wenn sich das Ganze als Problem erwiesen hätte, das nur in meinem Kopf bestand und mit ein paar Psychopharmaka und einigen Sitzungen auf der Couch des Analytikers zu beheben gewesen wäre.

Nein, es war unendlich viel komplizierter und interessanter; für mich, und ich übertreibe nicht, geradezu *verblüffend.* Als man mir den Weg zur Heilung zeigte, war ich verblüfft über die Erkenntnis, dass ich rein gar nichts über meinen Körper wusste, nichts über seine Kraftreserven, nichts über seine Verbindung zu meinem Geist, nichts über mich selbst. Und falls meine Leser erstaunt sind, in einem Buch, das wie ein Gesundheitsratgeber oder eine Selbsthilfefibel daherkommt, Überlegungen zu D.H. Lawrence und Thomas Hardy, Velázquez und Magritte, Gandhi und Mussolini, Italien im Unterschied zu England, Jesus und Buddha, Wunderheiler und Wildwasserpaddeln zu finden, dann liegt das daran, dass eine Krankheit keine abgetrennte Sache ist, die sich mit Begriffen wie Symptome, Diagnose und Behandlung umschreiben lässt, sondern Teil eines Ganzen, das keine abgetrennten Teile hat.

»Schön und gut, aber wo sollen wir das einordnen?«, fragt der Verleger: »Unter Gesundheit, Psychologie, New Age, Biografisches oder Kritik?« Meine erste Reaktion auf die Frage ist Empörung: Genau über dieses Problem habe ich doch geschrieben! Reduktionismus, Etiketten. Bei genauerem Nachdenken allerdings muss ich zugeben, dass wir niemals finden würden, wonach wir suchen, wenn wir die Dinge nicht in Schubladen stecken würden. Ich bin unsicher. Ich möchte mich nicht festlegen. Bis mir klar wird, dass man zumindest bei Büchern die besten Erfahrungen nicht unbedingt macht, wenn man findet, wonach man gesucht hat, sondern wenn man seinerseits von etwas ganz anderem als dem Gesuchten gefunden, ja überrascht wird, etwas, das einen auf unbekanntes Terrain lockt. »Ordnen Sie es bei den wahren Geschichten ein«, antworte ich ihm. Denn nur Geschichten vermögen die Welt auf unerwartete Weise zu erfassen.

ERSTER TEIL

TURP

Kurz vor meinem einundfünfzigsten Geburtstag, im Dezember 2005, zeichnete mein Freund Carlo ein Gewirr aus Röhrchen und Ballons auf den Rand einer Zeitung.

Wir saßen in einem Café in einem Vorort von Mailand.

»Die Prostata ist so groß wie ein kleiner Apfel, verstehst du? Hier, ungefähr so. Aber mit zunehmendem Alter wird sie größer und faseriger, und dann drückt sie auf diese Röhre, die durch sie hindurchführt, die Harnröhre. Sie blockiert sie, siehst du? Was kann man dagegen tun? Man entkernt sie gewissermaßen, von innen. Mit Laser. Durch den Penis. Man weitet sie.«

Ich sah, dass Carlo diese Zeichnung schon oft gemacht hatte. Er aß dabei einen Donut, und in seiner Stimme lag die Begeisterung eines Gläubigen.

»Dann brennen wir ein Stückchen von dieser Klappe hier weg, dem Schließmuskel, um sicherzustellen, dass er sich richtig öffnen kann. Das ist der Boden der Blase.«

Meiner Blase.

Ich fragte: »Warum?«

»Damit die Blase sich besser entleert. Dann musst du nicht so oft.«

»Und was ist mit Sex?«

Dafür brauchte er ein richtiges Blatt Papier. Er öffnete seine Aktentasche. Es gab eine Komplikation. Fachkundig zeichnete er mit seiner Chirurgenhand das gleiche Diagramm noch einmal, nur doppelt so groß. »Zum Pinkeln müssen sich zwei Schließmuskeln öffnen, siehst du? Der, den wir ein bisschen weggebrannt haben, am Blasenboden, und ein zweiter weiter unten. Also, beim Orgasmus schießt das Sperma hier ein, zwischen dem oberen und dem unteren Schließmuskel. Von der Prostata in die Harnröhre. Klar, oder? Der untere Schließmuskel geht auf, und der obere schließt sich. Nach der OP allerdings, wenn wir den oberen permanent geöffnet haben, kann es sein, dass dein Sperma nach oben in die Blase statt nach unten durch den Penis schießt. Dann kriegst du einen trockenen Orgasmus. Das Gefühl ist das gleiche, nur keine Flecken auf dem Laken. Eigentlich ein Vorteil.« Er lachte und biss wieder in seinen Donut.

Ich betrachtete das schmuddelige Gewirr aus Röhren und Behältern. Es ging um marode Leitungen. Mein Abfluss war verstopft. Die Klospülung musste repariert werden.

»Und die Schmerzen?«

»Nicht sehr groß. Du bleibst ein paar Tage im Bett, und nach etwa zwei Monaten kannst du wieder mit dem Sex anfangen.«

»Ich meinte die Schmerzen, die ich *jetzt* habe.«

»Ach so.«

Carlo ist ein stattlicher Mann mit einem offenen, ehrlichen Gesicht.

»Wir können nicht garantieren, dass sie weggehen.«

Damals hatte ich eine ganze Reihe von Schmerzen: eine unterschwellige Spannung im ganzen Bauch, ein scharfes Stechen im Beckenboden, elektrische Schläge entlang der Innenseite der Oberschenkel, Kreuzschmerzen, ein Ziepen und Zwicken im Penis. Wenn diese Probleme durch die Operation nicht gelöst wurden, wozu sie dann machen lassen?

»Deine Blase wird sich besser entleeren. Du wirst nachts nicht so oft pinkeln müssen. Die Schmerzen werden höchstwahrscheinlich nachlassen, ich kann dir nur nicht *garantieren*, dass sie weggehen.«

Ich willigte ein.

In der Zwischenzeit sollte ich es mit verschiedenen Pillen versuchen.

»Bei diesen Geschichten muss man oft ein bisschen herumprobieren«, sagte er. Er würde für mich den Kontakt zu einer Kollegin herstellen, einer Spezialistin für diese Medikamente. Ich könnte aber jetzt schon mal mit Alphablockern anfangen. »Die hemmen die Reaktion auf Adrenalin, das den Pinkelimpuls auslöst.« Er meinte, ich müsste dann nachts nur ein, zwei Mal aufstehen statt fünf oder sechs Mal.

Ich nahm die Alphablocker. Nach zwei Wochen stand ich immer noch sechs Mal in der Nacht auf, und dazu litt ich unter Verstopfung. Ich setzte die Pillen ab, und nach einer weiteren Woche war alles beim Alten. Normaler Stuhlgang, normale Schmerzen. Es kam mir vor wie eine Verbesserung.

Dann, kurz vor Weihnachten, gab mir die »Spezialisten-Kollegin«, zu der Carlo mich geschickt hatte, eine schmale Frau mit hellbraunem Haar und einem starken süditalienischen Akzent, eine Probepackung eines neuen Mittels. »Schenk ich Ihnen zu Weihnachten«, sagte sie mit einem schiefen Lächeln. »Neue Herangehensweise. Mal sehen, was passiert.«

Eine Zeit lang bemerkte ich keine Veränderung. Dann stellte ich erfreut fest, dass ich nicht mehr so oft pinkeln musste. Dann machte ich mir Sorgen, dass ich nicht oft genug pinkelte. Zu Silvester war ich richtig in Schwierigkeiten. Ich hatte seit zehn Stunden nicht mehr gepinkelt. Es fühlte sich an, als ob ich müsste. Ich stellte mich vors Klo. Nichts als Schmerzen. Ich setzte die Pillen ab. Ich rief Carlo an, aber sein Handy war nicht erreichbar. Seine Privatnummer hatte ich nicht. Letztlich war er nur einer aus meinem Freundeskreis an der Universität in Mailand, wo ich unterrichte. Ich wohne aber zwei Stunden entfernt, in Verona.

Sollte ich ins Krankenhaus fahren? Die Notdienste würden an Silvester überfüllt sein. Hinzu kam, dass ich im Krankenhaus in Verona einige Leute kannte. Mein Nachbar arbeitete dort. Ich hatte extra einen Arzt in Mailand aufgesucht, weil ich den kindischen Wunsch nach Geheimhaltung in der Nachbarschaft verspürte; wer will schon Prostatabeschwerden zugeben?

Ich sagte unsere kleine Party kurzfristig ab und ging lange vor

Mitternacht ins Bett. Starr und wütend lag ich da. Ich war sauer auf die Ärztin, die mir die Pillen gegeben hatte. Ich war wütend auf das Leben, weil es mir dieses Los beschert hatte. Mein Körper kam mir fremd und bösartig vor. Wir beide konnten uns nicht miteinander anfreunden. Vielleicht wohne ich als Parasit in meinem eigenen Fleisch, dachte ich; und jetzt hat der Wirt die Nase voll.

Bis dahin hatte ich immer geglaubt, ich selbst sei Eigentümer der Wohnung.

Von unten hörte ich meine Frau und meine jüngste Tochter mit den Nachbarn, deren Kinder gerade im Garten ihr Feuerwerk vorbereiteten, plaudern und lachen. Die Stimmen schienen weit weg zu sein. Ich war ein Gefangener dieser blöden Beschwerden. Die Entfernung zwischen uns, zwischen mir und meiner Familie, kam mir plötzlich vor wie ein Teil einer Geschichte, wie eine Szene aus einem Film. Es war die Geschichte meines Abstiegs, meiner Verwandlung in einen griesgrämigen, abstoßenden alten Mann.

Als das Neujahrsfeuerwerk losging, stand ich nicht auf, um vom Balkon aus zuzusehen. Überall in der Stadt wurde gefeiert. Ich befand mich in einer dunklen Zelle und fragte mich, wie ich da rauskommen konnte, wie ich diese üble Geschichte, die sich neuerdings in meinem Kopf entspann, abschütteln konnte. Selbstmitleid erzählt die langweiligsten Geschichten. Ich war an einem Wendepunkt, ohne zu wissen, wohin ich mich wenden sollte.

Gegen drei Uhr morgens schaffte ich es endlich, ein paar Tropfen zu pinkeln. Es dauerte eine Weile, aber danach fühlte ich mich besser. Um das zu feiern, trank ich den Rest des Champagners aus. Eine gute halbe Flasche. Dann ging ich in den Keller, machte den Computer an und gab bei Google »TURP« ein.

Transurethrale Resektion der Prostata ist die derzeit am häufigsten angewendete und effektivste operative Methode bei gutartiger Prostatahyperplasie. Sie wird deshalb auch als Goldstandard bezeichnet, und alle anderen Methoden müssen sich mit ihren Ergebnissen an dieser Methode messen lassen. Die Prozedur wird unter …

»Goldstandard« war eine seltsame Bezeichnung, fand ich. Aber was, wenn meine Prostatahyper-was-auch-immer gar nicht gutartig war?

»*Nach dem Eingriff wird ein* KATHETER *eingesetzt, um Blut oder Blutgerinnsel aus der* BLASE *zu spülen.*«

Ich las dieselbe Information auf einem Dutzend Webseiten und klickte dann unwillkürlich auf Bilder. Sofort erschien ein Foto der grotesk geweiteten Öffnung eines Penis mit einer Metallröhre in der Mitte. Das Bild glich einem schlotzenden Fischmaul. Schnell bewegte ich den Cursor und klickte auf eine etwas harmlosere Bleistiftzeichnung. Ein Mann im Arztkittel mit einer seltsam altmodischen Kopfbedeckung starrte in ein Instrument, das aussah wie eine Kreuzung aus einem Teleskop, einer Spritze und einem Gewehr. Es war etwa zwanzig Zentimeter lang und hatte kleine Pistolenabzüge und flexible Schläuche, die unten und oben herausragten. Der Mann hatte seine Finger an den Abzügen und schaute mit einem Auge durch ein Okular; am anderen Ende des Schlauches sah man die Spitze eines Penis, die in einer trichterförmigen Öffnung steckte. Ein starrer Schlauch führte vom Instrument durch den Penis, der infolgedessen unnatürlich gerade wirkte, bis in einen dunklen Bereich von der Größe eines Squashballs gleich hinter dem Hodensack.

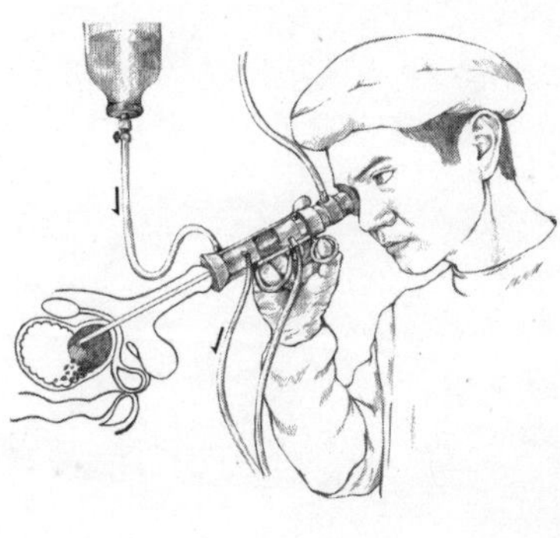

Die Bildunterschrift erklärte: »Bei der TURP wird mithilfe einer Drahtschlinge ein Teil des Prostatagewebes abgehobelt.«

Ich weiß noch, wie ich die Zeichnung eine ganze Weile anstarrte. Was mich verblüffte, war ihre anmaßende Deutlichkeit. Dieser gut aussehende, glatt rasierte junge Doktor mit seiner komischen Mütze war der Renaissance-Mann, der mit seinen Teleskopen den Himmel erforscht, und der Mann der Aufklärung, der die Macht chirurgischer Werkzeuge entdeckt. Er konnte direkt in den Körper hineinschauen, in *meinen* Körper, mitten ins Leben, und er machte saubere, klinische Schnitte mit hoch entwickelten Instrumenten.

Ich ging auf die Fußballseite des *Guardian* und las einen Bericht von einem Spiel, das durch zwei Tore in der Nachspielzeit entschieden worden war. Ich brauche mich wegen der Operation ja nicht sofort zu entscheiden, dachte ich.

Blöde Schmerzen

Schließlich war noch nichts erwiesen. Die Diagnose der Prostatavergrößerung basierte auf einer reinen Vermutung von Carlo. Er war zwar Urologe, aber wir hatten darüber nur als Freunde gesprochen. Ich musste erst mal eine ganze Reihe von Tests machen lassen. Die waren kompliziert und würden Zeit in Anspruch nehmen. In einem Monat war vielleicht das Problem längst beseitigt und die Schmerzen dahin verschwunden, wo sie hergekommen waren. Es war richtig gewesen, mit ihm zu reden, aber gerade weil ich das getan hatte, konnte ich jetzt aufhören zu grübeln und mich wieder meinem Alltag widmen. Ich wollte die Tests machen lassen, ohne lange darüber nachzudenken, wozu sie dienten, so als wären sie nichts als eine kleine Unannehmlichkeit.

So mein Vorsatz am Neujahrstag 2006.

Die Schmerzen hatten andere Pläne. Die Schmerzen hatten nicht die geringste Absicht, dahin zurückzukehren, wo sie hergekommen waren, wo immer das auch sein mochte. Diese Frage hatte ich mir nie gestellt. Ich war nicht einmal sicher, wann sie zum ersten Mal aufgetreten waren. Monatelang hatte ich immer wieder Sätze wie »Mein Gott, Tim, heute fühlst du dich aber echt nicht wohl« oder »Du lieber Himmel, wann kommt die Pisse denn endlich!« vor mich hin gemurmelt. Aber ohne mir je klarzumachen, dass ich es mit einer Reihe von miteinander zusammenhängenden und immer schlimmer werdenden Symptomen zu tun hatte.

»Ich fühle mich heute nicht ganz wohl«, sagte ich zu meiner Frau, um zu erklären, warum ich keine Lust hatte, den Garten umzugraben.

»Ok«, sagte sie lächelnd, »dann vielleicht nächste Woche.«

Die Worte »nicht ganz wohl« waren angenehm unverfänglich, stellte ich fest, sie gaben mir ein beinahe wohliges Gefühl.

Unwohlsein ist nicht das Gleiche wie Schmerz.

»Wie lange hast du das schon?«, hatte Carlo als Erstes gefragt, nachdem ich ihn endlich darauf angesprochen hatte. Wir waren im Umkleideraum des Kanu-Klubs.

»Na ja, lass mich überlegen …«

Ich runzelte die Stirn. Jetzt, wo ich darüber nachdachte, wurde mir klar, dass ich mich schon seit Langem »nicht ganz wohl« fühlte. Womöglich seit Jahren. Mich unwohl zu fühlen war Teil meines Daseins geworden.

»In den letzten Monaten ist es schlimmer geworden«, sagte ich.

Ich müsste regelmäßig Blut und Urin untersuchen lassen, erklärte er. Außerdem musste ein Harnflusstest gemacht werden, ein Scan des gesamten Bereichs, ein Urogramm, ein dreitägiger Urintest und eventuell eine Zystoskopie. Angenommen, die Ergebnisse fielen aus, wie er erwartete, könnte ich mich auf eine Operation im April oder Mai freuen. Er würde aus Prinzip keine Freunde operieren, sagte Carlo, aber er würde mich an einen Mailänder Kollegen empfehlen, einen ausgezeichneten Chirurgen.

Freuen? Ganz im Gegenteil. In vier Monaten wären die Schmerzen längst weg, hoffte ich.

Die Schmerzen wurden heftiger. Mittlerweile musste ich beim Hinsetzen meinen Hosenbund lockern. Alles fühlte sich verspannt und wund an. Ich wachte in den frühen Morgenstunden auf, gegen fünf, halb sechs, und konnte nicht mehr einschlafen. In meinem Bauch lag ein Klumpen heißer Lava. Ich stand auf, wanderte durchs Haus, kochte mir eine Kanne Tee und aß ein bisschen Müsli. Ich wusste, davon würde ich aufs Klo müssen. Dann ließ der Schmerz nach, und ich konnte mich noch einmal schlafen legen.

War es möglich, fragte ich bei Carlo telefonisch nach, dass das Problem im Darm lag? Ich hatte Darmkrebs.

Er lachte. »Nein.«

Ich fühlte mich gedemütigt. Ich entwickelte mich zum Hypochonder, ich dachte nur noch an meine Körperfunktionen. Absurd, andere Leute mit den Details meiner Toilettenbesuche zu belästigen! Ich durfte ihn nicht noch mal ansprechen, entschied ich, bevor die Untersuchungen abgeschlossen waren. Wozu darüber sprechen, wenn man die entscheidenden medizinischen Tests bereits vereinbart hat? Die Ergebnisse werden für dich sprechen. Trotzdem war es eine Erleichterung zu wissen, dass ich, wenn ich um fünf Uhr frühstückte, anschließend aufs Klo gehen konnte, der Schmerz daraufhin nachließ und ich noch eine Stunde Schlaf bekam.

Das erschien mir merkwürdig bei einem Prostataleiden.

Aber kann man wirklich sagen, dass ich zu viel über diese Schmerzen nachdachte? Ich war oft besorgt. Ich habe mich gefragt, was zu tun sei. Doch im Großen und Ganzen habe ich getan, was ich konnte, um nicht dauernd daran zu denken, nicht in Selbstmitleid zu versinken, wie meine Mutter es ausgedrückt hätte. Und wenn Carlo oder irgendeiner der anderen Ärzte, die ich noch konsultieren sollte, mich je gebeten hätte, die Schmerzen genau zu beschreiben, dann bezweifle ich, dass ich dazu imstande gewesen wäre. Ich war mir meines Körpers normalerweise einfach nicht bewusst. Ich nahm ihn nur wahr, wenn er mich überraschte, mich *störte*. Ich war ein beschäftigter Mann, und die Schmerzen behinderten mich im Alltag. Ich erforschte sie nicht. Ich widmete ihnen keine Zeit. »Wie soll ich meine Arbeit schaffen«, fragte ich mich wutschnaubend, »wenn ich mich ständig mit so *blödsinnigen Störungen* herumschlagen muss?«

Die Schmerzen waren für mich immer »diese blöden Schmerzen«, so ähnlich, wie ich den Krach von der Baustelle in unserer Straße »diesen blöden Krach« nannte. Ich verspürte kein

Bedürfnis herauszufinden, was da draußen eigentlich gebaut wurde. Nein, ich schloss das Fenster, setzte mich an den Computer und stopfte mir ein neues Paar Ohrstöpsel in die Ohren. Ich hatte mir vor Kurzem bei einem Versandhandel in den USA einen Fünfjahresvorrat von den besten Ohrstöpseln bestellt. Um den Krach des Lebens auszublenden.

Ich tat das ganz automatisch. Es war in meinen Augen die einzig vernünftige Reaktion auf alles, was der Erfüllung meines Tagespensums im Weg stand. Und wenn ich schließlich ein Gefühl als Schmerz anerkannte, als echten Schmerz, nicht nur als Unwohlsein, dann tat ich das nur, weil die Störung so groß geworden war, dass ich sie nicht mehr ignorieren konnte. Sie ließ sich nicht wegarbeiten. Aber selbst dann war das gebotene Ziel nicht, den Schmerz zu erforschen, ihm auf die Schliche zu kommen, sondern nur so schnell wie möglich zum Normalzustand zurückzukehren. Ein schönes heißes Bad, dachte ich, würde das dumpfe Pochen im Beckenboden sicher lindern. In der Wanne könnte ich lesen. Ein paar Recherchen erledigen.

Die Schmerzen gingen nicht weg. Heißes Wasser half nicht. Ich erinnere mich nur an meine rasende Wut, als Calvino im Seifenschaum versank.

Es kam so weit, dass ich am Computer nicht mehr sitzen konnte. Ich musste stehen.

Ich platzierte meinen Laptop in Brusthöhe auf dem Bücherregal und arbeitete im Stehen weiter, wobei ich mein Gewicht immer wieder von einem Fuß auf den anderen verlagerte.

Victor Hugo hat schließlich auch im Stehen geschrieben. Günter Grass ebenfalls, habe ich gehört.

Sport würde auch helfen, entschied ich. Wir wohnen auf dem Land, da ist es leicht, joggen zu gehen. Nicht, dass ich *gerne* joggte. Beim Sport, hatte ich immer gedacht, ging es darum, den Körper in Form zu halten, damit er einen in Ruhe ließ und man sich ohne blöde Störungen dem widmen konnte, was man zu tun hatte. Ich stoppte meine Zeit über sechs Meilen.

Und ich ging Kajak fahren. Die Etsch in Verona ist kein schlechter Fluss zum Paddeln. Ich hatte zwei Kajaks im Kanu-Klub liegen, und es sprach nichts dagegen, sie ein bisschen öfter herauszuholen. Kajak fahren macht mir weitaus mehr Spaß als Laufen, nur leider reißt es ein größeres Loch in den Terminkalender. Man muss in die Stadt fahren, sich umziehen, hinterher die Ausrüstung zum Trocknen aufhängen. Der Vorteil ist allerdings, dass man sich beim Kajakfahren wesentlich mehr konzentrieren muss als beim Laufen und sich deshalb über die verlorene Zeit nicht schon sorgt, während man sie verliert.

Zwei Monate lang, im Herbst 2004, joggte und paddelte ich also bis zu vier, fünf Mal in der Woche, und solange ich unterwegs war und mich verausgabte, ließen die Schmerzen tatsächlich nach. Aber nur, um augenblicklich und manchmal mit umso größerer Heftigkeit zurückzukehren, sobald ich geduscht hatte. Was mich zu der Überlegung brachte, dass dieses ganze Bergauf-bergab-Gerenne und die Überforderung meiner Bauchmuskeln beim Paddeln auf der Etsch alles womöglich noch verschlimmerten. Vielleicht war es das Beste, anstatt *mehr* Sport zu treiben, den Sport gänzlich aufzugeben.

Der Gedanke war verlockend. Ich folgte ihm, tat nichts mehr und bewies, dass Sport weder das Problem noch die Lösung darstellte. Diese Schmerzen scherten sich nicht darum, ob ich laufen ging oder nicht.

Die Ernährung, sagte meine Frau. Ich sollte auf meine Ernährung achten. Und das tat ich. Immer wieder versuchte ich, einen Zusammenhang herzustellen zwischen den verschiedenen Sachen, die ich für gewöhnlich esse und trinke (ich bin ein Gewohnheitsmensch), und den verschiedenen Schmerzen, die mich plagten.

Kaffee war natürlich besonders verdächtig. Lass ihn weg! Einen Monat lang verzichtete ich auf meinen Cappuccino um zehn und den Espresso um zwei.

Ohne Erfolg.

Dann war der Alkohol dran. Immer sind es die Freuden, die gestrichen werden. Ich verzichtete auf meinen abendlichen Scotch. Ich staunte, wie schwer mir das fiel. Gegen halb elf verspürte ich ein überwältigendes Verlangen nach einem Whisky. Diese harmlose Angewohnheit war anscheinend im Laufe der Jahre zur Sucht geworden. Auf Anraten meiner Frau machte ich mir, gewissermaßen als Ersatz, eine Tasse Kamillentee, halb in der Hoffnung, mein Körper würde dann rebellieren und die Sache selbst in die Hand nehmen; ja, dachte ich, mein Körper wird anfangen zu zittern und so extrem kribbeln, dass ich meinen lobenswerten Vorsatz schließlich beiseiteschieben, entschlossenen Schrittes zur Hausbar schreiten und mir einen Scotch einschenken werde.

Ich konnte es kaum erwarten.

Mein Körper tat nichts dergleichen. Im Gegenteil, mit jedem Tag schien er sich mehr mit dem Kamillentee anzufreunden. Verärgert versuchte ich, mich durch den Gedanken aufzuheitern, dass die Schmerzen sicher bald besser würden, da der Whisky mir offenbar nicht so gut bekommen war wie vermutet.

Keineswegs. Die Schmerzen blieben, wo sie waren, vielmehr, sie wanderten wie immer umher, und als ich das Experiment nach etwa einem Monat abbrach und mir ein sehr großzügiges Glas Laphroaig genehmigte, schlief ich anschließend so gut wie seit Wochen nicht mehr. Ich erlebte eine schmerzfreie Nacht, *mit* Scotch. Natürlich wiederholte ich daraufhin das Prozedere am nächsten Abend, nur um festzustellen, dass alles wieder beim Alten war. Normales Unwohlsein, normale Schmerzen, hervorragender Laphroaig.

Nach dem Whisky ließ ich das Bier am frühen Abend weg.

Nach dem Bier am frühen Abend ließ ich den Wein am Wochenende weg.

Irgendwann fiel mir ein, dass es am roten Fleisch liegen könnte.

Tat es nicht.

Als ich mit Carlo sprach, waren derartige Experimente zum festen Bestandteil meines Alltags geworden.

Auf Verdacht mischte ich meinen Speiseplan immer wieder neu, so wie einen relativ überschaubaren Satz von Spielkarten, in der Hoffnung, irgendwann das gewinnbringende Blatt zu erwischen, das es mir gestatten würde, unbehelligt von diesen blöden Schmerzen weiterzuleben.

Allerdings ging ich nicht gerade akribisch an die Sache heran. Ich führte nicht Buch, und bei offiziellen Anlässen oder wenn ich mich mit Freunden traf, vergaß ich nicht selten, dass ich dieses oder jenes gerade nicht essen oder trinken durfte. Ich schlemmte ganz unbekümmert und fing anschließend mit dem Experiment von vorne an. Oder gab es vollständig auf.

Wenn ich in den frühen Morgenstunden mit akuten Schmerzen aufwachte und mich aus dem Bett schwang, um dem glühenden Felsbrocken in meinem Bauch zu entfliehen, kamen mir diese Diätexperimente überaus wichtig vor. Ich musste einfach eine Lösung finden. Aber abends, wenn ich mich in geselliger Runde entspannte, war mir dieser Typ, der sich ein halbes Dutzend Mal pro Nacht mit seinen Fußfesseln ins Badezimmer schleppte, ziemlich fremd. Vielmehr, ich kannte ihn zwar, aber er war nur ein entfernter Bekannter oder ein älterer Verwandter. An den man am besten nicht dachte.

Der Wasserverkäufer

Während ich mir ein Reagenzglas zwischen die Beine hielt und zu pinkeln versuchte, fiel mir ein Satz ein, den ich irgendwo über Giacomo Leopardi, einen italienischen Dichter aus dem 19. Jahrhundert, gelesen hatte: »Wenn er über die Feinheiten des Urinierens nachdachte, war er nicht imstande, Wasser zu lassen.« Er musste warten, bis er sich einen »Augenblick der Unaufmerksamkeit sich selbst gegenüber abringen« konnte.

Was für ein absurder Gedanke! Aber die Geschichte ging mir nicht mehr aus dem Kopf. Jahre nachdem ich die Biografie des Dichters gelesen hatte, dachte ich noch an diese Worte: »sich einen Augenblick der Unaufmerksamkeit sich selbst gegenüber abringen«.

Es war Mitte Januar, mitten in der Nacht; am kommenden Morgen hatte ich meine ersten Untersuchungen. Blut und Urin. Erwartungsgemäß hatte ich sie um zwei Wochen hinausgezögert, in der Hoffnung, die Schmerzen würden vergehen: zuerst wegen einer Reise nach London, um mich mit meinem Bruder zu treffen, und dann wegen eines kurzen Ski- und Wanderurlaubs in den Bergen mit meiner Frau und meinen Töchtern.

Mein Bruder lebt in Amerika, ich in Italien, aber manchmal treffen wir uns kurz nach Neujahr für ein paar Tage in London. John ist Maler und nimmt mich gern in die Kunstausstellungen mit, die gerade in der Stadt laufen. Dort äußert er oft mit lauter Stimme provokative Meinungen, und ich höre gerne jemandem zu, der so viel mehr weiß und sieht als ich.

Am zweiten Tag machten wir auf dem Weg von einem Museum zum nächsten halt beim Apsley House, dem Wohnsitz des Herzogs von Wellington, um uns unter anderem Velázquez' *Wasserverkäufer von Sevilla* anzuschauen. In genau dem Helldunkel, das im Sommer unter einem Säulengang herrscht, reicht ein alter Mann in einem zerfledderten Mantel, der Wasserverkäufer, einem gut gekleideten Jungen ein randvolles Glas, in dem eine schwarze Feige liegt. Ich habe dieses Bild schon ein halbes Dutzend Mal gesehen, und es hat mich jedes Mal beeindruckt, aber heute war ich beinahe schockiert von der Kraft seiner Ausstrahlung. Diese beiden Gesichter, die so aufmerksam wirken, obwohl sie weder einander noch das Wasser anschauen, ihre Hände, die eine alt, die andere jung, die sich am Stiel des Glases treffen, das Licht in der durchsichtigen Flüssigkeit über der dunklen Rundung der kaum erkennbaren Feige – in alldem schien eine obskure Botschaft für mich verborgen zu sein.

Ich fragte meinen Bruder, ob es zu dem Gemälde eine Geschichte gab. Wer war der dritte Mann im Schatten hinter dem Verkäufer und dem Jungen? »Eine ganz normale Straßenszene«, sagte John, »eine Momentaufnahme aus Sevilla.« Er wies mich auf das Wasser hin, das an dem Krug im Vordergrund hinunterrann, und erzählte mir etwas über die Farben, die Velázquez benutzt hat. Es existierten noch zwei weitere Versionen des Wasserverkäufers, sagte er, eine in den Uffizien und eine irgendwo in den USA. Während er sprach, betrachtete ich das Bild; beim Anblick des zum Überlaufen gefüllten Glases und der heiklen Übergabe von einer Hand in die andere wurde ich ganz aufgeregt und nervös, und als wir das Museum verließen, hatte ich das Gefühl, einen wichtigen Traum gehabt zu haben, den unbedingt jemand für mich deuten musste.

Am letzten Tag fuhren wir mit dem Bus die lange Strecke raus nach Finchley, wo unser Vater in den Sechziger- und Siebzigerjahren Pastor gewesen war. Das große alte Pfarrhaus, in dem wir gewohnt hatten, ist längst abgerissen und durch unscheinbare Wohnungen ersetzt worden, aber die hässliche neugotische Kirche steht noch. John war begeistert und redete viel von der Vergangenheit. Er wirkte zugleich wehmütig und aufgebracht. Mit vier hatte er Kinderlähmung und wäre fast gestorben. Seitdem hinkt er schwer. Mum und Dad, sagte er, hatten die Tragweite dieses Ereignisses nie wahrhaben wollen. Sie sangen weiterhin *Lobet den Herren*, so als wäre nichts geschehen.

Es regnete, und ich musste auf die Toilette. Das Gemeindehaus hinter der Kirche war offen, also gingen wir hinein und erblickten im Flur ein Schwarz-Weiß-Foto von Dad im Talar, mit einer Plakette darunter, die an seine langjährige Dienstzeit als Pastor erinnerte. Harold James Parks. 1920–1980. Er hatte die Arme erhoben, um den Segen zu erteilen. Es roch muffig im Haus. Während ich auf einer Toilette pinkelte, die sich seit dreißig Jahren nicht verändert hatte, fragte ich mich, ob die Ursache meines Problems womöglich in diesen Kindheitstagen zu finden war. War es mir in einem randvollen Glas weitergereicht worden? Aber ich hatte wenig Lust, die Vergangenheit zu erforschen. Sobald ich wieder in Italien war, wollte ich die Untersuchungen machen lassen, herausfinden, wo das Problem lag, es behandeln lassen und dann weiterleben wie bisher. Die obsessive Beschäftigung meines Bruders mit der Vergangenheit hat mir schon immer missfallen.

»Weißt du noch, wie Dad Orangen geschält hat?«, fragte John. Wir liefen gegen den Wind die Finchley High Road entlang.

Mit roher Gewalt, lautete die Antwort, indem er seine abgekauten Fingernägel hineinkrallte.

»Er hat immer etwas namens Sanatogen genommen, für seine Nerven.«

»Ich glaube, das ist immer noch auf dem Markt.«

»Weißt du noch, als er *Let's spend the night together* beschlagnahmt hat?«

Bei einem Drink im Tally Ho lachten wir darüber. In der Wohnung, in der wir wohnten, pinkelte ich nachts in eine Plastikflasche, um nicht durch das Zimmer meines Bruders ins Bad gehen zu müssen. John ist drei Jahre älter als ich, aber er schläft die ganze Nacht durch. Ich hatte nicht vor, ihm mitzuteilen, wie es mir ging.

Die gleichen nächtlichen Probleme tauchten in der folgenden Woche in der Wohnung auf, die meine Frau und ich in den Südtiroler Bergen gemietet hatten. Ich konnte nicht umhin, mich zu schämen, wenn ich immer wieder ins Bad schlich, um Stefi und Lucy, meine Töchter, nicht zu wecken. Wie viel leichter wäre das alles, dachte ich, wenn ich alleine lebte.

Das war ein neuer Gedanke.

Tagsüber, wenn die Mädchen Ski laufen waren, gingen Rita und ich an den unteren Hängen im Wald spazieren, warm eingepackt, mit Mütze und Schal. Die meiste Zeit schwiegen wir. In Gedanken versuchte ich, ein Problem zu lösen, das ich mit einem Text hatte, an dem ich gerade arbeitete; das Handlungsschema haute einfach nicht hin. Es war eine Situation, in der man nachdenkt und nachdenkt und sich dennoch nichts bewegt, ähnlich wie in den stillen winterlichen Bächen, die vom Eis verstopft waren. Rita beklagte sich über meine Verschlossenheit. »Du wirst immer besessener«, meinte sie. »Das ist langweilig.« Die Luft unter den tropfenden Kiefern war rau. Jedes Mal, wenn wir zum Kaffee oder zum Mittagessen in einem Gasthaus einkehrten und ich auf meinen schmerzenden Körperteilen saß, war mir sehr bewusst, dass mein Zustand sich nicht besserte.

Für die Urinuntersuchung war ich gebeten worden, eine Probe vom ersten Morgenurin mitzubringen, vermutlich weil der chemisch anders beschaffen ist als das, was man später pinkelt; er verweilt schließlich mehrere Stunden in der Blase. Da ich allerdings in der Nacht alle naselang auf die Toilette ging und meistens vor dem Wiedereinschlafen einen Schluck Wasser trank, war mein Urin um sieben Uhr morgens wohl kaum mit dem anderer Leute zu vergleichen. Er war viel stärker verdünnt.

In dem Fall, und wenn dieser Umstand von entscheidender Bedeutung war, sollte ich vielleicht lieber eine Probe des ersten Urins der Nacht abgeben. Oder vielleicht, damit es nicht zu nah am Verdauungsprozess lag, vom zweiten. Oder noch besser, ich könnte die ganze Nacht in einen Behälter pinkeln – eine Schüssel zum Beispiel oder einen Krug – und daraus morgens ein Röhrchen abfüllen; natürlich nachdem ich gut umgerührt hatte. Auf diese Weise kriegten sie eine vollwertige Minestrone.

Ich konnte mich nicht entscheiden. Die Sache ärgerte mich. Es kam mir absurd vor, dass es keine besonderen Richtlinien für Leute in meiner Situation gab. Vor dem Schlafengehen rief ich Carlo an und bat ihn um Rat.

»Pinkel, wann du willst«, sagte er kurz angebunden.

Ich entschied mich für das zweite Mal in der Nacht, das gegen zwei Uhr stattfand, stellte mich mit dem Reagenzglas in der

Hand vors Klo und dachte an Leopardi, der so viel nachdachte, dass er nicht konnte. In dem Fall kann es kaum an einer vergrößerten Prostata gelegen haben, denn die Beschreibung seiner Schwierigkeiten beim Wasserlassen bezieht sich auf den halbwüchsigen Giacomo. Die Quelle dieser Information war, wenn ich mich recht entsinne, der übereifrige Vater des Dichters, Monaldo, der erklärte, er habe seinem Sohn auf dem Nachttopf Gesellschaft leisten und ihn ablenken müssen, damit er pinkeln konnte. Bei der Vorstellung, wie meine Frau sechs Mal in der Nacht aufstand, um mich abzulenken, bis ich Wasser lassen konnte, musste ich kichern und fing an zu pinkeln. Ich gab mir Mühe, den dünnen Strahl in das Reagenzglas zu lenken. Aber durch das Lachen muss meine Hand wohl gezittert haben, oder ich habe einfach kurz nicht aufgepasst, denn ein paar Tropfen gingen vorbei und benetzten meine Finger. Schnell korrigierte ich die Position des Glases und berührte dabei aus Versehen mit dem Glasrand meine Vorhaut.

Verdammt! Die Anweisungen auf der grünen Schachtel, in der das Reagenzglas verpackt gewesen war, hatten ausdrücklich betont, dass man den Rand des Glases nicht mit den »Genitalien« berühren sollte, da sonst Bakterien in den Urin gelangen würden, die das Ergebnis verfälschten.

Was tun? Das einzig Vernünftige war, die Untersuchung um ein, zwei Tage zu verschieben und mir ein neues Reagenzglas zu besorgen.

Aber hatte ich sie nicht sowieso schon zu lange hinausgezögert?

Scheißegal. Ich hob das Glas, um zu prüfen, ob es voll genug war. Der Urin war blassgelb, das Glas nicht direkt randvoll wie beim Wasserverkäufer, aber auf seine Art konnte es sich doch sehen lassen. Ich drückte den Korken in die Öffnung und wusch mir die Hände.

Aber wenn mir die Bakterien egal waren und ich dadurch irreführende Untersuchungsergebnisse in Kauf nahm, wieso hatte ich dann so lange über die beste Zeit zum Pinkeln nachgedacht?

Keine Ahnung.

Als ich wieder nach oben ins Bett ging – wir schlafen in einem Dachzimmer und müssen eine Treppe tiefer zum Klo gehen –, kam mir der Gedanke, dass Carlo womöglich so gelassen war, was den Zeitpunkt der Probenahme anging, weil die Werte, auf die es ankam, nicht vom Abstand zwischen der letzten Mahlzeit und dem Pinkeln beeinflusst wurden. Genau. Sie suchten nach etwas unheilvoll Einfachem, wie Blut im Urin oder Krebszellen.

Aber hatte ich mir nicht geschworen, ermahnte ich mich, mir darüber erst Gedanken zu machen, wenn die Untersuchungen vorbei waren und ich eine wohlüberlegte Entscheidung treffen konnte?

Stattdessen dachte ich an Leopardi. Der Dichter hatte nicht nur Probleme auf der Toilette, er bekam auch schon früh eine starke Skoliose, weil er seine Kindheit über Bücher gebeugt verbracht hatte. Mit zwanzig hatte er einen Buckel. Außerdem litt er unter Magenschmerzen, war faul, was die Körperpflege anging, und wusch in fortgeschrittenem Alter auch selten seine Kleider. Auf die Frage, warum sie nicht mit ihm ins Bett gegangen war, antwortete eine gewisse Dame: »Mein Lieber, er stank.«

Nichtsdestotrotz schrieb Leopardi wundervolle Gedichte. Erst vor ein paar Tagen hatte ich Stefi dabei geholfen, eins für die Schule auswendig zu lernen. Es handelt davon, wie gern der Dichter auf einem Hügel hinter einer Hecke saß. Die Tatsache, dass die Hecke ihm die Sicht versperrt, erlaubt es ihm, sich die unendliche Weite dahinter vorzustellen. Seine »Gedanken ertrinken in dieser Unendlichkeit«, und in der letzten Zeile erklärt er uns, es sei »so süß, auf diesem Meer ein Schiffbrüchiger zu sein«.

Wie interessant, dachte ich und zog die Bettdecke hoch, während meine Frau leise schnarchte, dass Leopardi es als positiv empfand, wenn »Gedanken ertrinken«. Und ebenso interessant, dass er solche glücklichen Momente mit Hochwasser verband. Lösen Gedanken sich in Wasser auf? In dem Bild von Velázquez scheinen sowohl der alte Mann als auch der Junge von dem vollen Wasserglas mit der duftenden Feige in einen Bann geschlagen zu sein.

Ich lag still. Sollte jemand bestürzt sein von der Vorstellung, dass man sechs Mal pro Nacht aufstehen musste, so kann ich ihr oder ihm versichern, dass ich das Wieder-ins-Bett-Gehen-und-erneut-Einschlafen immer genossen habe. Manchmal habe ich mich sogar glücklich geschätzt, weil ich in einer einzigen Nacht so oft immer wieder von Neuem in die Welt der Träume hinübergleiten durfte.

Ruhelose, unzufriedene Menschen

Meine tägliche »Arbeit«, von der ich mich auf keinen Fall abbringen lassen wollte, egal in welchem Zustand ich mich befand, war nicht mehr und nicht weniger als das Erzählen von Geschichten. Eigentlich eine harmlose Tätigkeit. Aber in den folgenden Wochen kämpfte ich plötzlich mit einer beunruhigenden, eindeutig schädlichen Geschichte von vor zwanzig Jahren, die mich nun – mit dem dumpfen Klacken eines einrastenden Schlosses in einer schweren Tür – erneut heimsuchte.

Am Morgen der Blut- und Urinuntersuchungen war ich wie üblich mit dem Vorsatz in die Klinik gefahren, nicht richtig *da zu sein*. Ich hatte ein Buch mitgenommen, damit ich mich weiter auf meine geistige Arbeit konzentrieren konnte, anstatt mich wirklich mit meinen Körperflüssigkeiten oder den Menschen um mich herum auseinanderzusetzen. Man hatte mich gebeten, einen Essay über den österreichischen Schriftsteller Thomas Bernhard zu schreiben. Bernhard, dachte ich – ich las gerade seine Autobiografie *Der Atem. Eine Entscheidung* –, war gesundheitlich wesentlich schlechter dran gewesen als ich. Mit siebzehn kam er wegen einer Rippenfellentzündung ins Krankenhaus, dann diagnostizierte man bei ihm Tuberkulose, und ein Jahr lang schwebte er zwischen Leben und Tod. Für den Rest seines Lebens beeinträchtigte ihn sein Lungenleiden, dem er 1989 schließlich erlag, mit 58 Jahren – zwei Jahre jünger als mein Vater, der ebenfalls an einem Lungenleiden, in seinem Fall Krebs, starb. Eins musst du in dem Essay unbedingt erwähnen, sagte ich mir, und zwar, dass Bernhards Lungen sein Schicksal waren. Wie D. H. Lawrence hat er niemals frei atmen können. Das hat sein Werk mit Sicherheit beeinflusst.

Eine dunkle Vorahnung hatte sich bereits in mein vernebeltes frühmorgendliches Bewusstsein geschlichen. Ich beachtete sie nicht, sondern konzentrierte mich auf Bernhard, während ich mit einem Auge die Leuchtanzeige beobachtete, die verriet, bei welcher Nummer das Personal angelangt war. Mit jedem Piepton war ein weiterer Patient abgehakt.

Schließlich leuchtete meine Nummer auf, und ich ging zu einem Schalter, wo eine junge Frau meine Überweisung mithilfe einer Computertastatur wortlos in Barcodes umwandelte, die auf Etiketten gedruckt und dann auf verschiedene Reagenzgläser geklebt wurden. Wie beruhigend effektiv und unpersönlich das ablief, dachte ich, verglichen mit früher, als man stundenlang Schlange stehen musste.

Dann erinnerte ich mich.

Das Erstaunliche ist, dass es mir so lange gelungen war, mich *nicht* zu erinnern. Dennoch reagierte ich im ersten Moment erleichtert. Gott sei Dank, sagte ich mir, brauchst du diesmal keine Spermaprobe abzugeben! Dieser Spermatest war grauenvoll. Aber es war nur eine Frage von Sekunden, bis meine umherschwirrenden Gedanken an einem bestimmten Satz hängen blieben: »*Nach jahrzehntelangem Leiden lassen diese Patienten unweigerlich ihre Probleme auf dem Operationstisch zurück, sobald sie die fünfzig oder sechzig überschritten haben.*«

Der Schlüssel drehte sich im Schloss. Als ich vor einer Tür auf die Blutabnahme wartete, konnte ich mich nicht mehr auf Thomas Bernhard konzentrieren. All das hier war vorhergesagt worden.

Vor über zwanzig Jahren, als ich plötzlich buchstäblich alle zehn Minuten auf die Toilette musste, war bei mir eine akute Prostataentzündung festgestellt worden. Ich musste eine Spermauntersuchung machen lassen, um herauszufinden, welches Bakterium dort eingedrungen war und mit welchem Antibiotikum man es behandeln konnte. Kaum war ich zur vordersten Position der langen Reihe hier in dieser Klinik aufgerückt, hatte die Schwester nach einem Blick auf den ausländischen Namen auf meiner Überweisung in der Deutlichkeit und Lautstärke, die nach Meinung mancher Leute von allen Ausländern geschätzt werden, verkündet:

»SPERMA! DIE ERSTEN TROPFEN MÜSSEN IM BECHER LANDEN. DENKEN SIE DARAN, BEI SPERMA GEHT ES UM DIE ERSTEN TROPFEN.«

Das war der lustige Teil der Geschichte, den ich schon hundert Mal auf Partys zum Besten gegeben hatte. Ich imitierte den überraschten Gesichtsausdruck der anderen in der Schlange, als die Schwester SPERMA! brüllte, und berichtete von meiner Verlegenheit, als ich ein paar Minuten später in einer von nur drei verfügbaren Kabinen versuchte, dieses Sperma zu produzieren, während andere, die Urinproben abgeben sollten, hüstelnd draußen warteten, mit den Füßen scharrten und sich beschwerten, dass ich so lange das Klo besetzte. Ich weiß noch sehr genau, wie erleichtert, froh und geradezu stolz ich war, als ich es geschafft hatte, die entscheidenden ersten Spermatropfen unversehrt in den kleinen Plastikbecher zu lenken.

Olé!

Aber damit war die Geschichte noch nicht zu Ende. Da die Prostata für das Fortbestehen unserer Spezies unverzichtbar ist, liegt sie wohlbehütet unter mehreren Schichten fast undurchlässiger Membran. Sie entzündet sich nicht leicht. Wenn sie sich entzündet hat, ist sie nicht leicht zu behandeln. Wenn sie einmal behandelt worden ist, kehrt sie nur selten in ihren ursprünglichen Zustand zurück. Man übersteht die akute Phase, nur um in die chronische einzutreten. Etwa drei Monate nachdem diese Probleme angefangen hatten, traf ich auf einen jungen Arzt, der mir in seinem Eifer eine Publikation in die Hand drückte, die ausschließlich für Leute wie ihn bestimmt war, für Ärzte, die sich auf Urologie spezialisiert hatten. Der letzte Absatz der

Broschüre lautete wie folgt (ich zitiere die bitteren Zeilen aus dem Gedächtnis):

»Es gilt zu bedenken, dass eine vollständige Genesung bei einer Prostataentzündung äußerst unwahrscheinlich, de facto ausgeschlossen ist. Prostatitis-Patienten sind in der Regel ruhelose, ängstliche und unzufriedene Menschen, die sich mit ihrem Leiden von Arzt zu Arzt schleppen in der Hoffnung auf eine Heilung, die es nicht gibt. Der Urologe muss aufpassen, dass er sich von diesen Menschen und ihren hartnäckigen Beschwerden nicht entmutigen lässt. Schlussendlich lässt die überwiegende Mehrheit solcher Patienten nach jahrelangem, manchmal jahrzehntelangem Leiden unweigerlich ihre Probleme auf dem Operationstisch zurück, sobald sie die fünfzig oder sechzig überschritten haben.«

Der Urologe muss aufpassen! Der Ärmste. Niemand will schließlich entmutigt werden. Aber ich war ein junger Mann von dreißig Jahren, dem mitgeteilt wurde, dass er sein ganzes aktives Mannesleben lang Probleme mit seinen intimsten Körperteilen haben würde. Meine Seele rebellierte. Ich flog nach London und bezahlte einen Mann in der Harley Street dafür, dass er mich mehr oder weniger permanent auf Antibiotika setzte, und nach etwa einem Jahr war ich geheilt.

»Ich bin geheilt! *Vollständig geheilt!* Die Broschüre hat sich *geirrt*!«

Ich weiß noch, wie ich diese Worte herausschrie, immer wieder, voller Freude und Wut. »Geirrt geirrt *geirrt*! Sie haben sich geirrt!« Am liebsten hätte ich den Autor ausfindig gemacht und ihm seine beschissene Prophezeiung dahin gesteckt, wo seine Prostata lag. »Was für eine erbärmliche Geschichte, *und noch nicht einmal wahr*. Er hat sich geirrt. Ich bin geheilt. GEHEILT!«

Aber war ich das?

War ich es je gewesen?

»Urinproben dorthin bitte«, sagte die Schwester.

Ich drehte mich um und steckte mein Reagenzglas in ein

Regal, in dem bereits dreißig, vierzig andere Reagenzgläser steckten, traulich neben- und übereinander angeordnet und so ununterscheidbar wie die Kreuze auf einem Soldatenfriedhof.

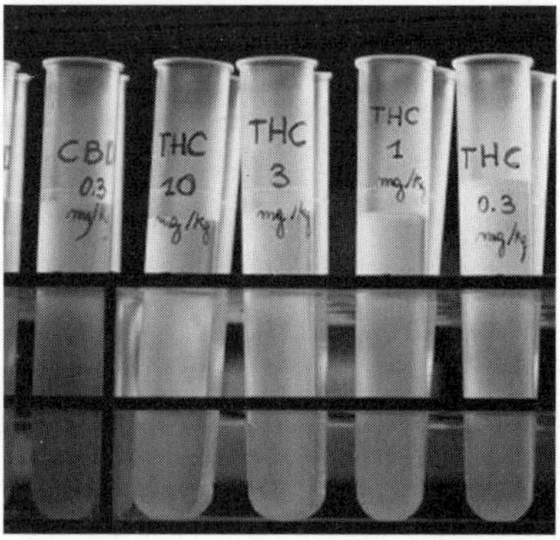

Vielleicht hatte meine Krankheit nur geschlummert. Oder ich machte mir etwas vor. Ich hatte mich *immer* unwohl gefühlt. Ich hatte mich einfach daran gewöhnt, bis zu einem gewissen Grad. Ich hatte mir die Sache mit der Heilung eingeredet, weil ich mich dadurch besser fühlte. Ich wollte unbedingt, dass die Broschüre sich irrte. War es zum Beispiel nicht seltsam, dass ich nicht imstande war, Carlo zu sagen, wann die Schmerzen genau angefangen hatten?

»Machen Sie eine Faust«, sagte die Schwester. Sie lächelte. »Kein Grund, so besorgt dreinzublicken.«

Früher hatte ich manchmal Schwierigkeiten zuzusehen, wie Blut aus meinem Arm floss. Jetzt bemerkte ich es kaum. Die dunkle Flüssigkeit, die da in die Kanüle strömte, hatte nichts mit mir zu tun. Wichtig war nur diese scheußliche Geschichte. »Unweigerlich … auf dem Operationstisch … sobald sie die fünfzig oder sechzig überschritten haben.«

Die folgenden Tage und Wochen war ich ein Leibeigener dieser Version meiner Lebensgeschichte, »der offiziellen medizinischen Version«, sagte ich mir immer wieder. Damit hast du es zu tun, mit der Version, die du vor zwanzig Jahren abgelehnt hast und die jetzt zurückschlägt. Mit gerade mal einundfünfzig Jahren empfahl mir ein Arzt genau die Operation, die mir mit dreißig prophezeit worden war.

Wozu sich auflehnen?

Oder war hier Suggestion im Spiel? Die medizinische Broschüre von damals, inzwischen stilistisch und vom fachlichen Standpunkt her längst nicht mehr annehmbar, vermutlich seit über zehn Jahren vergriffen und von niemandem mehr gelesen, wirkte trotz alledem auf mich wie ein fauler Zauber, ein Fluch. Mein primitiver Geist war nicht in der Lage, die Worte eines Medizinmannes abzuschütteln, der mir gesagt hatte, ich würde dahinsiechen und sterben.

Aber von Sterben hat er doch gar nichts gesagt!, protestierte ich laut. Zweifellos befand ich mich in meinem Arbeitszimmer und ging vor dem Laptop auf und ab. Er hat nur gesagt, du müsstest dich einer einfachen Routineoperation unterziehen. Völlig normal. Weder eine Prostatitis noch eine Prostatavergrößerung ist eine lebensbedrohliche Krankheit. Wozu also die Aufregung?

Dann fiel mir ein, dass es Prostatakrebs gab, der durchaus lebensbedrohlich war. Ich hielt inne. Aber nein, das war nicht meine Sorge. Was mich erschreckte, war nicht die Prognose, sondern der verlorene Glaube an meine Version der Vergangenheit, die plötzliche Unsicherheit darüber, was in den vergangenen zwanzig Jahren wirklich los gewesen war.

Seit wann hast du das schon?

Tja … ich weiß es nicht.

Schreibe ich Geschichten, überlegte ich jetzt, weil ich mir über meine eigene Lebensgeschichte so sehr im Unklaren bin? Ich erinnerte mich, etwas Ähnliches einmal in Bezug auf meinen Vater vermutet zu haben. Jeden Sonntag, zur Frühmesse und zur Abendandacht, erzählte der Mann in seinen Predigten die gleiche Geschichte: Sünde, Verzweiflung, Erlösung, Paradies.

Mit vierzehn kam mir, während ich auf der Kirchenbank herumrutschte, der Gedanke, dass er sich selbst am meisten überzeugen musste. Das war der Tag, an dem ich den Glauben verlor. Und worüber hatte ich soeben geschrieben? Wovon handelte mein letzter Roman? Von einem Mann, dessen Sohn eine verleumderische Biografie über ihn geschrieben hat, durch die sein Selbstbild ausgehebelt wird, sodass er sich genötigt sieht, in die Vergangenheit einzutauchen, um seine eigene Version der Geschichte zu bestätigen. Aber der Leser erkennt schon auf der ersten Seite, dass die Sache vergebens ist. Der Typ ist am Ende.

Deine Geschichten sind aufs Peinlichste mit deiner Krankheit verwoben, sagte ich mir.

Diese unglückseligen Gedankengänge machten meine berühmten Schmerzen auch nicht besser; sie waren plötzlich hartnäckiger denn je. Also stellte ich mir nicht zum ersten Mal die Frage, ob die ganze Sache nicht ein psychosomatisches Element besaß. »Prostatitis-Patienten sind in der Regel ängstliche, ruhelose und unzufriedene Menschen«, hieß es in der Broschüre. Der Arzt hatte nicht explizit gesagt, dass mein Leiden psychosomatisch war, aber er hatte schon angedeutet, dass *ein Zusammenhang zwischen der Persönlichkeit und der Krankengeschichte* bestand. Wenn das der Fall war, was sollte ich tun? War mein Aufschrei GEHEILT! GEHEILT! vor vielen Jahren ein Versuch gewesen, die Broschüre zu widerlegen und nicht einer von diesen ruhelosen, unzufriedenen Menschen zu sein? Jede Krankheit ist eine Geschichte. Worauf es ankommt, ist, welche Version man selber erzählt.

Konnte ich diesen Kunstgriff erneut anwenden? Es einfach leugnen?

Ich befand mich in einem Spiegelkabinett. Und das Problem eines Mannes, der den ganzen Tag allein verbringt und Geschichten schreibt, besteht darin, dass die Geschichten, die er erzählen will, seine einzige Gegenwehr gegenüber solchen Reflexionen darstellen. Es gibt kein klingelndes Telefon und keine

Geschäfte, die ihn zwingen, an etwas anderes zu denken. D.H. Lawrence, fiel mir ein, hat seine Krankheit bis zum Ende geleugnet. Er hat sich geweigert zuzugeben, dass er Tuberkulose hatte. Er hat einfach weitergemacht. Und die Figuren in seinen Büchern sind bekanntermaßen Menschen mit eisernem Willen, die gegen die Welt kämpfen, die durch Widerstand aufblühen, selbst wenn dieser Widerstand zwecklos ist. Die Bücher selbst strotzen vor Vitalität und Eigenwilligkeit, sie sind Teil von Lawrence' Verleugnung seines Leidens, Barrieren, die er gegen das Kranksein errichtet hat. Wohingegen Bernhards Genialität darin bestand, seine Krankheit anzunehmen, indem er davon erzählte. Bernhard hat die Schmach des Krankseins immer wieder angeprangert. Er hat seine Krankheit beschimpft. Beide Männer haben also mehr getan, als ein normaler Mensch für gewöhnlich tun kann, weil sie fürchteten, ihre Krankheit könnte sie daran hindern, überhaupt irgendetwas zu tun.

Ich aber war wie gelähmt. Nichts ging mehr. Ich kam mit dem Roman, an dem ich gerade arbeitete, nicht weiter, weil mir durch das plötzliche Auflodern dieses gesundheitlichen Problems, und insbesondere die Wiederkehr der unseligen Sache, die ich vermeintlich schon zwanzig Jahre zuvor abgeschüttelt hatte, alles, was ich schrieb, sinnlos erschien. Nichts ergab mehr einen Sinn. Das ist das Schlimmste, was beim Schreiben passieren kann. Dass einem die Worte und Geschichten sinnlos erscheinen, als bloße Konstruktionen, die nur dem Zweck dienten, ein Buch zu verkaufen. Jedes Wort, das man schreibt, wird wieder durchgestrichen. Reine Erfindung. Selbst wenn das Buch ein Erfolg werden sollte, was unwahrscheinlich ist, was soll's? Wer *braucht* so etwas? Man wechselt vom Roman zum Sachbuch, weil es auf einmal lebenswichtig zu sein scheint, ganz direkt über etwas zu schreiben, das wesentlich ist. Sonst kann man gar nicht schreiben. Dann, wenn man erkennt, dass man niemals imstande sein wird, genau zu erzählen, was passiert ist, auszusprechen, wie das Leben eigentlich ist – das ist zu kompliziert und zu brutal den Menschen gegenüber, die einem nahestehen –, wendet man sich doch wieder der Romanform zu und hofft, eine Geschichte bauen zu können, die wenigstens eine treffende Analogie darstellt. Leider gelingt das nicht. Man findet einfach nicht die Formel, in der die Worte zwingend werden. Dann schwankt man zwischen Roman und Sachbuch, macht weder das eine noch das andere, und die Geschichte wird einfach nicht rund. Während ein abscheulicher Absatz in einer zweitklassigen medizinischen Broschüre von vor zwanzig Jahren einen auf den Operationstisch treibt.

Na los, dann nimm es endlich in Angriff! Lass dich aufschneiden und fang wieder an zu leben!

In einem Traum flog mir ein dunkler Fleck vom Fußboden ins Gesicht und schlang sich mir um Nase, Mund und Augen. Ein Vogel. Eine Fledermaus. Das Ding drohte mich zu ersticken. Der Fußboden war der Fußboden der Kirche meines Vaters, die ich einen Monat zuvor mit meinem Bruder besucht hatte.

Würde es mir helfen, fragte ich mich, wenn ich wüsste, dass mein nervöser Vater das gleiche Leiden gehabt hatte? War es so? Waren Prostataleiden erblich bedingt? Ich erinnere mich, wie Mum sich über ihn lustig machte, weil er jedes Mal, wenn sie ihn zum Essen rief, erst noch einmal ›verschwinden‹ musste, ehe er zu Tisch kam. Er wollte ungestört essen. Vielleicht musste Dad nachts auch andauernd auf die Toilette, ohne dass ich etwas davon mitbekommen hatte. Ich sollte meine Mutter anrufen, dachte ich, und sie danach fragen. Sobald ich die Bestätigung hatte, dass das Problem angeboren war, würde ich mich in mein Schicksal fügen und die Operation hinter mich bringen; obwohl sich mein Vater, zumindest soweit ich wusste, nie einer solchen Operation unterzogen hatte.

Konnte es sein, dass gerade seine Angst vor einer möglichen Operation den Krebs ausgelöst hatte?

Mein Vater war zweifellos ein ruheloser, unzufriedener Mensch gewesen.

Ich nahm mir vor, meine Mutter anzurufen. Ein paar Wochen lang war ich immer wieder kurz davor, es zu tun. Aber dann tat ich es doch nicht. Mir wurde klar, dass alles noch schlimmer wäre, wenn sie sagte: »Nein, dein Vater hatte damit kein Problem«, denn dann lag es nicht an den Genen, dann konnte ich Dad nicht die Schuld geben. Wenn sie aber sagte: »Ja, Dad hatte das auch, der Ärmste, o weh, und jetzt du auch noch, Timothy«, dann wäre es auch schlimm. Denn dann hätte ich keine Chance mehr, es zu leugnen. Es wäre wie in Stein gemeißelt. Ich will es lieber nicht wissen, dachte ich. Auf keinen Fall wollte ich sein wie mein Vater, obwohl ich nicht so blind war, dass ich nicht erkannte, wie ähnlich ich ihm ohnehin schon war. Zum Beispiel war ich ebenso nervös wie er. Vielleicht bin ich noch nicht so weit, dass ich Orangen zerreiße, aber ich werde auch nie mit so wunderbarer Ruhe ein Glas Wasser in der Hand halten wie Velázquez' Wasserverkäufer.

Nach seinem Bilde

Meine Eltern hatten in Bezug auf ihre Kinder zwei Hauptinteressen: unser geistiges Wohlergehen und unsere soziale Stellung. Seelen auf die Welt gebracht zu haben, die der ewigen Verdammnis anheimfallen würden, wäre für sie eine Katastrophe gewesen. Wir mussten von der christlichen Geschichte durchdrungen werden. Natürlich würden wir sündigen, das war klar, aber wir sollten stets weise genug sein, zu bereuen und vom rechten Weg ins Paradies nicht abzuweichen. Unsere schulischen Leistungen sollten uns einen Arbeitsplatz in einem mittelständischen Beruf sichern oder mit etwas Glück auch als Freiberufler. Was unsere Körper betraf, kam es darauf an, dass sie anständig aussahen. Wir mussten ordentlich gekleidet sein, das Haar ordentlich geschnitten, Hände, Hals, Mund und Fingernägel leidlich sauber sein. Solange man sich hinterher den Dreck von den Schuhen fegte, war Sport eine akzeptable Art, sich abzureagieren; an und für sich war er aber nicht so wichtig. Dass ich Kapitän der Fußballmannschaft unserer Schule wurde, war nicht so wichtig. Schoss ich das entscheidende Tor zum Sieg unserer Mannschaft, war das kein Grund, mich zu beglückwünschen. Dass mein Bruder nie imstande sein würde, Sport zu treiben, zu rennen oder zu springen, war folglich kein großer Verlust. Ein gut gebundener Schlips dagegen war wichtig. Und saubere Schuhe. Das Hemd ordentlich in die Hose zu stecken, die Haare regelmäßig zu kämmen. Obszönitäten und Gotteslästerung waren tabu. Wir durften nicht masturbieren. Nicht, dass das Wort ›masturbieren‹ je ausgesprochen wurde. Vor solchen Wörtern hatte man Angst und davor, dass die Leute, die sie benutzten, Bescheid wussten. Wir durften »uns nicht anfassen«. Wir wussten, wo. Ich erinnere mich noch an mein verlegenes Schmunzeln, als mir der Urologe aus der Harley Street (der mich von meiner Prostatitis ›geheilt‹ hatte) sagte: »Sie müssen täglich ejakulieren, Mr. Parks. Wenn nicht mit Ihrer Frau zusammen«, er hüstelte, »dann alleine.« Primaten, erklärte er, ejakulierten mehrmals am Tag. Im evolutionären Sinne waren wir darauf programmiert, die Prostata und das Sperma in Bewegung zu halten. »Um einer Verstopfung der prostatischen Röhren vorzubeugen«, erläuterte er. »Ihr kleinen Äffchen!«, hatte meine Mutter oft nachsichtig geschimpft, wenn wir etwas leicht Ungezogenes getan hatten. Sie glaubte nicht an die Evolution. Dabei erwischt zu werden, wie man die Hände unter den Hosenbund schob, brachte einem eine wesentlich heftigere, feindseligere Reaktion ein; so heftig, dass ich mich manchmal frage, ob die Angst und die Hemmungen, die mit den pubertären Regungen einhergingen, nicht schon den ersten Stress für meine Prostata bedeutet haben. Sollte das kleine Organ sich entladen oder nicht? Ich fing an mich zu befummeln, genoss es, hörte die zurechtweisende Stimme meiner Mutter und brach ab. Aber das alles ist nur Spekulation, und ich habe nicht vor, meinen Eltern die Schuld zu geben. Sie haben sich so gut um uns gekümmert, wie Eltern es nur tun können. Unsere ganze Gesellschaft war und ist sich nicht sicher, welches Verhältnis wir zu unserem Körper haben sollten.

Der menschliche Körper, erklärte mein Vater, war der Tempel Gottes, nach seinem Bilde geschaffen. Aber das bedeutete nicht, dass wir die schönen Körper in den Zeitschriften und im Kino anbeten sollten (tatsächlich gab es bei uns im Pfarrhaus keine Zeitschriften, und ins Kino bin ich vor meinem elften Lebensjahr nur ein einziges Mal gegangen und zwar, um *Die letzte Fahrt der Bismarck* zu sehen). Was es vielmehr bedeutete, war, dass man seinen Körper rein halten sollte, denn sonst beleidigte man Gott; nach seinem Bilde geschaffen zu sein gab Anlass zur Vorsicht, nicht zum Jubeln. Auch hässliche und plumpe Menschen waren nach Gottes Bild geschaffen; wenn sie sich regelmäßig wuschen, ordentlich gekleidet gingen und sich aufrecht hielten, verdienten sie die gleiche Achtung wie alle anderen.

In der Schule kam der Körper im Biologieunterricht vor. Er bestand aus Knochen, Muskeln und Sehnen, die sich mithilfe von Diagrammen darstellen ließen. Eine Liste der Bezeichnungen sollte an den richtigen Stellen des Diagramms eingefügt werden. Trapezius. Bizeps. Deltamuskeln, Flexoren, transversale Bauchmuskeln. Diese anatomischen Grundbestandteile wurden von einem Netzwerk aus Arterien und Venen versorgt, die sich ebenso gut zweidimensional darstellen und durch einfache, quizähnliche Befragung erlernen ließen. Wenn man einen Tag lang büffelte, schaffte man im Biologietest am Ende des Halbjahres garantiert achtzig von hundert Punkten.

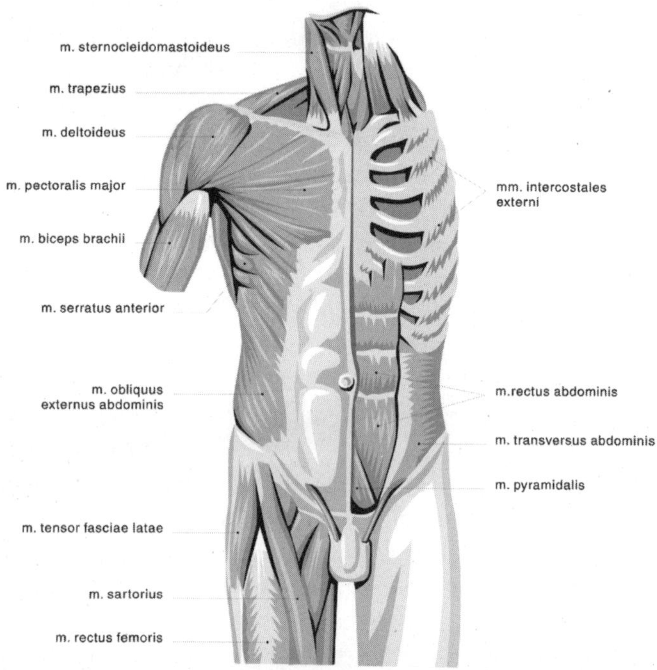

Aber im Laufe der Jahre wurden die Diagramme bunter und komplexer, wurden um chemische Formeln und schwer zu buchstabierende Namen ergänzt, und für alle wurde offensichtlich, dass nur die Fleißigsten und Zielstrebigsten von uns diesen ungeheuerlichen Apparat mit seinen Lymphknoten und Zellstrukturen, Proteinen und Schleimhäuten je verstehen würden. Nie wurden wir dazu aufgefordert, unsere eigenen Körper mit den Diagrammen zu vergleichen, mit denen wir uns im Unterricht beschäftigten. So unglaublich komplex er auch sein mochte, blieb der Körper doch bloß ein Mechanismus, ein Studienobjekt. Der Körper *hatte nichts mit uns zu tun*. Und deshalb konnte man, nachdem man die rudimentären Fakten verinnerlicht hatte, das tiefere Verständnis getrost den Experten überlassen, ähnlich wie bei Autos, Computern und Zentralheizungssystemen. Nur eine Handvoll von uns würde sich nach dem Abitur noch mit Biologie beschäftigen. Und die würden es dann richten, wenn man irgendwann mit dem Körper, in dem man zufällig selber steckte, ein Problem hatte.

Meine Frau rief mich im Büro an, um mir zu sagen, dass die Ergebnisse der Blut- und Urinuntersuchungen mit der Post gekommen waren, und ich ging paddeln. Ich weigerte mich, besorgt zu sein. Im Winter nehme ich immer ein leichtes Slalom-Kajak. Manchmal fahre ich drei Brücken flussaufwärts und surfe auf einer Welle in den Stromschnellen bei der Ponte Pietra, der alten römischen Brücke. Das wird unweigerlich zu einem exhibitionistischen Akt. An der Brüstung stehen Touristen und fotografieren die Stadt. Sie richten ihre Kameras nach unten auf den surfenden Kanuten; ohne Zweifel fragen sie sich, ob er wohl kentern oder gegen einen Fels prallen wird. Sie wünschen sich einen tollen Schnappschuss. Macht er sich die Mühe, unter der Brücke hindurch die Stromschnelle hinaufzupaddeln, applaudieren die Leute, wenn er auf der anderen Seite die letzte Strömung überwindet. Sie kennen sich nicht gut genug aus, um zu sehen, dass er nur ein durchschnittlicher

Paddler ist. Und mit Sicherheit vermuten sie nicht, dass er ein Prostataproblem hat.

Oder ich übe, mich durch die Slalomtore bei der Brücke in der Nähe des Klubs zu fädeln. Es gab ein Manöver beim Kajakfahren, das mich nicht losließ, von dem ich schon lange besessen war, weil ich es nur äußerst selten hinbekam, obwohl ich theoretisch genau wusste, wie es funktioniert. Eins der Slalomtore steht genau in dem Kehrwasser, das sich flussabwärts hinter einem der Brückenpfeiler bildet. Man muss aus der Hauptströmung in das kreiselnde Kehrwasser hineinqueren und dabei das Boot so drehen, dass es flussaufwärts durch das Tor fährt. Um das effizient zu bewältigen, muss man beim Queren aus der Strömung ins Kehrwasser den flussabwärts liegenden Oberschenkel nach unten drücken, während man gleichzeitig den Oberkörper dreht und das Paddel flussaufwärts tief ins Wasser eintaucht. Bei richtiger Koordination unterschneidet das Heck, der Bug richtet sich auf, und das Boot dreht auf der Stelle. Gut ausgeführt ist das ein elegantes, müheloses Manöver.

Mir ist die richtige Koordination nie gelungen. Stimmt nicht. Manchmal ist sie mir doch gelungen; sagen wir mal, gerade oft

genug, um es weiter zu versuchen. Aber richtig gelernt habe ich es nicht. Mal hat mein Körper es hingekriegt, mal nicht, rein zufällig, wie eine Sechs beim Würfeln.

Warum? Ich kann Fahrrad fahren. Ich kann Ski laufen. Ich bin gut mit dem linken Fuß, und obwohl ich mit rechts schreibe, fange ich einen Ball mit der linken Hand. War ich im Grunde ein Linkshänder, der diese Eigenschaft durch das allgemeine Streben nach Konformität in unserer Gesellschaft unterdrückt hatte? Erzeugt die dadurch hervorgerufene Anspannung womöglich ruhelose, ängstliche und unzufriedene Menschen, die den Urologen auf die Nerven gehen? Warum ist der Körper so geheimnisvoll, und warum hat der Geist so große Schwierigkeiten, mit ihm umzugehen? Als sei er mit einer Gleichung konfrontiert, die nicht aufgehen will. Eine Situation, die der geistigen Ratlosigkeit angesichts bestimmter Kunstwerke ähnelt. Solche Gedankengänge sind zwecklos. Aber ich scheine dazu verflucht zu sein, sie immer wieder zu verfolgen.

Wenn ich zum Beispiel vormittags mein Büro verlasse, um einen Kaffee zu trinken, begegne ich oft einem schnauzbärtigen Mann Anfang siebzig, der einen Gehstock benutzt, einen doppelreihigen Anzug trägt und immer einen weißen Cowboyhut auf dem Kopf hat, und das obwohl wir uns in einem tristen Arbeiterviertel von Verona befinden. Eines Tages, als wir auf der Straße aufeinander zugingen, blieb dieser elegante Pensionär stehen und erklärte mit forscher Stimme: »Mein Gott, junger Mann, gehen Sie doch gerade!«

Ich hob den Kopf und schaute ihn an. Wir hatten nie ein Wort gewechselt. Er hielt sich geradezu lächerlich aufrecht, Brust raus, Kinn hoch, weißer Schnauzbart frisch gewichst – ein Veteran bei der Parade. Der Stock war sein Gewehr, der Sommeranzug mit den säuberlichen Falten seine Uniform; die Hutkrempe saß absolut waagerecht.

»Gehen Sie gerade«, wiederholte er, so als wäre er ernsthaft verärgert über meine krummen Schultern. Dann schwenkte er seinen Stock und ging weiter.

Ich war verstört, wurde aber nicht wütend. Immerhin hatte er mich jung genannt, und es stimmte, dass meine Schultern krumm waren. Das ist eine Folge der Schriftstellerei. Es war auch anderen schon aufgefallen. Wenigstens habe ich keine Skoliose wie Leopardi, sagte ich mir. Ich fragte mich, ob die Skoliose des Dichters mit seinen Schwierigkeiten beim Wasserlassen zusammenhing. Und wochenlang gab ich mich der Illusion hin, wenn es mir nur durch irgendein Wunder gelänge, gerade zu stehen, ganz natürlich, ohne mich zu zwingen, und nicht nur gerade zu stehen, auch gerade zu *gehen*, entspannt, ohne jede Verspannung im Nacken, mit erhobenem Kopf, dann wäre ich vollkommen gesund. Dann würden sich meine Probleme in Luft auflösen. Und das Gleiche würde geschehen, sagte ich mir, wenn ich diese elegante Kajakdrehung hinkriegte; wenn diese Drehung mir jedes Mal gelänge, wenn ich ganz nonchalant vom schnellen Wasser ins stille und wieder hinaus fahren könnte. Dann wäre ich *geheilt*.

Krankheit, erkannte ich, zieht ähnlich wie Liebe oder Hass alles an sich, sie verwandelt alles in sich selbst. Woran ich auch dachte, es lief auf eines hinaus: meinen gesundheitlichen Zustand.

Der Umschlag, den ich zu Hause vorfand, war ein gängiges, amtlich aussehendes Modell mit Adressfenster. Ich setzte mich aufs Sofa. Es war, dachte ich, als ob ich einen formalen Brief von einem Anwalt erhalten hätte, in dem etwas so Persönliches und Intimes wie die Beziehung zu meiner Frau geklärt wurde. Ob zum Guten oder zum Schlechten, erfreulich oder erschreckend – gleich würde ich ein paar unumstößliche Tatsachen über dieses rätselhafte Etwas, meinen Körper, erfahren.

Es war eine Stufe zu hoch für mich, was die Biologie betraf.

P-Colesterolo totale

P-Trigliceridi

P-urea

P-creatinina

P-bilirubina totale

Ich hatte keine genaue Vorstellung, was diese Begriffe bedeuteten. Auch nicht, wofür P stand.

Sogar die Maßeinheiten waren mir fremd. Mmol/L. µmol/L.

Es waren ungefähr fünfzig Werte angegeben, vierzig fürs Blut, der Rest für den Urin: *Linfociti, monociti, eosinofili, basofili. Urobilinogeno, corpi chetonici.*

Was wusste ich schon über diese Dinge, über meine Körperteile? Gar nichts. Das Einzige, was ein Laie verstehen konnte, war, dass mein Urin offiziell »strohgelb« war.

Zum Glück war hinter jeder Angabe in Klammern angegeben, welche Werte innerhalb der Norm lagen. Mein Blick wanderte sofort zu *Sr-PSA totale.* Ich habe keine Ahnung, was PSA bedeutet, aber ich weiß, dass man bei Prostatakrebs einen hohen PSA-Wert hat. Es war der vorletzte Eintrag auf der Liste, und die normale Spanne lag bei 0–4.00 µg/L. Mein Wert war 0.31.

»Himmel, du bist ja kerngesund!«, sagte Carlo lachend, als ich ihm die Ergebnisse am Telefon vorlas. »Kein Blut im Urin, unglaublich niedriges PSA, keine Entzündung; alles wie erwartet.«

Als ich den Hörer auflegte, wollte Rita sofort wissen, wie das Urteil lautete.

»Scheint so, als sei alles in Ordnung.«

Unser Freund Larry, erinnerte sie mich daraufhin netterweise, war, genau achtundvierzig Stunden nachdem eine Reihe von Untersuchungen ergeben hatte, dass er kerngesund war, gestorben.

Urodynamik

In *Der Atem. Eine Entscheidung*, dem Buch über Bernhards Rippenfellentzündung und Tuberkulose, ist mit ›Entscheidung‹ sein Entschluss gemeint, ohne Erlaubnis das Krankenhaus zu verlassen und sich als geheilt zu betrachten. Er wollte mit der medizinischen Zunft nichts mehr zu tun haben. So übernahm er selbst die Kontrolle über sein Schicksal.

Allerdings konnte er das nur tun, weil es ihm gut genug ging.

Ich hatte ebenfalls vor, eine Entscheidung zu treffen, aber erst, nachdem die Ergebnisse aller medizinischen Untersuchungen vorlagen. Meine Entscheidung würde dann höchstwahrscheinlich darin bestehen, mich in das Unvermeidliche zu fügen, die »offizielle Version« meiner Krankheit, die ich schon vor langer Zeit gelesen hatte, anzunehmen. Gleichzeitig hoffte ich weiterhin, die Schmerzen würden verschwinden. Ich probierte immer noch mit dem Essen herum.

Durch die Blut- und Urinuntersuchungen waren zwei mögliche Erklärungen ausgeschlossen worden: Prostatakrebs und Steine. Die Diagnose einer Prostatavergrößerung wurde also plausibler, und die TURP-Operation war einen Schritt näher gerückt. Der Mann mit der komischen Mütze und den furchterregenden chirurgischen Instrumenten wartete auf mich.

Der sogenannte urodynamische Test, den ich in der folgenden Woche machen ließ, wies in die gleiche Richtung. Dieser Test hat eigentlich fast Spaß gemacht. Man pinkelt in einen Trichter, und der Urin fließt in einen Behälter, der das Urinvolumen, das pro Sekunde entleert wird, misst. Die Ergebnisse werden in einer Grafik dargestellt, die die Fließgeschwindigkeit in Relation zu der für das Urinieren benötigten Zeit zeigt.

Ungefähr eine Stunde vor dem Test trank ich so viel Wasser, wie ich konnte, in der Hoffnung, dann besser abzuschneiden. Komisch, man macht diese Tests, um Tatsachen festzustellen, aber man versucht trotzdem, ein möglichst gutes Ergebnis zu erzielen. Man mogelt fast. Ein starker, voller Urinstrahl hat etwas kraftstrotzend Mannhaftes, und ich wollte nicht allzu erbärmlich dastehen. Mir kam der Gedanke, dass ich das Ergebnis noch mehr zu meinen Gunsten beeinflussen könnte, wenn ich die Vorhaut ganz zurückschob, weil dann die Harnröhre leicht zusammengedrückt und der Strahl verstärkt wurde. Aber dann überlegte ich, dass das so ähnlich war, wie den Daumen auf den Gartenschlauch zu halten, damit das Wasser die Sträucher hinter dem Blumenbeet traf. Der Strahl sieht dann besser aus und reicht weiter, aber die Fließgeschwindigkeit bleibt die gleiche.

Also stand ich in einer mit einem Vorhang verschlossenen Kabine und lenkte meinen traurigen, trägen und mehrmals unterbrochenen Urinstrahl in einen weißen Plastiktrichter, während auf der anderen Seite des Raums eine kluge Nadel eine kümmerliche Zickzacklinie mit abgebrochenen Spitzen auf eine Rolle Millimeterpapier zeichnete. Sobald ich meine Hose wieder zugemacht hatte, riss der junge, ziemlich attraktive schnauzbärtige Arzt, der den Test überwachte, meine Gebirgslinien ab und verglich sie zur Erklärung mit der Kurve eines normalen Menschen: Die Linie, die er zog, zeigte den gleichmäßigen Gipfel eines gesunden Pinkelstrahls.

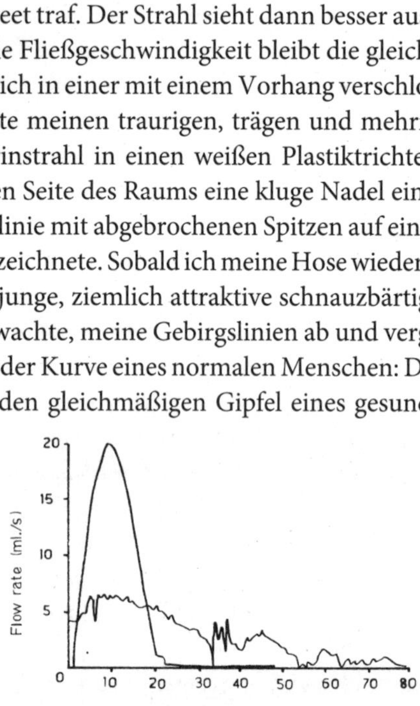

Als wir die beiden Linien betrachteten, die eine schwindelerregend und anmutig, die andere kümmerlich und holprig, wurde mir bewusst, dass diese Grafik mir etwas zeigte, was ich schon lange wusste. Etwa ein Jahr zuvor waren mein Sohn und ich zu einer Kajaktour nach Österreich aufgebrochen. Ehe wir ins Auto stiegen, gingen wir beide noch mal zum Pinkeln auf die beiden Klos im ersten Stock unseres Hauses, und weil wir zwei Männer allein im Haus waren, ließen wir die Türen offen. Was ich da hörte – ein kurzes, von den gekachelten Wänden verstärktes Niagarafall-Donnern, und davor sowie danach das abgehackte Klimpern meines eigenen müden Tröpfelns –, war die akustische und mehr noch die *gefühlte* Entsprechung dieser übereinandergelegten urodynamischen Kurven. Jetzt erkannte ich das Gleiche noch einmal, auf sachlichere Art in Zahlen ausgedrückt.

Urinierzeit 68 Sekunden
Fließzeit 66 Sekunden
Zeit bis zur max. Fließgeschwindigkeit 19 Sekunden
maximale Fließgeschwindigkeit 11.4 ml/s
durchschnittliche Fließgeschwindigkeit 6.7 ml/s
Gesamtvolumen 447 ml

Großartig, wie Samuel Becketts Molloy feststellt, nachdem er 24 Stunden lang seine Fürze gezählt hat, wie viel man mithilfe der Mathematik über sich selbst erfahren kann! Ich heftete die beiden Grafiken in den Untersuchungsordner, den man mir geraten hatte anzulegen. Der Anblick der gesunden Kurve erfreute mich weit weniger als damals der Klang des explosiven Strahls meines Sohnes.

»Ich hab schon Schlimmeres gesehen«, sagte Carlo lächelnd, als ich ihm meinen Befund in der Krankenhauscafeteria zeigte.

»Also«, fragte ich, »bestätigt das die Diagnose?«

»Es kann immer noch an den Blasenschließmuskeln liegen und nicht an der Prostata.« Ein normaler Schließmuskel, sagt er, öffnete sich ungefähr so weit wie der Durchmesser dieses Donuts – wir betrachteten den pappigen, mit Zuckerguss überzogenen Ring, den er bestellt hatte –, während meiner sich vielleicht nur, mhm – so weit öffnete: Er zeigte auf die Fünfzig-Cent-Münzen, die er auf den Tresen gelegt hatte.

»Das wäre eine Erklärung.«

Während er aß und redete, sich die Marmelade von den Lippen wischte und die Körper der hübschen Krankenschwestern um uns herum musterte, wurde mir bewusst, dass ich mich ihm trotz meiner schwachen Pinkelleistung in gewisser Hinsicht überlegen fühlte. Probleme hin oder her, ich war mit meinen einundfünfzig Jahren noch rank und schlank, während Carlo, der kaum über vierzig sein konnte, gut zwanzig Kilo Übergewicht hatte und langsam schlaff wurde. Jedes Mal, wenn ich ihn traf, aß er: einen Donut, ein Sandwich, eine Pizza. Die Krankenschwestern, dachte ich, würden viel eher mich anschauen als ihn, besonders wenn ich die Schultern nicht so sehr hängen ließ.

Auf dem Heimweg im Auto musste ich über diese Eitelkeit lächeln, genoss sie aber gleichzeitig. Mein Körper und ich mochten zurzeit nicht die besten Freunde sein; wir kommunizierten kaum, außer über die Schmerzen. Trotzdem konnte mein Fleisch nicht umhin, meine beeindruckende Charakterstärke unter Beweis zu stellen: *Ich aß vormittags keine marmeladegefüllten Donuts*. Ich verfügte über *Selbstbeherrschung*.

Man konnte also Trost darin finden, dachte ich, dass man auf dem Operationstisch eine gute Figur abgeben würde.

Noch später fiel mir Velázquez wieder ein. Ich stand am Computer, und als ich eine Tasse Tee zum Mund führte, zitterte meine Hand. War es überhaupt möglich, überlegte ich sofort, dass der Junge und der Mann auf dem Bild im Apsley House das Wasser so vollkommen still halten konnten, wenn sie es von einer Hand in die andere übergaben? War ein Glas auf den Straßen von Sevilla tatsächlich so kristallklar? Hätte der Maler nicht viel eher zeigen sollen, wie die beiden aus einem eher trüben Glas ein paar Tropfen verschütteten? Alles andere auf dem Bild wirkte so authentisch. Und bestand womöglich ein Zusammenhang, überlegte ich sogar noch weiter, zwischen dieser zweifellos absichtlichen Anomalität und der bekannteren auf dem Bild der nackten Venus desselben Malers, auf dem die schöne Frau, die uns den Rücken zudreht, eine Putte einen Spiegel halten lässt, damit sie ihr Gesicht betrachten kann; nur dass sie, da wir ihr Gesicht im Spiegel sehen, gar nicht sich selber darin sehen würde, sondern uns oder vielmehr Velázquez.

Beide Bilder, dachte ich und rief sie bei Google auf, schienen mit dem Schauen zu tun zu haben, mit Körper und Geist, und bei beiden standen trügerische Abbildungen von gläsernen Dingen im Zentrum, die unsere Aufmerksamkeit erregten und unsere geistige Aktivität mit der der Figuren im Bild in Übereinstimmung brachten. Warum schauten der Junge und der Wasserverkäufer weder einander noch das Glas Wasser an, obwohl sie doch mittels dieses Glases zu kommunizieren schienen?

Ich wechselte zwischen den Gemälden hin und her. Der Austausch des Wassers sollte eigentlich eine geschäftliche Sache sein – der Wasserverkäufer verkauft es –, aber er *wirkte* nicht geschäftlich. Die beiden wirkten verzückt, gedankenverloren, so wie auch Venus und ihre Putte verzückt wirkten. Aber die eigentliche Frage war: Warum hatte ich – absurderweise – angefangen, die dunkle Feige im Glas als die Prostata zu betrachten, die Prostata in kerngesundem Zustand, Letzteres allerdings nur, weil sie so wunderschön eingetaucht war in dieses klare, seltsam vergeistigte Wasser? Das Wasser wurde durch die Feige schöner, und die Feige erschien dunkel und vollkommen durch das Wasser.

Ich werde sauer auf mich selbst, wenn ich mich in solch schrulligen Gedankengängen verliere. Nichts als eine selbstbezogene Laune, murmelte ich. Die reinste Nabelschau. Vermutlich hätte jedes Bild der Auslöser sein können. Du solltest das Bücherschreiben aufgeben, sagte ich mir, und nur noch journalistische Aufträge annehmen, die dich zwingen, ein bisschen zielgerichteter zu denken.

Als ich nach Hause kam, öffnete ich einen Brief mit den Ergebnissen der sogenannten dreitägigen zytologischen Urinuntersuchung und erfuhr, dass man Vorstufen von Krebszellen in meiner Blase entdeckt hatte.

Entterritorialisierung

Die Nächte waren unberechenbar; daran gewöhnte ich mich allmählich. Meine Frau und ich schliefen noch im selben Bett, aber weiter auseinander als früher. Mein Unbehagen kapselte mich ein. Meine Frau hielt sich mit Fragen zurück, aus Rücksicht oder weil sie sich langweilte. Sie ging später als sonst mit dem Hund raus. Ich schlief früher ein, natürlich nach einem Whisky. Dann ging das Zählen los. Wie viele Gänge ins Bad? In welchen Abständen? Manchmal dachte ich, ich sollte Buch führen. Vielleicht würde ich in den Zahlen ein Muster erkennen. Aber was könnte mir so ein Muster sagen, was ich nicht bereits wusste?

Grundsätzlich teilte sich jede Nacht in mehrere Teile: zwei bis drei eineinhalbstündige, gefolgt von zwei bis drei einstündigen. Das mussten die berühmten Schlafphasen sein. Manchmal, allerdings immer seltener, übersprang ich eine Unterbrechung und schlief ganze drei Stunden durch. Wenn ich dann die Augen aufschlug, war mir stark und freudig bewusst, dass ich länger geschlafen hatte als gewöhnlich.

Auf dem Nachttisch stand ein Digitalwecker, der aufleuchtete, wenn man ihn berührte. Sonst war er nur schwach beleuchtet und gab ein leises elektronisches Surren von sich. Wenn ich aufwachte, freute ich mich, dass ich wusste, wie spät es war, bevor ich auf den Wecker schaute, so als könne dieser kleine Erfolg die Niederlage, so oft aufstehen zu müssen, wieder wettmachen.

Nur mit einem T-Shirt bekleidet zitterte ich, wenn ich barfuß über die Steintreppe nach unten stieg. Nur der Hund sah mich. Ein Border Collie. Sein Korb versperrt beinahe die Badezimmertür. Er macht jedes Mal ein Auge auf, wenn ich über ihn rübersteige. Was er sich wohl dabei dachte, fragte ich mich, während ich mich vor dem Klo an die Wand lehnte, um zu pinkeln, dass ich nachts so viel unterwegs war?

Dann stellte sich die Frage, ob ich spülen sollte? Sechs mal dreihundertfünfundsechzig, das wären zweitausendeinhundertneunzig Spülungen pro Jahr. Das ist viel Wasser für ein Land mit begrenzten Reserven. Ich ließ alles in der Schüssel stehen bis ungefähr um fünf. Vor sechs würde keiner aufs Klo gehen.

Du wirst zum nachtaktiven Wesen, dachte ich, als ich die Treppe wieder hochstieg. Du und der Hund. Manchmal mochte ich es, die frühen Morgenstunden zum Tag zu machen, auf zu sein, wenn sonst niemand auf war. Mein geistiges Leben veränderte sich. Ich konnte im Bett liegen und über den Text nachdenken, den ich gerade schrieb. Ich lernte, mir keine Sorgen wegen des verlorenen Schlafs zu machen; irgendwann schlief ich immer wieder ein. Meine Gedanken waren nachts reicher und seltsamer als am Tag, nicht oft verwendbar, wenn ich mich am Morgen an sie erinnerte, aber durchaus ein Vergnügen. Ein fast sinnliches Vergnügen. Rousseau hatte sich dauernd Katheter in den Penis geschoben, fiel mir ein. Um seine Steine auszuscheiden. Er schreibt darüber in den *Bekenntnissen.* Irgendwann kaufte er sich einen lebenslangen Vorrat an Kathetern. Wenigstens das blieb mir erspart. Montaigne litt ebenfalls unter Urinsteinen. Ob das etwas mit dem Schreiben auf Französisch zu tun hatte?

In der zweiten Hälfte der Nacht kamen die Träume. Ich träumte, wie meine Frau und ich in Verona am Fluss entlangspazierten, aber der Fluss war ausgetrocknet, es war nur noch ein schlammiges Rinnsal übrig, und die gediegenen bürgerlichen Palazzi auf beiden Uferseiten erwiesen sich als Pfahlbauten, die im Schlick verrotteten.

Um fünf weckten mich die Schmerzen. Sie waren heftig. Ich ging nach unten, pinkelte noch mal, spülte den Geruch weg, aß mein Müsli und öffnete erneut das Internet, um *cellule uroteliali* und *strutture papillari, nucleo ipercromico* nachzuschlagen. Ich hatte an drei aufeinanderfolgenden Tagen Urinproben ins Krankenhaus gebracht. Sie hatten die Proben zentrifugiert, eine zytologische Analyse gemacht und präkanzeröse Veränderungen festgestellt.

»Das kann alles und nichts bedeuten«, sagte die Dame, die die Ultraschalluntersuchung durchführte. »Mal schauen, was wir sehen können.«

Ich bezahlte jetzt privat. Diese *dottoressa* war die einzige Person in ganz Verona, deren Ultraschallbildern er und seine Kollegen trauten, hatte Carlo gesagt. Sie ließ das Gerät über die Vaseline auf meinem Bauch gleiten, und ich fragte sie, ob sie viele solche Fälle habe.

»O ja, reihenweise Männer in Ihrem Alter. Das ist nichts Besonderes.«

Sie war Mitte fünfzig, grauhaarig, mit einem kleinen Schmollmund. Hübsch.

Ich fragte sie, ob sie Gemeinsamkeiten sah zwischen den Männern mit diesen Symptomen. Sie arbeitete, während wir uns unterhielten. Mit der rechten Hand führte sie das Instrument in Schlangenlinien über meinen Bauch, hin und her, mal schnell, mal langsam, hielt einen Moment inne, fuhr fort, suchte, forschte; ihr Blick war nicht auf mich, sondern auf den Bildschirm gerichtet. Mit der linken Hand tippte sie auf einer Tastatur. Ich erkannte auf dem Monitor nur ein paar vage Schatten in einem dunklen Schneegestöber.

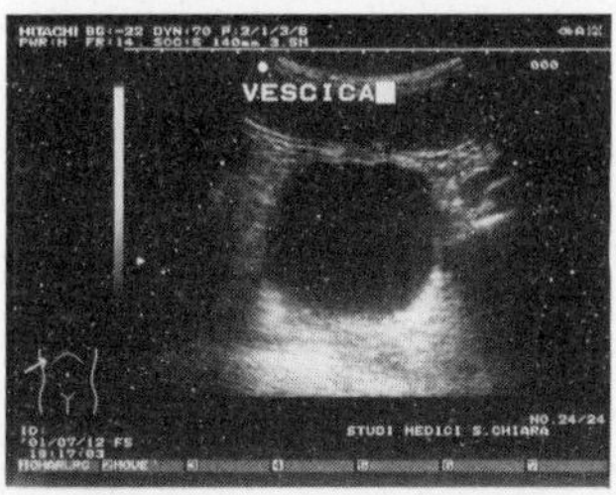

»Nun ja, es sind alles sehr beschäftigte Leute«, sagte sie. »Wenn ich so darüber nachdenke. Es ist immer schwierig, Termine zu finden. So, würden Sie jetzt bitte zum Wasserlassen gehen?«

Ich ging auf die Toilette, pinkelte und kam wieder. Sie klickte durch die Bilder auf dem Monitor und machte sich Notizen.

»Das ging ja schnell«, bemerkte sie.

»Schnell?«

»Zu schnell. Gehen Sie noch mal und pinkeln Sie zu Ende. Ich muss messen, wie gut die Blase sich entleert. Noch ist sie nicht leer.«

Ich hatte ganz normal gepinkelt, ohne den Eindruck zu haben, dass ich mich beeilte. Gehorsam, aber skeptisch ging ich zurück aufs Klo und stellte fest, dass noch eine ganze Menge kam, obwohl ich keinen Drang verspürte. Seltsam. Sie kannte meinen Körper besser als ich.

»13 Kubikzentimeter«, sagte sie. »So viel ist jetzt noch drin. »Das ist nichts. Die Entleerung ist in Ordnung.«

Ich freute mich wie ein Kind, fragte mich dann aber, ob sie nicht gemogelt hatte, als sie mich noch einmal zurückschickte. Hieß das, ich konnte jedes Mal, wenn ich dachte, ich sei fertig, noch mehr pinkeln? Ich fragte mich auch, ob sie es mir wohl offen sagen würde, wenn auf ihrem Monitor ein Tumor erschien. Vielleicht in einer Niere. Aber ich wollte sie nicht in Verlegenheit bringen, indem ich sie fragte. Es würde alles im Ergebnisbericht stehen.

Ich wartete, während sie das Gerät weiter unten auf meinen Bauch drückte, aber dann dachte ich, warum sollte ich sie nicht in Verlegenheit bringen? Wozu dieses bleierne Schweigen bei Krankheit? Schließlich bezahlte ich dafür. Es war mein Körper.

»Und, wo sind die Tumore?«

Sie lächelte. »Bis jetzt verstecken sie sich.« Sie verstand meine Stimmung genau. »Falls etwas da ist, dann vermutlich in der Blasenwand. Dafür ist eine Zystoskopie nötig.«

Ich musste mich auf die Seite drehen und meine Unterhose herunterziehen. Sie nahm ein anderes Instrument für die Analuntersuchung. Eigenartig, mit welcher Selbstverständlichkeit wir solche Sachen mit uns machen lassen, so als wäre das etwas ganz Alltägliches. Ich verspannte mich.

»Ganz locker.« Sie schob das Ding hinein.

»Die Ärzte meinen, eine TURP sei notwendig«, sagte ich.

Ich betrachtete einen Schrank mit Glastüren, der voller kleiner weißer Schachteln stand. Der Begriff TURP, dachte ich, verlieh der Operation einen stechenden Terpentingeruch. Sie sagte nichts. Ich wurde ins Bad geschickt, um die Vaseline abzuwischen. Als ich zurückkam, war sie dabei, die Schatten auf dem Bildschirm einzurahmen und zu messen. Wenn ich fünf Minuten draußen wartete, sagte sie, würde sie schnell den Bericht tippen. Dann könnte ich ihn meinem Arzt zur Beurteilung bringen.

»Sagen Sie es mir gleich«, bat ich. »Ich verstehe nichts von diesem medizinischen Zeug.«

Sie schaute mit gerunzelter Stirn auf den Bildschirm. »Die Prostata ist nicht vergrößert, für einen Mann Ihres Alters ist sie sogar ziemlich klein. Das Einzige, was ich sehe, sind ein paar Kalkeinlagerungen. Im Normbereich.«

Nicht vergrößert! Dann muss es Krebs sein, dachte ich. In der Blasenwand. Das war der Stein in meinem Bauch, die ständigen, bohrenden Schmerzen. Trotzdem war ich seltsam erfreut, dass die »offizielle medizinische Version« sich als falsch erwiesen hatte.

Ich rief Carlo an. »Ich fürchte nicht!«, sagte er lachend. »Die Prostata kann klein sein, aber innen, um die Harnröhre herum, faserig. Es ist kompliziert. Wir müssen alle Untersuchungen abwarten. Dann schicke ich dich zum besten Chirurgen.«

Etwa eine Woche später hatte ich ein beunruhigendes Erlebnis in einem Restaurant in Mailand. Ein Kollege und ich hatten einen Gastprofessor zum Essen eingeladen. Wir saßen zusammen und sprachen über das Übersetzen, mein Unterrichtsfach. Der Gast war Amerikaner, ein echter Akademiker mit einer Schwäche für Walter Benjamin und Derrida. Er wurde ganz ernst, als er auf dem beharrte, was er als Entterritorialisierung des Signifikanten ansah, trotz der essenziellen Stabilität des Signifikaten in einem sich verändernden translingualen Muster der *différance*, wobei er das ungewöhnliche »a« so gut er konnte betonte. Edoardo und ich empfahlen ihm, *ossobuco*, die örtliche Spezialität, zu essen, und er tat es, aber ohne seine Ausführungen über die verschiedenen Projekte, mit denen er sich gerade befasste, zu unterbrechen. Er hatte schütteres Haar, war dick und so ernst, dass ich mich irgendwann fragte, ob er überhaupt mitbekam, was er auf dem Teller hatte. Er aß mit peinlichem, fast kindlichem Appetit, aber in Gedanken war er vollkommen mit sich selbst und seiner *différance* beschäftigt. Edoardo, der schlank und elegant ist, lächelte höflich und versuchte ab und zu, das Thema zu wechseln. Ich stand auf und verkündete, ich müsse auf die Toilette.

Seit meinem Erlebnis mit der Ultraschall-Ärztin versuchte ich, langsamer zu pinkeln, und wartete hinterher immer noch ein bisschen, um zu sehen, ob noch mehr kam. Natürlich in der Hoffnung, dass so eine kleine Zugabe bewirken würde, dass ich nicht so oft musste. Leider war es nicht so. Es bestand offenbar kein Zusammenhang zwischen der Urinmenge und dem Drang zu pinkeln. Was würde es da nützen, fragte ich mich, wenn sie mich »von innen ausschälten«, damit »die Entleerung besser funktionierte«, wie Carlo es ausgedrückt hatte? Ich durchquerte die äußerst urige mailändische Osteria, suchte die Toilette, schaltete das Licht an, ging hinein und schloss ab. Es dauerte, bis ich pinkeln konnte. Danach wartete ich noch eine Weile, und …

Das Licht ging aus.

Vermutlich war es an eine Zeitschaltuhr angeschlossen. Ich stand im Dunkeln. Kein Spalt, keine Ritze, durch die Licht drang. Und der Schalter, wurde mir klar, war *draußen*. Offensichtlich wollten sie nicht, dass die Leute sich auf dem Klo herumtrieben, sich einen Schuss setzten, masturbierten, Sex hatten. Aber hatte ich mir denn wirklich so viel Zeit gelassen? Ich schloss meinen Hosenschlitz, drehte mich um und stellte fest, dass ich die Tür nicht finden konnte. Ich knallte gegen ein Waschbecken. Das Flurlicht musste auch ausgegangen sein. Ein Fenster gab es nicht, ich hörte nur das Summen einer Lüftung und Geräusche von klapperndem Geschirr und Schritten, aber sehr entfernt. Es war stockfinster. So viel zum Thema Entterritorialisierung. Ich streckte die Hände aus, um die Wand zu ertasten, und als ich zuerst Kacheln, dann Putz, dann ein Rohr unter den Fingern spürte, fühlte ich mich plötzlich sehr präsent, sehr lebendig, hier und jetzt, in dieser bescheuerten Lage, eingesperrt auf dem stockdunklen Herrenklo.

Die Tür fand ich immer noch nicht. Ob ich schreien sollte? Wie albern das wirken würde!

Dann fühlte ich die Tür, konnte aber das Schloss nicht finden. Was für ein Schloss war es? Ich wusste es nicht mehr. Ein Riegel? Panik stieg in mir hoch, ähnlich wie beim Kajakfahren, wenn man in einer Stromschnelle kentert, nicht wieder hochkommt und die Schlaufe nicht findet, mit der man die Spritzdecke vom Süllrand abziehen kann, um sich zu befreien. Man hat nicht viel Zeit. Nur diesen einen Atemzug.

Da war es. Ich hatte auf der linken Seite der Tür gesucht statt auf der rechten. Es war ein kleiner Knopf im Griff, den man drehen musste. Ich öffnete die Tür und war sofort wieder in der Normalität. Essensgerüche, Lachen, warme Luft, Fotos aus dem Mailand der dreißiger Jahre. Wie wunderbar. Lass gut sein mit dem Händewaschen. Ich lief eilig an einer vollbusigen Frau vorbei, die sich über einen Tisch beugte. Ein Kellner zwinkerte mir zu. Hier ging es unglaublich gesellig zu! Als ich mich hinsetzte, erklärte der Amerikaner gerade voller Entrüstung: »Die Leute wollen einfach nicht sehen, dass die Sprache, in der sie leben, nur eine von vielen möglichen Welten darstellt.« Ihm war gar nicht aufgefallen, dass ich zu lange weg gewesen war. Edoardo nickte. Ich schenkte mir ein Glas Wein ein und leerte es in einem Zug. So wird es sein, dachte ich, wenn ich eines Tages aus dieser Krankheit wieder herauskomme. Niemand wird bemerkt haben, dass ich je weg war.

Erinnert ihr euch an das Leben?

»Signor Pax, können Sie uns bitte sagen, ob Sie Wasser lassen müssen oder nicht?«

In der Stimme des jungen Arztes schwang leichte Verzweiflung mit.

Was mich verblüffte, als ich auf dem Rücken unter einem riesigen grauen Röntgenapparat lag, war die Entfernung zwischen mir und dem Personal; so ausgefeilt ihre Geräte auch sein mochten, sie waren kilometerweit entfernt von dem brodelnden Wirrwarr in den Organen, die sie fotografierten, und dem Matsch des Unbehagens in meinem Kopf. Vielleicht waren sie gerade wegen ihrer Geräte so weit weg.

»Signor Pax ...«

»Nein«, schnappte ich, »das kann ich Ihnen nicht sagen. Wenn ich es könnte, dann wäre ich nicht hier.«

Eine der hübschen Schwestern hätte fast gekichert und musste sich mit vorgehaltener Hand abwenden. Vielleicht hatte sie auch nur genug vom Anblick meines Unterkörpers.

Das Urogramm ist eine von den Untersuchungen, über die es heißt: »Wenn man sich vorher nicht krank fühlt, wird man es hinterher sein.« Aber ich *fühlte* mich vorher krank. In der vorangegangenen Woche war ich auf einer Lesereise nach Deutschland kaum in der Lage gewesen, bis zum Ende des Abendprogramms auf meinem Stuhl zu sitzen. Die Schmerzen waren heftig, brennend und anhaltend. Ich hatte das Bedürfnis spazieren zu gehen. Ich konnte mich nicht auf die Fragen aus dem Publikum konzentrieren. Ich musste mich einfach *bewegen.* Als endlich Schluss war, ging ich eilig nach draußen, wo mich ein eisiger Wind traf und der Schneematsch in meine Schuhe drang. Frankfurt war kalt und grau und voller Baustellen. Draußen fühlte ich mich nur noch mieser. Zum ersten Mal war das Laufen ebenso schmerzhaft wie das Sitzen. Du bist ein Zombie, dachte ich. Mir blieb nichts anderes übrig, als die Untersuchungen abzuschließen und dann die Ärzte operieren zu lassen.

Mach es. Bring es hinter dich.

Ein Urogramm besteht aus einer Reihe von Röntgenaufnahmen des Unterleibs. Nach den ersten Aufnahmen des Bauches im Normalzustand wird einem über einen Tropf ein radioaktives Kontrastmittel eingespritzt, damit die Röntgenkamera den Weg der Flüssigkeit durch Nieren, Blase und Harnröhre aufzeichnen kann. Am Tag vor der Untersuchung muss man ein Abführmittel nehmen und darf danach nichts mehr essen. Der Darm muss leer sein.

Diese mehr als unerquickliche Vorbereitung stellt sicher, dass man gestresst ankommt. Während Rita und die Mädchen am Abend zuvor Brathühnchen aßen, saß ich vor einer öligen Elektrolytlösung mit Zitronengeschmack. Zwei Litern davon. Der erste Schluck vor einer Stunde hatte fast gut geschmeckt, aber nach etwa einem halben Liter war mir das Zeug zuwider. Ich musste es geradezu herunterwürgen.

Als ich mich ins Badezimmer zurückzog, immer noch einen vollen Krug Abführmittel vor mir, nahm ich das schnurlose Telefon mit. Ich rief Carlo an, um mich für den Termin im Krankenhaus zu bedanken. Er würde persönlich nicht dabei sein, sagte er. Aber er würde dafür sorgen, dass ich danach mit dem besten Chirurgen des Krankenhauses die Ergebnisse besprechen könnte. »Eigentlich sogar dem besten Chirurgen Italiens«, fügte er hinzu. »Außer mir selbst natürlich.«

In meinem Darm verflüssigte sich etwas.

Spontan – warum nur? – rief ich Mum in London an. Sie war trotz ihrer Brustkrebserkrankung, über die wir nicht sprachen, gut gelaunt. Deine Mutter ist wesentlich schlechter dran als du, dachte ich. Überall auf der Welt gab es Menschen, die viel schlechter dran waren.

Die Türklinke klapperte, als eine meiner Töchter hereinstürmen wollte. Ich legte eine Hand über die Sprechmuschel, um laut meine Anwesenheit kundzutun.

»Es ist doch nichts passiert, oder?«, fragte Mum vergnügt.

»Ich habe gerade an Dad gedacht.«

Sie schwieg.

»Ich habe mich gefragt, ob er nachts oft auf die Toilette musste.«

»Aha.«

Mum dachte in ihrem winzigen Londoner Reihenhaus, einer Art Wohnschlafzimmer auf zwei Etagen, darüber nach.

»Er musste oft aufs Klo, wenn er nervös war.« Sie fügte hinzu: »Wie alle Männer, nehme ich an. Stimmt etwas nicht, Liebling?«

Tektonische Platten verschoben sich in meinem Innern.

Vermutlich nur eine vorübergehende Störung, sagte ich zu Mum. Warum um alles in der Welt hatte ich sie ausgerechnet in diesem Moment angerufen? Ich legte auf und verbrachte eine äußerst unangenehme Stunde damit, meine Gedärme zu entleeren. Abführmittel sind etwas Unnatürliches, entschied ich. Durch den Anus Wasser zu lassen ist etwas ausgesprochen Unnatürliches.

Gegen neun, nachdem ich mit allem durch war und sauber gemacht hatte, ging ich nach unten und googelte »Urogramm«, um in Erfahrung zu bringen, was da im Krankenhaus auf mich zukam. Fast sofort stieß ich auf eine Studie, in der behauptet wurde, »dass die vorherige Einnahme von Abführmitteln die bildliche Darstellung bei einer intravenösen Urografie nicht verbessert. Radiologische Institute, die heute noch vor dem Urogramm die Verabreichung von Abführmitteln verlangen, praktizieren keine evidenzbasierte Medizin.«

Das war nicht gerade aufbauend.

Gegen elf am nächsten Vormittag legte ich mich auf eine

dünne Matratze unter ein Monstrum von Röntgenapparat, während eine Krankenschwester einen Tropf mit jodhaltigem Kontrastmittel vorbereitete und dann einen dicken Gurt über mich legte. Sie zurrte ihn fest. Dann noch fester.

»Damit die Flüssigkeit sich während der Aufnahmen in Ihren Nieren staut, müssen wir den Unterbauch zusammendrücken.«

»Es muss wehtun, fürchte ich«, warf ein älterer Arzt ein.

»Tut es«, versicherte ich ihm.

Die Fotosession ging los. Vor jeder Aufnahme huschten alle vier Mitarbeiter durch eine Tür hinter mir nach draußen und schauten durch eine Glasscheibe zu. Röntgenstrahlen sind schließlich gefährlich. Nach einer halben Stunde wurde der Gurt gelockert und ich zum Herumlaufen vor die Tür geschickt, »bis Sie so weit sind, Wasser zu lassen, Signor Pax«.

Das Problem lag in den Worten »so weit«. Ich musste jetzt schon dringend. Ich verspürte da unten eine schwelende Hitze, die sich jederzeit entladen konnte. Nach zehn Minuten ging ich eilig zurück, nur um mir sagen zu lassen, ich könne unmöglich schon »so weit« sein. Sie hatten sowieso noch einen anderen Patienten.

»Sie sind frühestens in einer Stunde so weit«, sagte der Assistenzarzt bestimmt und besonders deutlich, um der Tatsache Rechnung zu tragen, dass ich Ausländer war.

Trotzdem musste ich dringend.

»Laufen Sie herum«, sagten sie. »Entspannen Sie sich.«

Der Imperativ »entspannen Sie sich« gehört ebenso wie die besonders deutliche Aussprache gegenüber Ausländern zu den Dingen, die mich rasend machen.

Ich lief herum. Das Krankenhaus hat ein Hauptgebäude und zwei Seitenflügel, alle mit beängstigend langen Korridoren. Die Wände sind hellgrau, die Fußböden mit blauem Linoleum belegt, das Neonlicht fluoresziert schlaflos. Das Personal eilt in weißen Kitteln, grünen Hosen und Clogs vorbei. Weit weniger selbstsicher lesen die Patienten und Besucher die Schilder:

Onkologie, 5. Stock, Westflügel; Kardiologie, 2. Stock, Hauptgebäude. Der Körper ist aufgeteilt in Stockwerke und Flügel. Die lebenswichtigen Organe sind fein säuberlich voneinander getrennt. Die Leute verlaufen sich unterwegs und halten sich an großen gelben Umschlägen fest, die technische Informationen über ihre Eingeweide enthalten, so ähnlich wie sie sich auf dem Finanzamt an ihre Steuerbescheide und Rechnungen klammern. Im Großen und Ganzen unterscheidet sich dieser Ort kaum von anderen öffentlichen Gebäuden in der Stadt. Es ist kein Haus der Zuversicht oder der Heilung; jedenfalls nicht, wenn wir damit Ganzheit meinen. Es ist ein großes bürokratisches Industrieunternehmen. Man kommt hierher, um seinen Körper anschauen zu lassen, Teile herausnehmen, Prothesen einsetzen zu lassen oder Medikamente verabreicht zu bekommen, und zwar in dem jeweils dafür eingerichteten Gebäudeteil. Wie könnte es anders sein? Es gibt eine Schlange vor dem Schalter, wo die Termine vereinbart werden, eine Schlange am Abholschalter für die Untersuchungsergebnisse, eine weitere vor der Kasse. Hier und da finden sich Reihen von Stühlen, die im Boden verankert sind. Ein junger Mann sitzt auf einem Stuhl und hat den Kopf in die Hände gelegt.

Sie hatten gesagt, ich dürfte einen Kaffee trinken, also ging ich ins Café. Die großen Fensterscheiben waren wegen der kalten Luft draußen beschlagen. Das Café war überfüllt, aber freundlich eingerichtet. Ich setzte mich, stellte fest, dass das zu wehtat, und trank meinen Kaffee schließlich im Stehen an der Theke. Im Fernsehen lief MTV. Es war so leise gestellt, dass man den Rhythmus, zu dem sich gerade drei Mädchen bewegten, kaum hörte. Ihre Gesten waren ausgefeilt erotisch, ihre Kleidung auffallend unpraktisch. Ich schaute ihnen belustigt und verblüfft zu. Die Mädchen wanden und schüttelten sich. Der Körper ist zu einer Karikatur des Körpers geworden, dachte ich. Dieser Tanz verspottete die sexuelle Verlockung. Die Posen der Menschen um mich herum waren neutralisiert, gleichgültig, mechanisch.

Die Mädchen auf dem Bildschirm spulten eine Pantomime übertriebener Lebensfreude ab. Für Geld. Es war ihnen egal, ob wir ihnen das abnahmen. Erinnert ihr euch an das Leben?, fragten ihre jungen Hüften. Erinnert ihr euch an Sex? Echt ein Witz!

Um mir den Rest der Stunde zu vertreiben, ging ich im Garten spazieren, dem sogenannten. Ein Kiesweg wand sich in ziellosen Kurven durch winterharte Sträucher, die zwischen den Hauswänden mit den erleuchteten Fenstern zwergenhaft wirkten. Die Bänke waren leer. Die einzigen anderen Besucher gingen nicht weiter als bis zum ersten reifbedeckten Blumenbeet. Sie waren zum Rauchen nach draußen gekommen. Der Boden war mit Kippen übersät. Die Pflanzen sahen grau aus. Dieser Garten ist kaum mehr als die Erinnerung an einen Garten, dachte ich, genau wie das Musikvideo eine schwache Erinnerung an Erotik war. Die Gegenwart besteht aus Zytologie, Radiografie, Ultraschall, Zigaretten und Angst.

»Signor Pax, können Sie uns bitte sagen, ob Sie überhaupt Wasser lassen *müssen* oder nicht?«

Ich lag auf dem Rücken, wieder unter dem Röntgengerät, diesmal jedoch ohne Unterwäsche. Auf dem Bauch hatte ich etwas, das die Italiener so schön *pappagallo* nennen. Eigentlich bedeutet das Wort Papagei, aber in diesem Fall bezog es sich auf eine kleine weiße Urinflasche. »Schieben Sie Ihren Penis in die Öffnung, Signor Pax«, wies mich eine der Krankenschwestern an, »und halten Sie den Papagei mit der linken Hand fest, ganz still, und ohne der Kamera im Weg zu sein.«

»Nein, so.«

Sie lächelte, während sie meine Hände und meine Genitalien umsortierte.

Nachdem das erledigt war, brauchte ich nur noch ganz still zu liegen … und zu pinkeln. Und dann würde der graue Apparat über mir ein Bild davon machen, wie das Kontrastmittel sich seinen radioaktiven Weg durch meine maroden Leitungen bahnte.

»Siamo pronti?«

Das Personal zog sich zurück.

»Rufen Sie einfach, wenn Sie spüren, dass der Urin kommt, Signor Pax.«

Endlich. Seit anderthalb Stunden wartete ich auf diese Erleichterung. Ich hatte geradezu darum gebetet. Ich drückte, um zu pinkeln.

Nichts.

Entspann dich, mach sachte.

Nichts.

Die Minuten vergingen. Schließlich ging eine Tür auf, und der junge Assistent des Röntgenarztes kam eilig zu mir.

»Signor Pax, Sie können jetzt Wasser lassen. Rufen Sie einfach, wenn es losgeht.«

Er wiederholte die Anweisungen noch einmal mit deutlicherer Aussprache. Ich hätte ihn umbringen können.

Dann zog er sich zurück. Hinter der Glasscheibe waren aller Augen auf mich gerichtet. Da ich ganz offensichtlich der Star der Show war, versuchte ich, mich zu entspannen und zu pinkeln. Nichts. Der Schmerz des Dringend-pinkeln-Müssens blieb genau derselbe, es fühlte sich an, als hätte ich kochenden Schlamm in der Blase. Aber nichts rührte sich.

Der junge Arzt kam zurück.

»Signor Pax, können Sie uns bitte sagen, ob Sie überhaupt Wasser lassen müssen oder nicht? Wir können sonst den Zeitplan nicht einhalten.«

»Wie bitte?«

»Wir sind bereits verspätet, und …«

»Nein.«

Er schaute mich an. Er hatte einen dunklen Zwei-Tage-Bart auf den Wangen.

»Nein, ich kann Ihnen nicht sagen, ob ich pinkeln muss.«

Er sah verblüfft aus.

»Ich weiß es nicht«, wiederholte ich.

»Signor Pax, vielleicht …«

»Ist Ihnen überhaupt klar, warum ich hier bin?«, fragte ich. »Ich nehme doch an, man hat Ihnen gesagt, welche Symptome ich habe?«

»Signor Pax …«

»Wenn Sie die Überweisungsunterlagen gelesen hätten, dann wüssten Sie, dass ich in der Regel *nicht die geringste Ahnung* habe, ob ich Wasser lassen *muss* oder nicht, klar? Auch nicht, ob ich kann, wenn ich muss. Wenn ich das wüsste, wäre ich nicht hier. Dann wäre ich glücklich und zufrieden.«

Selbst während ich mich in diesem peinlichen Sarkasmus suhlte, war mir schmerzlich bewusst, dass die eigentliche Quelle meines Zorns mein Körper war.

Der ältere Radiologe kam herüber und erklärte, dass man uns allen schon in frühen Jahren beibringt, nicht zu pinkeln, wenn wir auf dem Rücken liegen. »Das ist nur eine psychische Blockade«, sagte er. Er wollte einen Wasserhahn aufdrehen. Das Geräusch von laufendem Wasser würde bestimmt helfen.

Also wenn irgendetwas ein Mythos ist, dann die Behauptung, das Geräusch von laufendem Wasser würde beim Pinkeln helfen. Ich kam mir jetzt vor wie ein Invalide, der zu allem Überfluss auch noch maßlos quengelig war. Mein Ding sah, fürchte ich, erbärmlich aus, wie es dort schlaff und faltig über dem Rand des weißen Plastikbehälters hing.

Nicht, dass das irgendjemanden interessiert hätte.

»Geben Sie mir einfach etwas Zeit«, sagte ich.

Wir versuchten es noch einmal. Die Ärzte rannten hinter ihre Scheibe, ich konzentrierte mich, drückte, wartete, drückte und versuchte mich zu entspannen, wartete, drückte und … sobald ich den Urin heiß einschießen spürte, rief ich: »*Viene!*« Es kommt!

Als hätten wir gerade Sex.

Kaum fing das Röntgengerät an zu summen, hörte der Urin auf zu fließen. Wir hatten eine teure Fotoplatte vergeudet.

Das ganze Theater fing von vorne an.

»So oft wie nötig«, versicherte mir der Radiologe.

Und noch einmal.

Es wollte einfach nichts kommen.

Der Radiologe schüttelte den Kopf. »Dann müssen wir es im Stehen versuchen, Signor Pax.«

Als ich mich vom Tisch schwang, hörte ich, wie eine der Schwestern einer anderen erklärte, ich sei ein persönlicher Freund von einem der Ärzte aus der Urologie.

Sie stellten mich vor einen weißen Plastikvorhang und machten einen Apparat bereit, der mich von vorne fotografieren sollte. Ich sollte inzwischen ein Glas Wasser nach dem anderen trinken, »damit alles im Fluss« blieb. Nach ein paar Minuten kam eine Schwester auf die Idee, mir ein Handtuch zu bringen, mit dem ich meine Blöße bedecken konnte. Sie lächelte. Ich lächelte zurück. Dann endlich entspannte sich etwas und ging auf. Ich pinkelte – o nein, nichts Besonderes, nichts, worauf man stolz sein konnte, aber ich lieferte das Gewünschte, sie kriegten ihre Aufnahme.

»Ende gut, alles gut«, sagte der Radiologe lachend.

»Endlich Ende, alles gut«, gab ich zurück.

Kaum war ich aus dem Röntgenzimmer raus, ging ich aufs nächstbeste Klo und pinkelte mindestens noch einmal so viel.

Um zehn nach zwei traf ich den für mich zuständigen Chirurgen, einen schlanken, dunklen, ernsten Mann mit beunruhigend hervortretenden Adern an den Handgelenken und im Nacken. Wir gingen zusammen in den Raum, in dem man Röntgenaufnahmen sichten konnte. Er stellte mich dem Leiter der Radiologiestation vor, einem Rumänen, etwa Ende vierzig.

»Stefan«, sagte mein Chirurg, »das ist Tim, Carlos Freund.« Als ob diese Beziehung alles erklärte. Leise fügte er für mich hinzu: »Der Typ ist brillant. Wahrscheinlich der beste Radiologe in Europa.« Trotz meiner Angst vor dem Schlimmsten amüsierte mich, wie italienisch das hier war. Der Chirurg war der beste Italiens, der Radiologe der beste in Europa. Und durch reinsten Zufall waren wir alle beste Freunde.

Hoffentlich war das wahr.

Die großen grauen Röntgenbilder hingen vor den erleuchteten Schaukästen. Es war ziemlich unheimlich. Mein Körper war auf die zweidimensionalen Schwarz-Weiß-Illustrationen aus den Biologiebüchern reduziert. Ich konnte mich selber als separates Phänomen betrachten.

Vielmehr hätte ich das gekonnt, wenn die beiden mir Zeit gelassen hätten zu verstehen, was ich da sah. Kaum hatte Stefan eine Platte aufgehängt und einen kurzen Blick darauf geworfen, nahm er sie auch schon wieder ab. Der Chirurg schaute nicht mal hin, er las nur den Bericht des Radiologen. Ich fragte mich, wie viele Einzelheiten der brillante Stefan wohl sah. Ein Bild folgte dem anderen. Durch das Kontrastmittel schwebten die Nieren wie weiße Lilien in einer Unterwasserlandschaft aus Muskeln und Knochen.

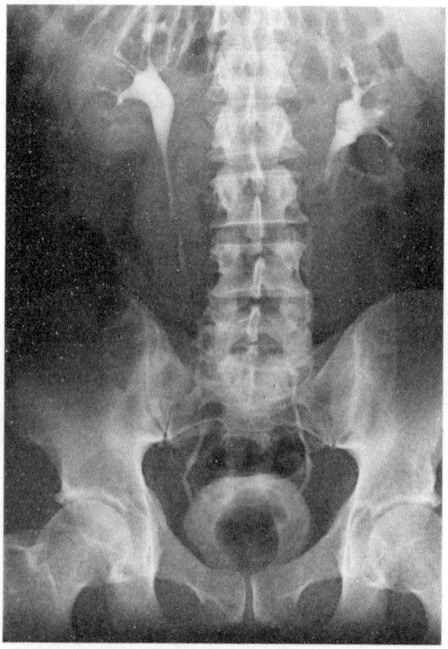

»Die nächsten zeigen, wie Sie Wasser lassen«, sagte der Chirurg.

Jetzt schaute er auch hin. Die beiden Männer starrten lange auf fünf kleine Abzüge, die nebeneinandergehängt waren; Stefan nahm einen Stift in die Hand, mit dem er auf jedem Bild die Harnröhre nachzog.

»Schwere Schließmuskelverengung«, bemerkte der Chirurg, »und Verengung im Prostatabereich.«

Der Radiologe gab keine Antwort. Er nahm eine Lupe, um eines der Bilder genauer zu betrachten.

Sie luden mich nicht ein, die entscheidenden Stellen mit ihnen zu betrachten.

Stefan zuckte die Achseln. »Nicht weiter schlimm.«

»Da wir nur zwei Dimensionen sehen«, warf ich ein, »könnte es da nicht sein, dass die Harnröhre auf der Ebene, die wir betrachten, zusammengedrückt ist, aber auf der anderen Ebene nicht, wenn Sie wissen, was ich meine?«

Keine Antwort.

»Kalkherde in der Prostata«, sagte der Chirurg.

Stefan lächelte, nahm die Bilder ab und schüttelte den Kopf. »Nichts«, verkündete er. »Niente di niente di niente.« Er hatte einen starken Akzent. »Wenn Signor Tim keine Beschwerden hätte, würde ich angesichts dieser Aufnahmen sagen, er ist kerngesund.«

Ein Gerangel im Kopf

Die Sprache zerlegt die Welt in Tausende diskreter Einheiten und setzt sie dann in unerwarteten Kombinationen wieder zusammen. In einem Hotel in Agra, Uttar Pradesh, dachte ich über das Wort psychosomatisch nach.

Ich war für zehn Tage nach Indien gekommen, um auf einer Konferenz in Delhi einen Vortrag über das Erzählen und das Übersetzen zu halten. Als mir klar wurde, dass meine Herangehensweise an das Thema nicht gut ankam, war es schon zu spät. Seit über einem Jahrhundert schon, sagte ich vom Podium herab, misstrauten Schriftsteller den Worten, die ihren Sprachen und den Geschichten, die sich die Menschen erzählen, innewohnen. Sie veränderten diese Geschichten, um Konventionen aufzuzeigen, sie zwangen die Worte in überraschende Kombinationen, um die gedankenlose Konformität ihrer Sprache zu hinterfragen. So war der moderne Roman. Aber die Kultur des Übersetzers bestand aus anderen Geschichten, seine Sprache steckte ihn in eine andere Zwangsjacke. Wie sollte man Lawrence' Beschreibung von Gudruns geistigem Zustand nach dem Sex – »Sie war vernichtet in Bewusstheit« – in eine Sprache übersetzen, in der das Bewusstsein nicht so positiv besetzt war wie in der westlichen Welt. Die Provokation würde dabei verloren gehen. Wie kann man die Seltsamkeit der Formulierung »vernichtet in« vermitteln, wenn in der eigenen Kultur nichts je wirklich vernichtet, sondern nur transformiert wird?

Als das Publikum anfing, verblüffte, entrüstete Fragen zu stellen, wurde mir klar, dass die Menschen in Indien Übersetzungen wunderbar fanden, dass sie den Gedanken liebten, Teil einer globalisierten Welt zu werden, in der jeder die Bücher der anderen lesen und sich einbilden kann, das Echte und Wahre zu bekommen. Sie wollten meine Nörgeleien nicht hören. Vielleicht waren sie nicht wie ich von der Frage besessen, ob sie sich innerhalb oder außerhalb einer bestimmten Geschichte befanden. Der Geschichte vom Operationstisch zum Beispiel. Als ich nach dem Vortrag mit einer der Organisatorinnen sprach, fragte ich sie zu meiner eigenen Überraschung, ob sie mir einen guten ayurvedischen Arzt empfehlen könnte.

»Soweit ich weiß, sind sie alle gut«, sagte sie und gab mir die Telefonnummer eines Freundes, der bei einem solchen Arzt in Behandlung war.

In Indien war es viel kälter, als ich erwartet hatte. Ich wusste nicht, dass es in Delhi auch Winter wurde. In eine unpassende Kombination aus Pullover und Leinenjackett gekleidet, saß ich in einer Auto-Rikscha, die sich ihren Weg durch die Stadt erkämpfte. Mitten auf der Straße eine Ziege oder eine Kuh anzutreffen ist hier etwas völlig Normales, wurde mir klar. Hier müsste man ganz anders ansetzen, um die Menschen aus ihren üblichen Denkweisen herauszuholen. Wieso suchte ich einen ayurvedischen Arzt auf, wenn nicht, um mich aus meinem medizinischen Dilemma herauszuholen? An alternative Medizin hatte ich nie geglaubt, nicht im Geringsten. Ich war stolz darauf, vernünftig, skeptisch, modern und westlich geprägt zu sein. Ich glaubte an *evidenzbasierte Medizin*. Über Homöopathie, Aromatherapie, Heilen mit Steinen und Ähnliches hatte ich mich immer nur lustig gemacht. Es wäre mir nie in den Sinn gekommen, erkannte ich, so jemanden aufzusuchen, wenn ich nicht rein zufällig gerade in Indien wäre und mich mit der Neugier des reisenden Schriftstellers herausreden könnte. Ich zögerte ziemlich lange, ehe ich auf Dr. Hazans Klingel drückte.

Es dauerte eine Weile, bis ich die ganze Geschichte erzählt hatte. Der Arzt trug Schlips und Kragen und hörte mir aufmerksam zu; seine Frau und Sekretärin (so hatte er sie vorgestellt) saß neben ihm.

»Also, der Urologe will nach wie vor operieren, aber nachdem ich die Ausführungen des Radiologen über mein Urogramm gehört habe, bin ich nicht mehr überzeugt. Es gibt keinen Anhaltspunkt, dass mit der Prostata etwas nicht in Ordnung ist. Andererseits werden meine Beschwerden immer schlimmer. Die einzige Untersuchung, die noch aussteht, ist die Untersuchung der Blase auf Krebs.«

Die Ehefrau nickte und machte sich Notizen. Sie war attraktiv und trug schlichte westliche Kleidung. Dr. Hazan schwieg einen Moment, ehe er kommentierte. Hätte ich ihn auf der Straße vorbeigehen sehen, hätte ich ihn für einen Jungmanager in einer von Delhis boomenden Softwarefirmen gehalten.

»Nun, um Ihnen schnelle Linderung zu verschaffen, können wir die Symptome behandeln«, fing er schließlich an. »Dazu würde ich einen Einlauf mit Sesamöl und verschiedenen Kräutern verschreiben, den Sie so lange wie möglich, mindestens aber vierzig Minuten im Darm behalten müssen.«

Ich schwieg.

»Allerdings …« Er lehnte sich zurück und schaute mir in die Augen. Sein Blick war aufrichtig. »… ist das ein Problem, das Sie niemals lösen werden, Mr. Parks, solange Sie sich nicht mit dem grundlegenden Widerspruch in Ihrer Persönlichkeit auseinandersetzen.«

Ich kann mich nicht erinnern, jemals von einer einzelnen Bemerkung dermaßen überrascht gewesen zu sein.

»Aha«, brachte ich schließlich heraus.

»In Ihrem Kopf tobt ein Gerangel.«

Ich saß sehr still. Ich hatte eine andere Geschichte gewollt, eine, die die »offizielle medizinische Version« widerlegte. Jetzt bekam ich sie.

»Und was genau verursacht diese starken Schmerzen?«, fragte ich.

»Aufgestautes *vata.*«

»Das ist eine Energie, die durch den Körper fließt«, erklärte seine Frau. »Eins der fünf Elemente. Es gleicht andere Elemente aus und muss von ihnen ausgeglichen werden. Wenn dieser Ausgleich nicht klappt, staut sich das *vata* und verursacht Schmerzen.«

»Das Gerangel im Kopf blockiert das *vata.*«

Ich dachte darüber nach. »Und worum geht es bei dem Gerangel?«

»Gute Frage!« Der Doktor lächelte.

»Bei einem solchen Gerangel geht es nicht direkt um etwas«, erklärte seine Frau. »Es ist Teil des *prakruti.*«

Sie erklärten mir, was *prakruti* war: die Verschmelzung von geerbten und angeeigneten Merkmalen, die zusammen die Persönlichkeit formen. Wenn diese Merkmale nicht vereinbar waren und sich nicht miteinander verbanden, bekam man Probleme.

»In dem Fall hat ein Mensch manchmal den Eindruck, sein Leben bestehe aus einer Reihe von Dilemmata. Er mag denken: Wenn ich nur aus diesem oder jenem Dilemma herauskäme, dann wären meine Probleme gelöst. Aber jedes Dilemma ist nur die Manifestation eines tiefer gehenden Konflikts.«

Es war eine ausgefeilte Theorie.

»Nehmen wir an, Sie haben recht«, sagte ich. »Wie würde man denn, ähm, an so etwas herangehen, um es zu lösen?«

Ich spürte schon beim Sprechen, dass »herangehen« und »lösen« die falschen Begriffe waren. Jemand, der sich mit ayurvedischer Medizin auskannte, würde sie nicht benutzen.

Dr. Hazan betrachtete mich eingehend. »Es gibt kein bestimmtes Mittel, das ich Ihnen verschreiben könnte. Das *prakruti* zu behandeln ist nicht leicht. Aber für den Anfang wäre es gut, ein Geburtshoroskop zu erstellen.«

Mir waren schon im Wartezimmer ein paar Bücher über Astrologie ins Auge gefallen. Der Doktor erkannte meine Skepsis.

»Sie glauben nicht an unsere Verbindung mit den Sternen, Mr. Parks?«

Ich schüttelte den Kopf.

»Das ist schade. Ich habe schon vielen Menschen auf diese Art helfen können.«

Er fing an zu erläutern, dass es zu seinen Spezialitäten gehörte, Geschäftsleuten zu helfen, die in einem Dilemma steckten: ein Mann hat zum Beispiel eine bestimmte Ausbildung absolviert, aber dann wird ihm eine interessante Stelle in einem ganz anderen Bereich angeboten. »Nun weiß er nicht, was er tun soll.«

»Klingt mehr nach einer Frage von Vernunft und Vorteil.«

»Für Sie vielleicht. Aber er erfährt dieses Dilemma anders. Für ihn geht es viel tiefer. Es bedroht seine Gesundheit.«

Ein Schweigen trat ein. Die Sache mit der Astrologie ging mir ein bisschen zu weit. Ich lechzte nach neuen Geschichten, aber nur nach solchen, die ich glauben konnte, oder zumindest solchen, bei denen ich meinen Unglauben auf Eis legen konnte.

»Kommen wir noch einmal zu den körperlichen Aspekten.« Aber dann hielt ich inne. »Oder wollen Sie behaupten, es sei alles rein psychosomatisch?«

Ein Lächeln breitete sich langsam auf dem Gesicht des Arztes aus. »Das ist ein Wort, für das wir kaum Verwendung haben, Mr. Parks.«

Ich schaute ihn an.

»Man spricht nur von *psychosomatisch*«, erklärte seine Frau, »wenn man der Auffassung ist, Körper und Geist könnten je getrennt sein.«

Da hatte sie recht. »Dann Ernährung«, sagte ich. »Könnte es mit meiner Ernährung zu tun haben?«

Jetzt lachte der Doktor freiheraus. Aber als ich ihm sagte, was ich so aß, fing er an zu überlegen.

»Das ist schwer zu sagen, solange ich Sie nicht besser kenne«, sagte er. »Ich meine, ohne das Gleichgewicht der verschiedenen Elemente in Ihrem Körper zu verstehen. Aber wenn ich Sie so anschaue und Ihnen zuhöre, würde ich sagen, Sie sollten weniger rohe Speisen zu sich nehmen, weniger Salat und mehr gekochtes Gemüse. Und ganz allgemein sollten Sie mehr essen.«

»Ich will auf keinen Fall dick werden.«

»Mein Eindruck ist, dass Sie sich im Augenblick selbst aushungern.«

»Überhaupt nicht. Mein Gewicht entspricht ziemlich genau dem, was für mein Alter und meine Größe empfohlen wird.«

»Wir haben diesen Eindruck«, pflichtete seine Frau ihm bei.

Ich fragte mich, ob sie sich in Bezug auf ihre Patienten immer einig waren. Sie wirkten sehr von sich überzeugt. Ich konnte mir nicht vorstellen, dass meine eigene Frau und ich je der gleichen Meinung über jemanden sein könnten, erst recht nicht über jemanden, den wir erst seit einer halben Stunde kannten.

»Masturbation kann bei solchen Schmerzen ebenfalls eine wichtige Rolle spielen«, sagte der Doktor.

Wieder war ich überrascht. Besonders von der Beiläufigkeit, mit der er das Thema anschnitt. Der Arzt in der Harley Street, vor vielen Jahren, hatte diese Gepflogenheit wärmstens empfohlen, ohne das Wort je auszusprechen. Hazans Frau wirkte ganz entspannt.

»Sprechen Sie weiter.«

Der Doktor erklärte, er habe vor Kurzem einen Mann mit ähnlichen Beschwerden behandelt. Ein Mann, der wesentlich jünger war als ich. Etwa Ende zwanzig.

»Er hatte alle möglichen Sorgen. Im Leben allgemein, bei der Arbeit. Sein *prakruti* war äußerst aufgewühlt. Er hatte sich von seiner Freundin getrennt und hatte keine Frau; als ich ihn befragte, gab er zu, sehr oft zu masturbieren.«

Ich wartete.

»Als ich ihm vorschlug, das zu überwinden, fand er es hilfreich.«

Ich fragte: »Wie oft ist Ihrer Meinung nach sehr oft, Doktor?«

»Bis zu zwei Mal in der Woche«, sagte der Arzt.

Jetzt war ich dran mit Lachen. »Tut mir leid«, sagte ich kopfschüttelnd, »aber für einen Mann Ende zwanzig, der keine Freundin hat, wäre im Westen selbst zwei Mal am Tag nicht ungewöhnlich oft. Ein westlicher Urologe hätte ihm gesagt, er masturbiere nicht oft genug.«

Der Doktor reagierte nicht pikiert. »Vielleicht leben wir in so verschiedenen Welten, dass ich Ihnen nur schwer einen Rat geben kann. Aber …«, er dachte nach, »es kommt im Grunde nicht so sehr darauf an, wie oft jemand masturbiert, sondern in welchem Geist.«

Ich hörte ihm zu.

»Wenn ein junger Mann durch einen Überschuss an Lebensenergie zum Masturbieren getrieben wird, dann ist das normal und gesund. Seine körperlichen Kräfte brauchen ein Ventil. Aber wenn jemand sich ständig verausgabt, auf neurotische Weise, weil er unglücklich ist, weil ihm etwas fehlt, dann wird die Masturbation das Gleichgewicht der Elemente in seinem Körper stören, und dadurch könnte sein *vata* blockiert werden.«

An dieser Stelle fand ich, dass Delhi plausibler klang als die Harley Street.

Dann sagte der Arzt etwas zu seiner Frau auf Hindi. Sie stand auf, ging zu einem Schrank mit vielen kleinen Schubladen und füllte zwei kleine Plastikbeutel mit Tabletten. Der Arzt stellte inzwischen ein Rezept aus. »Diese Kräuter werden vielleicht Ihre Schmerzen lindern«, sagte er. »Ich habe Ihnen die Dosierung und Einnahmeempfehlungen aufgeschrieben. Falls Sie eine ernsthafte Behandlung wünschen, gebe ich Ihnen meine Karte mit unserer E-Mail-Adresse. Wir können das Geburtshoroskop, Behandlungsempfehlungen und Medikamente ohne Weiteres nach Italien schicken. Wir haben viele Patienten in Europa.«

Die Übersetzerkonferenz lief noch drei Tage, aber das Treffen mit dem Doktor und seiner Frau ging mir nicht mehr aus dem Kopf, und ich konnte mich kaum auf das konzentrieren, was meine Kollegen sagten. Wenn man, dachte ich, in einer Familie aufgewachsen war, die sich von jeher mit ayurvedischer Medizin beschäftigt hat (schließlich bedeutet das nichts anderes als »Wissen vom Leben«), dann war diese Geschichte vom *vata* und *prakruti*, von geerbten und erworbenen Persönlichkeitsmerkmalen vollkommen plausibel. Man ließ sein Geburtshoroskop erstellen, vertiefte sich in die Planetenpositionen und die Frage, wer man ursprünglich gewesen und zu wem man geworden war, und verhielt sich entsprechend. Und man wäre in der Lage, diesen ayurvedischen Arzt mit anderen zu vergleichen, zu erkennen, welcher Schule er angehörte und wie er einzuschätzen war. In meinem Fall aber verblassten die ungewohnten Begriffe und Erklärungen, die ich gehört hatte, schnell wieder; nur zwei Bemerkungen blieben mir im Gedächtnis haften: »Allerdings werden Sie dieses Problem niemals lösen, Mr. Parks, solange Sie sich nicht mit dem grundlegenden Widerspruch in Ihrer Persönlichkeit auseinandersetzen.« Was an mir hatte den Arzt zu dieser Feststellung gebracht? Und dann der Einwurf seiner Frau ein paar Minuten später: »Man spricht nur von *psychosomatisch*, wenn man der Auffassung ist, Körper und Geist könnten je getrennt sein.«

Da ich nach der Konferenz noch anderthalb freie Tage hatte, organisierte ich einen Fahrer, der mich nach Agra brachte, um das Taj Mahal zu besichtigen. Der Mann war Sikh, stämmig gebaut und besaß eine gewisse Unverfrorenheit. Unterwegs, ungefähr auf halber Strecke, fragte ich ihn, ob er mir ein kleines Dorf zeigen könne, da ich bisher nur Delhi kannte. Er bog in einen Sandweg ein, und als wir an einer Kreuzung warten mussten, wurden wir sofort von Bettlern umringt. Der Fahrer hatte sein Fenster heruntergedreht und scheuchte sie weg. Ein kleines Kind war besonders hartnäckig, und schließlich, als es sich gar nicht verjagen ließ, zog der Fahrer ihm die Shorts herunter und griff nach seinem kleinen Pimmel. Das Kind war weg wie der Blitz. Der Fahrer lachte. »Hübscher Junge«, sagte er. Dann fuhren wir zu einem Tempel, der den Geburtsort von Krishna markierte. Es kam mir seltsam vor, religiöse Bilder zu sehen, auf denen die Figuren knallbunte Sachen trugen und die glänzenden Lippen zu einem breiten Grinsen verzogen hatten. Man ist so daran gewöhnt, einen leidenden Christus am Kreuz zu sehen oder gemarterte Heilige. Der Fahrer zeigte auf einen Stacheldrahtzaun, hinter dem bewaffnete, uniformierte Wachen standen, und eine Moschee in etwa zweihundert Meter Entfernung. »Auch für die Moslems ist das hier eine heilige Stätte«, sagte er. »Es hat schon viele Kämpfe gegeben.«

Warum, fragte ich mich an dem Abend im Bett, schien fast alles, was ich hörte und sah, auf geheimnisvolle Weise relevant zu sein für meinen Gesundheitszustand? Immer wieder dachte ich an den vollkommenen Körper des kleinen Jungen, wie er sich dem groben Zugriff des Fahrers entzogen hatte.

Die Laken waren feucht. Wir waren bei Einbruch der Dunkelheit in Agra angekommen und hatten die Stadt unter dichtem Nebel vorgefunden. Das Auto des Sikhs hatte keine Heizung, und meine Hände und Füße waren eiskalt geworden. Die Straßen waren nicht beleuchtet und bestanden aus dem geisterhaften Zusammenspiel von Autoscheinwerfern, Kochfeuern und tiefen, bläulichen Schatten. Die großen Hotels waren ausgebucht, denn es war gerade irgendein Festival im Gange. Mein Fahrer fand schließlich in einem kleinen Hotel ein feuchtes Zimmer mit einem Klo, das man nicht spülen konnte. Ich musste praktisch alles, was sich im Zimmer befand, auf dem Bett aufhäufen, um überhaupt warm zu werden. Koffer, Kopfkissen, Bettvorleger. Wie seltsam das war, in Indien. Dennoch war ich merkwürdig gut gelaunt.

Dr. Hazans Frau hatte recht, überlegte ich, wenn sie sagte, dass nur eine Kultur, die darauf bedacht war, Körper und Geist zu trennen, ein Wort wie *psychosomatisch* brauchte. Um Humpty Dumpty wieder zusammenzusetzen. Und dieses Wort bedeutete immer Krankheit, und zwar die Sorte schleichende, hartnäckige Krankheit, die von der westlichen Medizin nicht geheilt werden kann. Körper und Geist sind also nur dann eins, wenn der besorgte Geist die Körpermaschine krank macht. Oder sie glauben lässt, sie sei krank. Oder den Geist glauben lässt, der Körper sei krank. Auch wenn er das gar nicht ist. Und weil er gar nicht krank ist, kann der Arzt seine Hände in Unschuld waschen oder einen zum Psychiater schicken. »Wenn Signor Tim keine Beschwerden hätte«, hatte der Radiologe festgestellt, »würde ich sagen, er ist kerngesund.«

Dass deine Beschwerden psychosomatisch sind, sagte ich mir – ich war richtiggehend verblüfft, dass man in Indien so kalte Füße haben konnte –, zeigt sich schon allein in dem Umstand, dass sie dich nicht davon abhalten zu arbeiten oder zu tun, was dir Spaß macht. Du sprichst von chronischen Schmerzen, aber deine Manuskripte gibst du immer rechtzeitig ab. Du fährst einmal in der Woche nach Mailand, um zu unterrichten. Der Kurs dauert zwei Stunden, aber du musst nie zwischendurch auf die Toilette. Du lässt keine Lesung aus. Du nimmst Einladungen nach Deutschland und sogar nach Indien an, du isst und trinkst gesunde Sachen, und du erfüllst alle deine Verpflichtungen. Deine Beschwerden sind *eindeutig* psychosomatisch. Warum sonst würde ich so viel Zeit damit verbringen, die verborgene Bedeutung in einem Gemälde von Velázquez zu suchen, während die Ergebnisse von Blut- und Urinuntersuchungen mich kaum beschäftigen?

Andererseits liest man ja oft von Menschen, die einfach weiterarbeiten, so tun, als wäre alles in bester Ordnung, bis sie plötzlich tot umfallen.

Jedes Mal, wenn ich aufgestanden war, um auf das Klo ohne Spülung zu gehen – vielleicht war der dreckige Eimer, der danebenstand, zum Spülen gedacht –, musste ich Koffer, Kopfkissen und Bettvorleger wieder neu über meinen Beinen arrangieren in der Hoffnung, dass die Durchblutung irgendwann wieder in Gang kommen würde. Ob kalte Füße auch psychosomatisch sein konnten? Und wenn meine Beschwerden psychosomatisch waren, hieß das dann, dass ich *absolut nichts hatte*, oder gerade im Gegenteil, dass mein Geist *eine echte Krankheit* hervorgerufen hatte, auch wenn die sich bei den medizinischen Untersuchungen nicht so deutlich bestimmen ließ?

Allerdings konnte sich immer noch bei der Zystoskopie herausstellen, dass die Innenwand meiner Blase mit Krebsgeschwüren übersät war. Dann wäre alles klar. Folgte ich Sherlock Holmes' Annahme, dass, wenn man mit den wahrscheinlichsten Lösungen eines Rätsels falschgelegen hatte, die richtige Antwort die einzig verbleibende sein muss, so unerhört sie auch sein mochte, dann sollte ich entsetzliche Angst haben.

Während ich im Bett lag und darauf wartete, dass meine Füße warm wurden, ging ab und zu ein lauter Summton los, der die dünnen Fensterscheiben vibrieren ließ. Es war der Generator des Hotels, der ansprang, wenn der Hauptstrom ausging. Jedes Mal, wenn das Geräusch einsetzte, durchzuckte mich ein plötzlicher Schreck. Mein Vater war auch sehr lärmempfindlich gewesen. Er hörte selbst schwache, weit entfernte Geräusche, und mir geht es ebenso. Einmal, als Kind, sagte ich abends zu ihm, dass die Wohnzimmeruhr lauter tickte als sonst, und sofort gab er zurück: »Dann hast du Fieber, mein Junge.« Er nannte mich gern »mein Junge«. Und er hatte recht. Ich hatte Fieber und wurde ins Bett gesteckt. Nach seinem Tod wurde ich, weil ich das einzige Kind war, das in der Nähe lebte, zum Testamentsvollstrecker ernannt, und dabei entdeckte ich, dass er jahrelang regelmäßig Spenden an die Gesellschaft für Lärmbekämpfung überwiesen hatte, und das, obwohl er nur ein Barvermögen von 2000 Pfund hinterließ und immer seinen Zehnt an die Kirche gezahlt hatte. Meine Mutter hat sich immer darüber aufgeregt, wenn jemand meinte, Krebs habe »eine psychosomatische Komponente«. »Als ob Dad etwas dafür konnte, dass er krank war!«, protestierte sie. Obwohl er nie eine Zigarette angerührt hatte, starb er mit 60 Jahren an Lungenkrebs.

Der Generator ging aus. Wie schön plötzliche Stille sein kann, ähnlich wie der Moment, wenn ein grelles Licht ausgeht und die

Augen sich an die freundliche Dunkelheit anpassen können. Ich hörte entfernte Geräusche in den Rohrleitungen und Rufe von der Straße, und ich dachte darüber nach, dass die meisten Menschen sich schämen, wenn man ihnen sagt, ihre Beschwerden seien psychosomatisch. Sie fühlen sich angegriffen, schuldig. Einen kranken Körper zu haben ist akzeptabel, dafür kann man nichts, aber einen kranken Geist zu haben nicht. Der Geist ist man selbst, der Körper gehört einem nur. Der Entschluss, zu einem Analytiker zu gehen, weil man unglücklich ist, steht auf einem ganz anderen Blatt. Es ist durchaus respektabel, auf komplexe Weise unglücklich zu sein, und die meisten Leute sind der Auffassung, in dem Fall zeuge die Erkenntnis, dass man professionelle Hilfe braucht, von Demut und Vernunft. Aber jemand, der seinen Körper krank macht, weil er nicht anerkennen will, dass sein Geist Probleme hat, weil er seine Ängste und Bedürfnisse und Konflikte verdrängt, der gilt als Verlierer.

Im selben Moment, als ich diesen Standpunkt formulierte, wurde mir klar, dass ich mir eigentlich sehr wünschte, meine Beschwerden mögen psychosomatisch sein. Ich war mehr als bereit, den Gedanken zu ertragen, dass meine Schmerzen nur in meinem Kopf existierten oder dass ein Problem in meinem Kopf sie in meinem Körper ausgelöst hatte. Ich will mich ändern, sagte ich mir, als ich aus dem Bad zurückkam. Warum sonst hätte ich wohl einen ayurvedischen Arzt konsultiert? Ich will, dass sich *alles* in mir verändert.

Am nächsten Morgen war ich vom Taj Mahal enttäuscht, von seinem unerschütterlichen Weiß und der beklemmenden Symmetrie. Es sah zu sehr aus wie auf den Fotos, die ich gesehen hatte – streng und abweisend und stur. Aber die Aussicht auf die Yamuna von der Terrasse hinter dem Taj gehört bis heute zu den stärksten Eindrücken, die ich aus Indien mitnahm. Man lehnt an einem Geländer und schaut hinab. Der Fluss windet sich ein paar hundert Meter entfernt langsam und in mehrere Arme geteilt durch eine breite braune Überschwemmungsebene. Dahinter erstrecken sich kleine Hügel in die endlose Weite. Rechts und links ist nichts, was den Blick verstellt, man kann mit den Augen ganz ungehindert den Weg der winterlichen Rinnsale des Flusses durch das riesige Sandmeer verfolgen. In dem diesigen hellen Sonnenlicht erschienen hier und da die Kleider der Frauen, die dort unten als Vorbereitung auf den Frühling die Erde umpflügten, als grellbunte Flecken. Ganz langsam durchquerten drei Kamele den Strom.

Experimente mit der Wahrheit

Man öffnet den Hosenschlitz, richtet seinen Penis auf die Kloschüssel, und heraus kommt ein Strahl dunkelrotes Blut. Das ist mir irgendwann mit Anfang vierzig passiert; ich habe es damals nicht für psychosomatisch gehalten. An einem stickigen Julinachmittag war ich joggen gewesen. Die Temperatur lag bei über dreißig Grad. An den Steigungen blieb mir fast die Luft weg. Zu Hause duschte ich, trocknete mich ab und ging pinkeln. Beim Anblick des dunklen Rots war ich wie elektrisiert.

Kurz stand ich fassungslos da, dann rief ich gleich beim Arzt an. Unwohlsein oder Schmerzen kann ich jahrelang verdrängen, aber bei Blut greife ich sofort zum Telefon.

»Wie viel Wasser haben Sie vor dem Laufen getrunken?«, fragte der Arzt.

Ich wusste es nicht mehr.

»Und Sie haben kein Wasser für unterwegs mitgenommen?«

Ich nehme nicht gern Wasser mit. Ich kann es nicht leiden, wenn es bei jedem Schritt schwappt.

»Dehydrierung kann die Ursache sein«, sagte der Arzt. »Wenn es etwas Ernstes ist, werden Sie häufiger Blut sehen. Wenn nicht, denken Sie einfach daran, vor dem Laufen ausreichend zu trinken. Und gehen Sie nicht, wenn es zu heiß ist. Wozu sich bestrafen?«

Komisch, dass ich mich in diesem jämmerlichen Winter 05/06 trotz meiner Bemühungen, den Ursprung meiner Beschwerden zu finden, an dieses spezielle Erlebnis erst erinnerte, als ich nach der Zystoskopie zum ersten Mal auf die Toilette ging und zu pinkeln versuchte. Wie lang das Leben ist, dachte ich in dem Moment, als sich die Schüssel erneut rot färbte! Man versucht es mithilfe einer Geschichte, die alle Erfahrungen bündelt, zu strukturieren, aber so vieles bleibt außen vor und wird vergessen. Das Blut an jenem Julinachmittag vor vielen Jahren war ein Zehn-Minuten-Schreck gewesen. Ich hatte die Sache beiseitegeschoben, sie war nur eine Randbegebenheit, die nichts mit der Haupthandlung zu tun hatte. Würde ich das eines Tages, fragte ich mich, auch von diesen blöden Schmerzen sagen können, die mich jetzt plagten?

Auf dem Rückflug von Delhi war mir deutlich bewusst gewesen, dass ich keine achtundvierzig Stunden nach der Landung bereits narkotisiert im Krankenhaus liegen und mein Penis auf ein starres Instrument gespießt werden würde. »Etwa so dick wie ein Bleistift«, stand auf einer Website. Immerhin ist es das letzte Experiment, danach werden wir die endgültige Wahrheit kennen, dachte ich.

Auf dem Gangplatz, um den ich gebeten hatte, in der Nähe der Toiletten, las ich Gandhis Autobiografie mit dem passenden Titel *Die Geschichte meiner Experimente mit der Wahrheit.* Für eine Reise nach Indien war Gandhi die richtige Lektüre, fand ich. Ich war verblüfft über seine vielen Ausführungen zum Thema Ernährung. Gandhi schien noch genau zu wissen, was er an jedem einzelnen Tag seines Lebens gegessen oder vielmehr nicht gegessen hatte. »Bald darauf«, lautet ein typischer Satz, »entschloss ich mich, nur noch von Obst zu leben, und zwar von dem billigsten, was im Angebot war.« Er zwang solche Einschränkungen auch den Menschen um sich herum auf, insbesondere seiner leidgeprüften Frau. Kein Fleisch, keine Eier, kein Alkohol, kein Salz, kein Getreide, nach Sonnenuntergang gar kein Essen mehr.

Seine Autobiografie ist zudem ungewöhnlich explizit, was peinliche Krankheiten betrifft. »Nachdem ich die Ruhr gehabt hatte (ausgelöst durch den Verzehr von Erdnussbutter), war mein Verdauungstrakt äußerst empfindlich, und aufgrund von Fissuren verursachte mir jede Entleerung unerträgliche Schmerzen, sodass mir schon beim Gedanken an Essen angst und bange wurde.«

Diese unglückselige Lage führt zu einem Dilemma: Sollte Gandhi den Rat seines Arztes befolgen und Ziegenmilch trinken, um wieder zu Kräften zu kommen, oder sollte er seinem Schwur, nie wieder Milch zu trinken, treu bleiben, den er geleistet hatte, weil Kühe und Büffel so brutal gehalten werden? Schließlich trinkt er die Ziegenmilch und erholt sich, bereut es dann aber bitterlich. Was ihn verleitet hatte, überlegt er, war die »subtile Verführung des Dienens«; weil er unbedingt seinen Nächsten dienen wollte, konnte er sich nicht gestatten zu sterben.

Ich grübelte über diese seltsame Geschichte nach, während das Flugzeug stetig gen Westen flog: Gandhis Verhältnis zu seinem Körper wurde in beinahe jeder Hinsicht zu einem Mittel, um andern seinen Willen aufzuzwingen, und dennoch hielt er sich für jemanden, der nur nach Reinheit und allumfassender Liebe strebte.

»Der fleischliche Geist«, schreibt er, »giert ständig nach Köstlichkeiten und Luxus … anstatt die Sinne in Schach zu halten, wird er zu ihrem Sklaven.«

Also entsagt er mit siebenunddreißig dem Sex mit seiner Frau; sie muss außerdem ihren Schmuck abgeben.

»Ich erklärte ihr, dass es auf jeden Fall gut war, sich in der Ausübung der Selbstzucht mit anderen zusammenzutun.«

Entsprechend gestattet er auch nicht, dass einem schwer kranken Kind Fleischbrühe gegeben wird. Er gestattet nicht, dass seiner todkranken Frau Antibiotika gespritzt werden. Injektionen sind unrein. Sie stirbt.

Immer wieder benutzt Gandhi den Hungerstreik, um seine politischen Feinde in die Knie zu zwingen. Die Experimente mit der Wahrheit, von denen im Titel des Buches die Rede ist, scheinen oft die Suche nach der tödlichsten Diät einzuschließen, die Ernährungsweise, die die Menschen um ihn herum mit der größtmöglichen Sorge erfüllt. Seine Feinde können nicht zurückschlagen, weil alle sich einig sind, dass Selbstzucht eine positive Eigenschaft ist, die zu Reinheit führt. Und Gandhi betrachtet sein Bedürfnis zu dienen als »Verführung«. Das einzig Unreine an ihm ist seine Großzügigkeit.

»Fleischlicher Geist« war eine seltsame Kombination, dachte ich, während ich das Buch durchblätterte, um noch einmal die Sätze zu lesen, die ich unterstrichen hatte. Wie ›psychosomatisch‹ gab es dem Geist die Schuld an etwas, das im Körper passiert, in diesem Fall dem gewöhnlichen Appetit anstelle der chronischen Schmerzen; der Geist rebelliert gegen seine eigenen Begierden und bestraft, oder reinigt, sich selbst durch den Körper, dem er ewig überlegen ist.

War das gesund?

Diese ayurvedischen Ärzte konnten sagen, was sie wollten, überlegte ich, aber meine eigenen Entsagungen auf dem Gebiet der Ernährung waren lachhaft im Vergleich mit Gandhis, und der wird von allen verehrt. Und das Ziel meiner Experimente war nicht die Erlangung von Reinheit, eine Vorstellung, die mir nichts bedeutete. Ich hatte einfach nur gehofft, einen Zusammenhang zwischen meiner Ernährung und meinen Schmerzen entdecken zu können. Ich jedenfalls habe meinen Verzicht niemand anderem aufgezwungen; und wenn ich es versucht hätte, hätten sie sich niemals gefügt. Meine Frau zum Beispiel isst sowieso wesentlich weniger als ich, und fast nie das Gleiche.

Aber benutzte ich vielleicht doch auf versteckte Art meine Beschweren und Diäten, um andere zu manipulieren oder wenigstens vor ihnen in positivem Licht zu erscheinen? Immerhin gibt es Leute, die Essstörungen wie die Magersucht als einen Weg betrachten, mit dem die Betroffenen versuchen, andere zu beeinflussen, indem sie sich ein leidendes, selbstloses Image zulegen.

Nein. Dergleichen konnte ich mich nicht bezichtigen. Im Gegenteil, ich tat mein Bestes, um mein Leiden zu verbergen. Im Flugzeug benutzte ich drei verschiedene Toiletten, damit keiner mitbekam, wie oft ich ging.

Während des Anflugs auf Rom am frühen Morgen erinnerte ich mich an eine Verbindung Gandhis zu Italien. Im frühen zwanzigsten Jahrhundert hatte ein gewisser Vinayak Savarkar eine Biografie von Giuseppe Mazzini, dem Risorgimento-Revolutionär, ins Marathi übersetzt, eine Gruppe namens Junges Indien gegründet (nach Mazzinis Jungem Italien) und eine Kampagne des gewaltsamen Aufstands gegen das British Raj losgetreten, die Mazzinis Rebellion gegen Österreich glich. Gandhi reagierte auf Savarkar, indem er ein Kapitel seiner programmatischen Schrift *Hind Swaraj* dem Vergleich zwischen Indien und Italien widmete; er ging lang und breit auf Mazzinis Liebe zu den Menschen ein und zeigte ihn als gewaltlosen Visionär, der sein Land durch seine ›geistige Kraft‹ und ›bedingungslose Hingabe‹ erlöst hatte. Es war der Krieger Garibaldi, behauptete Gandhi, der Mazzinis pazifistische Botschaft verzerrte und sich auf das satanische Geschäft des Blutvergießens einließ.

Das war eine glatte Lüge, noch dazu eine, die Mazzini, der unermüdlich die Vorteile gewalttätiger Aktionen für den guten Zweck pries und selber nur allzu gern im bewaffneten Kampf zum Märtyrer geworden wäre, sicher erbost hätte. Gandhi muss das gewusst haben; Pazifismus war ihm demnach wichtiger als die Wahrheit. Dennoch hatte Gandhi recht, wenn er sagte, Mazzini habe niemals Blut vergossen. Er hatte Angst vor Blut. Als Teenager hatte er das Medizinstudium zugunsten der Rechtswissenschaften aufgegeben, weil er die Sezierkurse nicht ertragen konnte. Später wurde er jedes Mal, wenn er an einem revolutionären Aufstand teilnehmen sollte – Proteste, die er selber angestiftet hatte –, plötzlich krank: Hexenschuss, Rheuma, Magenkrämpfe. Psychosomatisches Zeug. Er hat es nie bis aufs Schlachtfeld geschafft, während der arthritiskranke Garibaldi noch ins Gefecht ritt, als man ihn schon aufs Pferd heben und am Sattel festschnallen musste.

Gandhi, Mazzini, Garibaldi. Ich erhebe keinen Anspruch darauf, eine positive Kraft im Wandel der Welt zu sein, wie diese drei großen Männer es zweifellos waren: Andererseits würde es mir nie einfallen, historische Fakten zu ideologischen Zwecken zu verzerren. Noch konnte ich einen Zusammenhang erkennen zwischen meinen Schmerzattacken und solchen Pflichten, die mir lästig waren oder die ich fürchtete. Ich habe meine Beschwerden nie als Vorwand benutzt, um Stunden ausfallen zu lassen oder Abgabetermine zu verzögern, noch nicht mal um häusliche Pflichten zu umgehen. Ich hatte nicht weniger Schmerzen an Tagen, auf die ich mich gefreut hatte, und nicht mehr an solchen, vor denen mir graute. Wenn meine Probleme psychosomatisch waren, dann wurden sie jedenfalls weder durch Ängste noch durch Größenwahn gesteuert.

Im Zug vom Flughafen fing ich schließlich an, mir Sorgen zu machen, es könnte doch nicht psychosomatisch sein. Denn dann kam nur noch Krebs infrage.

Die schwierige Zielscheibe

Ich war mit meinem Chirurgen auf der Urologiestation im fünften Stock verabredet, um dann von dort aus in den Operationssaal zu gehen, wo die Zystoskopie gemacht wurde. Er war noch beschäftigt, als ich eintraf, und um mir die Zeit zu vertreiben, betrachtete ich die Plakate, die in gleichmäßigen Abständen an den Flurwänden hingen. Ursprünglich hatten sie zur Ankündigung von Expertenkonferenzen gedient, und vermutlich waren sie anschließend wie Souvenirs oder Trophäen eingerahmt worden; der Hauptredner bei allen angekündigten Veranstaltungen war ein gewisser Dr. Negri. Und die Poster waren alle beunruhigend alt, so als hätte die Urologieabteilung des Krankenhauses seit den 1980er Jahren nicht mehr an der akademischen Forschung teilgenommen. Auf allen gab es einen Titel, einen Untertitel und eine Abbildung, die das Thema illustrierte. Ein mit groben Strichen skizzierter tropfender Wasserhahn stand für das Problem weiblicher Inkontinenz. Eine Konferenz über Erektionsstörungen war unter Verwendung von Magrittes Bild *Le Double Secret* etwas einfallsreicher angekündigt: Vor dem Hintergrund eines nicht näher bestimmten Meeres zeigt es den Kopf eines Mannes, von dem ein Teil des Gesichts wie eine Maske entfernt worden ist; darunter, im Innern des Kopfes, wird etwas sichtbar, das aussieht wie Bündel aus Bambusstäben mit seltsam gespaltenen Kugelgelenken. Offenbar waren Männerkrankheiten interessanter als Frauenkrankheiten oder sexuelle Probleme interessanter als Harnwegsbeschwerden.

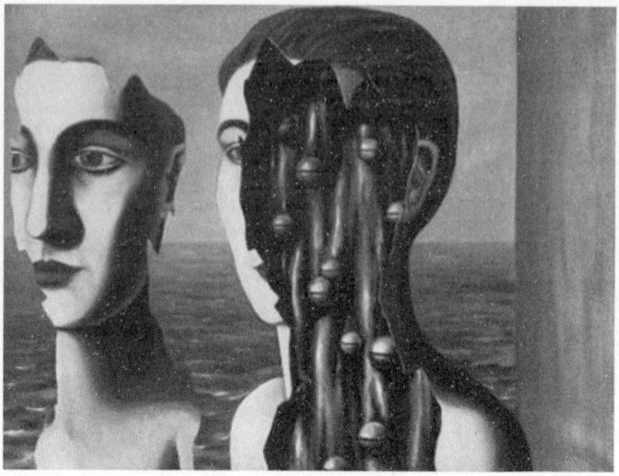

Magrittes Gesicht auf diesem Bild, muss man sagen, oder vielmehr das Gesicht, das Magritte da gemalt hat, ist eindeutig androgyn. Wie sollten die Konferenzteilnehmer diesen Umstand interpretieren? Auf jeden Fall schien es keinen Zweifel zu geben, dass man zumindest dieses Leiden in engen Zusammenhang mit der Psyche bringen konnte.

Das verstörendste Poster aber verwies auf eine Konferenz mit dem Titel: LA PROSTATA: IL BERSAGLIO DIFFICILE: die schwierige Zielscheibe. Zur Illustration des Themas zeigte das Poster die gezeichnete Vorderansicht eines männlichen Körpers mit abgespreizten Armen und Beinen. Im Schritt befand sich ein roter Punkt, der von konzentrischen gelben Kreisen (Schmerzenslinien?) umringt war, die bis zu den Knien und zur Brust ausstrahlten.

Ich war verblüfft: Die Prostata, oder eine Prostatitis, war ein Feind, auf den man zielen musste, ein interessanter Feind, schwer zu erlegen, wie ein verschlagener Terrorist, der die offene Konfrontation scheut und sich an Orten verkriecht, wo man nicht an ihn herankommt. Eine militärische Herausforderung.

Mein Chirurg kam, und völlig unerwartet legte er mir freundschaftlich den Arm um die Schultern. Wie wunderbar war Italien, dachte ich, man brauchte nur einen Menschen zu kennen, schon war einem eine ganze Gruppe wohlgesinnt und beschützte einen. »Ist dir klar«, sagte der Arzt, »dass ich einfach ein Stück von deiner Prostata rausholen kann, wenn ich die Sonde für die Zystoskopie einführe; und auch den verstopften Schließmuskel weiten, wenn du willst. Wir benutzen für beides dasselbe Instrument. Das würde nur fünf, sechs Minuten länger dauern. Dann brauchst du nicht zwei Mal zu kommen.«

Ich war total überrascht und reagierte heftig. »Nein. Nein, nein und nochmals *nein*!«

»Schon gut, ich dachte nur, du solltest wissen, dass diese Möglichkeit besteht. Es ist eine einfache Prozedur, wenn wir schon mal drin sind sozusagen.«

Ich drehte mich um und schaute ihm in die Augen. »Auf gar keinen Fall. Klar? Nur nachsehen, sonst nichts.«

Ich war erstaunt über meine eigene Vehemenz.

»Keine Angst!« Der Mann war belustigt, aber auch eindeutig verdutzt, so als wäre es ungewöhnlich, dass ich das so wichtig nahm.

Man zieht sich aus, bekommt ein langes weißes Nachthemd und platziert sich dann halb sitzend, halb liegend auf einer Art Gebärstuhl. Unter dem Po steht eine Plastikschüssel, um das Blut aufzufangen. Überall sind Gurte und Schnallen, um den Bearbeitungsgegenstand – einen selbst – absolut ruhig zu stellen, damit drastische Eingriffe vorgenommen werden können. Der aufdringliche Geruch chemischer Reinigungsmittel gehört untrennbar zu den glänzenden Oberflächen und den scharfen Instrumenten. Man übergibt seinen Körper der Wissenschaft.

Ich lächelte und sagte Hallo zu allen.

»Guten Morgen, Signor Pax«, sagte jemand. »Wie fühlen wir uns heute Morgen?«

Während das Personal alles vorbereitete, fragte mich der Chirurg, ob ich gehört hätte, dass Carlo erfahren hat, dass er Diabetiker ist. Das war, als ich in Indien unterwegs war.

»Er wäre im Auto fast ohnmächtig geworden, ist dann gleich zur Untersuchung hergekommen, und wir haben festgestellt, dass seine Blutzuckerwerte viel zu hoch waren. Astronomisch.«

»Na ja, wenn man bedenkt, was er so gegessen hat …«, sagte ich.

Eine der Schwestern fixierte jetzt meine Füße in zwei großen Stiefelgestellen, die mindestens einen Meter voneinander entfernt in die Luft ragten. In solchen Momenten will ein Teil von mir unweigerlich rebellieren. Aber ich tue es nie. Ich stelle mir vor, dass es bei einer Exekution so ähnlich sein muss.

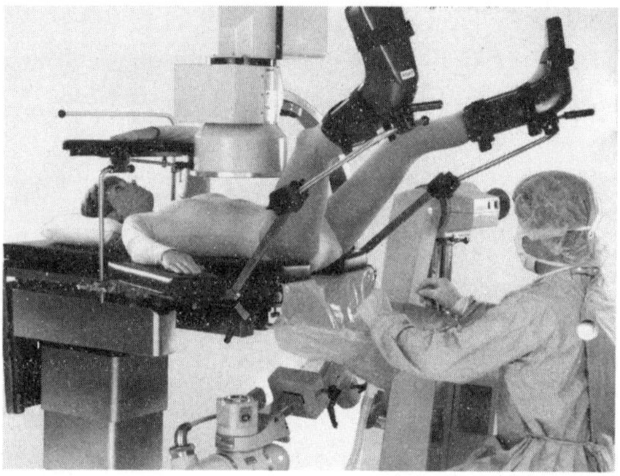

»Und jetzt haben sie ihn auf Diät gesetzt«, lachte der Arzt ziemlich düster, während er sich zwischen meinen Beinen platzierte. »Keine Donuts mehr, befürchte ich.« Er hatte sich eine Maske über das Gesicht gezogen und eine Art Plastiktüte auf den Kopf gesetzt. »Ganz zu schweigen von den Medikamenten, die er nehmen muss.«

Dann, trotz der Lage, in der ich mich befand, und obwohl eine Schwester mir gerade einen Gummigurt um den Arm band, um mir das Narkosemittel zu spritzen, sagte ich, dass Carlos eigentliches Problem doch die Frage war, wieso er das Gefühl hatte, so viel essen zu müssen? Das musste eine Art Psycho-Problem sein, wenn er vom Zucker nicht lassen konnte. Besonders als Arzt, der das Risiko kennt.

Der Chirurg schüttelte den Kopf und zog Gummihandschuhe über seine stark geäderten Hände. »Carluccio isst einfach gern«, sagte er.

Eine Krankenschwester hob das weiße Nachthemd hoch, um den Zugang zur schwierigen Zielscheibe freizulegen. Ich bemerkte etwas Langes, Metallisches in der Hand des Arztes und war zugleich äußerst besorgt, weil dieser Mann, der gleich etwas Hartes und viel zu Dickes in die Spitze meines Penis schieben würde, nicht in der Lage war zu erkennen, dass unser Freund Carlo ernste psychische Probleme hatte.

»Das ist doch ein klassischer Fall von ›Doktor, hilf dir selbst‹!«, protestierte ich. »Er hat ständig irgendwas im Mund. Das kann wohl kaum …«

Ich verlor das Bewusstsein.

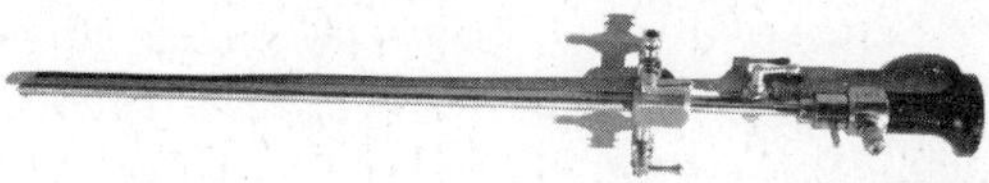

Das Kuriose an einer Narkose ist, dass man beim Aufwachen keine Ahnung hat, wie viel Zeit vergangen ist. Beim Schlafen kann ich wie schon erwähnt bis auf zehn Minuten genau sagen, wie lange ich bewusstlos war. Hier aber verlief der Filmschnitt ganz abrupt, von Gefühlen der Angst, des Misstrauens und der Demütigung auf dem Operationsstuhl bis zum Geräusch entfernter Schritte und leiser, eindringlicher Stimmen. Ich schlug die Augen auf und schloss aus dem Anblick der Decke, dass ich mich auf einem Korridor befinden musste. Ich lag in einem Rollbett. Ich drehte den Kopf zur Seite und sah, wie ein anderes Bett an mir vorbeigeschoben wurde. Die Person darin war komplett mit einem Laken bedeckt.

Ich holte tief Luft.

Gleich werde ich Gewissheit haben, dachte ich. Gleich werde ich erfahren, dass ich Blasenkrebs habe. Dann kann ich den ganzen psychosomatischen Quatsch vergessen und anfangen zu kämpfen. Chemo, Operation, Bestrahlungen. Ich war bereit.

Ich wartete. Die Minuten verstrichen. Ich dachte an den Operationssaal und stellte fest, dass ich mich kaum daran erinnern konnte. Ich hatte nur eine sehr vage Vorstellung von dem Stuhl; im Rückblick kam er mir vor wie ein Folterinstrument, das ein Serienkiller vom Lande aus dem Metallbaukasten zusammengestellt hat. Eine Frau und zwei oder drei weitere Personen waren um mich herum gewesen, aber ich konnte mich nicht an sie erinnern. Hat der Arzt den Schwestern gesagt, was er durch die Sonde sah, als er sie durch die Harnröhre stieß, vorbei an der Prostata und den Schließmuskeln bis in die Blase hinein? Wie kriegten sie einen eigentlich hinterher aus dem Stuhl und ins Bett? Wie lange hatte ich bewusstlos hier auf diesem Flur gelegen? Warum kam niemand, um nach mir zu sehen?

Weitere Betten wurden vorbeigeschoben: ein Junge, der lächelnd und aufrecht dasaß; das Gesicht einer älteren Frau im Profil, grau und verbraucht. Alle trugen Kittel, weiße oder grüne. Es herrschte eine unablässige Geschäftigkeit, die ich gar nicht unangenehm fand. Ich hatte überhaupt keine Schmerzen. Dann war plötzlich der Arzt da. Sein eingefallenes, dunkles Gesicht blickte lächelnd auf mich herunter. Ein verblüfftes, ironisches Lächeln, dachte ich.

»Eine Blase wie ein Baby«, sagte er. »Rosig und rein.«

Beim Wasser- und Blutlassen zwei Stunden später hatte ich so schreckliche Schmerzen wie noch nie. Ich erinnerte mich an damals, als ich nach dem Laufen Blut gepinkelt hatte und nichts gewesen war. Ich jubelte innerlich.

6.820.000 Treffer

Bei meinem Mann wurde vor drei Jahren eine Prostatavergrößerung festgestellt. Er ist erst 29. Er war schon mehrmals beim Urologen. Gibt es sonst noch etwas, was er tun kann? Irgendwelche anderen Antibiotika oder so etwas? Und zweitens, können diese Probleme seine Fruchtbarkeit oder seine Lust auf Sex beeinflussen?

Es ist halb sechs Uhr morgens. Ich habe bei Google ›Prostataschmerzen‹ eingegeben.

Ich gehe nicht mehr aus. Immer wenn ich irgendwo hingehe, muss ich als Erstes die Toilette suchen. Ich gehe nirgends hin, wo ich nicht mindestens einmal pro Stunde pinkeln gehen kann.

Diese Suche erzielt ›ungefähr‹ 6.820.000 Treffer. Die meisten verweisen auf weitere Links. Manche führen zu seitenlangen Chats.

Ich nehme jetzt seit einiger Zeit Alpha-Blocker, aber ich habe überhaupt keine Lust mehr auf Sex.

Mein Urologe hat bei mir als Ursache meiner chronischen Schmerzen und des fast ständigen Unwohlseins »multiple Prostatasteine« festgestellt. Er hat mir zuerst Cipro und dann Floxin verschrieben, beides ohne Erfolg.

Vor der Zystoskopie hatte ich mich im Netz nur über die medizinischen Untersuchungen informiert, die man mir verordnet hatte. Jetzt muss ich entscheiden, was ich machen will.

Vor einem Jahr ging es meinem Mann noch blendend. Er bestieg Berge, fuhr Kajak und wanderte. Obwohl er erst 27 ist, ist es mit seiner Gesundheit im Laufe des letzten Jahres drastisch bergab gegangen. Er hatte plötzlich Schwierigkeiten beim Urinieren, und man hat festgestellt, dass seine Prostata vergrößert ist. Wir waren deswegen bei drei verschiedenen Ärzten, und keiner weiß, was los ist. Er hat auch Blutuntersuchungen gemacht, und die Ärzte glauben nicht, dass es Krebs ist. Aber sie wissen auch nicht, woher die Vergrößerung kommt.

Mir wird jetzt klar, dass ich geglaubt habe, wenn die medizinischen Untersuchungen nichts ergeben, würde ich mich automatisch besser fühlen, und meine Probleme würden weggehen: Herauszufinden, dass mit mir »alles in Ordnung« war, wäre an sich schon die Heilung. Stattdessen ist alles nur noch schlimmer geworden. Ich halte es nicht mehr länger als bis fünf im Bett aus. Dann gehe ich runter an den Computer, bis es Zeit wird, Lucy zur Schule zu bringen.

Ich habe Schmerzen im Analbereich. Es ist mir ein bisschen peinlich, deswegen zum Arzt zu gehen. Und ich bin auch nicht sicher, ob es Analschmerzen oder Prostataschmerzen sind. Gibt es da einen Unterschied?

Ihr Mann ist viel zu jung für solche Probleme. Antibiotika können die Entzündung lindern, aber sie scheinen sie nicht zu beseitigen, und ich fürchte, das kann sich über Jahre hinziehen. Die Schmerzen werden/können auf jeden Fall seine Lust auf Sex beeinträchtigen. Es ist so, als bekäme man jedes Mal einen Klaps auf die Finger, sobald man die Hand nach der Keksdose ausstreckt! Was die Fruchtbarkeit betrifft, gibt es ein ?

Das Internet ist nicht gerade ermutigend. Aber es schien mir wichtig herauszufinden, wie andere mit so einer Situation umgingen.

Hat jemand einen Tipp, wie man die Reizung durch den Katheter und die dauerhafte Gleitmittelbenutzung verringern kann?

Diese Woche haben wir erfahren, was schiefgegangen ist. Nach erfolgreicher Operation ist seine Prostata angeschwollen. Sie ist so groß geworden, dass sie sich selbst die Blutzufuhr abgeschnitten hat. Durch die Unterversorgung mit Blut wurde die Prostata noch größer. So groß, dass sie auf den Enddarm drückte, bis er praktisch verschlossen war. Er konnte nichts Festes mehr auskacken.

Ich versuche, ein bisschen Methode in meine Recherchen zu bringen, aber in den ersten paar Tagen bin ich einfach nur entsetzt und fasziniert. Ich lese planlos hier und da, verliere mich in der Menge der Unglücklichen.

Nie hätte ich gedacht, dass die Prostata schon so viele ins Elend gestürzt hat.

Nach allem, was ich durchgemacht habe, nehme ich lieber unruhige Nächte in Kauf, als noch ein Medikament mit möglichen Nebenwirkungen auszuprobieren.

Seit 1996 hatte ich keine Erektion, außer zwei Mal nach der Operation, die Tabletten und die Pumpe helfen nicht, und ich muss mir selber etwas spritzen.

Es stellte sich heraus, dass die ›gewisse Prozedur‹ bedeutete, mir drei Mal täglich selbst einen Katheter einzuführen!

Dann hat der Arzt einen Ballon eingeführt, um meine Blase zu dehnen, und später haben sie eine Prothese eingesetzt, damit die Harnröhre offen bleibt, aber leider hat es sich entzündet …

In den Vierzigerjahren, als Alfred Kinsey seinen Report über die Sexualität in den USA schrieb und dafür Tausende von Männern und Frauen nach ihren Erfahrungen fragte, kam er irgendwann an einen Punkt, wo er einfach überwältigt war. Es war zu viel. Er wusste nicht mehr, wer er war. Im Internet braucht man nur ein paar Tage, um zu merken, dass man in Gefahr ist. Man fängt an, seine eigene Geschichte mit der von anderen zu verwechseln. Man bildet sich Symptome ein, die man gar nicht hat.

Dear Mr. Motola: Meinem Mann wurde gesagt, sein Urin würde seitwärts in die Gänge der Prostata gedrückt, und dadurch würden die Schwellung und die Schmerzen verursacht.

Völlegefühl in der Prostata, leichte Schmerzen, die manchmal bis in den Penis reichen … hatte früher mal eine Fistel, habe einen Leistenbruch … kann jemand mir helfen?

Beten wir für Linda und ihren Mann, der schwere chronische Prostatitis hat: »Mein Mann und ich versuchen seit 4 Jahren ein Baby zu bekommen, aber er hat Schmerzen beim Sex und hinterher. Die Ärzte …«

Ich lese die Stränge fast nie bis zum Ende. Ich schreibe weder meine eigenen Symptome auf, noch antworte ich auf Beiträge von anderen. Ich muss an den Roman *Schreiben Sie Miss Lonelyhearts* von Nathanael West denken. Ein Journalist bekommt den Auftrag, den Kummerkasten einer New Yorker Zeitung unter dem Namen einer Frau zu übernehmen. Am Anfang betrachtet er die Sache als Witz, aber schließlich ertrinkt er in einem Meer von Sorgen und Ängsten.

ja hallo, ich masturbiere seit ich 14 bin und hab mit 17 angefangen Gras zu rauchen und jetzt bin ich 20 und habe schmerzen im becken, und magenschmerzen und immer wieder blasenpro-

bleme und Kopfschmerzen mein hodensack ist viel kleiner geworden und mein penis und meine hoden tun weh ich würde ja zum arzt gehen und mich untersuchen lassen aber ich hab solche angst vor den schlechten nachrichten die ich kriegen werde was soll ich nur tun und kann ich noch hoffen kinder zu kriegen

Das Komische ist, dass ich beim Scrollen und Lesen dieser Beiträge das Gefühl habe, sowohl die Kummerkastentante als auch der jeweilige Schreiber zu sein. Die Schicksale erscheinen austauschbar. Wir sitzen alle im selben Boot.

Ich muss 4 oder 5 Mal pro Nacht raus, um aufs Klo zu gehen, manchmal sogar noch öfter, und das muss einen anderen Grund haben als eine Prostatavergrößerung, denn ich habe mich schon vor fast zwei Jahren operieren lassen!

Einzeln betrachtet steckt in keinem der Beiträge besonders viel Weisheit; zusammengenommen lesen sie sich wie eine lebenslängliche Strafe.

Zuerst hatte ich morgens Schmerzen im unteren Rücken, die dann in heftige Stiche in Becken, Leisten und Hoden übergingen. Schließlich hielt ich es kaum noch aus und musste mich wieder ins Bett legen. Wenn ich ein paar Stunden später aufstand, waren die Schmerzen weg, und ich fragte mich, ›was war das denn jetzt?‹

… 70% aller Männer über fünfzig …

Das macht mich wahnsinnig, wenn das jetzt ewig so weitergeht, dann bring ich mich um. Ehrlich, ich mach das.

Das Internet ist bunt gemischt. Manche können schreiben, manche nicht, manche leiden, manche verkaufen. Beiträge von heute stehen gleich neben Mitteilungen, die zehn Jahre alt sind. Dieser Mann schreibt aus China:

Ich bin immer schon sieben Jahre Prostatitispatient. Die Prostata vergrößert und Schmerz scharf. Meine Taille Schmerz, benommen und schwach. Ich hatte viele berühmte Doktors in China besucht, Mikrowelle benutzt, Infrarot Bestrahlungen, Akupunktur Injektion, Medizin in den Anus gedrückt um Krankheit zu heilen.

Die Krebspatienten mischen sich mit denen, die unter Prostatavergrößerung leiden. Sie sprechen über ihre postoperative Inkontinenz.

Ich bin Servicetechniker. Auf einem 160.000 m^2 großen Fabrikdach eine Toilette zu finden, ist eine Herausforderung. Einlagen gehen nicht, weil sie undicht sind, und auf der Arbeit eine Windelhose wechseln zu müssen, wenn andere Typen dabei sind, kann einem echt auf den Sack gehen.

Du musst abkotzen, wo du kannst, Kumpel! Ich hör mir viel Springsteen und Neil Young an. Das hilft.

Hey, versuchs doch mal mit Kondomkathetern. Hier der Link!

Es gibt Leute, die überzeugt sind, dass Prostataschmerzen eine Autoimmunkrankheit sind, und solche, die an ein geheimnisvolles Virus glauben. Es kommt vom sesshaften Leben und zu wenig Bewegung. Es wird sexuell übertragen. Masturbieren hilft. Vom Masturbieren wird es schlimmer. Es bleibt einem nichts anderes übrig, als zu warten, bis die Wissenschaftler die Ursache und das Heilmittel gefunden haben. Nein, man muss selbst die Initiative ergreifen! Heiß baden, Yoga machen, nichts scharf Gewürztes essen, aufhören zu rauchen und zu trinken.

Wenn ich statt ›Prostataschmerzen‹ ›Beckenschmerzen‹ eingebe, *stelle ich fest, dass Frauen genau das Gleiche durchmachen.* Geradezu unheimlich. Zum Beispiel Marion:

Ich bin 22. Ich gehe abends direkt vor dem Schlafengehen auf die Toilette, aber 5 Minuten nachdem ich mich hingelegt habe, muss ich schon wieder, und es kommen nur ein paar Tropfen. Und so geht das weiter. Ich habe aber keine Entzündung. Und es ist nur nachts so. Was ist los mit mir?

Und Helen:

Das ging über dreizehn Jahre lang so, bis sie mir schließlich aus Verzweiflung die Blase herausgenommen haben, ja, echt, meine Blase, und eine künstliche eingesetzt haben. Und die Scheißschmerzen sind immer noch da!!!

Die Langzeitleidenden sind abgehärtet. Die jüngeren Leute sind entsetzt.

Ich habe seit Kurzem einen neuen Job. Wenn das mit den Schmerzen so weitergeht, werde ich ihn wohl nicht behalten können.

Meine Freundin versucht, nett zu sein, aber ich merke, dass sie wegwill.

Mein Sperma wurde plötzlich klumpig und farblos. Und ich hatte Schmerzen in den Hoden und im Rücken. Ich bin 23. Außerdem hat sich das Gefühl bei der Ejakulation total verändert. Ich kriege furchtbare Kopfschmerzen danach, die stundenlang andauern. Und so einen dumpfen Schmerz in der Leiste.

Beim Lesen dieser Nachrichten muss ich an meine eigenen Kinder denken, die oben tief und fest schlafen. Ich denke, es wird ihnen auch so gehen. Eines Tages werden sie aufwachen, und ihr Leben wird eine Qual sein. Aber das sind dumme, defätistische Gedanken. Hier kommt endlich eine Erfolgsgeschichte.

Nachdem ich acht Jahre lang wegen chronischer Prostataschmerzen Medikamente genommen hatte, Antibiotika gegen Infektionen, die mein Immunsystem zerstört haben, und ständig zeitraubende und kostspielige Besuche bei verschiedenen Urologen absolviert habe, hat mich ein Chirurg von der Cleveland Clinic an Dr. Krongrad überwiesen. Der hat mir eine operative Prostataentfernung verordnet. Als ich aus dem OP kam, konnte ich zum ersten Mal seit Jahren auf dem Rücken liegen, ohne das schmerzhafte Gefühl zu haben, ich hätte einen Golfball im Darm. Einen Monat später konnte ich endlich wieder Schlagzeug spielen und mit meiner Band auftreten.

Zehn Minuten später stoße ich auf das hier:

Mein Fall ist ganz einfach: Mit dreiundvierzig wurde ich verstümmelt, sie haben bei mir eine sogenannte TURP gemacht, Mann, das war der größte Fehler meines Lebens, mich für diesen Eingriff zu entscheiden.

Ich gehe zurück zu der begeisterten post-operativen Post und stelle fest, dass darin mehrmals von Dr. Krongrad und seiner Klinik die Rede ist. Konnte es wirklich sein, dass der Mann sich so gut gefühlt hat, als er aus dem OP geschoben wurde? Nach einer Weile merkt man, dass die meisten, die von dramatischen Heilerfolgen sprechen, ein bestimmtes Produkt oder eine bestimmte Klinik anpreisen. Prostatitis ist ein lukratives Geschäft.

Mir hat Saw Palmetto geholfen, die Blase vollständig zu entleeren. Orgasmen sind auch wieder normaler geworden. Die Schmerzen lassen nach. Ich nehme Saw Palmetto (85% Fett-

säuren & Sterole) seit zwei Wochen. Schon nach drei Tagen verspürte ich eine Besserung. Ich habe mir das Saw Palmetto von Trader Joe's besorgt, für nur $ 6.99 (100 Tabletten). Das ist ungefähr $ 15.00 billiger als die meisten anderen Marken.

Ein Mann, der eine eigene Seite zum Thema Prostatagesundheit unterhält, empfiehlt das Analmassagegerät und Sexspielzeug »Aneros«.

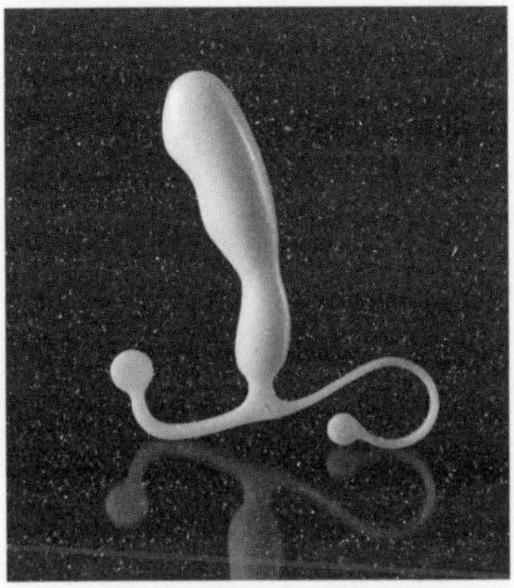

Ein absolutes Muss!

Eine Frau schreibt dazu:

Ich bin Prostatamassagetherapeutin und praktiziere seit 9 Jahren. Ich helfe Herren mit Prostatabelangen. Denken Sie daran: Nur weil die Prostata gut versteckt ist, heißt das nicht, dass sie keine Aufmerksamkeit braucht!

Ich frage mich, ob »Prostatabelange« wohl als Witz gemeint ist.

Manchmal merkt ein Teilnehmer gar nicht, in was für einem Chatroom er sich befindet:

Weiß der Himmel, wieso der männliche G-Punkt oben im Arsch liegt, aber bitte sehr, wenn es gut gemacht wird, bei gleichzeitiger Stimulation des Penis, dann ist der Orgasmus einfach göttlich! Müsst ihr probieren!

Diesmal gibt es einen Link:

Der PS New ist unser Vorzeigemodell unter den Prostata-Stimulatoren. Er hat einen langen Schaft mit zwei Ausbuchtungen am Ende zur direkten Massage der Prostata. Die Rillen geben Stabilität, und der Akupressur-Arm bietet externe Dammmassage. Aus medizinischem, stoßfestem, superglattem Spezialkunststoff.

Manchmal stellt ein Experte etwas richtig.

Schön, dass Saw Palmetto Ihnen geholfen hat. Neueste Tests haben ergeben, dass es in der Tat die Beschwerden lindern kann. Allerdings trat bei den Patienten, die ein Placebo genommen haben, die gleiche Besserung ein. Deshalb kann man wohl bisher nicht von einem wissenschaftlich belegten Erfolg sprechen.

Auf einer amerikanischen Medizinerseite wird behauptet, fünfzig Prozent der Patienten mit Prostatavergrößerung reagierten zwei bis vier Wochen lang positiv auf die Gabe von Placebos. Beim Nachdenken über diese Statistik fällt mir auf, das der Begriff ›Placebo‹ ebenso wie ›psychosomatisch‹ auf ein gestörtes Verhältnis zwischen Körper und Geist verweist, auf etwas, das die Wasser der wissenschaftlichen Forschung trübt, weil es die launische Psyche zwischen eine teuer hergestellte und geprüfte Substanz und eine sorgfältig diagnostizierte Krankheit schiebt.

Dennoch erscheint es mir falsch, von einem »bloßen Placeboeffekt« zu sprechen, wie es ein Experte bezüglich eines Produkts namens ›silver water‹ tut. Das Entscheidende wäre doch, einen Weg zu finden, den Placeboeffekt ad infinitum zu verlängern.

Wen kümmert es in dem Fall, ob das Medikament nur ein Zuckerstückchen ist? Umso besser eigentlich. Abgesehen davon gehöre ich zu den fünfzig Prozent, die nie einen Placeboeffekt erleben, ob nun bei ayurvedischen Kräutern oder hochpotenten Adrenalinblockern. Ob das daran liegt, dass ich kein Vertrauen zu den Ärzten habe und immer damit rechne, dass alles nur noch schlimmer wird, wenn ich ein Medikament einnehme? Oder kann es sein, dass in meinem Fall die Psychologie keine Rolle spielt, was durchaus ironisch wäre, wenn man bedenkt, wie gewillt ich bin, diese Version der Geschichte anzunehmen.

Nach über einer Woche frühmorgendlichen Surfens im Netz wird mir klar, dass die große Fülle an ›Heilmitteln‹ nur bedeuten kann, dass es keines gibt.

Meine Heilmethode besteht aus sieben Teilen.
Essen Sie täglich vier Sorten Naturprodukte. Bienenhonig, Gel Royal, Bienenpollen und Propolis.
Nehmen Sie folgende Mittel der chinesischen Medizin: …

Ich habe gelesen, dass manche Leute ein Magnesium/Zink-Präparat einnehmen, um ihre Prostatasteine loszuwerden. Funktioniert das wirklich? Und wenn ja, wie hoch ist die empfohlene Tagesdosis Magnesium, und wie viel Zink muss ich nehmen, um die Nebenwirkungen des Magnesiums auszugleichen?

Frischer Petersiliensaft. Müssen Sie versuchen!

Ich mache mir keine Notizen, nicht im Geiste und schon gar nicht auf Papier. Immer weniger habe ich vor auszuprobieren, was irgendjemand vorschlägt. Wenn diese Methoden wirksam wären, würden alle sie anwenden: Dann gäbe es keine Chats zu diesem Thema und kein Problem.

Wozu stehe ich also am Computer? Spaß macht es nicht, es führt zu nichts, und trotzdem kann ich es nicht lassen. Scheint ein verbreitetes Phänomen zu sein. All diese Betroffenen scheinen pausenlos zu surfen.

Ich habe sehr ausführliche und sehr kostspielige Recherchen über Prostataschmerzen und Prostatabeschwerden gemacht. Nachdem die moderne Medizin mir mitgeteilt hatte, ich sei »eigentlich vollkommen gesund«, entschloss ich mich, jedem Hinweis zu folgen, auf den ich stieß.

Ist das nicht eine aktualisierte Version des »ängstlichen, ruhelosen und unzufriedenen Menschen«, der vor so vielen Jahren in dem Handbuch für Urologen beschrieben wurde? Der »sein Leiden mit sich herumschleppt«, von einer Website zur nächsten? Schon wieder werde ich in diese Geschichte hineingezogen – die, die auf dem Operationstisch endet. Fast unweigerlich sind Typen mit meinen Symptomen Zwangscharaktere, die voller Angst das Für und Wider einer Operation abwägen. Manche wälzen das Problem sogar noch hin und her, nachdem sie längst ins kalte Wasser gesprungen sind.

Ich verdiene meine Brötchen mit der Auswertung von Daten. Ich entwickle Informationsprogramme und Systeme, um Entscheidungsträgern ihre Arbeit zu erleichtern. Ich bin daran gewöhnt, unvollständige und widersprüchliche Informationen auszuwerten und zu analysieren. Daher nahm ich an, es müsste mir leichtfallen, den Prozess der Entscheidung für eine chirurgische Methode zu durchlaufen, und ich bin überzeugt, dass ich das auch gut gemacht habe. Aber als es um die Ergebnisse ging – wie schnell ich wieder kontinent sein würde und wann ich wieder Sex haben könnte –, erinnere ich mich jetzt, wie zurückhaltend die Befragten waren, wie ausweichend ihre Antworten. Dennoch bin ich, wie vermutlich viele, auf die positivsten Verlaufsbeschreibungen und die rosigsten Fallbeispiele hereingefallen.

»Du solltest die Operation trotzdem machen lassen«, rät mir Carlo.

Die Zystoskopie ist ungefähr zwei Wochen her. Er trinkt Orangensaft, hat keinen Donut bestellt.

»Du würdest dich bestimmt danach besser fühlen«, versichert er.

Mein Freund will mir helfen, das ist klar. Und wie blind er auch immer im Hinblick auf seinen eigenen Zustand gewesen sein mag, Tatsache ist, dass er und seine Kollegen jedes Jahr Hunderte Patienten wie mich behandeln. Sie wissen, was sie wissen. Ich erzähle ihm von kürzlich durchgeführten Studien in Japan, auf die ich gestoßen bin, die mit dreidimensionalen Bildern arbeiten und zeigen, dass ein gestörter Harnfluss durch eine schlechte Koordination der beiden Schließmuskeln verursacht werden kann und nicht unbedingt durch ein tatsächliches Hindernis in der Prostata.

Carlo nickt. »Deshalb öffnen wir den oberen Schließmuskel, sodass nur noch einer arbeiten muss.« Er hält inne. »Die Sache ist die, wenn du so weitermachst wie bisher, dann wird sich die Blasenwand durch die dauernde Anstrengung beim Pinkeln verdicken. Sie wird vorzeitig altern.«

Ich habe im Netz bisher nichts von möglicher Blasenwandzerstörung gelesen. Nach kurzem Schweigen sage ich seufzend: »Zu dumm, dass man diese ganzen Untersuchungen nicht nachts machen kann, weißt du. Dann ist es nämlich ganz anders als …«

»Hör zu«, unterbricht mich Carlo. »Es ist deine Entscheidung. Du bist der Boss.«

Er hat kapiert, dass ich es nicht machen lassen werde. Er ist nicht direkt beleidigt, aber etwas in seiner Stimme sagt mir, dass ich ihn von jetzt an nicht mehr um Rat fragen darf. Ich bin nicht mehr sein Patient.

Der Pilotón

»Ich muss stehen bleiben. Geh du ruhig weiter.«

Was meine Frau und ich am häufigsten zusammen machen, ist spazieren gehen. Wir wohnen in den Bergen gleich außerhalb der Stadt. In ein paar Minuten ist man auf Wegen, die durch Weinberge und Kirschgärten führen, an dicht mit Efeu bewachsenen Steinmauern entlang. Einer davon passiert eine tiefe Schlucht um die sogenannte Hexenquelle herum und führt von dort aufwärts bis auf einen Bergrücken. Oben steht eine weiße Steinsäule, der Pilotón. Dort treffen sich alle Wege, und man kann in alle Richtungen meilenweit schauen.

Ich lehne mich an den Stein.

»Tut mir leid. Ich fühle mich zu unwohl.«

Wir sind gerade mal fünfzehn Minuten von zu Hause entfernt.

»Du musst etwas dagegen unternehmen«, sagt mir Rita. »Das geht jetzt seit Monaten so.«

»Ich habe bloß einen schlechten Tag.«

Sie geht weiter, damit der Hund Auslauf kriegt, und ich ruhe mich im Gras aus. Das ist mir noch nie passiert. Wir sind immer zusammen gelaufen, schon seit wir uns vor dreißig Jahren kennengelernt haben. Unsere Beziehung besteht aus Laufen. Und jetzt fühle ich mich dabei zu unwohl.

Der Pilotón ist ungefähr sechzig Zentimeter dick und drei Meter hoch und stammt aus römischer Zeit. Ursprünglich war er doppelt so hoch, aber im Mittelalter wurde ein eisernes Kreuz obendrauf angebracht, und in das ist der Blitz eingeschlagen. Der Stein wurde dabei zertrümmert. Absurderweise erinnert mich dieser Umstand an das Wort *prakruti*, die komplexe Mischung aus ursprünglichen und angeeigneten Merkmalen. Nachdem sie vom Christentum beschlagnahmt wurde, ist die heidnische, phallische Säule zerborsten. Die Spannung war zu groß. Jetzt ist sie ein Relikt; sie trägt weder ein Kreuz, noch besitzt sie ihre einstige kraftstrotzende Männlichkeit.

Seit der Operation spüre ich eine Art Prickeln und ein Völlegefühl, bekomme aber keine richtige …

Das ist albern. Wie neulich, als ich die Feige des Wasserverkäufers plötzlich als Prostata ansah. Aber ich merke, dass ich mich mit solch exzentrischen Analogien wohler fühle als angesichts des Informationssturms im Internet. Ich habe den Eindruck, sie bringen mich einer Wahrheit über meinen Zustand näher, aber so, wie Träume es tun. Etwas Wichtiges blickt einem direkt ins Gesicht, aber man kann es nicht deuten. Es lässt sich nicht in Worte fassen. Das ist das Faszinierende an Träumen. Und an bestimmten Gemälden. In ihnen liegt eine Wahrheit, die nicht ausgesprochen werden kann, ein nicht zugängliches, nicht verwendbares Wissen. Meine Gedanken verlieren sich in diesen Geheimnissen, und nach einer Weile stelle ich fest, dass ich mich ein bisschen besser fühle. Ist das ein Placeboeffekt? Eines Tages werde ich vermutlich die Bedeutung von Velázquez' Gemälde begreifen. Oder vielleicht würde es dadurch verdorben. Es ist ein stilles Vergnügen, mit geschlossenen Augen dazuliegen und sich dieses Glas klaren Wassers mit der dunklen Feige darin ins Gedächtnis zu rufen.

Ich richte mich auf und schaue über das Tal in Richtung Verona. Hier, oder vielmehr ein paar Kilometer entfernt von hier, lebe ich seit fast dreißig Jahren. Kann es sein, überlege ich jetzt, dass Italien, das Italienische, das angenommene Merkmal ist, das zu meinem ererbten englischen Charakter im Widerspruch steht? Ist das die Langzeitspannung, die meine Gesundheit angegriffen hat? Ein Lächeln breitet sich auf meinem Gesicht aus.

Ich bin nach Italien gezogen, weil ich in den USA eine Italienerin kennengelernt habe. Sie hat mir versichert, sie wolle auf keinen Fall mehr in Italien leben. Nach einem Jahr in England hat sie es sich anders überlegt. Als wir zusammen in Verona eintrafen, sprach ich kein Wort Italienisch. Ich wusste aus der Schule, dass Fremdsprachen mir nicht lagen. Ich mühte mich ab. Heute unterrichte ich auf Italienisch. Ich unterrichte Übersetzen, *ins* Italienische. Und jede Sekunde, bei jedem Wort, das ich ausspreche, achte ich darauf, keinen Fehler zu machen, höre mir genau zu, um meinen Akzent zu verbessern. Er wird niemals perfekt sein.

Ist das die Art von grundsätzlichem Konflikt, von dem die ayurvedischen Ärzte gesprochen haben? Italien gegen England (für mich schon immer ein unmögliches Spiel). Ich liebe das Italienische. Es ist zu meinem Schicksal geworden. Mein ganzes Leben ist mit Italien verbunden. Und ich hasse es. Ich hasse es, weil es zu meinem Schicksal geworden ist. Weil es so viel Raum einnimmt. Würde es mir besser gehen, frage ich mich, wenn ich nach England zurückginge und ein eintöniges englisches Leben führte? Oder hätte ich dann das gleiche Problem, nur anders herum? Sehnsucht nach Italien. Höchstwahrscheinlich ist inzwischen sowohl der Schaden als auch der Nutzen nicht mehr rückgängig zu machen.

Es ist angenehm, an einem Aprilmorgen seltsamen Gedankengängen zu folgen, bis man kopfschüttelnd zu lachen anfängt. Ich werde an die beiden Essays erinnert, an denen ich gearbeitet habe. Der eine ist fertig, der andere noch in Planung. Thomas Hardy wurde mehr tot als lebendig in eine Familie von Maurern und Baumeistern hineingeboren. Er wurde als zu schwächlich eingeschätzt, um seinem Vater in den Beruf zu folgen. Da er intelligent war, wurde er in der Schule gefördert und stieg in der Welt auf, indem er Architekt wurde. Das bedeutete, er musste sein Heimatdorf verlassen, um in Dorchester zu studieren. Schließlich ging er nach London, arbeitete in einem Architekturbüro und gewann Preise für seine Entwürfe. Gerade als alles bestens zu laufen schien, wurde er krank oder vielmehr »fühlte sich schwach«, wie er selbst es ausdrückte, ließ die Karriere sausen und ging zurück in sein Dorf. Das mag sich wie eine Katastrophe anhören, aber zu Hause schrieb er einen Roman zu Ende, den er in London begonnen hatte. Das Schreiben ermöglichte es ihm, seinen Wunsch nach Erfolg in der Stadt mit der Sicherheit des gewohnten dörflichen Lebens zu verbinden.

Später, nachdem er eine vornehme Frau aus Cornwall geheiratet hatte, pendelte Hardy zwischen dem Leben in London und dem in Dorchester. Er wusste nie ganz genau, wo er eigentlich wohnen wollte. Und viele seiner Bücher handeln von jungen Leuten, die ihr Zuhause, das immer ein ländliches Zuhause ist, zu früh verlassen, sich überfordert fühlen, verschreckt sind, ausgenutzt werden und schließlich verzagt zu ihren Wurzeln, ihren Müttern zurückkehren. Es wird nie klar, inwieweit sie Opfer der Gesellschaft sind oder der Fehler in ihnen selbst liegt. Hardy war ein großer Läufer und Spaziergänger (wie meine Frau!), und seine Figuren bewegen sich ständig hin und her zwischen Dorf und Stadt, Kindheit und Erwachsensein, Sicherheit und Abenteuer. Oft hat man den Eindruck, sie wollten lieber für immer unterwegs sein, als je anzukommen.

Auch Hardys Frau wurde in diesen schwierigen Charakterwiderspruch verwickelt. Nach der Eheschließung 1874 schleppte der Schriftsteller sie zwischen London und Dorchester hin und her. In acht Jahren zogen sie sieben Mal um. Die Kinder, die sie sich wünschten, kamen nicht. Nachdem er sie in der romantischen Verlobungsphase ermutigt hatte, ihm beim Schreiben zu helfen, blieb die kinderlose Emma jetzt aus seinem beruflichen Leben ausgeschlossen. Sie lebte sich nicht gut in London ein, wo sie am liebsten wohnte, und noch weniger in Dorchester, das er inzwischen vorzuziehen schien.

Aber 1880 veränderte sich ihre Beziehung drastisch, als Hardy erkrankte und, da er monatelang ans Bett gefesselt war, Emma gestattete, sein Leben für ihn zu regeln. Sein wiederkehrendes geheimnisvolles Leiden, vage als ›Blasenentzündung‹ beschrieben, hielt ihn nicht davon ab, die zermürbenden Anforderungen der seriellen Romanproduktion zu erfüllen. Er verfasste Wälzer. Als er sich allmählich erholte, war Emma sich ihrer Rolle in der Partnerschaft sicher genug, um sich mit dem Bau eines festen Wohnsitzes in der Nähe von Dorchester einverstanden zu erklären. Oder auch: Als Emma sich ihrer Rolle in der Partnerschaft sicher genug war, um sich mit dem Bau eines festen Wohnsitzes in der Nähe von Dorchester einverstanden zu erklären, erholte sich Hardy allmählich.

Konnte es also sein, fragte ich mich, dass Hardys Blasenentzündung – die wenigen Symptome, die in den Biografien genannt werden, ließen sich nahtlos in die über sechs Millionen Googleeinträge zum Thema Prostatabeschwerden einfügen – insgeheim dem Zweck diente, die Beziehung zu seiner Frau zurechtzurücken und sie von einer peinlichen Möchtegern-Hilfsliteratin in eine traditionelle, treu sorgende Ehefrau zu verwandeln? Und gleichzeitig die ewige Frage nach dem besten Wohnort, Stadt oder Land, zu klären? Da sie wieder gebraucht wurde, wenn auch auf andere Art, war Emma bereit, nach Dorchester zu ziehen, unter der Bedingung, dass sie sich ein eigenes schickes Haus bauten. Hardy ließ seinen Vater und seinen

Bruder nach seinen Entwürfen bauen, und zwar in der Nähe, aber doch in einer gewissen Entfernung vom Dorf der Familie. Was seine Beziehung und seinen Wohnsitz betraf, brachte er die ererbten und angeeigneten Merkmale seiner Persönlichkeit wieder in Übereinstimmung.

Durch eine Krankheit.

Und wie hat sich mein geheimnisvolles Leiden auf die Beziehung zu meiner Frau ausgewirkt?

Oder auf meine Situation in Italien?

Ich runzele die Stirn und rupfe ein paar Grasbüschel neben dem Pilotón heraus. Es ist leicht, Schlüsse aus dem Leben von jemandem zu ziehen, dessen Biografie man studieren kann. Ganz zu schweigen von den Romanen, Gedichten und Briefen, die Hardy hinterlassen hat. Man kann vor- und zurückblättern, Daten und Ereignisse prüfen und vergleichen. Aber wie soll ich meine eigene Situation auch nur ansatzweise verstehen, wenn ich mich nicht mal erinnern kann, wann die Schmerzen angefangen haben? War es kurz nach meiner Ankunft in Italien? Konnte das sein? Soweit ich feststellen kann, hat mein Zustand die Rolle meiner Frau in keinster Weise verändert. Sie gehört nicht zu den besorgten Ehefrauen, die sich im Namen ihrer Männer Rat suchend in die Chats einklinken. Das würde mir auch nicht gefallen. Sie hat nicht mehr Macht, weil es mir nicht gut geht. Auch nicht weniger. Noch hat das Problem etwas an meinem Arbeitsplatz oder meinem Wohnort oder meinen diesbezüglichen Plänen geändert. Allerdings hat es die Dinge womöglich auf Eis gelegt. Alle Entscheidungen – Ferien, Hausrenovierungen – scheinen verschoben zu sein, bis es mir besser geht. Wir leben in einer Art Schwebezustand. Jetzt können wir nicht mal mehr zusammen spazieren gehen.

Ungefähr einen Kilometer nördlich von meinem Platz, wo die Bergkette sacht zu den Alpen hin ansteigt, steht ein Nonnenkloster. Und im Süden, wo der Weg sich nach unten in die Ebene windet, stehen die drei Türme des Castello di Montorio, das im Mittelalter ein Mönchskloster war. Anscheinend gab es des Nachts ein geschäftiges Hin und Her von lüsternen Nonnen und Mönchen auf dem Kammweg; es fällt selbst heute noch leicht, sie sich vorzustellen, wie sie bei Mondschein in ihren Kutten und Kapuzen zu ihren Stelldicheins huschten. Das führte schließlich zu einem solchen Skandal, dass die Mönche hinausgeworfen und woandershin geschickt wurden. Ich frage mich, ob die Nonnen im Vorbeigehen mit kühlen Fingern den männlichen Pilotón berührten und die Mönche den Konflikt zwischen ihrem Gelübde und ihrer Libido durch Prostatabeschwerden somatisierten. Auf einer der Psychoseiten im Netz wird behauptet, Beckenschmerzen seien oft Ausdruck von Schuldgefühlen wegen Ehebruchs – komischerweise eine Sünde, von der Thomas Hardy geradezu besessen war. »Fernöstliche Vorstellungen von der Ehe durchdringen insgeheim seine Gedanken«, schrieb die ironische Emma. Doch obwohl der Autor fast ständig eine eifrige Korrespondenz mit jungen weiblichen Bewunderern führte, kann man aus den Informationen, die wir haben, schließen, dass er das eheliche Treueversprechen nie gebrochen hat.

Waren Blasenschmerzen ein Weg, um treu zu bleiben?

Der zweite Essay, an dem ich arbeite, ist über Mussolini. Der Mann könnte sich von Thomas Hardy kaum deutlicher unterscheiden, aber wie immer folge ich trotzdem meiner Gewohnheit, Verbindungen herzustellen. Mussolinis Eltern waren bekannterweise Welten voneinander entfernt. Sein Vater war Schmied, ein aggressiver sozialistischer Aktivist, der mehrfach verhaftet wurde, ehemaliger Dorfbürgermeister und fast der einzige Mann in der Gemeinde, der nie in die Kirche ging, nicht mal zu Weihnachten. Seine Mutter war eine sehr beliebte und sehr fromme katholische Lehrerin. Der junge Benito schwankte zwischen Phasen vorbildlicher Frömmigkeit und rebellischer Gewalttätigkeit. In der Spätpubertät machte er es sich zur Gewohnheit, ein Mädchen zuerst mehr oder weniger zu vergewaltigen und sie dann mit aller Kraft dazu zu bringen, ihn zu lieben. Er war gerne sentimental, solange er andere beherrschen konnte. Nach dem Tod seiner Mutter heiratete er schließlich die Tochter der langjährigen Geliebten seines Vaters. Heiraten ist nicht ganz das richtige Wort. Sie versprachen sich einander auf ewig, ohne sich offiziell zu vermählen. Benito glaubte nicht an Formalitäten. Unterdessen warf ihn jede Institution, mit der er zu tun hatte – Schulen, Zeitungen, politische Parteien – hinaus, bis er selber eine Bewegung gründete, der sich schließlich ganz Italien zwangsweise anschließen musste.

Obwohl er Gewalt predigte, war Mussolini selber nie daran beteiligt. Auf seinem Schreibtisch lag eine geladene Pistole, die er nie benutzte. Er zog es vor zu lesen, zu schreiben, zu übersetzen. Nachdem er dem Parlament mit drakonischen Reformen gedroht und klargemacht hatte, wie radikal er Italien seinen Willen aufzwingen konnte und es eines Tages auch tun würde, ließ er über zehn Jahre lang mehr oder weniger alles beim Alten. Seine Frau warf ihm vor, dass seine Worte leere Drohungen seien, dass er nicht Ernst machen würde, dass er die härtere Seite seiner Persönlichkeit auf unbestimmte Zeit auf Eis legen würde und seine Feinde inzwischen ungeschoren davonkommen ließe. »Du musst strenger sein, Benito!«, sagte sie ihm. Manchmal folgte er ihrem Rat: 1924, kurz nach der Ermordung des sozialistischen Abgeordneten Giacomo Matteotti, dem ersten politischen Mord in der Zeit des Faschismus, wurde Il Duce von heftigen Magenschmerzen heimgesucht. Er wand sich auf dem Fußboden. Er konnte nicht mehr funktionieren. Schließlich sorgte er dafür, dass die Witwe des Ermordeten eine staatliche Rente erhielt.

Diese Schmerzen kamen und gingen für den Rest von Mussolinis Leben. Ärzte diagnostizierten ein Magengeschwür, und er gewöhnte sich an eine Diät, die hauptsächlich aus warmer Milch bestand. Wie ein Baby. Eine weitere schwere Krise kam nach seinem Besuch in Berlin 1937. Er hatte hautnah miterlebt, wie erfolgreich Hitler war und wie skrupellos. Hier war ein Mann, der ohne zu zögern seine brutalen Versprechen hielt, der seine Säuberungsaktionen und Massaker nicht aufschob und nicht in eine sentimentale mütterliche Frömmigkeit zurückfiel. Als er wieder in Rom war, machte Mussolini Ernst und führte die Rassengesetze und den Stechschritt ein. »Er gab sich große Mühe, böse zu sein«, sagt sein Biograf Richard Bosworth. Sofort lähmten ihn wieder die Magenkrämpfe. Nach seinem Tod ergab die Autopsie, dass sein Magen absolut in Ordnung war. Er hatte gar kein Magengeschwür gehabt.

Merkwürdig an Mussolinis Leben ist unter anderem, wie unterwürfig und vollständig dieser gewohnheitsmäßige Tyrann schließlich Macht und Ansehen Hitler überließ, einem Mann, den er zuvor verachtet hatte, indem er dem Deutschen erlaubte, in ihrer Allianz alle wichtigen Entscheidungen zu treffen. Vielleicht ersparte ihm diese Unterwerfung einige Magenschmerzen. Dennoch, und trotz der Tatsache, dass sein eigenes Überleben am Ende von Hitler abhing, freute sich Mussolini jedes Mal, wenn die deutsche Armee besiegt wurde. Irgendwo tief im Innern konnte er sich nicht wünschen, dass seine hässliche Seite die Oberhand gewann. Es war ein Gerangel in seinem Kopf, das er nicht beenden konnte. Als er festgenommen und kurzerhand hingerichtet wurde, leistete er keinen Widerstand.

»Na, was treibst du?«

Das war Ritas Stimme. Ich schlug die Augen auf und sah sie auf mich herunterblicken.

»Ich habe gerade darüber nachgedacht, dass jemand, der an Blasenschmerzen leidet, wahrscheinlich nicht zum Massenvergewaltiger wird.«

Auf dem Heimweg waren die Schmerzen weg. Ich fühlte mich gut. Es war seltsam.

Vielleicht eine Woche nach dieser abgebrochenen Wanderung erlebte ich zum ersten Mal, wie es ist, impotent zu sein.

Harley Street

Irgendwann im Mai bestellte ich online ein amerikanisches Selbsthilfebuch. Das ist etwas, was Tim Parks grundsätzlich eigentlich nicht macht, und ich gab mir große Mühe, meiner Frau gegenüber zu betonen, dass es ein medizinisches Buch war, nichts Abgefahrenes oder Mystisches. Ich war darauf bei einer meiner höllischen Dämmerungsrecherchen im Netz gestoßen. Es hieß: *A Headache in the Pelvis. Kopfschmerzen im Becken*. Der Titel kam mir auf den ersten Blick widersprüchlich und geradezu dumm vor, ein Titel, der sicherstellte, dass dieses Buch auf keinen Fall bei irgendeiner Anfrage an Googles Suchmaschine auf der ersten Trefferseite erschien. Später wurde mir klar, dass es gerade die Überlagerung von Kopf und Bauch gewesen war, die mich daran interessiert hatte.

Meine ayurvedischen Erkundigungen waren die Laune eines Reisenden gewesen. Es war gut und schön, in aller Ruhe ein bisschen über das Konzept des *prakruti* nachzudenken, aber sich auf ein Programm mit Sesamöl-Einläufen einzulassen oder den aus der Analyse der Himmelskörper um fünf Uhr morgens am 19. Dezember 1954 resultierenden Empfehlungen zu folgen war etwas ganz anderes. Ich war zwar bereit, mich faszinieren zu lassen, hegte aber ein tief sitzendes Misstrauen gegenüber jeder Behandlung, die nicht von der westlichen Wissenschaft gestützt wurde.

Allerdings ließ mich die westliche Wissenschaft im Stich. Das wurde mir noch einmal deutlich, als ich mich vor einer Reise nach London zu einer Konferenz bei Freunden meldete, die mir auf meine Bitte einen Urologen in der Harley Street empfahlen. Wieder einmal wollte ich in höchster Not die renommierteste

Kombination aus Wissenschaft und Upper-Class-Tradition anrufen, die England zu bieten hatte.

Als es so weit war, ähnelte die Begegnung der vor zwanzig Jahren so sehr, dass es schon unheimlich war. Das Londoner Wartezimmer war ruhig und gepflegt. Die Sekretärin taktvoll und höflich. Ich wurde schon drei, vier Minuten nach der vereinbarten Zeit ins Behandlungszimmer des Arztes geführt. Mein Stuhl war bequem, und der ältere Arzt, der auf der anderen Seite eines beeindruckend altmodischen Schreibtisches saß, war schlank, zuvorkommend und onkelhaft.

Aufmerksam hörte er sich meine Geschichte an. Er sah sich die zahlreichen Untersuchungsergebnisse, die ich mitgebracht hatte, genau an und lobte die ausgezeichnete Qualität der Röntgenbilder. Nachdem er alle Fakten aufgenommen hatte, oder so viele, wie jemand in ein paar Minuten aufnehmen kann, bat er mich in ein kleines Nebenzimmer, ließ mich meine Hose ausziehen und führte eine manuelle Untersuchung der Hoden und der Prostata durch. Der Finger, den er einführte, fühlte sich erfahren und respektvoll an. Dann legte ich mich auf sein Geheiß hin, und er machte eine Ultraschalluntersuchung. Gut ausgestattet und gewissenhaft wie er war, tat er alles, was ein einzelner Mann bei einem einzelnen Termin machen kann. Aber als wir wieder unsere Plätze auf beiden Seiten seines lederbezogenen Schreibtisches eingenommen hatten, wusste ich, er würde mir nichts sagen können, und im Grunde war ich nur hergekommen, um mir genau das zu bestätigen – dass dieser erfahrene Mann und Meister seines Fachs mir nichts sagen konnte. Oder vielleicht falls doch. Ich war hergekommen, *falls* er mir wie durch ein Wunder doch etwas sagen konnte.

Konnte er nicht.

Es war richtig, sagte der Arzt, mit der Operation zu zögern. Abgesehen von leichten Kalkeinlagerungen schien die Prostata gesund zu sein. Das Problem, soweit er es nach seinem Ultraschall und den Röntgenbildern beurteilen konnte, war höchstwahrscheinlich eine gestörte Blasenhalsregulation, also ein Versagen des Blasenschließmuskels, zu erschlaffen und sich beim Urinieren vollständig zu öffnen. Wie das mit den vielen Schmerzen, die ich hatte, zusammenhing, vermochte er nicht zu sagen. Er lächelte. Die Lösung, fuhr er fort, sei trotz meiner vorherigen schlechten Erfahrungen ein Alpha-Blocker; dadurch würde sich der Schließmuskel entspannen; ich sollte zuerst Alfuzosin probieren, und wenn mir das nicht bekam, Tamsulosin. Er schrieb ein lesbares Rezept. Beide Medikamente konnten zu retrograder Ejakulation und milder posturaler Hypertension (man kann auch Schwindel sagen) führen, aber das würde vergehen, und ich könnte die Tabletten unbegrenzt einnehmen. Wenn gewünscht, konnte ich es auch mit Saw Palmetto versuchen, und ich sollte täglich zum Orgasmus kommen, »auf die eine oder andere Art«. Gelegentliche Impotenz, versicherte er mir, war eine vorübergehende Erscheinung und ganz typisch bei solchen Beschwerden und den Ängsten, die sie auslösten. Groß und aufrecht stand er beim Abschied vor mir, schüttelte mir fest die Hand, wünschte mir alles Gute und sagte, ich könne mich jederzeit melden, falls sich mein Zustand maßgeblich veränderte. Es war vermutlich die gesittetste Begegnung, die ich je mit einem Arzt hatte. Und die teuerste.

Draußen nahm ich nicht den Weg zur nächsten Apotheke, den die Sekretärin mir freundlicherweise beschrieben hatte, sondern überquerte die Euston Road und setzte mich im Regent's Park auf eine Bank. Ich fühlte mich extrem unwohl. Medikamente sind keine Lösung, sagte ich laut. Ich war niedergeschlagen und resigniert. Der Arzt, dachte ich, hatte mit keinem Wort erwähnt, dass die Tabletten, die er mir verschrieben hatte, meine Schmerzen lindern würden. Sie halfen nur gegen das häufige Aufstehen in der Nacht. Ohne offensichtliche organische Schäden spielten Schmerzen wohl keine Rolle, jedenfalls nicht für die Ärzte. Das war das letzte Mal, sagte ich, diesmal noch lauter, das *allerletzte* Mal, dass ich wegen dieser Beschwerden zu einem Arzt gegangen bin. War nicht aus allem, was ich im Netz gelesen hatte, schon klar geworden, dass solche Besuche sinnlos waren? War es nicht sowieso komisch, dass alle glaubten, wenn man krank war, bräuchte man bloß zum Arzt zu gehen und sich ein Medikament verschreiben zu lassen? Woher kam das? Unser Hausarzt in Blackpool hieß Dr. Piggott. Er trug einen langen Mantel und zog bei jedem Besuch ein glänzendes Stethoskop aus seiner traditionellen schwarzen Arzttasche. Ich weiß noch, wie kühl es sich auf meiner Brust anfühlte. Wenn man die Masern hatte, oder die Windpocken, oder eine Bronchitis, dann verschrieb er einem eine Medizin und bald ging es einem wieder besser. Ob es einem *wegen* der Medizin besser ging, mag auf einem anderen Blatt stehen, aber auf die Reihenfolge des Ablaufs war Verlass. Sogar mein Bruder hatte sich in gewisser Hinsicht von seiner Kinderlähmung erholt, auch wenn Schäden zurückgeblieben waren. Das lag daran, dass der Körper sich anhand von Grafiken in Lehrbüchern darstellen ließ und die Ärzte alles über ihn wussten.

Meine evangelischen Eltern bestärkten uns in diesem Glauben an die Schulmedizin und die konventionelle Wissenschaft. Besonders meinem Vater war daran gelegen, dass seine Kinder die Naturwissenschaften erlernten, und er war tief enttäuscht, als zuerst meine Schwester von der Schule abging, dann mein Bruder Mathe und Physik zugunsten von Kunst aufgab und ich schließlich nach dem Abitur ebenfalls die Naturwissenschaft verschmähte und Literatur studierte. Mein Vater glaubte an Tatsachen, der Literatur traute er nicht. Die Wissenschaft war die Manifestation von Gottes unbeirrbaren, rationalen Gesetzen; diese Gesetze zu studieren und sie zum Nutzen der Menschheit anzuwenden war eine respektable Sache. Die Literatur dagegen war nur allzu oft das Ergebnis des unaufhörlichen Gejammers der Menschheit über den Sündenfall. »Alles nur Blähungen«, fauchte er. Mit diesem Wort erstickte er jeden Versuch, an der Vollkommenheit der Schöpfung herumzumäkeln. Ich fragte mich, ob Dad, wenn er noch lebte, mein Gejammer über meine Bauchschmerzen wohl auf meinen Agnostizismus zurückführen würde.

Es gab allerdings noch einen anderen Weg, Krankheiten zu heilen, wenn die Medizin versagte. Als ich Teenager war, schlossen sich meine Eltern der ›charismatischen Bewegung‹ an. Sie ließen sich ›im rechten Geist taufen‹, sprachen ›in Zungen‹, erhielten ›Prophezeiungen‹ und ›Worte der Weisheit‹; sie führten Teufelsaustreibungen durch und praktizierten das Handauflegen. Vielleicht waren sie durch ihren festen Glauben an die Wissenschaft der Anerkennung von Wundern sehr gewogen, und sei es auch nur, um Erscheinungen abzudecken, für die die Schulmedizin keine Erklärung hat. Genau wie bei den Säften vom Doktor war bei der göttlichen Heilung keinerlei Selbstkenntnis oder Anstrengung seitens der Leidenden nötig; weder mein Vater noch meine Mutter kümmerten sich besonders um ihren Körper. Andererseits war sie nicht auf Krankenschein erhältlich, und auch nicht auf Bestellung. Sie blieb Gott überlassen. Man konnte beten, flehen, Fürsprache einlegen (was für schöne Worte), aber verlassen konnte man sich auf Gottes Eingreifen nicht. Ebenso wenig konnte man es im Nachhinein systematisieren. Das Besondere an einem Wunder war, dass dabei die (rationalen) Naturgesetze unangetastet blieben. ›Rational‹ war für meinen Vater ein sehr wichtiges Wort, das sich jeder Kritik entzog. Genau wie der Glaube. In bester cartesianischer Tradition teilten diese beiden Gesinnungen die Welt unter sich auf, ohne miteinander kommunizieren zu müssen: Die Wissenschaft war nicht aufgefordert, das Wunderbare ins Kreuzverhör zu nehmen, und das Wunder strebte nicht danach, in akademische Schriften Eingang zu finden. Beide agierten in ihren jeweiligen Dimensionen als Alleinherrscher. Alles andere – Astrologie, Yoga, Hypnose, Traumdeutung, Meditation, Mesmerismus, Marihuana, Rockmusik, psychedelisches Design, die Gesamtheit des Paranormalen oder einfach das Orientalische – war das Werk des Teufels.

Was das betrifft, habe ich einmal, in einem Anfall jugendlicher Begeisterung, versucht, meiner Mutter einige Zeilen aus *Vier Quartette* vorzulesen.

»Mit Mars verkehren«, fing ich an – sie saß auf dem Sofa und strickte, und ich saß am Tisch und machte Hausaufgaben –, *»... Zwiesprache halten mit Geistern,*

Das Verhalten der Seeschlange beschreiben,
Horoskope stellen, Wahrsagen aus Eingeweiden oder Kristall,
Krankheiten in Unterschriften sehen ...«

Ich hatte die Stelle sorgfältig ausgesucht, ich war sicher, wenn ich zu den Schlusszeilen

»... ist üblich
Als Zeitvertreib, Narkotikum und Pressesensation.«

kam, würde sie sich über Eliots Ironie auf Kosten des heidnischen Aberglaubens freuen, und das würde sie mit dem Literaturstudium versöhnen. Ich wollte Mums Anerkennung, wollte unsere Welten zusammenbringen, nicht sie provozieren.

Wir kamen nicht bis zu den Schlusszeilen. *»... Lebensläufe aus den Linien der Hand konstruieren«*, las ich weiter, *»und Tragödien / Ablesen an den Fingern; Omen heraufbeschwören / Durch Zauberei oder in Teeblättern, das Unentrinnbare ...«*

»Was für ein Hokuspokus«, unterbrach mich meine Mutter. Kopfschüttelnd nahm sie eine verlorene Masche auf. »Sehr ungesund, Timothy.« Nein, sie wollte nichts mehr hören von T. S. Eliot, vielen Dank. Die Aufzählung dieser irrationalen Methoden hatte ihr schon gereicht. Ich hätte mich gar nicht erst mit Literatur beschäftigen sollen.

Auf der Bank im Regent's Park musste ich lächeln beim Gedanken an die ungehaltene Reaktion meiner Mutter und diese schwierigen charismatischen Jahre. Nachdem meine Schwester in der Schule versagt hatte, schlug sie sich auf die Seite meiner Eltern und wurde bibeltreuer als sie. Mein Bruder rebellierte, trug eine Hippiefrisur und machte sich gnadenlos lustig über unsere Eltern; er spielte Teufel, verhängte Flüche und schwenkte die Arme, um sie zu verhexen. Ich war hin- und hergerissen. In der Schule wurde viel über die Seite drei der Boulevardzeitung *The Sun* gekichert; auf dem Heimweg spielte ich in der Dämmerung Fußball, schwitzend und fluchend. Und wenn ich dann zu Hause die Tür hinter mir zuzog, kamen aus dem Wohnzimmer die Geräusche einer Teufelsaustreibung; meine Mutter sprach in Zungen, mein Vater betete laut, meine Schwester drosch in blindem Gottesglauben auf das Klavier ein. Manchmal ging ich zu ihnen hinein, manchmal lief ich schnell nach oben in mein Zimmer, um mit einem Freund Tischfußball zu spielen und Leonard Cohen zu hören. Als ich mich mit sechzehn oder siebzehn aus allem zurückzog, bot für mich die Naturwissenschaft die einzig vernünftige Erklärung der Welt. Die Literatur war unsere Reaktion auf die Tatsache, dass das Leben dieser Erklärung zufolge sinnlos war. Ich hatte mich in Beckett verliebt. Er schien gegen jegliche Religion gefeit zu sein.

Die charismatischen Gaben leisteten meinen Eltern keine besonders guten Dienste. Sie versuchten, die Kinderlähmung meines Bruders durch eine Teufelsaustreibung zu heilen. Sein Zustand blieb unverändert. Meine Schwester bekam eine schwerbehinderte Tochter. Die Macht der Gebete änderte daran nichts. Auch eine Fahrt nach Lourdes nicht. Der Krebs meines Vaters wurde durch Handauflegen nicht geheilt. Er wurde verrückt und starb unter großen Schmerzen. Aus Angst vor allem, was uns an ihre spirituellen Verirrungen erinnerte, verließen mein Bruder und ich uns gänzlich, geradezu grimmig, auf anerkanntes Wissen und die Schulmedizin; die vielleicht einzige Ansicht, die wir nun mit unserer Mutter und unserer Schwester teilten, war, dass alle alternativen Heilmethoden der reinste Schwachsinn waren. Noch heute wird mein Bruder, wenn man ihm gegenüber die Akupunktur erwähnt, sie als Hokuspokus abtun. Genau wie meine Mutter.

Wohin also sollte ich mich wenden, nachdem ich mit den

Ärzten nichts mehr zu tun haben wollte und sie nichts mit mir? In der vergangenen Woche hatte ich meinen Kurs an der Universität abbrechen müssen; zum ersten Mal hatten die Schmerzen mich am Unterrichten gehindert. Am Sonntagnachmittag beim Fußball – ich war immer noch ein eifriger Stadiongänger – war ich in der zweiten Halbzeit kaum noch in der Lage, sitzen zu bleiben. Ich musste dauernd aufspringen, so als wäre ich ganz aufgeregt wegen der Vorgänge auf dem Platz. »Arbitro di merda!«, schrie ich, obwohl sich nichts Besonderes tat. Meine Stadionfreunde lachten darüber, aber jemand hinter mir bat mich, mich hinzusetzen.

Auf der Bank im Regent's Park rief ich: »Das muss anders werden! Bitte!«, und ein junger Mann drehte den Kopf, warf mir einen Blick zu und ging dann eilig weiter.

An jenem Abend ging ich mit einem alten Freund aus, trank viel, sprach über die beiden Freundinnen, die er gegeneinander ausspielte, ging drei oder vier Stunden lang nicht auf die Toilette und erwähnte meine Probleme mit keinem Wort.

Das war auch so eine Sache bei diesen seltsamen Beschwerden: Ich war wild entschlossen, nicht darüber zu reden. Ich wollte da rauskommen, ohne dass andere davon je gewusst hatten. Mit einer ›weißen Weste‹ sozusagen. Mit unversehrter Männlichkeit. Nur meiner Frau hatte ich alles anvertraut, und sie musste schwören, den Kindern nichts zu sagen. Das Internet, hatte ich oft gedacht, war so verlockend, weil es der einzige Ort war, wo man sich anonym treffen und jammern konnte.

Il bell' Antonio

Alles verschwor sich gegen mich. Bei meiner Rückkehr nach Italien, nachdem ich in Mailand gelandet und direkt zur Uni gefahren war, um zu unterrichten, öffnete ich eine E-Mail, in der man mir anbot, das Vorwort für eine neue englische Ausgabe des Romans *Il bell' Antonio* von Vitaliano Brancati zu schreiben. Ich hätte den Job ablehnen sollen. Mit dem Schreiben und dem Hin- und-Her-Fahren zwischen Verona und Mailand, wo ich nicht nur unterrichtete, sondern den gesamten Studiengang leitete, war ich bereits überbeschäftigt. Angesichts meiner immer heftiger werdenden Beschwerden fragte ich mich, wann der Moment kommen würde, wo etwas schiefging: wo ich einen wichtigen Abgabetermin verpasste, Verabredungen nicht einhalten konnte, bettlägerig wurde wie Hardy oder mich am Boden wand wie Benito. Stattdessen nahm ich sofort an. Ich mag solche Aufträge. Sie gestatten mir, meine Kenntnisse der italienischen Kultur zu vertiefen und gleichzeitig etwas dazuzuverdienen. Ich wusste, *Il bell' Antonio* galt als Meisterwerk. Ich wusste, dass Marcello Mastroianni und Claudia Cardinale in der Verfilmung die Hauptrollen gespielt hatten, aber ich hatte keine Ahnung, wovon das Buch handelte.

Impotenz.

Wer hätte gedacht, dass es einen italienischen Roman über Impotenz gab?

Mit einer Mischung aus Belustigung und Verzweiflung las ich das Buch in der folgenden Woche auf meinen Zugfahrten zwischen Verona und Mailand. Der Sizilianer Antonio sieht sagenhaft gut aus. Er wird von seinen Eltern ins Rom Mussolinis geschickt, um dort sein Glück zu machen, und die Männer wie die Frauen scharen sich um ihn; die Frauen lechzend, die Männer wegen der lechzenden Frauen, die um ihn herumschwirren. Alle nehmen an, dass Antonio ein heißes Sexualleben führt, das ihn davon abhält, in der faschistischen Bürokratie Karriere zu machen. Schließlich holen ihn seine Eltern nach Catania zurück; sie haben ein Mädchen gefunden, das er heiraten soll. Antonio ist nicht glücklich darüber, er hatte sich seine Braut selbst aussuchen wollen. Aber Barbara ist hinreißend, und er verliebt sich in sie. Zum Ärger anderer hoffnungsvoller Mädchen heiraten die beiden und ziehen zusammen aufs Land.

Von Nonnen erzogen, ist Barbara so unschuldig wie unwiderstehlich. Erst nach einem Jahr wird ihr klar, warum die Babys nicht kommen wollen. Der Skandal erreicht die Stadt: Antonio kriegt keinen hoch. Die Eltern der Braut sind außer sich und verlangen eine Annullierung. Antonios Vater schämt sich so sehr, dass er lautstark angekündigte Besuche bei Prostituierten macht, um die ›Ehre der Familie‹ zu retten. Das Buch ist eine großartige Komödie und für jeden Mann eine beunruhigende Erinnerung daran, wie viel von seiner sexuellen Potenz abhängt. Nachdem die Sache bekannt geworden ist, kann Antonio eine politische Laufbahn vergessen. »Er hatte nie das Zeug zum echten Faschisten«, kommentiert ein örtlicher Beamter. »Mein Sohn ist tot«, verkündet sein Vater.

Aber warum hat Antonio dieses Problem? Es ist nicht so, dass er noch nie Sex hatte. Körperlich ist alles in Ordnung bei ihm. Liegt es daran, dass die Frauen, die sich für ihn interessieren, zu lüstern und anspruchsvoll sind, seine Eltern und Schwiegereltern zu viel Druck ausüben oder die sizilianische Kultur so durchtränkt ist von derbem Männerstolz? »Mein Sohn hat einen Knüppel, mit dem kann man Löcher in Felsen hauen!«, schwärmt Antonios Vater in Anwesenheit seiner peinlich berührten Ehefrau; »ich unterstütze das Regime, weil es von einem echten Kerl angeführt wird«, sagt einer seiner Freunde. Will Antonios schöner Körper (und sein schöner Geist) womöglich nicht Teil solcher Hässlichkeit sein? Oder ist auch die Kirche daran mitschuldig, mit ihrem Insistieren auf Reinheit und Jungfräulichkeit? Als sich im Gottesdienst alle Damen nach dem halbwüchsigen Antonio umdrehen, sagt der Priester zu seiner besorgten Mutter, sie möge beten, dass Gott »den Jungen so bald wie möglich wieder zu sich nimmt«. Er wird Schaden anrichten.

Brancati verdirbt seinen Roman nicht durch einfache Antworten. Als Antonio nach beschämtem Rückzug wieder auftaucht, um sich seinem sterbenden Onkel zu erklären, liefert er keine Kritik an gesellschaftlichen Phänomenen, sondern eine lange, komplexe, sehr persönliche Geschichte voller merkwürdiger Begebenheiten und Beziehungen. Er beschreibt einen Moment zu Beginn des Liebesspiels mit einer schönen deutschen Frau, die endlich beschlossen hatte, ihren Verlobten mit ihm zu betrügen:

Wir sagten nichts mehr, löschten die Lampe aus und umarmten uns. Wenig später war sie vor Seligkeit fast bewusstlos und öffnete sich ganz langsam wie eine Rose im Sonnenschein; bereits außer mir vor Seligkeit, die noch größer war als die ihre, ermahnte ich mich schon in Gedanken, den Schrei, der mir in der Kehle steckte und den ich gleich ausstoßen sollte, zu unterdrücken, als … als plötzlich Kälte und Angst sich meiner bemächtigten und gerade jener Stelle meines Körpers, von der ich es am wenigsten gewünscht hätte …

Es war wirklich kein guter Zeitpunkt für mich, um *Il bell' Antonio* zu lesen; die Beschreibungen verloren gegangener Libido waren so entmutigend, dass ich nicht mal mehr versuchte, Sex zu haben. Ständig musste ich an Antonio denken. Was wollte Brancati damit sagen? Vielleicht meinte er, wenn die Beschwerden eines Leidenden eins sind mit seiner Psyche, dann kann man nicht wie bei einem Virus oder einer Infektion sagen, dies oder jenes ist die Ursache: Man kann nicht sagen, ach, er ist nur überarbeitet, oder es liegt an der ständigen Spannung des Lebens zwischen zwei Kulturen oder an einem Kindheitstrauma oder dieser oder jener schwierigen Beziehung. Nein, ein solcher Zustand ist ein einzigartiges Amalgam mit einer ganz individuellen Geschichte; ein Geheimnis, über dem man brüten kann, und in dieser Hinsicht einem Kunstwerk nicht unähnlich. Etwas, das man ganz in Ruhe betrachten sollte. Ein Rätsel ohne Lösung. Der Wasserverkäufer von Sevilla.

Der Gedanke, dass eine Krankheit wie ein Kunstwerk sein könnte, faszinierte mich sofort. Überlagerten sich in Kafkas Metamorphose nicht auch Krankheit und Ästhetik? Das Gleiche galt für Hunderte von Schauergeschichten über Verfall und Niedergang. Speisten sich nicht viele Romane aus einem Helden mit einer geheimnisvollen Krankheit, die in gewisser Weise das ganze Buch bestimmt? Vielleicht hatte ich mein chronisches Leiden über die Jahre selbst geschaffen, so wie ich meine Romane geschrieben hatte, Teil einer Familie geworden war oder Wohnort, Sprache und Kultur gewechselt hatte.

Das ergab irgendwie Sinn, und alles erschien dadurch interessanter.

Dann wurde ich wütend. Was zum Teufel sollte es bringen,

sich selber zu einer so perversen Kombination aus Nabelschau und literarischer Betrachtung zu beglückwünschen? Es bestand, das wird mir jetzt klar, in diesem schlimmsten Moment der Geschichte, die starke Versuchung aufzugeben. Akzeptiere es, war ich versucht zu sagen. Ästhetisiere es. Das bist du. Dein Leben wird immer so bleiben. Die unterbrochene Nachtruhe. Die ständigen Bauchschmerzen. Hör auf, nach Heilung zu suchen, leb einfach damit. Und wenn es dir hilft, so zu tun, als wäre dein Leiden etwas Faszinierendes, na schön.

Hinter alldem stand auch eine merkwürdige Verquickung, eine Verflechtung geradezu, von Selbstgefälligkeit und Schuldgefühlen: Du hast das *verdient*.

Warum?

Ich geriet in einen Zustand der Resignation, seltsam versüßt durch ein Gefühl der Überlegenheit, sprang dann aber urplötzlich auf, trat mit einem Fuß gegen die Wand und brüllte: Nein! Nein, nein, nein! Eine Krankheit ist kein Rätsel, über dem man ewig brüten soll. Ich will gesund werden. ICH WILL DAS ENDLICH HINTER MIR LASSEN! Ich will ein Liebesleben, verdammt noch mal. Du kannst keine von Antonios Ausreden für seine Impotenz für dich geltend machen, sagte ich mir und legte das Buch aus der Hand: Du siehst weder umwerfend aus, noch werfen die Frauen sich dir zu Füßen, noch hast du einen sizilianischen Vater, der mit deiner sexuellen Leistungsfähigkeit angibt, oder eine Mutter und eine Ehefrau, die zur Jungfrau Maria beten. Warum also hätten diese »Kälte und Angst« sich *meiner* bemächtigen sollen?

Antonios Freunde geben ihm nur allzu gern gute Ratschläge. Denk an die Zeit, sagen sie zu ihm, als du mit Frauen schlafen konntest, und stell dir vor, wie es war. Das gibt dir Selbstvertrauen. Die heilende Kraft positiver Visualisierung. Als ich in meiner Verzweiflung mal wieder ins Internet ging, stellte ich fest, dass online ganz ähnliche Vorschläge zur Behandlung von Beckenschmerzen gemacht wurden:

Hallo zusammen,
das ist ein häufiges Männerproblem, das sich leicht durch EFT beheben lässt! Ohne Drogen oder Operationen.

EFT? Elektronischer Fonds-Transfer? Wohl kaum.

»Die Emotionsfokussierte Therapie (EFT)«, erklärte mir eine einschlägige Website, »ist ein wissenschaftlich fundiertes Psychotherapieverfahren. Auf der Basis aktueller neurowissenschaftlicher Erkenntnisse sowie der Psychotherapieprozess- und -ergebnisforschung bietet die Emotionsfokussierte Therapie Therapeuten Prinzipien zur wirksamen und erfolgreichen Arbeit mit Emotionen in der Psychotherapie an. Über die direkte Arbeit mit emotionalen Prozessen hilft die Emotionsfokussierte Therapie Klienten zu lernen, ihre emotionale Intelligenz weiterzuentwickeln und zur Lösung ihrer Schwierigkeiten zu nutzen.«

»Klienten« klang ominös. Trotzdem dachte ich, da könnte etwas dran sein. Der Internet-Beitrag ging mit einer Anekdote weiter.

Mein Mann und ich haben kürzlich alte Freunde von ihm besucht und dort übernachtet. »David« (der 59 ist) ging früh zu Bett, weil er wegen seiner Prostataprobleme Schmerzen hatte.

Der besorgte Erzähler »arbeitet« mit David daran, eine Reihe von konstruktiven Sätzen zu entwickeln, die er wiederholt sagen kann, wenn es ihm schlecht geht. Wenn er vor dem Klo steht und sich elend fühlt, muss er zum Beispiel sagen:

Auch wenn mein Urin nur sehr langsam fließt, liebe und akzeptiere ich mich selbst und meinen Penis zutiefst.

Ich vergebe mir und meinem Penis für alles, was ich vielleicht falsch gemacht habe.

Das hatte etwas ausgesprochen Komisches. Ich habe meinen Penis noch nie als getrennte Einheit betrachtet, die ich lieben oder der ich vergeben könnte. Aber stand es mir zu, mich lustig zu machen? Ich las weiter.

> *Erinnerungssätze: (Ich riet David, diese Sätze abwechselnd zu verwenden und sich dabei positive Bilder vorzustellen)*
> *Auch wenn es nur ein Tropfen ist*
> *Und dann plötzlich wie ein Rennpferd läuft*
> *Und manchmal nur ein Tropfen*
> *Entspanne ich mich und lasse es rauschen wie die Niagarafälle*
> *Und manchmal kommt es langsam und ich entspanne mich*
> *Und lasse es fließen wie ein Hydrant*
> *Ich lasse es einfach fließen und bin ganz locker*
> *Wenn ich wütend werde, weil es nicht fließen will, dann lasse ich die Wut ganz einfach aus meinem Penis herausfließen*

Nach etwa einer Woche führt dieses ganze Trara bei David zu einer gravierenden Besserung. Die Schmerzen gehen zurück, der Harnfluss wird stärker, er fühlt sich ganz allgemein wohler in seinem Körper – Wirkungen, die mit den kurzfristigen Verbesserungen bei Placebobehandlungen von Prostataschmerzen vergleichbar sind. Obwohl es mir total gegen den Strich ging, entschloss ich mich, die Methode ernst zu nehmen. Oder es wenigstens zu versuchen. Immer noch besser als Gesundbeten, dachte ich. David wird empfohlen, die Wasserhähne im Bad ganz aufzudrehen, damit er noch besser einen unbändigen Harnfluss visualisieren kann. Trotz meiner Skepsis, ganz zu schweigen von dem Fiasko beim Urogramm, drehte ich die Hähne auf. Anstelle der Niagarafälle (bei denen mir eher Bilder von katastrophalen Kajak-Unfällen in den Sinn kommen) dachte ich an das fröhlich platschende Pinkeln meines Sohnes an dem Morgen, als wir zusammen in die Ferien fuhren. Und ich formulierte ein paar hochgradig optimistische Sätze, die ich aufsagen konnte …

Ich erspare Ihnen die Sätze. Ich kann nur so viel sagen: All das um zwei Uhr morgens zu machen, und um drei und dann *schon wieder* um vier und auf jeden Fall um fünf macht keinen besonderen Spaß. Dazu muss man wirklich wild entschlossen sein. Um das durchzuhalten, müsste man schnelle Fortschritte erleben. Leider hatte es auf mich nur die Wirkung, mich so wach zu machen, dass ich danach kaum wieder einschlafen konnte. Ich lag im Bett und fragte mich, ob David nicht vielleicht die positive Wirkung von EFT übertrieben hatte, weil es ihm gefiel, wenn die Frau seines Freundes sich bei ihm im Bad aufhielt, während das Geräusch der laufenden Wasserhähne praktischerweise das Techtelmechtel, das sich womöglich zwischen ihnen ergab, übertönte. Impotenz gehörte nicht zu den Symptomen, unter denen David litt.

Auf den letzten Seiten von *Il bell' Antonio*, nachdem Catania ausgebombt und das faschistische Regime gestürzt worden ist, gewinnt Antonio seine Libido zurück. Mehr oder weniger. Als er erfährt, dass Barbara einen älteren, aber wohlhabenden Lebemann geheiratet hat, schäumt er vor Wut und stellt sich vor, wie er ihr eine ordentliche Tracht Prügel verpasst. Und da endlich regt sich etwas. Aber ich hatte nicht solche aufbrausenden Gefühle, die mich hätten erregen können. Wollte ich auch nicht haben. Auf wen sollte ich denn wütend sein? Warum muss man wütend sein, um Sex zu haben? Die Wahrheit ist, dass ich nach all der Zeit, all den Arztbesuchen, all der Recherche *nicht die leiseste Ahnung hatte, was mit mir los war.*

Leben in stiller Verzweiflung

Ich war mit Freunden am Strand von Blackpool. Sie zögerten. Na los, zeig's ihnen! Ich trat einen Schritt zurück, zog mich aus und rannte beherzt in Richtung Meer. Aber ich hatte die Badehose vergessen. Ich war nackt! Statt alle zu beeindrucken, machte ich mich zum Gespött. Dann spring doch ins Meer! Meine Füße flitzten über den Sand. Kein Meer zu sehen. Es musste totale Ebbe sein. Plötzlich und auf diesem weiten Strand vollkommen unerwartet rannte ich gegen eine kleine Absperrung, so eine, wie die Bauarbeiter sie um ein Loch in der Straße aufstellen. Sie tauchte wie aus dem Nichts auf, ich stieß sie um und fiel in das Loch. Es war tief und mit schwarzem, übel riechendem Schlick gefüllt. Ich wurde wach und ging eilig aufs Klo.

Ich träumte viel. Fast jedes Mal, wenn ich nachts aufwachte, hatte ich geträumt. Sechs Mal pro Nacht. Und mehr und mehr kam es mir so vor, als wollten diese Traumlandschaften mir etwas sagen. Wieso träumte ich immer von Wasser? Oder vielmehr, von Wasser, das nicht mehr da war, von Schlamm und Sand und Schlick. Und warum blamierte ich mich immer? Ich springe begeistert in einen See, nur um festzustellen, dass unter Wasser Algen wachsen, die so dick und holzig sind, dass ich darauf laufen kann, allerdings unbeholfen und tapsig. Solche Wasserszenarien sickerten in meine Nächte ein. Mehr als einmal dachte ich beim Aufwachen an den winterlichen Anblick der Yamuna, die sich als ein dünnes Rinnsal durch die weite Sandebene hinter dem Taj Mahal schlängelte.

An einem solchen Morgen, als ich noch in dem leicht benebelten Zustand war, in den Träume einen versetzen, spülte der riesige Ozean des Internets eine trockene Seite an, die mir fast so vorkam, als hätte ich sie selber verfasst, so treffend war dort mein körperlicher und geistiger Zustand beschrieben. Die Seite stammte von den Autoren des Buches *A Headache in the Pelvis, Kopfschmerzen im Becken.*

Mit ein paar Hundert Worten legten die Verfasser ihre Ansichten über Beckenschmerzen oder sogenannte chronische Prostatitis dar. Was sie anboten, war weder die Schulmedizin der Krankenhäuser noch die New-Age-Alternativen. Es fußte weder auf Psychosomatik, noch ließ es die Psychologie außer Acht. Es ging ihnen weder um Mechanik noch um Mystik. Sie maßen Träumen, Planetenkonstellationen oder Kunstwerken keine Bedeutung bei, schlugen aber auch nicht vor, eine Autobahn durch meine Urethra zu leiten oder meine Körperchemie radikal zu verändern. Es waren keine obskuren Kräuter oder teuren Medikamente im Spiel. Keine komplizierten Diäten. Es wurde keine schnelle Heilung versprochen. Heilung wurde überhaupt nicht *versprochen*. Sie sagten, Heilung sei möglich, bis zu einem gewissen Grad, wenn ich daran arbeitete. Vor allem aber beschrieben sie meine Symptome *treffend*. Und zwar alle. Sogar die, die die Urologen als irrelevant abgetan hatten. Sie nahmen die Schmerzen ernst. Dieser Text war das Erste, was ich von promovierten Ärzten las, das die klaffende Lücke zwischen den schulmedizinischen Erklärungen dieser Beschwerden und der Realität berücksichtigte. Er richtete sich an Frauen und Männer gleichermaßen. Es war also *kein* Prostataproblem. Kurz gesagt, innerhalb weniger Minuten wurde mir klar, dass ich auf eine völlig neue Geschichte gestoßen war, eine andere Version der Ereignisse, eine, an die ich vielleicht glauben könnte und die womöglich sogar der Wahrheit entsprach. Oder zumindest hilfreich war. Abgesehen davon hatte ich damals keine Ahnung, was es bedeutete, dieser Vision der Dinge zu folgen und wie viel Veränderung in mir selbst das erfordern würde. Ich verstand auch nicht, warum ich so lange gebraucht hatte, um diese Seite zu finden; wenn das wirklich eine sinnvolle Herangehensweise war, warum erschien diese Seite dann nicht bei allen Suchmaschinen als erster Treffer zum Stichwort Beckenschmerzen?

Die Namen der beiden Autoren klangen nicht vertrauenerweckend. David Wise und Rodney Anderson. Zusammen hörte sich das an wie ein von *MAD* ausgedachtes Quacksalber-Paar. Und was für ein Fehler, ihre Behandlung *Das Stanford-Protokoll* zu nennen, ein Name, bei dem man gleich an hochtrabende Patentanmeldungen denkt, damit sich die Sache besser vermarkten lässt. Aber vielleicht war das nur mein Widerstandsreflex; ich fasse nicht leicht Vertrauen. Im Netz schrieben sie:

> *95% der Patienten mit Prostatitis-Diagnose haben keine Infektion oder Entzündung, die ihre Beschwerden erklären könnte … es liegt nicht an der Prostata.*

Allein das zu lesen war schon eine große Erleichterung. Ich war nicht nur nicht verrückt, ich war nicht einmal ein ungewöhnlicher Fall.

> *Sobald das Leiden sich zeigt, scheinen die Symptome ein Eigenleben zu führen.*

Ich hatte den Gedanken noch nie so formuliert, aber es war zweifellos etwas Unberechenbares im Gange: Heftige Schmerzen kamen und gingen ohne jeden Bezug zu äußeren Umständen; die Häufigkeit des Pinkelns schwankte enorm, unabhängig von dem, was ich trank. Die Ärzte hatten sich damit nie beschäftigen wollen, so als fürchteten sie, bei einer detaillierten Beschreibung der Symptome in ein Labyrinth aus sehr nuancierten, aber irrelevanten Empfindungen zu geraten. Das führte unweigerlich dazu, dass man sich noch mehr alleingelassen fühlte. Man klagte über Sachen, die abgesehen von den Schmerzen selbst weder einen objektiven Bezugspunkt noch irgendwelche offensichtlichen Folgen hatten. Ich siechte nicht dahin. Aus Sicht der anderen konnte es ebenso gut sein, dass alles nur Einbildung oder Show war. Also lernte man zu schweigen. Es war Wochen her, seit ich meine Frau zuletzt mit einem Bericht über die neuesten Entwicklungen belästigt hatte. Sie war es allmählich leid. Verständlicherweise.

»Die Symptome können in unregelmäßigen Abständen auftreten oder anhaltend sein«, schrieben Wise und Anderson, »und nur wenige Patienten leiden unter allen.« Sie nannten dreiundzwanzig. Ich hatte sechzehn davon. Und keines meiner Symptome fehlte auf ihrer Liste. Was mich am meisten beeindruckte, war, dass auch »Erleichterung nach dem Stuhlgang« dabei war. Bisher hatte niemand diesen Eindruck von mir bekräftigt; ich hatte große Lust, die Seite sofort auszudrucken, nach Mailand zu fahren und sie in der urologischen Abteilung auf den Operationstisch zu knallen.

»Die Auswirkungen auf das Leben der Betroffenen«, fuhren die Autoren fort, »sind mit den Auswirkungen von Herzinfarkt, Angina Pectoris oder Morbus Crohn vergleichbar … die Patienten leben oft in stiller Verzweiflung.« Depressionen, Angstzustände und »katastrophenorientiertes Denken«, sagten sie, seien die Norm.

Es mag seltsam erscheinen, wenn ich sage, dass mich diese düstere Bestandsaufnahme aufgeheitert hat. Ich hätte wohl kaum selber solche Vergleiche für mein Leiden gezogen, und ich sah mich auch nicht als Verzweifelten, noch nicht. Aber es tat ausgesprochen gut zu hören, dass ich nicht maßlos übertrieben hatte. Mein Vater, erinnere ich mich, hatte mir unter weitaus dramatischeren Umständen etwas Ähnliches anvertraut, nachdem die Ärzte ihm eröffnet hatten, die Radiotherapie habe seinen Krebs nicht beseitigt und er sei unheilbar krank. Zuvor hatte man ihm gesagt, er sei geheilt, ›um seinen Lebensmut zu erhalten‹, und dadurch hatte er sich doppelt elend gefühlt, weil ihm jeder Ausdruck seiner Empfindungen wie Gejammer vorkam. Seit ihm klar war, dass er sterben musste, brauchten sich die anderen nicht mehr darüber zu wundern, dass er nicht fröhlicher war. Auch in der Literatur, davon bin ich überzeugt, ist ein hellsichtiger Pessimismus immer erhebender und befreiender als Leugnung und Schöntuerei.

Aber Wise und Anderson überbrachten keine schlechten Nachrichten. Sie hatten eine ganz neue Theorie über die Ursache dieser Beschwerden entwickelt. Hier schlichen sich bei mir die ersten Zweifel ein. Es schien zu einfach, um wahr zu sein. Und es schien ganz direkt darauf hinauszulaufen, dass ich Geld für ihr Buch ausgab und ihre zweifellos nicht billige Klinik in Kalifornien besuchte.

Im Prinzip gingen sie davon aus, dass »das Problem ursprünglich ein rein muskuläres« war und dann in der Folge zu einem neurologischen wurde. Es war eine wohlbekannte, instinktive menschliche Reaktion, behaupteten sie, ganz besonders bei Männern, bei Aufregung oder Stress die Muskeln im Becken anzuspannen. Zum Schutz der Genitalien. Manche Menschen taten dies permanent, zwanghaft, mit dem Ergebnis, dass die »Beckenbodenmuskulatur« sich nie entspannte. Eine bewegungsarme Lebensführung und ganz besonders eine Tätigkeit, bei der man Tag für Tag am Schreibtisch saß, verstärkte das Problem, weil dadurch die Durchblutung dieser angespannten Muskeln vermindert wurde. Die Muskeln ermüdeten und verloren schließlich ihre natürliche Elastizität, verkürzten sich, zogen an den falschen Stellen und drückten die komplexen Nervenstränge zusammen, die diesen Bereich durchliefen.

Ich wusste nicht genau, was ich davon halten sollte. Ich hatte den Ausdruck ›Beckenboden‹ noch nie gehört. Was war das für ein Ding? Alle medizinischen Grafiken, die ich gesehen hatte, beschränkten sich auf die Darstellung der beteiligten Organe – Blase, Prostata, Nieren –, die in durchsichtigem Gewebe schwebten und durch nichts anderes als dünne Röhren verbunden waren, die Flüssigkeiten von einem zum anderen transportierten. Keiner der

Ärzte, mit denen ich gesprochen hatte, erwähnte je, wodurch diese Organe an ihrem Platz gehalten wurden oder was sich in den Zwischenräumen befand. Sie schienen wie Himmelskörper auf wundersame Weise im Nichts fixiert zu sein. Es fiel mir schwer, mir vorzustellen, worum es hier ging, deshalb rief ich bei Google Bilder auf, gab ›Beckenboden‹ ein und fand das hier:

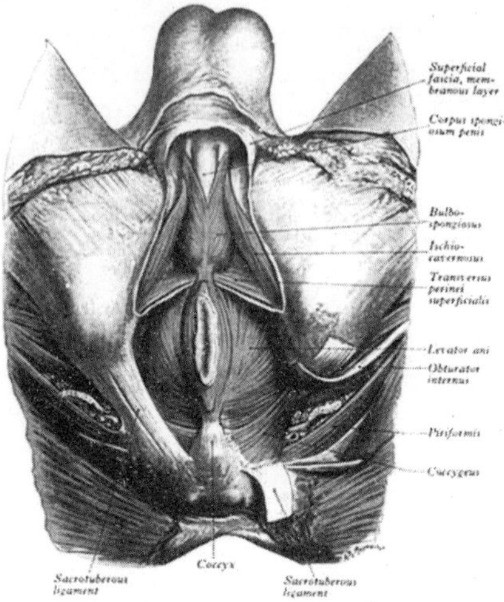

Es war äußerst abstoßend und nicht sehr hilfreich. Andererseits ergab die Sache mit der Erleichterung nach dem Stuhlgang plötzlich einen Sinn: Der große Muskel um den Anus herum entspannte sich, und dadurch konnten sich alle möglichen anderen Sachen neu arrangieren. Jeder Muskel, jeder Muskelbereich, schrieben Wise und Anderson, der jahrelang unnötig oft und lange angespannt wurde, konnte Schmerzen in weiter entfernt liegenden Bereichen auslösen.

Ich dachte darüber nach. Ich hatte tatsächlich über Jahre hinweg tagtäglich stundenlang auf meinem Allerwertesten gesessen. Man war sich allgemein einig, dass ich ein verspannter Typ war. Wenn ich zum Beispiel schreibe, ist mein Körper keineswegs locker. Gut möglich, dass ich eine Hand fest in mein Haar – in das, was von meinem Haar noch übrig ist – gekrallt habe, während mein rechtes Knie auf und ab wippt und mein Unterkiefer abwechselnd auf- und zugeht, auf und zu; denn was ich schreibe, erregt mich, und wenn es nicht gut läuft, bin ich unzufrieden. Andererseits *spürte* ich die Anspannung in meinen Muskeln überhaupt nicht. Es fühlte sich alles ganz normal an.

Aber wenn chronische Muskelermüdung die Ursache war, wie sah dann die Heilung aus? Wieder war die Antwort verdächtig einfach.

Entspannung und Massage.

Sonst nichts. Keine Medikamente. Keine Operation. »Wir kennen keinen chirurgischen Eingriff, durch den diese Schmerzen befriedigend gelindert worden wären«, behaupteten die Autoren. Nur Entspannung und Massage. Zwar gaben sie den Dingen extravagante Namen – *paradoxe Entspannung* und *punktgenaue myofasziale Release-Massage* –, aber das, fürchtete ich, sollte nur den Eindruck erwecken, man könne keine Besserung erzielen, ohne bei Wise and Anderson Inc. direkt bezahlte Hilfe in Anspruch zu nehmen. Die Massagetechnik war hoch spezialisiert. *Und sie umfasste auch die Analmassage.* Sie erforderte ausgebildete Fachkräfte. Die Entspannungstechniken waren so komplex, betonten die Autoren, dass sie keine Tonaufzeichnungen mit entsprechenden Anweisungen für den Hausgebrauch verkaufen wollten, denn ohne fachkundige Hilfe könnte man diese niemals nutzbringend einsetzen; sie wollten auf keinen Fall, dass die Betroffenen enttäuscht aufgaben und *Das Stanford-Protokoll* zusammen mit all den anderen Heilmethoden, die sie bereits vergeblich ausprobiert hatten, verwarfen. Diese Behandlung dauerte Monate, manchmal gar Jahre, und erforderte vom Patienten große Anstrengung und viel Engagement.

Ich war äußerst misstrauisch. Was konnte an Entspannung so kompliziert (oder ›paradox‹) sein? Welche Anstrengung erforderte es schon, sich massieren zu lassen? Eine finanzielle Anstrengung, zweifellos. Hier ging es um EFT im Sinne der ersten Definition. Ich las die Empfehlungstexte für das Buch, die meisten stammten von Ärzten und Professoren. Befreundeten zweifellos.

> A Headache in the Pelvis *ist ein Licht im Dunkel des menschlichen Leidens bei chronischen Beckenschmerzen.*

Wenn es ein Virus gibt, gegen das ein Schriftsteller von Natur aus immun ist, dann ist es das Klappentextgeschwafel.

> A Headache in the Pelvis *leistet einen wichtigen Beitrag zum Verständnis und zur Behandlung von Beckenschmerzen. Es liefert darüber hinaus eine erhellende Analyse des Zusammenspiels von geistigen und physischen Faktoren bei der Krankheitsentstehung sowie einen allumfassenden Heilungsansatz, der für eine ganze Reihe zeitgenössischer Erkrankungen von Bedeutung ist.*

Das klang schon interessanter. Besonders die »zeitgenössischen Erkrankungen«. Mir wurde klar, dass mir dieses neue Paradigma unter anderem deswegen gefiel, weil es eine psychologische Komponente berücksichtigt – die Jahre der Anspannung und die ungesunden Lebensgewohnheiten –, ohne zu behaupten, meine Beschwerden seien eine manipulative Reaktion auf ein spezifisches psychisches Bedürfnis (ich werde krank, um die Beziehung zu meiner Frau zu verändern, zum Beispiel, oder um einen Grund für eine Rückkehr nach England zu haben). Auch der unbeholfene Titel – *Kopfschmerzen im Becken* – faszinierte mich irgendwie; es war, als könnte gerade das exzessive Denken in all den Jahren die Ursache für meine Schmerzen sein. Das erinnerte mich an Leopardis schönen Satz über die Gedanken, *die in der Unendlichkeit ertrinken.* Vielleicht wollten meine Austrocknungs-Träume mir sagen, dass nicht genug Wasser da war, um meine trockenen geistigen Anstrengungen wegzuspülen.

Aber von einem Dutzend Empfehlungen war es die folgende, die den Ausschlag gab.

> *Dieses Buch sollten Sie lesen, ehe Sie eine Operation oder medikamentöse Behandlung erwägen oder aber resignieren und sich mit Ihren chronischen Beckenschmerzen abfinden. Eine Wiederherstellung der Gesundheit ist möglich. Die Ärzte Dr. Wise und Dr. Anderson haben ein innovatives klinisches Verfahren entwickelt, das wirksam ist.*

Ich musste das einfach glauben, und so klickte ich auf den Bestell-Button.

Eine Katze an Bord

Es dauert ungefähr zehn Tage, bis ein Buch per Post aus den USA eintrifft. Bevor es so weit ist und mein Leben sich langsam ändert, möchte ich ein Loblied singen auf das einzige Produkt, das mir in dieser unglücklichen Zeit ein bisschen Erleichterung verschafft hat. Valium.

Noch ein Detail, das ich vergessen hatte: Als ich bei dem Arzt in der Harley Street war, dem ersten, vor über zwanzig Jahren, hatte er mir zusätzlich zu den Antibiotika morgens und abends je ein Milligramm Valium verschrieben. Ich war beleidigt. Wieso verschrieb er mir bei Prostatabeschwerden ein Beruhigungsmittel? »Wir haben festgestellt, dass es hilft«, erklärte er. Ich habe nie erwogen, seinem Rat zu folgen. Wie soll ein Schriftsteller unter dem Einfluss von Beruhigungsmitteln arbeiten? Der Geist muss sprühen wie ein Feuerwerk. Man muss vor Schaffenswut schäumen. Aber in der schlimmsten Zeit, damals im Frühling 2006, probierte ich es aus.

Die Häufigkeit meiner nächtlichen Badezimmerbesuche war angestiegen. Sieben, acht, neun Mal! Ich fing an, unter Schlaflosigkeit zu leiden. Ich lag eine halbe Stunde im Bett, dachte über dieses oder jenes nach und stand dann auf, um aufs Klo zu gehen, ohne überhaupt wieder eingeschlafen zu sein. Dann lag ich wieder eine halbe Stunde. Und noch eine. Es gibt eine Besonderheit an unserem Haus, die ich noch nicht erwähnt habe. Es ist ein Reihenhaus, und ab und zu hören wir durch die Wand, die wir mit unseren guten und ruhigen Nachbarn teilen, eine leise, elektronisch klingende Stimme, die ein paar Sekunden lang spricht. Es klingt wie eins von diesen batteriebetriebenen Spielen für Kleinkinder, bei denen man verschiedene Knöpfe drückt, um Lieder, Reime, Tierlaute oder Witze zu hören. Aber die Worte sind durch die Wand sehr undeutlich, und ich verstehe nie, was gesagt wird. Meine Töchter lachen und streiten sich darüber. »Sie sagt: ›Un gat-to è sa-li-to a bor-do‹«, behauptet Lucy und äfft den mechanischen Rhythmus nach. Eine Katze ist an Bord geklettert. Aber Stefi, die diese Stimme als Erste bemerkt hat, ist sich sicher, dass sie manchmal »Tro-va la chia-ve!« sagt. Finde den Schlüssel. Oder ein unbestimmtes »Maomaomao«. Die Nachbarn sagen, sie wissen von nichts.

Gelegentlich habe ich die Stimme mitten in der Nacht gehört. Sie fängt ganz abrupt an, wie diese roboterartigen Anweisungen, von denen man in Fahrstühlen oder japanischen Autos überrascht wird, sagt ihre sechs, sieben undeutlichen Worte und schweigt dann wieder. Jetzt hörte ich sie öfter. Schlaflos daliegend versuchte ich, die Worte zu entschlüsseln. Die Kinder lagen falsch. Sie bildeten sich nur ein, was sie hörten. Wir alle denken uns Sachen aus, wenn wir etwas nur halb verstanden haben. Warum sollte das Ding sinnlose Worte sagen? Vielleicht gab es im Haus einen Geist. Stefi hatte diese Idee in Umlauf gebracht. Der Geist versuchte, mir eine Botschaft zu übermitteln; tro-va la chia-ve, finde den Schlüssel. Zu meinen Träumen? Zu meiner Krankheit? Allerdings war ich mir nicht sicher, ob die Stimme tatsächlich »trova la chiave« sagte oder etwas anderes. Ich lauschte. Dummerweise sprach sie nur selten, sehr kurz und ohne Vorwarnung. Man konnte sich nicht darauf vorbereiten.

Wachsam und angespannt lag ich da. Die Kirchturmuhr schlug die Stunden und die halben Stunden. Straßenlaternen und Mond schimmerten im Dunkeln. Hinter dem Hügel knatterte ein Motorroller. Meine Mutter war durchaus bereit gewesen, an Geister zu glauben, fiel mir ein. Sie war überzeugt davon, meinen Vater nach seinem Tod gesehen zu haben. In seinem Talar. Eine Zeit lang war sie begeistert gewesen von der Vorstellung, Geisterhäuser zu exorzieren. Die Seelen der Toten mussten geheilt werden, damit sie weiterziehen konnten. Vielleicht ist das hier ein raffinierter postmoderner Geist, dachte ich, der meine Paranoia nutzt, der sich über meine Sprachbesessenheit lustig macht, indem er undeutliche Worte spricht, die vielleicht bedeutungsvoll sind, aber nicht entschlüsselt werden können. Kurz gesagt, ein Dichter.

Wenn hier irgendjemand weiterziehen musste, dann war ich das.

In manchen Nächten war ich ziemlich aufgewühlt. Meine Frau, die leise atmend neben mir lag, war mir noch nie so weit weg vorgekommen, noch nie so gesund. Ich zog mich in mich selbst zurück. Ich verlor das Interesse an der Intimität. Wie viele Mittag- und Abendessen hatte ich abgesagt, weil das Sitzen zu beschwerlich war? Die Leute fanden mich schon überheblich. Mir fiel es schwer, mein Verhalten zu erklären. Es gab einen zentralen Teil meines Lebens, über den ich nicht sprechen konnte, außer vielleicht andeutungsweise, in meinen Romanen. Meine Figuren wurden auch immer manischer und selbstbezogener. Harold Cleaver bricht aus unerfindlichen Gründen mit seinem geschäftigen Leben, um sich in die Einsamkeit der Berge zurückzuziehen. Albert James kultiviert aus unerfindlichen Gründen Eigensinn und Todessehnsucht. Diese Geschichten waren nicht richtig befriedigend. Jedenfalls nicht für mich. Sie sprachen es nicht wirklich aus. Das war unmöglich. Im Bett zuckte mein Bein. Ich konnte nicht schlafen. Da, schon wieder. Ein Nerv kurz über dem Knie. Und jetzt hatte ich Durst. Ich brauchte Wasser. Mein Vater, erinnerte ich mich, hatte es immer mit frischer Luft. Wann immer er raus aufs Land kam, absolvierte er ein schrullig wirkendes Ritual von tief atmen, seufzen und dann ausrufen, wie wunderbar frisch die Luft war. Vielleicht fühlte er sich in seinem kirchlichen Dasein eingeengt. Eigentlich hatte mein Vater Missionar in Afrika oder Asien werden wollen, aber dann war er in der stickigen, abgestandenen Luft einer hässlichen, möchtegern-gotischen Vorstadtkirche gelandet. »Ah! Endlich frische Luft!«, rief er aus, wenn wir an irgendeinem Ferienziel aus dem Zug stiegen. »Großartig! Seeluft! Bergluft!« Wir machten uns über ihn lustig. Und dann starb er an Lungenkrebs, er erstickte, obwohl er nie geraucht hatte. »Breathe on me, breath of God« – diese Hymne hat er geliebt. Ob ich wohl ausgetrocknet sterben werde?, fragte ich mich. Ohne Wasser, bei Ebbe, wie in meinen Träumen? Neuerdings trank ich nachts viel. Jedes Mal, wenn ich auf die Toilette ging, brauchte ich einen Schluck Wasser. Aus dem Hahn. Das war neu. Ich hatte ständig einen trockenen Mund.

Meint Dr. Wise das, wenn er von ›katastrophenorientiertem Denken‹ spricht?

Vielleicht hättest du die Operation doch machen lassen sollen, dachte ich damals. Vielleicht hatten die Ärzte im Krankenhaus recht. Anderson und Wise waren keine Urologen. Wise war Psychotherapeut und Anderson Neurologe. Was wussten sie schon? Carlo und seine Kollegen waren gute Männer, ausgebildete Urologen, die täglich Dutzende von Patienten wie mich behandelten. Ich mochte nicht glauben, das sie unnötigerweise operierten. Dein alberner Stolz hat dich davon abgehalten, sagte ich mir. Eine männliche Eitelkeit hinsichtlich der Unversehrtheit deines besten Stücks. Wozu, wenn wir sowieso nicht mehr miteinander schlafen? Und es war der Stolz, der mich davon abhielt, meine Mutter zu bitten, es mit Gesundbeten zu versuchen. Probier's! Warum nicht? Lass dich herab!

Aber wie kannst du – wieder einmal war ich wütend auf mich selbst –, wie kannst du gleichzeitig an so verschiedenen Interpretationen deiner Lage festhalten? Wie konnte ich glauben, bei der TURP *und* dem Gesundbeten einen Fehler gemacht zu haben? »Das ist ein Problem, Mr. Parks, das Sie nie lösen werden, solange Sie sich nicht mit dem grundlegenden Widerspruch in Ihrer Persönlichkeit auseinandersetzen!«

»Un gatto è salito a bordo.«

Die Stimme sprach, urplötzlich, hinter der Wand. Eine Katze

ist an Bord geklettert. Ich wurde wahnsinnig. In Wirklichkeit wissen wir nichts über unseren Körper, dachte ich. Nichts. Nichts über das, was da drinnen los ist. Eine Studie widerspricht der anderen. Jede Disziplin kritisiert die andere. Eine zweite Meinung. Eine dritte. Das Netz ist ein Ozean der Verwirrung. Vor allem ist jede Geschichte, die in Worten erzählt wird, besonders jede medizinische Geschichte, immer tausend Mal klarer als die Wirklichkeit. So traurig eine Erzählung auch sein mag, sie ist von Natur aus beruhigend, denn sie vermittelt die Illusion von Wissen. Dabei kann ein Mensch nur eines je genau wissen: wie er sich jetzt fühlt, jetzt, jetzt und jetzt, in diesem Augenblick.

Ich fühlte mich furchtbar.

Ich stand auf, ging ins Bad und nahm drei Milligramm Valium.

Das klingt vermutlich einfach, aber in Italien wird diese Droge hauptsächlich in Tropfenform verkauft, unter dem Produktnahmen Lexotan. Zehn Tropfen pro Milligramm. Mitten in der Nacht brauchte jeder Tropfen eine Ewigkeit, um aus der kleinen braunen Flasche, die im Licht über dem Badezimmerspiegel glänzte, in das angeschlagene Zahnputzglas zu fallen. Dreißig Mal sah ich zu, wie sich der Tropfen bildete. Kaum zu glauben, aber das ging langsamer, als wenn ich pinkelte.

Dreißig Mal.

Die Wirkung war hypnotisch. Aber ich durfte nicht wegschauen, ich musste mitzählen. Und die ganze Zeit zitterte meine Hand, in der ich die Flasche hielt. Du bist alt, alt, alt, sagte ich mir. Älter als der Wasserverkäufer.

Katastrophenorientiertes Denken.

Ich klopfte an den Flaschenboden. Na los! Schneller! Der Tropfen zitterte, wollte aber nicht fallen.

Einundzwanzig – Pause – Zittern – zweiundzwanzig – Pause – Zittern.

Warum muss das so schmerzhaft, wirklich schmerzhaft langsam gehen?

Um Selbstmord auszuschließen. Mit Lexotan würde man an Langeweile sterben, ehe man überhaupt dazu kam, sich umzubringen.

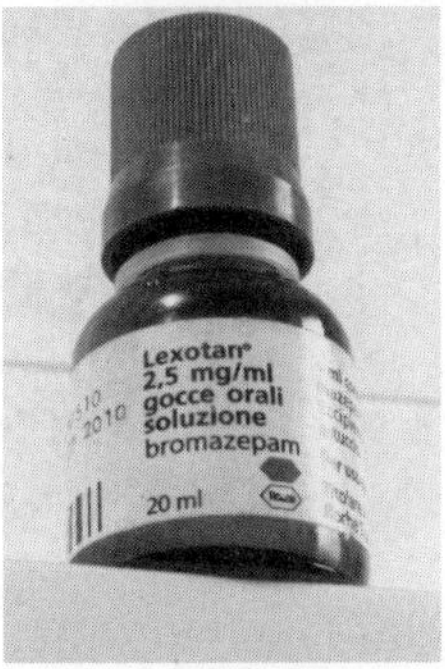

Als ich wieder im Bett lag, überlegte ich, ob ich mit dieser Schlaflosigkeit erreichen wollte, dass etwas Ernstes geschah. Neuerdings beneidete ich Menschen, die eindeutig krank waren. Ich wollte auch ernsthaft, *ernsthaft* krank sein, damit die Leute es sehen konnten, damit alles offen lag und irgendjemand endlich gezwungen wäre, *etwas zu unternehmen.*

Nach einer Weile beschlich mich eine narkoseähnliche Ruhe. Unglaublich angenehm. Wie wenn man sich ins warme Badewasser gleiten lässt. Dann schlief ich vier ganze Stunden lang. So lange, wurde mir beim Aufwachen klar, hatte ich seit über einem Jahr nicht mehr geschlafen.

Dem Valium sei Dank. Der Arzneimittelforschung sei Dank.

Der einzige Nachteil war, dass die Wirkung nachließ, wenn man das Mittel drei Nächte hintereinander anwandte. Nur die Benommenheit am Morgen ließ nicht nach. So hatte jede Nacht ihr trügerisches Gegengift.

ZWEITER TEIL

Alles Fleisch sei stille

An einem Spätnachmittag im Juni machte ich die Tür zu, legte mich hin, schob zwei Kissen unter meine Knie und atmete tief ein. In der Hand hielt ich ein Buch. Es war aufgeschlagen bei der Überschrift:

Respiratorische Sinusarrhythmie-Atmung zur Vorbereitung auf die paradoxe Entspannung.

Beängstigend.

Es war ein seltsames Buch, das ich zwei Tage zuvor aus der Versandverpackung gezogen hatte. Im Netz hatte es ausgesehen, als stünde auf dem Cover nur der schwerfällige Titel in großen Lettern. Jetzt sah ich jedoch, dass der bräunliche Hintergrund unter den Wörtern die Reproduktion eines Renaissance-Gemäldes zeigte – irgendetwas Berühmtes, das ich schon einmal gesehen hatte, aber wo, wusste ich nicht mehr –, auf dem ein sitzender Heiliger mit prächtigem Bart zu sehen war, der sich in ein Buch vertieft hatte. Über beide Schultern des Lesers blickten zwei blonde Cherubim, die offenbar nicht minder interessiert waren an dem, was dort geschrieben stand.

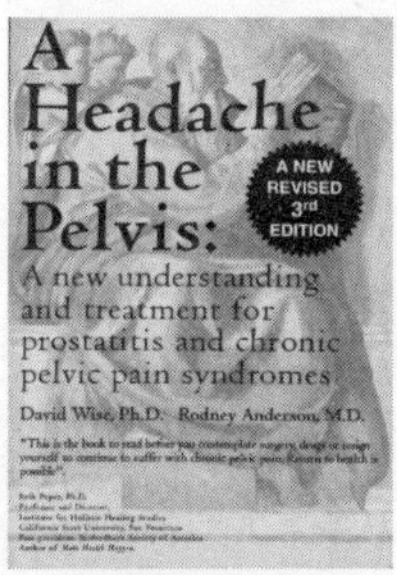

Was um alles in der Welt war in die Herren Doktoren gefahren, ihren Ausführungen ein solches Bild voranzustellen? Sollte man etwa eine Parallele ziehen zwischen dem Buch, das man in Händen hielt, und dem Schinken, in dem der Heilige las, vermutlich ein sakraler Text, womöglich gar die Bibel? War deshalb der orangefarbene Sticker mit der Aufschrift »3. NEU BEARBEITETE AUFLAGE« direkt unter dem antiken Buch platziert worden?

Selbst die ehrgeizigsten Autoren würden sich so etwas kaum anmaßen.

Oder wollten Wise und Anderson damit andeuten, dass dieser Mann eine typische Verkörperung von Kopfschmerzen im Becken darstellte: ein eifriger, älterer Leser mit schlechter Haltung und hängenden Schultern? Man konnte nicht genau ausmachen, worauf der Heilige saß, aber es sah unbequem aus. Wenn nicht Marmor, dann zumindest hartes Holz. Mir war immer noch nicht eingefallen, wo ich das Bild gesehen hatte, und ich fragte mich, ob es nicht den heiligen Hieronymus zeigt, den Schutzheiligen der Übersetzer, denn der wird üblicherweise als jemand dargestellt, der sein Fleisch durch geistige Schinderei martert. Ob Hieronymus auch unter chronischen Beckenschmerzen gelitten hat? Musste er sich einen Augenblick der Unaufmerksamkeit sich selbst gegenüber abringen, ehe er Wasser lassen konnte? Der Renaissancemaler wollte uns jedenfalls nicht *mens sana in corpore sano* lehren. Ich las das Impressum, aber dort stand nur »Umschlaggestaltung Bob Lee Hickson«.

Wie auch immer, ich nahm an, es ging darum, das obsessive Geistesleben von Patienten mit chronischen Beckenschmerzen ins Blickfeld zu rücken, denn darauf kamen die Autoren oft zu sprechen. Ihre Patienten, schrieben sie, waren übereifrige Streber, die sich wenig Zeit für sich selbst nahmen und Jahr um Jahr ihren Beckenboden verspannten, während sie sich den Hintern aufrissen, um Ansprüche zu befriedigen, die mit gesunder Lebensführung nichts zu tun hatten. Auf der ersten Seite kam heraus, dass Dr. Wise früher selbst so ein Mann gewesen war. »Als jemand, der zweiundzwanzig Jahre unter Schmerzen und Funktionsstörungen im Becken gelitten hat …« So beginnt sein Vorwort. Und er fährt fort: »Ich kann mich kaum erinnern, wie oft ich mitten in der Nacht weinend aufgewacht bin, weil die Schmerzen so groß waren und ich keinen Ausweg sah.«

Zweiundzwanzig Jahre! Respekt.

Er beschreibt seine intensiven Prä-Internet-Recherchen: »Ich ging in die Bibliothek des örtlichen Krankenhauses oder in die medizinische Bibliothek im Medical Center der University of California und brütete über alten medizinischen Fachzeitschriften …«

War also der gemalte Heilige der archetypische Prostatitis-Betroffene auf der Suche nach Heilung und das Buch eine uralte medizinische Abhandlung? Dr. Wise zählte alle Behandlungen auf, die er vergeblich probiert hatte: Antibiotika, Diäten und Verzichtsübungen (Alkohol, Kaffee, Gewürze), Reflexzonenmassage, Zinktabletten, Akupunktur, Psychotherapie, positive Visualisierung, Handauflegen und Beten.

Ich setzte mich auf. Das ganze Buch hindurch verweist Dr. Wise, der anscheinend der Hauptautor ist, auf eine Seite seiner Persönlichkeit, die er großenteils verstecken muss, wenn er die Skeptiker nicht verlieren will. Ich fing an ihn zu mögen. Es schien grundsätzliche Widersprüche in dem Mann zu geben.

Und in seiner Methodik. Immer wieder fährt das Buch die Doppelstrategie, zunächst ganz genau zu erklären, wie man gesund wird, und dann warnend zu betonen, dass die empfohlene Prozedur viel zu komplex ist, um selbstständig durchgeführt zu werden. Es war schwieriger, als Klavierspielen zu lernen, beharrte der Verfasser. Und daher ohne Lehrer nicht möglich. Das diente nicht nur dem Ziel, erkannte ich jetzt, den Leser in seine Klinik zu locken, sondern entstammte der echten Angst des Kontrollfreaks, dass ich, Tim Parks, das alles auf keinen Fall richtig machen kann, wenn er, Dr. Wise, nicht persönlich anwesend ist.

Ich verstand diese Haltung, denn ich habe oft das gleiche Gefühl, wenn ich meinen Studenten Ratschläge erteile.

»Dieser Typ denkt wie ich«, sagte ich zu Rita. »Hoffen wir, dass das der Durchbruch ist.«

»Kann ich mal sehen?«, bat sie. Sie nahm das Buch, warf einen Blick auf den Einband und erklärte sofort: »Michelangelo, Sixtinische Kapelle, der Prophet Zacharias.« Das mühelos abrufbare Wissen meiner Frau kann manchmal niederschmetternd sein. Dann, während sie sich das Buch anschaute, und trotz der Tatsache, dass die Sache mit dem Bild vermutlich total unwichtig war, googelte ich den guten Zacharias und stellte fest, dass er vor allem für seine Rätselhaftigkeit bekannt war:

> *Die Prophezeiungen des Zacharias sind ausgesprochen unklar, denn sie enthalten Traumvisionen, die zwar mit einer Interpretation versehen werden, aber bis zur Ankunft eines »wahren Lehrers« sind wir nicht in der Lage, diese Interpretation endgültig zu bestätigen (Moreh tzedek).*

Es war unheimlich. Präsentierte sich Dr. Wise hier als der wahre Lehrer, der meine Träume deuten würde? Oder als Prophet, der einem störrischen, halsstarrigen Volk ein paar unangenehme Wahrheiten verkünden sollte? Vielmehr einem blasenstarrigen Volk. Und wieso machte ich mir so viele Gedanken über das Umschlagbild und bezog es immer wieder auf mich? Gehörte Paranoia auch zu den typischen Charakterzügen von Beckenschmerzenpatienten? Ich nahm die abgegriffene Bibel zur Hand, die mir meine Eltern zur Taufe geschenkt hatten und die, in der Krakelschrift meines Vaters, die unheilvolle Widmung/Ermahnung enthielt: »Halt an dem Vorbilde der heilsamen Worte, die du von mir gehört hast (II Timotheus 1:13)«, schlug Zacharias auf und las das ganze erste Kapitel, bis der folgende Vers mich innehalten ließ:

> *Alles Fleisch sei stille vor dem Herrn*

Heilsame Worte und Stille. Das waren zwei schwierige und widersprüchliche Imperative. Derweil hatte ich Schmerzen und konnte es kaum erwarten, die Methode von *A Headache in the Pelvis* zu testen; auch wenn ich die kalifornische myofasziale Analmassage, die ausführlich beschrieben und mit grotesken Bildern illustriert war, nicht haben konnte, wollte ich doch die empfohlenen Entspannungstechniken ausprobieren.

Jetzt.

Sofort baute Dr. Wise ein Hindernis auf. Das Paradoxe an der paradoxen Entspannung war schnell erklärt: Nachdem man sich auf dem Bett ausgestreckt und beruhigt hat, konzentriert man sich auf eine verspannte Stelle im Körper und versucht *nicht*, sie zu entspannen. Man konzentriert sich nur darauf. Man lässt sie in Ruhe. Auf die Art wird sie sich schließlich von selbst entspannen. Allerdings nur, wenn man tatsächlich *nicht versucht*, sie zu entspannen. Paradox.

Ok, ich versuch's, dachte ich.

Oder vielmehr, ich versuch's nicht.

Ich versuche, es nicht zu versuchen.

Aber, betonte der Doktor, ehe ich das tat, musste ich mich in einen Zustand der respiratorischen Sinusarrhythmie-Atmung versetzen, und dieser komplizierte Prozess sollte, natürlich, unbedingt »unter der Aufsicht eines Fachmannes« durchgeführt werden.

Mist.

Dennoch gab Dr. Wise anschließend genaue Anweisungen, wie man es machte, obwohl er genau wusste, dass man nicht zufällig einen »Fachmann« im Schlafzimmer hatte. Aber wenn es nicht klappte, hatte er auf die Art klargestellt, dass es nicht seine Schuld war.

Die Grundidee war, Herzschlag und Atmung so zu synchronisieren, dass der Puls beim Einatmen etwas schneller ging als beim Ausatmen. Sechs tiefe Atemzüge in den Bauch waren optimal, schrieb Wise.

Ich hatte nie ganz verstanden, was Bauchatmung bedeutete. Es folgten neun nummerierte Absätze mit Instruktionen. »Messen Sie Ihren Puls«, beginnt Absatz eins.

Ich finde es immer unheimlich, meinen Puls zu messen. In Absatz vier heißt es …

Zählen Sie 5 Herzschläge (wenn Ihre Herzfrequenz 60 beträgt, wie in oben stehendem Beispiel), während Sie einatmen und dabei den Unterleib anheben, und zählen Sie 5 Herzschläge beim Ausatmen. Beträgt Ihre Herzfrequenz 72, zählen Sie beim Ein- und Ausatmen 6 Herzschläge.

Keine Chance, dass ich das hinbekam. Der ganze Zirkus erinnerte mich schon wieder an Becketts Molloy, der ausrechnet, wie viele Fürze pro Minute er auf 24 Stunden gesehen ablässt. Wie soll man sich auch nur ansatzweise entspannen, wenn man Schläge zählen und genau nach Berechnung atmen musste? Schwieriger, als Klavierspielen zu lernen, allerdings. Beim Klavierspielen war ich nicht weit gekommen. Und das, obwohl ich dafür einen Lehrer gehabt hatte.

Entmutigt legte ich das Buch beiseite.

Vielleicht sollte ich an dieser Stelle erwähnen, dass meine einzige vorherige Erfahrung mit Atemtechnik zum Zwecke der Entspannung in einem amüsanten Fiasko geendet hatte. Als meine Frau mit unserem ersten Kind schwanger war, vor etwa zwanzig Jahren, hatten wir einen Kurs in autogenem Training besucht; es hieß, das würde den Müttern den Umgang mit den Geburtsschmerzen erleichtern. Der Arzt war ein charmanter Exzentriker Ende sechzig, dessen breites Lächeln und glasige Augen eine heitere Ruhe ausstrahlen sollten. Er versammelte etwa ein Dutzend Paare, ließ uns mit geschlossenen Augen auf geraden Holzstühlen Platz nehmen und stimmte mit sonorer, hypnotischer Stimme folgenden Singsang an: »Ognuno si dica, io sono calmo, io sono tranquillo – jeder sagt sich, ich bin ruhig, ich bin entspannt.«

Ich hatte Mühe, nicht in Lachen auszubrechen.

Sobald der gute Arzt glaubte, den Kurs in einen Zustand der Tiefenatmung versetzt zu haben, ließ er uns im Geiste durch unseren Körper reisen, sprach dabei aber so, als wären wir alle werdende Mütter, mit dem Ergebnis, dass ich die verwirrende Erfahrung machte, aufgefordert zu sein, meine Gebärmutter und mein Baby zu spüren. Nach der dritten Stunde etwa, als wir gerade gehen wollten, nahm der Mann mich beiseite und sagte, so als müsse er sich etwas von der Seele reden: »Signor Parks, ich glaube, ich habe noch nie jemanden gesehen, *der so wenig in der Lage ist, sich zu entspannen, wie Sie.*«

Es war wie der Moment, als der pensionierte Lebemann mit dem weißen Cowboyhut mich auf der Straße anhielt und mir befahl: »Gehen Sie doch gerade um Himmels willen!« Ich hatte stark den Eindruck, als Freak angesehen zu werden. Die Leute konnten es nicht lassen, mir zu sagen, dass ich verkrampft war.

Als ich mich jetzt, nachdem ich vor der Hürde der respiratorischen Sinusarrhythmie zurückgeschreckt war, an diese beiden Begebenheiten erinnerte, kam ich nicht umhin zu erkennen, dass sie Dr. Wise' Theorie, meine Probleme hätten mit übertriebener, unlösbarer Anspannung zu tun, bekräftigten. Vielleicht sollte ich also wenigstens die Entspannungstechnik ausprobieren, selbst wenn ich das komplexe zehnminütige Atemprogramm vorher nicht machen konnte. Das machte es ohne Zweifel noch unwahrscheinlicher, dass ich ohne eine Reise nach Stanford Erfolg haben würde. Aber zwei schlichte und wirksame Ratschläge weiter vorne im Buch hatten mich ermutigt zu glauben, dass sich ein Versuch, Dr. Wise' Programm zu folgen, vielleicht doch lohnen könnte. Um die Lage des Beckenbodens zu überprüfen, hieß es auf den ersten Seiten von *A Headache*, tun Sie so, als wollten Sie urinieren, ohne es jedoch zu tun, und spüren Sie, ob sich die Muskeln bewegen. Zaghaft, denn ich hatte noch nie so getan, als wollte ich pinkeln, ohne zu pinkeln, tat ich wie mir geheißen. Urplötzlich glitt ein enger Gurt aus Muskeln zwischen Bauchnabel und Schambein nach unten, so als würde er an seinen richtigen Platz rücken. Sofort fühlte ich mich wohler.

Das war seltsam.

Ich wartete fünf Minuten und machte es dann noch mal.

Da.

Als ich in der Küche das Mittagessen kochte, ertappte ich mich dabei, wie ich es wieder machte.

Ja!

Ich staunte. Da konsultiert man drei, vier Urologen und zahlt Hunderte von Pfund, nur um den ersten guten Rat, *die erste Empfehlung, die ein kleines bisschen Wirkung zeigt*, in einem Selbsthilfebuch zu finden. Es fühlte sich eindeutig gut an, das zu machen.

Ihre Abwehrreaktion bei Schmerzen, fuhr Dr. Wise fort, ist der Impuls, ihnen auszuweichen. Das gilt besonders für die Bauchgegend, wo die Muskeln sich zum Schutz der Genitalien nach oben zusammenziehen, weg von den Schmerzen. Unterlassen Sie das. Drücken Sie die Muskeln den Schmerzen entgegen.

An Schmerzen, mit denen ich experimentieren konnte, mangelte es mir nicht. Ich drückte, wartete, drückte erneut. Es fühlte sich zweifellos anders an. Das schwelende, pulsierende Gefühl von Wundsein war noch da, aber es fühlte sich irgendwie sicherer an, ich konnte leichter damit umgehen.

Ich war ganz aufgeregt. Zum ersten Mal war es mir gelungen, diese Schmerzen irgendwie zu beeinflussen. Anstelle der Arrhythmie-Atmung, so nahm ich mir vor, wollte ich einfach ein Dutzend Mal tief atmen und dann mit der Entspannung anfangen, paradox oder nicht.

Ich legte mich aufs Bett. Ich schob wie angegeben die Kissen unter meine Knie. War ich bereit? Nein, der Hund der Nachbarn bellte, und Stefi spielte Gitarre. Ich suchte meine Ohrstöpsel. Gut.

Endlich schloss ich die Augen.

Ich atmete tief ein.

Koboldfeuer

Stille.

Mehr oder weniger.

Wie seltsam, dachte ich nach dem vierten oder fünften theatralisch tiefen Atemzug, sich so in seinen Körper zurückzuziehen, nicht um zu schlafen oder zu dösen, sondern um auf etwas zu achten.

Worauf zu achten?

Mit geschlossenen Augen fühlte ich mich desorientiert.

Mein einer Mundwinkel juckte, und ich kratzte mich.

Du sollst dich nicht bewegen, fiel mir ein. Deine Hände müssen still liegen. Aber wo? Wise hatte gesagt, sie sollten ausgestreckt sein, Handflächen nach oben, aber das fühlte sich merkwürdig an. Ich lag sowieso auf meiner Seite des Bettes, deshalb hing ein Arm über der Kante. Ich legte die Hände nebeneinander auf meinen Bauch.

Jetzt juckte mein Ohrläppchen. Ich versuchte, es nicht zu beachten; da juckte es noch stärker. Von Juckreiz hatte Wise nicht gesprochen.

Ich sollte achtsam sein, auf Verspannungen achten.

Achtung, Spannung!

Aber nicht verbalisieren.

Hör auf zu verbalisieren.

Ich spürte keine Verspannung. Nur das Jucken. Was mich ansonsten überraschte, war mein wachsendes Empfinden des Raums. Hellwach, ganz in mir, entschlossen, auf etwas zu achten, ohne zu wissen worauf, kam es mir so vor, als wäre ich von einer großen Weite umgeben, obwohl ich sie nicht sehen konnte. Ich war allein in einer fremden, düsteren Landschaft; unter tief hängenden Wolken, dachte ich, zwischen feuchten Hügeln vielleicht, die aber unsichtbar waren. Absurderweise fiel mir Doctor Whos Raum-Zeit-Maschine TARDIS ein: von außen klein, aber von innen geräumig. Wenn ich nur ein inneres Auge öffnen könnte, würde ich feststellen, dass mein Körper innen sehr geräumig war.

Du sollst doch nicht nachdenken.

Stille. Augen zu.

»Alles Fleisch sei stille vor dem Herrn.«

Anscheinend hatte Michelangelo Zacharias das Gesicht des Papstes verliehen, um ihm zu schmeicheln. Dem Papst. Natürlich, es war doch allgemein bekannt, dass die gesamte Sixtinische Kapelle eine komplexe verschlüsselte Nachricht …

Du sollst dich *wortlos* und *gedankenlos* auf Verspannungen konzentrieren.

Gedankenlos konzentrieren.

Es war keine Verspannung da.

Soweit ich spüren konnte.

Die Minuten vergingen. Nein, sie vergingen nicht. Ich hatte den Wecker im Handy auf eine Stunde später gestellt, aber so konnte ich auf keinen Fall eine Stunde durchhalten. Ich hatte so viel Arbeit, die erledigt werden wollte! Das Jucken am Ohr ging einfach nicht weg. Meine Hände wollten dorthin fassen, wollten sich *bewegen*.

Und die Schmerzen. Die Schmerzen waren ein Feuer, das im Schlamm schwelte, wie in einer heißen Vulkanlandschaft. Heißer Bauchschlamm. Der Schmerz war gleichmäßiger als früher; weniger kapriziös, nicht so viele kleine Feuerwerke, eher hartnäckig.

Hartnäckig, hartnäckig, hartnäckig.

Die Schmerzen stürmten in den Vordergrund. Sie waren stark. Du kommst mit den Schmerzen zurecht, wurde mir jetzt klar, indem du ständig in Bewegung bleibst. Das war die Wahrheit. Selbst wenn ich still lag, bewegte ich mich. Mein Knie zuckte. Ich kratzte mich. Ballte die Faust und öffnete sie wieder. Das hielt die Schmerzen in Grenzen. Und wenn mein Körper still war, rührte sich mein Geist. Mein Geist war in ständiger Bewegung. Jeden Tag, den ganzen Tag lang. Meine Gedanken hüpften auf und ab wie das zuckende Knie. Die Schwierigkeit beim Schreiben bestand nie darin, Einfälle zu haben, sondern darin, sie zu bündeln und ihnen eine Richtung zu geben. Wie eine Kletterpflanze, die man stutzen und bändigen muss, immer wieder. Vor allem stutzen.

Du sollst nicht denken.

Nicht denken sollst du.

Denken sollst du nicht.

Ich bewegte die Wörter. Die Sprache ist immer in Bewegung.

Selbst im Schlaf bewegte ich mich. Um zu schlafen, musste ich auf einer Seite liegen, das Knie vorgeschoben. Dann drehte ich mich auf die andere Seite. Jedes Mal, wenn ich auf die Toilette ging, drehte ich mich um, wie ein Stück Fleisch auf dem Grill. Und ich steckte den Ohrstöpsel von einem Ohr ins andere. Ich kann es nicht leiden, wenn ein Ohrstöpsel ins Kopfkissen drückt.

Ich zog den Ohrstöpsel heraus, drehte mich um und steckte den Ohrstöpsel wieder hinein. Sechs Mal pro Nacht.

In der Stille, mit geschlossenen Augen, erinnerte ich mich an einen Dokumentarfilm, den ich vor Jahren gesehen hatte. Es ging um irgendeine Wüsten-Eidechse, die verhinderte, dass ihre Füße im heißen Saharasand verbrannten, indem sie immer wieder ganz schnell den rechten Vorderfuß und den linken Hinterfuß und dann den linken Vorderfuß und den rechten Hinterfuß hob und wieder absetzte. Immer abwechselnd. Die Füße hoben und senkten sich so schnell wie ein Wimpernschlag, fast zu schnell für die Kamera. Eine Art Fegefeuer, hatte ich gedacht, als ich diese Bilder sah.

Unten ging jemand ans Telefon. Selbst die besten Ohrstöpsel haben ihre Grenzen.

Also, wo waren nun die berühmten Verspannungen, die ich angeblich überall hatte?

Keine Spur davon. *Niente di niente di niente.*

Vielleicht hatte Doktor Wise recht, und es hatte keinen Sinn, das hier alleine zu versuchen.

Sollte ich aufgeben?

Wenn man keine Verspannungen fand, schrieb er an einer Stelle, sollte man versuchen, einen Muskel kurz anzuspannen und dann wieder loszulassen. Dann würde man eine Restspannung spüren, die wiedererkennbar war.

Ich war mir nicht sicher, ob ich einen Sinn in alldem sah. Mir kam es inzwischen so vor, als könnte ich mich wesentlich besser entspannen, wenn ich etwas für einen Essay las, den ich demnächst abgeben musste.

Die Schmerzen wurden stärker.

»Die Ärzte Wise und Anderson haben ein innovatives klinisches Verfahren entwickelt, das wirksam ist.«

Du liegst hier wegen deiner Schmerzen.

Wise schrieb, man solle sich nicht auf die Schmerzen konzentrieren. Dann wäre man zu sehr darauf bedacht, sie zu vertreiben. Man könnte sich nicht auf sie konzentrieren, ohne sie verändern zu wollen.

Er hatte recht.

»Lassen Sie nicht alle Hoffnung fahren, ehe Sie sich nicht aufrichtig bemüht haben, diese Methoden anzuwenden.« Das von jemandem, der behauptete, genesen zu sein.

Was hatte das Wort ›aufrichtig‹ hier zu suchen? Warum sollte jemand bei so etwas unaufrichtig sein? War das Alle-Hoffnung-fahren-Lassen eine absichtliche Anspielung auf Dante? Hatte der genesene Mann …

Hör auf zu denken!

Ich spannte den Muskel über dem einen Knie an. Den, der immer zuckte. Und ließ ihn wieder los.

Nun?

Nichts.

Dann drang ein Schimmer in meinen Geist. Ja, da war eindeutig ein schwaches Schimmern, ein Summen im Muskel. Das musste die Restspannung sein. Es war ziemlich angenehm. Konzentrieren Sie sich darauf, sagte Wise. Kein Problem.

Da.

Und ich fing an, mir zu gratulieren. Ich hab den Dreh schon raus. Hab einfach den alten Trick angewandt, Worte – Restspannung – mit Empfindungen – das Schimmern über dem Knie – in Übereinstimmung zu bringen. Und dann meine Gedanken daran geheftet. Gut gemacht, Tim!

Was meinte Wise damit, das hier sei zu anspruchsvoll.

Schon hatte ich es verloren. Die Schmerzen im Bauch flackerten wieder auf.

Fang noch mal von vorne an.

Ich machte es noch mal, spannte den Muskel an, ließ los und spürte die Spannung. Nicht denken. Auch keine Gratulationen. Dann fing der entsprechende Muskel im anderen Bein auch an zu singen. Ohne dass ich ihn zuerst angespannt hatte.

Interessant.

Ich hielt den Schimmer fest. Dieses Gefühl. Dieses Gefühl. Dieses Gefühl. Statt dass die Spannung nachließ, nahm sie zu.

Ganz plötzlich und schnell. Sie stieg ungeheuer stark an, geradezu grotesk. Auf einmal schienen meine Beinmuskeln vor Spannung fast zu bersten. Verdammt. Ich musste sie bewegen. Sie loderten.

Warum hatte Wise davon nichts erwähnt?

Weitere Feuer entzündeten sich in meinem Körper. Ganz nah, im Nacken. Weit weg in einer Wade. Nicht Feuer, sondern eine lodernde rote Hitze in der dunklen Weite des Fleisches. Meine Handrücken schwelten. Ein Muskel in meiner Wange funkte. Die Dunkelheit, die verlassen zu sein schien, war voller Leben. Kobolde. Chaos.

Ich war schockiert. Das bin ich. Freudenfeuer unter einem nächtlichen Himmel. Es war wirklich seltsam. Dann fiel mir die Szene aus Buzzatis *Die Tatarenwüste* ein, wo einer der Soldaten, der verzweifelt versucht, in der Leere einen Feind zu entdecken, indem er die riesige Wüste um das isolierte Fort eingehend betrachtet, auf einmal Lagerfeuer entdeckt, die am Horizont aufflackern. Innerhalb weniger Minuten hat er eine Tatarenarmee herbeigezaubert.

Die Tatarenwüste, erinnerte ich mich, war auch ein Buch über geistige Lähmung, über den Wunsch voranzukommen, ohne es zu können. Weil man den Feind niemals findet.

Die Feuer erloschen. Ich hatte sie in der Tatarenwüste verloren.

Versuch's noch mal.

Und so gingen die Gedanken hin und her, ich konzentrierte mich auf die Anspannung, schaute zu, wie sie aufloderte und wuchs, bis ich sie in abwegigen Gedankengängen wieder verlor. Sie machte keine Anstalten, sich zu lösen, wie Dr. Wise es versprochen hatte. Manchmal war sie zu heftig. Sie machte mich wahnsinnig. Die Gedanken wandten sich anderem zu. Ich zwang die Anspannung zum Rückzug.

Dann bemerkte ich, dass die Schmerzen in meinem Bauch *weg* waren.

Was? Überprüfen.

Natürlich waren sie nicht weg. Sie waren noch da, aber als Geist, ein Schatten ihrer selbst.

Ich war misstrauisch und forschte nach. Da kehrten sie mit Gebrüll zurück.

Aber sie waren eindeutig weggegangen, weg *gewesen*, gleichsam unbemerkt. Eine Zeit lang. So wie im Schlaf. Ich hatte aber nicht geschlafen. Ich war wach gewesen, mit diesen Koboldfeuern in der Dunkelheit, und die Schmerzen waren schwächer geworden.

Ohne zu warten, bis der Wecker das Ende der Stunde verkündete, sprang ich aus dem Bett. Die Schmerzen waren wie immer.

»Und?«, fragte Rita.

»Interessant«, sagte ich zu ihr.

Unsagbar

Zwei Sachen. Ich hatte die Schmerzen vertrieben, wenn auch nur ganz kurz. Ich selber, ohne Medikamente. Das hieß doch, es konnte wieder gelingen. Vielleicht für länger.

Zweitens. Mein Körper war anders, als ich gedacht hatte.

Das Problem war: Zeit.

»Viele unserer Patienten sind einfach zu beschäftigt, um sich unserer Behandlungsmethode zu widmen«, stellten Wise und Anderson fest. Diese Menschen, Männer wie Frauen, litten noch nicht genug. Sie betrachteten ihre Schmerzen noch als lästige Zeitverschwendung, eine Störung, die es galt, so schnell wie möglich zu beseitigen. Sie waren daher solchen Deutungen ihrer Krankheit zugeneigt, die eine schnelle Heilung durch Medikamente oder chirurgische Eingriffe in Aussicht stellen. Bei denen kein persönlicher Einsatz nötig war. Man konnte dafür bezahlen. Beziehungsweise der Staat bezahlte dafür.

Das beschrieb die Haltung, die ich zumindest bis vor Kurzem gehabt hatte, erschreckend genau.

»Wir raten Betroffenen dringend«, fuhr Wise fort, »diese Schmerzen als zentralen Teil ihres Lebens zu akzeptieren.«

Als zentralen Teil!

Würde ich aufhören müssen, meine Schmerzen als »blöd« zu bezeichnen?

Wise war der für meinen Geschmack etwas zu gläubig klingenden Ansicht, dass dieses chronische, immer schlimmer werdende Leiden mir etwas über mich selber sagen wollte, über die Art, wie ich gelebt hatte, und dass ich gut daran tat, genau zuzuhören. Ich würde meinen Schmerzen wohl oder übel Zeit widmen müssen.

Eine Stunde, um genau zu sein. Täglich. Zumindest in den ersten zwei, drei Monaten.

Wo soll ich eine Stunde am Tag hernehmen?

»Aber du hast doch alle Zeit der Welt«, sagte Rita lachend. Nachdem meine Frau sich immer darüber beschwert hatte, ich sei »zu engagiert«, zu sehr auf meine »geliebte Arbeit« konzentriert, war das jetzt eine Gelegenheit für sie, zu feixen, zu sagen, »ich hab's dir ja gesagt«. Es machte ihr höllischen Spaß.

»Äonen von Zeit!«, beharrte sie.

Rita hatte recht. Ich hatte Glück. Abgesehen von der Universität saß mir keiner im Nacken. Ich leitete keinen großen multinationalen Konzern, ich kandidierte nicht fürs Parlament und war kein Fließbandarbeiter im Akkord, der eine Großfamilie durchbringen musste. Ich brauchte bloß eine Stunde Schreiben am Tag zu opfern. Den einen oder anderen Essay-Auftrag abzulehnen.

Als zentralen Teil Ihres Lebens akzeptieren. Kaum hatte ich den Satz gelesen, wiederholte ich ihn dauernd im Geiste, grübelte darüber nach. Wise hatte damit ins Schwarze getroffen. Ich sah sofort, dass es hier um mehr ging als nur die Zeit, die eine Stunde. Es ging um ein Grundprinzip. Anstatt meine Arbeit in Krankenhauswartezimmer mitzunehmen, mit meinen Problemen umzugehen, als brächte ich nur das Auto in die Reparatur, den Blick auf die Uhr gerichtet, die Hand an der Brieftasche, würde ich mich auf einen radikalen Prioritätenwechsel einlassen müssen. Ich musste den Schmerzen gestatten, an Bord zu kommen und auf einer Stufe zu stehen mit meinem Schreiben und meiner Familie, als zentraler Teil meines Lebens.

Eine Katze ist an Bord geklettert.

Sechs Monate früher wäre ich dazu nicht bereit gewesen. Selbst jetzt war es bitter.

Also gut, vielleicht fand sich eine Stunde nach dem Mittagessen, wenn ich normalerweise gähnend die Online-Zeitungen durchsah.

Oder kurz vor dem Schlafengehen, wenn ich …

»Um eine Wirkung zu erzielen, müssen Sie Ihre produktivste Zeit des Tages dafür reservieren«, warnte Dr. Wise. »Sonst werden Sie nicht aufmerksam und konzentriert genug sein, um Ihren Beckenboden zu entspannen.«

Wann immer ich mich dem Buch zuwandte, gewann ich den Eindruck, dass der gute Doktor mich in- und auswendig kannte. Er verbaute mir jedes Schlupfloch. Ich nahm eine Decke und ein paar Kissen mit ins Büro und machte mir dort das Bett.

In der Hauptarbeitszeit.

Immer wieder begann die Stunde mit dem Gefühl der Zeitverschwendung und Erniedrigung. Warum brauchte ich so lange, um ruhig zu werden? Ich hatte vergessen, die Brille abzunehmen. Die Armbanduhr. Ich hatte vergessen, den Wecker zu stellen. Ich hatte Schlaf in den Augen. Meine Unterhose zwickte. Zieh sie aus. Noch mal von vorne. Jetzt kratzte der Bettbezug – denn ich hatte Bettwäsche aufgezogen – am Kinn. Meine Zehen zuckten. Mittlerweile kann ich es genauso gut sein lassen. Jetzt ist es sowieso schon zwecklos.

Aber ich lag still. »Aufrichtig bemühen«, erinnerte ich mich.

Mir wurde klar, wie schwer es mir immer gefallen war stillzusitzen, überhaupt bei irgendeiner Gelegenheit still zu sein. »Sitz still, Timothy!« Die Stimme meiner Mutter. Ich wand mich neben ihr auf der Kirchenbank. Ich konnte bei den Predigten meines Vaters einfach nicht stillsitzen (warum ist der Gedanke, meine Probleme hätten mit den Predigten meines Vaters angefangen, eigentlich so verlockend?). Oder noch schlimmer, bei seinen langen Gebeten. Ich konnte Gebete nicht ausstehen. Ich konnte in der Kirche nicht stillsitzen, und auch nicht still knien. »Parks!« Ein Stück Kreide fliegt zischend an meiner Wange vorbei. Das war in der Schule. »Hör auf herumzuzappeln, Junge. Sitz *still*!« Das waren noch Zeiten, als ein Lehrer mit Kreide nach seinen Schülern werfen durfte. Was, wenn er mich ins Auge getroffen hätte? Später im Leben waren es Vorträge, Kongresse, Lesungen, Lehrerkonferenzen. Ich konnte nicht stillsitzen, um meinen Kollegen zuzuhören. Während der Lesung eines Schriftstellerkollegen rutsche ich auf meinem Stuhl herum. Ohne Zweifel habe ich etliche Menschen beleidigt. Parks hört gar nicht zu. Er will auf sich selber aufmerksam machen. Beim Unterrichten muss ich mich bewegen. Das ist unverzichtbar. Sonst bleibe ich stecken. Ich kann im Sitzen nicht unterrichten. Ein Gutes an Italien, habe ich immer gedacht, ist, dass man beim Reden gestikulieren kann. Man bleibt in Bewegung.

»In den ersten paar Minuten können Sie sich ruhig ein bisschen bewegen«, räumte Dr. Wise ein, »damit Sie auf jeden Fall bequem liegen. Aber danach raten wir Ihnen, für die gesamte restliche Dauer Ihrer paradoxen Entspannungszeit möglichst vollkommen ruhig zu sein.«

Die ersten paar Minuten sind inzwischen um. So qualvoll es auch sein mag, ich muss still liegen. Ich atmete tief und dachte an Eliot. »*Lehr uns Sorgen ohne Sorge. Lehr uns stillzusitzen.*«

Du sollst nicht verbalisieren.

Dann, nach einer Weile, passierte etwas. Ein Atem atmete sich ganz von selbst, und ich glitt hinunter in die dunkle Landschaft mit den tief hängenden Wolken und den feuchten Hügeln. Sofort summten die Muskeln in meinem Gesicht und vibrierten vor Anspannung.

Ich sage »nach einer Weile passierte etwas«, so als verliefen diese Sitzungen alle gleich. Es gab sicherlich einen Wiederholungseffekt, vor allem zu Beginn: das Jucken, die Unruhe, das Zurechtrücken, die Mühle der defätistischen Gedanken. Aber von da an, von dem Moment an, in dem ich meine Körperlandschaft betrat, sozusagen, war jeder Tag anders. Und mit Ablauf der ersten und Beginn der zweiten und dritten Woche wurde alles intensiver, *exotischer* geradezu – und das war ein echtes Paradox.

Ich spürte ein seltsames Pulsieren. Zum Beispiel in den

Handgelenken. Kein regulärer Pulsschlag, den man prüfen und zählen kann. Eher ein leises Pochen, das an meinem rechten Handgelenk entlangwogte, von der Hand zum Unterarm, und dann auf die linke Seite hinüberschwappte. Schneller als der gewöhnliche Puls. Flüssiger, beweglicher. Die Welle wurde dann von einem Ticken im Magen aufgenommen. Dann kam ein Bein dazu. Eine Flut von Pulsschlägen lief im Zickzack durch meine Muskeln. Die Spannung in meinen Wangen überlagerte genau die Spannung in meinen Waden. Die beiden schienen identisch zu sein. Beide schwollen an und veränderten sich, waren leuchtend und laut. Plötzlich war alles so *interessant*, dass der Geist keine Mühe hatte, sich zu konzentrieren. Interessanter als Gedanken. Ähnlich wie beim Hören seltsamer Musik. Es war unglaublich viel los. Teile des Körpers riefen einander mittels kleiner plätschernder Wellen etwas zu, so als würde die Flut über ein Algenmeer hinweg an den Strand branden.

Hör auf es zu beschreiben.

Konzentrier dich.

Plötzlich sog mein Bauch tief die Luft ein, völlig unerwartet, und eine riesige warme Welle durchflutete meinen Körper von Kopf bis Fuß.

Ich wäre beinahe ertrunken. Erschrocken und angespannt setzte ich mich auf und öffnete die Augen.

»Um Gottes willen, was war das denn?«

Das Gefühl war gleich wieder weg. Verschwunden. Aber ebenso, wurde mir jetzt klar, die Schmerzen. Die Schmerzen waren total weg. Keine Spur mehr von Schmerzen. Nichts. Ich lag still und war *schmerzfrei*.

Dann verbrachte ich eine halbe Stunde mit dem Versuch, dieses seltsame Erlebnis zu wiederholen. Es muss die berühmte Bauchatmung sein, dachte ich. Obwohl Dr. Wise nicht erwähnt hatte, dass die Wirkung so dramatisch sein konnte. Ich war jetzt so aufgeregt, dass das Verschwinden der Schmerzen schon fast Nebensache war.

Ich wusste, sie würden bald wieder da sein.

Immer wieder probierte ich, die Welle noch einmal heraufzubeschwören, aber sie ließ sich nicht beschwören. Ich war tief enttäuscht. Ich bin ein viel zuverlässigerer Freund, kicherten die Schmerzen. Unkraut vergeht nicht, wie es so schön heißt.

Ich versuchte es am nächsten Tag. Und am übernächsten. Nichts. Es wurde eher wieder schwieriger.

Vielleicht eine Woche später, als ich es schon fast vergessen hatte und mich stattdessen mehr auf meine Gesichtsmuskeln konzentrierte und mir allmählich klar wurde, dass diese Muskeln ein festes Netz aus Verspannungen bildeten, das dringend gelockert werden musste, passierte es wieder.

Es kam heftig und unvermittelt. Eine riesige warme Welle brach aus dem engen trockenen Muskelnetz in Stirn und Wangen hervor und überflutete die Niederungen dieser Landschaft. Ein Deich nach dem anderen gab nach, um sie durchzulassen. Nichts leistete mehr Widerstand. Ich wurde überschwemmt, tauchte von Kopf bis Fuß darin unter.

Diesmal gelang es mir, ruhig liegen zu bleiben. Ich spürte, wie es über mich hinweg- und durch mich hindurchströmte. Aber ich war zu aufgeregt. Da! Da! Die Welle! Die Welle ist wieder da! *Du hast es geschafft!*

Sie ebbte ab.

Hinterher, wieder am Schreibtisch, fiel mir eine Stelle aus *Liebende Frauen* ein, die ich manchmal im Übersetzungskurs benutzt hatte. Ich googelte.

> *Still ließ sie die Ströme dunklen Lebens ihren Geist überfluten und über den Rücken und die Knie bis zu den Füßen hinabfließen, unbekannte Gewässer, die alles wegspülten und sie als ein völlig neues Wesen emportauchen ließen, frei und heiter und ganz sie selbst.*

Das traf es nicht ganz. Die Erfahrung war plötzlicher gewesen. Heftiger. Aber die Sache mit dem Geist, der überflutet wird, rein gespült wird, war auf jeden Fall gleich. Es fühlte sich gut an. Und es erforderte eine gewisse Gedankenlosigkeit, eine Geistesabwesenheit. Man musste still sein, um es geschehen zu lassen. Ich fing an, um die Stelle herum weiterzulesen.

Es ist eine seltsame, peinliche Stelle in *Liebende Frauen*, eine von den Passagen, die Kritikern Anlass gegeben haben, das Buch zu verspotten. Birkin und Ursula haben sich soeben heftig gestritten und sich danach wieder versöhnt, auf einem Spaziergang. Dabei wird in gutem, melodramatischem Stil ein Verlobungsring hin- und hergeworfen. Danach gehen die beiden in ein Wirtshaus, bestellen Mittagessen und werden in ein Hinterzimmer geführt, wo die Wirtin sie ein paar Minuten allein lässt, während sie das Essen zubereitet. Dort haben sie ein merkwürdiges, sexuell-spirituelles Erlebnis, bei dem Ursula mit offenem Mund vor Birkins Lenden kniet. Er ist einer der »Söhne Gottes« und sie eine der »Töchter der Menschen«. Also:

> *Sie folgte mit den Händen der Linie seiner Lenden und Schenkel, und ein lebendiges Feuer floss dunkel in sie hinüber, der Strom der Leidenschaft, den sie in ihm auslöste und in sich hinabzog. Nun hatte sie zwischen ihm und sich selbst den*

Stromkreis hergestellt, die Kräfte verbunden und zu voller sprühender Gewalt aus den geheimsten Polen des Körpers befreit. Elektrisches Feuer stürzte von ihm in sie hinüber und lohte in ihnen beiden, Friede, Erfüllung.
»Mein Geliebter!« Sie hob das Gesicht zu ihm empor, mit wonnevoll geöffneten Augen und atmendem Mund.

Hmmm.

Dennoch, man muss Lawrence dafür Respekt zollen, 1922 diese Thematik angegangen zu sein. Mein Ziel, erinnerte ich mich jetzt, als ich den Studenten diese Passage vorlegte, war, sie mit einer früheren zu vergleichen, in der Gerald und Gudrun zum ersten Mal miteinander schlafen und Gudrun anschließend eine unruhige Nacht verbringt, aufgewühlt und von rasenden und wirbelnden Gedanken gequält. Das ist die Passage, in der die (eigentlich) unübersetzbare Wendung ›destroyed into perfect consciousness‹ – vernichtet in Bewusstheit – vorkommt, über die ich in Indien gesprochen hatte.

Aber Gudrun lag wach, vernichtet in Bewusstheit. Sie regte sich nicht, ihre Augen starrten unbeweglich in die Nacht, während er, in Schlaf entrückt, sie noch in seinen Armen hielt.

Was ich den Studenten zeigen wollte, war, auf welche Weise der Zustand des obsessiven Denkens auf der einen Seite (Gudrun) und ›Gedankenfreiheit‹, so könnte man wohl sagen, auf der anderen (Ursula) in die Syntax einfließen. Die provokante Stacheligkeit dieses »vernichtet in Bewusstheit«, das unbeschwerte »frei und heiter und ganz sie selbst«. Die Analyse dieses Textbeispiels mit meinen Studenten war, das muss ich gestehen, von reichlich Gespött und Gestichel angesichts des schwülstigen, pseudospirituellen Psychodramas dieser Passage begleitet. Sie geht so weiter:

... fremde Quellen, geheimnisvoller und mächtiger als alles, was sie je geträumt und erlebt hatte, erquickender, mystisch-physisch bis auf den Grund erfüllend. Sie hatte gemeint, es gäbe keinen lebendigern Quell als den phallischen. Und nun hatte sie an den Fels des männlichen Körpers geschlagen, und es strömte von den Weichen und Schenkeln, Trägerin noch tiefer Geheimnisse, die Flut unsagbaren Dunkels, unsagbaren Reichtums.

Aber blumige Prosa hin oder her, mir schien jetzt, ich hatte ein Erlebnis gehabt, das dem, was Lawrence beschreibt, durchaus glich. Ohne den Sex natürlich. Ich hatte schon seit geraumer Zeit keine Lust auf Sex mehr verspürt. In der Hinsicht war ich der Fels ohne die Quellen. Trotzdem, auch wenn ich es niemals so ausgedrückt hätte, »die Flut unsagbaren Dunkels, unsagbaren Reichtums« klang plausibel. So hatte es sich angefühlt. Wir sprachen von der gleichen Sache.

Unsagbar.

Der einzige Anlass, bei dem ich dieses Wort je benutzt hatte, war beim Singen der Hymne »Oh worship the king«. In einer der Strophen ist von »maßloser Macht« und »unsagbarer Liebe« die Rede.

Aber was sollte das eigentlich heißen, unsagbar? Ungefähr das Gleiche wie maßlos, nahm ich an. Ich schaute im Lexikon nach.

Unsagbar: äußerst groß, stark; unbeschreiblich.

Etwas, das man nur beschreiben kann, indem man sagt, es lässt sich nicht in Worte fassen. Und wenn man doch versuchte, es in Worte zu fassen, jedenfalls verhielt es sich so mit der Erfahrung, die ich gemacht hatte, dann sprach man vom Wasser – es war die naheliegende Metapher –, reichlich fließendes, stürzendes Wasser, das ultimative Gegengift zum Denken und unverzichtbares Requisit auch für den süßen geistigen Schiffbruch bei Leopardi.

Das Wasser bei Ebbe in meinen Träumen.

Aber das war noch nicht das Ende der Szene bei Lawrence. Ein paar Zeilen später, als das Essen gebracht wird (und das Paar hoffentlich seine Kleidung zurechtgerückt hat), schenkt Ursula ihrem Geliebten Tee ein, und das klingt so:

> *Meist war sie nervös und unsicher bei solchen gesellschaftlichen Pflichten. Aber heute konnte sie sich vergessen und fühlte sich vollkommen behaglich, ohne alle Peinlichkeit. Der Teetopf goss ausgezeichnet aus seiner vornehmen, schlanken Schnauze. Ihre Augen lächelten warm, als sie ihm seine Tasse reichte. Sie hatte endlich gelernt, ruhig und frei zu sein.*

Gelernt, ruhig und frei zu sein! Ist so etwas möglich? So ehrgeizig war ich nicht. Aber ich hoffte doch, mich eines Tages vergessen zu können und mich vollkommen behaglich zu fühlen.

Und so kam es. Sogar schon in der darauffolgenden Woche. Nachdem ich um fünf Uhr früh wie immer von Schmerzen geplagt aufgewacht war, brühte ich mir eine Tasse Tee und beschloss, anstatt im Netz zu surfen, diese tote, aber wache Stunde lieber der berühmten paradoxen Entspannung zu widmen. Ich legte mich aufs Sofa. Danach, gegen halb sieben, ging ich wieder ins Bett. Da rollte sich meine Frau zu mir herüber, und wir liebten uns, ganz ohne darüber nachzudenken.

Perfekt.

Geplapper

Ich war nicht kuriert, und schon gar nicht geheilt. Ich war weder heil noch ein völlig neuer Mensch, noch in einen Zustand totaler Entspannung gefallen. Ich hatte weder gelernt stillzusitzen, noch gerade zu stehen, und ich hatte auch nicht jeden Tag fantastischen Sex oder surfte auf dem Kamm einer perfekten Welle. Die Schmerzen gingen weiter. Nachts wachte ich fünf, sechs Mal auf.

Aber die Veränderung in meinem Leben war enorm. Kleine Tümpel des Wohlbefindens breiteten sich neuerdings nach den Entspannungsübungen in mir aus. Ich erinnere mich lebhaft, wie ich zum ersten Mal die Treppe hinunterstieg und mir auffiel, dass das übliche brennende Stechen nicht zurückgekommen war. Und mehr noch, mein Bauch fühlte sich seltsam ruhig an, geradezu behaglich. Meine Blase fühlte sich behaglich an. Das traf mich wie ein Schlag, und ich blieb stehen, um es zu überprüfen. Wie die eines Kindes. Ich dachte an den kleinen indischen Jungen, nach dem mein Sikh-Fahrer gegrapscht hatte. Seinen vollkommenen Körper. Und ich erkannte: *Zum ersten Mal seit vielen Jahren fühlst du dich so.*

Ich war jetzt sicher, dass es viele Jahre waren.

Und ich hatte es selber herbeigeführt. »Ermächtigt« ist ein Verb, das ich nicht mag, es geht denen, die uns mit ihrer Frömmigkeit tyrannisieren, zu leicht von den Lippen. Aber jetzt war ich versucht, es zu benutzen. Ich war ermächtigt worden. Ich hatte etwas geschafft, wenn auch nur unvollkommen, was mir bisher nicht gelungen war. Eine tiefe Dankbarkeit gegenüber Dr. Wise und Dr. Anderson wallte in mir auf. Es stimmte, sie sprachen von bis zu zwei Jahren Genesungszeit. Zwei Jahre Durchhalten, jeden Tag wertvolle Zeit opfern. Und selbst dann, gaben sie zu, war eine hundertprozentige Wiederherstellung unwahrscheinlich. »Rückfälle sind immer möglich«, warnte Doktor Wise. Das war mir egal. Eine Tür war aufgegangen; beim Stillliegen war ich vorangekommen. Ich hatte wieder mit meiner Frau geschlafen. Nach jeder Sitzung fühlte ich mich ein paar Minuten lang völlig normal. Oder vielmehr, ich fühlte mich unendlich viel besser, als es mir sehr lange normal erschienen war. Das dauerte zunächst fünfzehn Minuten an, und eine Woche später eine halbe Stunde. Solange der Trend positiv blieb, war es mir ganz ehrlich egal, ob es zwei oder zehn Jahre dauerte. Oder ich womöglich nie ans Ziel kam.

A Headache in the Pelvis beschrieb die Vorgänge in meinem Körper entschieden pragmatisch. Durch die Entspannung des Beckenbodens hatte ich einen Blutfluss ermöglicht; die Muskeln konnten langsam heilen. Während sie das taten, entstand für die Nerven, die durch sie hindurchführten, eine »gastlichere Umgebung«, woraufhin sie aufhörten, Schmerz zu übermitteln. Für eine Weile.

Inwieweit diese Beschreibung der Realität entsprach, vermag ich nicht zu sagen. Solche Dinge lassen sich nicht überprüfen. Wise sprach von Experimenten, bei denen Elektroden durch den Anus in die Muskeln geschoben wurden, um die Verspannung als Stromstärke zu messen; ebenso durch die Harnröhre, um den Tonus der Schließmuskeln zu messen. Wer würde sich nicht verspannen mit lauter Drähten in den vorderen und hinteren Körperöffnungen? Wer würde je ein solches Experiment an sich machen lassen? Wenn die Version des Arztes stimmte, dann kann man nur sagen, die Natur war äußerst großzügig. Nach Jahrzehnten der Misshandlung – wie Wise und Anderson es nannten – hatte mein Körper mit vorbildlicher Schnelligkeit auf eine ziemlich begrenzte Anstrengung meinerseits reagiert. Wie ein Hund, der jahrelang in einem engen Zwinger gehalten wurde und plötzlich ein fröhlicher Wandergefährte werden soll.

Was mich anging, so hatte ich den Eindruck, dass die stattfindenden Veränderungen viel weitreichender waren. Auf der einen Seite war ich gezwungen gewesen, diesen Schmerzen neben dem, was mir lieb und teuer war, einen Platz in meinem Leben einzuräumen; im Gegenzug war meine ›Krankheit‹ erheblich zurechtgestutzt worden und hatte ihren Schrecken verloren. Welche Krankheit, die etwas auf sich hält, würde einem schon erlauben, mit ein paar tiefen Atemzügen ihr bis dahin unerbittliches Voranschreiten zu stoppen? Ich war mir jetzt sicher, dass das Schlimmste hinter mir lag, und diese Überzeugung veränderte meine Stimmung und die Struktur jedes einzelnen Tages.

Mehr noch, ich interessierte mich nicht einmal mehr für die Schmerzen. Jedenfalls nicht für die Schmerzen an sich. Ich hatte sie an Bord gelassen. Ich lernte, auf sie zuzugehen, anstatt vor ihnen zurückzuweichen, sie ganz zu spüren, wenn ich mit geschlossenen Augen dalag. Auf die Art verloren sie eher an Faszination, als dass sie daran gewannen. Sie waren kein unergründliches Geheimnis mehr, keine verzerrte Schauerfigur, in der Hinweise auf meinen widersprüchlichen Charakter verborgen lagen. Ihre Zeit war abgelaufen. Ich surfte nicht mehr durchs Internet auf der Suche nach neuen Erkenntnissen, neuen Leidensgeschichten, neuen Heilmethoden. Anstatt die Zukunft als lebenslängliche Strafe in einer immer enger werdenden Zelle zu sehen, freute ich mich auf Unternehmungen und Abenteuer.

Innerhalb weniger Wochen hatte also das Mysterium dieses hässlichen, zermürbenden Zustands dem positiven, verlockenden Geheimnis des Körpers Platz gemacht, desselben Körpers, den ich bisher geflissentlich ignoriert hatte. Buchstäblich mit Fleiß ignoriert hatte. Zugunsten von endloser, hitziger geistiger Arbeit. Dieses neue (für mich neue) Mysterium war etwas, das sich vor mir auftat, statt mich zu bedrängen. Etwas, das man gerne erforschen möchte, ohne es unbedingt lösen zu müssen. Ein Ozean, kein Leck.

Die Sache hatte mindestens zwei Seiten. Die kleinen Erfolge, die ich mit Doktor Wise' paradoxer Entspannung erzielt hatte, hatten mir die Augen geöffnet für die Stille hinter geschlossenen Augen, in der Geist und Fleisch sich begegnen. Ich erkannte sofort, dass es hier noch viel, viel mehr zu tun und zu entdecken gab. Nur dass man nicht einfach mit dem Reiseführer in der Hand losgehen und es betrachten konnte. Ähnlich wie die Welle, die mich manchmal überrollte, würden auch die Entdeckungen sich zeigen, wenn *sie* es wollten, wenn ich *reif für sie war*. Es ging also darum – und so eigenartig das auch klingen mag, aber mir war das noch nie in den Sinn gekommen –, eine geistige Disziplin zu entwickeln, die neue Erlebnisse zuließ, eine Disziplin, in der ich im Augenblick noch vollkommener Anfänger war.

Und zum ersten Mal im Leben stand ich vor einer geistigen Aufgabe, die *nichts mit Sprache zu tun* hatte. Seit Jahrzehnten, so wurde mir klar, war jede gezielte geistige Aktivität für mich eine linguistische gewesen: Schreiben, Denken, Schlussfolgern, Unterrichten, Reden (die *Zahlen* hatte ich an dem Tag aufgegeben, an dem ich die vorzeitige Abschlussprüfung in Mathe machen durfte). Beim Ausüben einer Sportart verwandelte ich den geistigen Anteil dabei in Worte. Ich versuchte, in Worte zu fassen, wie man alles am besten machte. Wie man beim Fußball ein Kopfballtor schoss. Wie ich mein Kajak auf dem Heck drehen konnte. Was die optimale Schrittlänge beim Bergabrennen war. Im Gegensatz zu bergauf. Sogar in der Liebe machte ich es so. Ich plante alles in Worten. Und ich war ehrlich überzeugt davon, dass alle es so machten, dass jeder sich jede seiner Handlungen in Worten erklärte. Schließlich war ich mit täglichen Predigten aufgewachsen (da haben wir es wieder), mit dem Studium biblischer Texte beim Frühstück. *Exegese!* Ein Lieblingsthema meines Vaters. Zu gern las er beim Frühstück aus der Bibel vor und erläuterte den Text. Die Bibel war ein unerschöpfliches Rätsel. Etymologie, Philologie. Wenn ich ein Gemälde oder einen Film sah, versuchte ich sofort, seine Vorzüge und Mängel in Worte zu fassen. Mein Gehirn spuckte eine Rezension aus, einen kritischen Aufsatz.

Mein Hauptvergnügen an Filmen und Gemälden bestand genau in dieser verbalen Umsetzung danach. Sogar *währenddessen.* Ich schrieb die Kritik *während* des Films, *während* ich das Gemälde betrachtete. Alles musste durch die Sprache gelebt werden, sonst wurde es nicht richtig gelebt; das ging so weit, dass ich ein Bild oder einen Film (oder auch ein Fußballspiel) gar nicht wirklich gesehen hatte, ehe ich nicht in Worten darüber nachgedacht oder besser noch gesprochen oder am allerbesten geschrieben hatte – in wohl sortierten, zielgerichteten, selbstbezogenen Worten. Dann *besaß* ich das Gesehene. In dieser Hinsicht war ich vermutlich nicht viel anders als die unglückseligen Menschen, die erst das Gefühl haben, im Urlaub gewesen zu sein, wenn sie die Fotos betrachten können. Die Fotos *sind* für sie die Ferien, selbst während sie am Strand oder im Bett liegen. Und wenn ich nie eine Kamera mit in den Urlaub nahm, dann lag das nur daran, dass ich das Gleiche mit Worten machte. Nicht auf das Erlebnis selbst kam es mir an, sondern auf die *Beschreibung* des Erlebnisses. Mein Notizbuch, mein Laptop. Und wenn ich etwas Neues kennenlernen wollte, dann kaufte ich mir ein Buch oder Bücher. Ich brachte es mir selber bei, mit Büchern. Wie Manuel in der Serie *Fawlty Towers* – »Ei spiek Iinglisch, ei häf lerrnt iet in ä buk.« Wenn ich reiste, hatte ich einen Reiseführer dabei. Ich *glaubte* an Bücher. Ich besaß ein ganzes Regal voller Bücher über das Kajakfahren. Ich kaufte sie zwanghaft. Eines Tages würde eins davon mir endlich erklären, wie mir dieses schwierige Manöver um das Slalomtor herum gelingen konnte.

Eine Folge dieses ganzen Geschwätzes war, dass ich mir nie vorstellen konnte, dass es harte geistige Arbeit gab, die ohne Worte auskam, Arbeit sogar, bei der Worte ein Hindernis darstellen können. Und diese Sache mit der Entspannung – die Bezeichnung erschien mir inzwischen ziemlich unzulänglich – war eindeutig Arbeit. Ich tat mich schwer, und mir schlug ein starker Wind entgegen in dieser inneren Landschaft mit den tief hängenden Wolken. Die Technik erforderte Anstrengung, Geschick,

Entschlossenheit. Schwieriger als Klavierspielen, sagte ich mir immer wieder.

Ebenso eindeutig war das ständige Geplapper in meinem Kopf das größte Hindernis bei den Übungen. Wie sollte ich dieses Geplapper abstellen, um mich auf die körperlichen Empfindungen konzentrieren zu können, wie Doktor Wise mir dringend riet? Dennoch, so groß die Herausforderung auch schien, ich nahm sie mit Begeisterung an. Ich hatte das Gefühl, sie kam zur rechten Zeit. Die Schmerzen waren gekommen, dachte ich unwillkürlich, weil ich das hier *brauchte*. Und ohne genau zu wissen, oder wissen zu wollen, wohin es mich führen würde, sah ich inzwischen, wie die Stille dieser Stunden, die ich so widerwillig für mein Leiden reserviert hatte – die Stunden der paradoxen Entspannung –, sich über Monate und Jahre hinweg vor mir ausbreitete wie ein riesiger neuer Kontinent, ein Territorium, das zu erkunden beschwerlicher und lohnender war als jede Auslandsreise oder jedes Lesen. Es war eine Reise, die mich viel weiter führen würde als bis zu einer wie auch immer gearteten Lösung für meine Beckenschmerzen und Pinkelprobleme.

Außerhalb dieser Entspannungs-Sitzungen allerdings musste ich feststellen, dass ich körperlich das reinste Wrack war! Ein zuckendes Nervenbündel mit schlechter Haltung und schlechten Angewohnheiten. Es erwies sich, dass die Verspannung, die ich ursprünglich im Dunkeln, mit geschlossenen Augen und in der selbstgefälligen Überzeugung, gar nicht verspannt zu sein, versucht hatte zu orten, *permanent und überall vorhanden war*. Es gab keinen Zentimeter an mir, keine Sehne, keinen Muskel, der nicht vor Anspannung vibrierte, und zwar dauernd. Kaum war ich auf eine klitzekleine Stelle gestoßen, beim zufälligen Anspannen und Lockern eines Muskels, stürmte diese Erkenntnis mit überwältigender Klarheit auf mich ein. Ich *bestand* geradezu aus Anspannung.

Wie hatte ich zulassen können, dass es so weit kam? Ich putzte mir die Zähne wie wild, so als wollte ich sie abschleifen.

Ich zog meine Socken mit solcher Heftigkeit an, als wollte ich die Zehen ganz hindurchstoßen. Ich band mir die Schuhe zu, als wollte ich die Schnürsenkel zerreißen. Wenn ich auf einen Knopf drückte, tat ich das so, als müsse ich mit der Kraft meiner Muskeln den Fahrstuhl in den sechsten Stock schicken oder die Garagentür aufmachen. Beim Rasieren spannte ich das Kinn an, beim Lesen die Kehle, beim Essen (ich aß viel zu schnell) die Stirn, beim Reden die Schultern, beim Zuhören den Nacken, und beim Fahren spannte ich *alles* an. Meine Hände umklammerten das Lenkrad, als wollte ich es zerbrechen. Meine Wirbelsäule war starr gekrümmt. Mein Magen wurde zu Stein. Und ja, mein Beckenboden war fest hochgezogen, wie eine Falltür zum Schutz vor einer Belagerungsstreitmacht, die mich von unten bedrohte. Was meinen Körper betraf, beschleunigte und bremste ich die ganze Zeit im ersten und zweiten Gang, obwohl ich ebenso gut entspannt in den vierten hätte schalten oder sogar gemütlich im fünften hätte spazieren fahren können. Was mich daran erinnert, wie meine Mutter in den Siebzigerjahren den alten Morris 1100 gegen einen größeren Datsun tauschte und erst nach einem Jahr überhaupt bemerkte, dass das neue Auto einen fünften Gang hatte; selbst danach benutzte sie ihn nie. Ich hatte dreißig Jahre lang das Gleiche gemacht.

Aber schlimmer noch: Ich hatte die Angewohnheit, wie ich jetzt feststellen musste, einen Teil meines Körpers gegen einen anderen zu pressen. Wenn ich beim Lesen mit gekreuzten Füßen dasaß, presste ich einen Knöchel *gegen* den anderen. Am Schreibtisch legte ich den Kopf zurück in meine gefalteten Hände, die ihn nach vorne drückten. Oder ich drückte die Stirn nach vorne, presste sie gegen die Finger, mit denen ich sie nach hinten drückte. Wenn ich auf der Seite einschlief, war die Hand des oben liegenden Arms zur Faust geballt und drückte auf den unteren Arm. Die beiden Hälften meines Körpers lagen in ständigem Clinch. Höchstwahrscheinlich schlief ich die ganze Nacht in permanenter Anspannung.

Und das ist nur eine kurze Zusammenfassung meines chronisch unausgeglichenen Zustands. Bei allem, was ich tat, strengte ich mich mehr an als nötig. Es war förmlich eine Erleichterung, eine Aktivität zu finden, die tatsächlich die Anstrengung erforderte, die ich hineinlegte: im Kajak flussaufwärts paddeln zum Beispiel oder meinen Körper zu zwingen, den langen Hügel von unserem Haus bis zum Pilotón hinaufzurennen. Das waren eigentlich die einzigen Betätigungen, bei denen sich Energieaufwand und Leistung halbwegs die Waage hielten. Und selbst beim Kajakfahren bekam ich, wenn einer der Trainer gerade da war, noch ständig zu hören, ich solle weniger Paddelschläge machen. »Tauchen Sie sorgfältiger ein. Nicht so hastig. Kämpfen Sie nicht gegen das Wasser.« »Parks, Sie sind zu hektisch!« Das hatte mir der Sportlehrer immer beim Fußball zugerufen. »Ganz ruhig, Parks, sonst passiert noch etwas!«

Wenn es in diesem schmerzlichen Prozess der Selbsterkenntnis, in den meine Entspannungsübungen mich ganz unerwartet gestürzt hatten, indem sie mich zwangen, still zu werden und die brennende Anspannung in mir bewusst zu spüren, einen Trost gab, dann den, dass viele der Menschen um mich herum auch nicht viel besser dran waren. Die wenigsten, fiel mir jetzt auf, waren tatsächlich ganz entspannt. Immerhin verschlang ich nicht dauernd Essen, das ich nicht brauchte, so wie Carlo es trotz seiner Diabetes weiterhin tat. Immerhin kaute ich nicht an den Fingernägeln wie meine Töchter oder pulte an der Nagelbetthaut wie meine Frau. Ich rauchte nicht.

Immerhin wurde ich mir jetzt der Lage bewusst.

Und so war schließlich, abgesehen von einer Restsorge bezüglich der nagenden Schmerzen, die mein Leben bestimmten, für mich die vorrangige Frage, ob es möglich sein würde, mich grundsätzlich zu verändern, in meinem Innersten. War es möglich, mit einundfünfzig Jahren dieses angespannte und irgendwie, so schien mir, *sprachbestimmte* Verhalten zu ändern?

Und wenn ja, wie?

Und ich wusste, diese Frage war die gleiche wie diese: Hätte mein Vater, Harold James Parks, dessen Nervosität und Angstzustände oft dazu führten, dass er sich am Morgen übergeben musste, lernen können, eine Orange *in Ruhe* zu schälen, ohne seine Finger ins Fruchtfleisch zu bohren und die Frucht in Stücke zu reißen? Wäre das möglich gewesen? Wenn es mir je gelingen sollte, eine Veränderung diesen Ausmaßes zu erreichen, das spürte ich genau, wenn ich je lernte, gerade zu stehen und mit der gleichen heiteren Ruhe wie der Wasserverkäufer von Sevilla ein Glas Wasser in der Hand zu halten, dann wären die Schmerzen, die diesen ganzen Prozess losgetreten hatten, nur noch eine ferne Erinnerung.

Die Verbindung zwischen Haltung und Schmerzen war nicht mehr nur eine skurrile Vorstellung. *A Headache in the Pelvis* enthielt, das war ganz natürlich, eine ausführliche Beschreibung der therapeutischen Massage, die in der kalifornischen Klinik der beiden Autoren zusammen mit Kursen in paradoxer Entspannung angeboten wurde. Sie hatten, behauptete Dr. Wise, eine Reihe von Muskeln identifiziert, die bei Leidenden meiner Sorte oft sogenannte »Triggerpunkte« verbargen. Das heißt, wenn der Muskel durch zu geringen oder falschen Gebrauch verkümmerte, verfestigte sich ein Teil des Muskels; und innerhalb dieses verfestigten Muskelbandes wurden bestimmte Stellen besonders verknotet und schmerzempfindlich. Drückte man diese »Verspannungsknoten«, wurden beim Patienten sofort die üblichen Schmerzen ausgelöst oder verstärkt, oft in Organen oder Regionen, die weit entfernt von dem jeweiligen Muskel lagen, was mit dem Verlauf der Nervenstränge zwischen den Muskelschichten zusammenhing. Fand man die Triggerpunkte und massierte sie sanft über mehrere Wochen, bis die Muskeln wieder halbwegs gesund waren, dann verschwanden die Schmerzen.

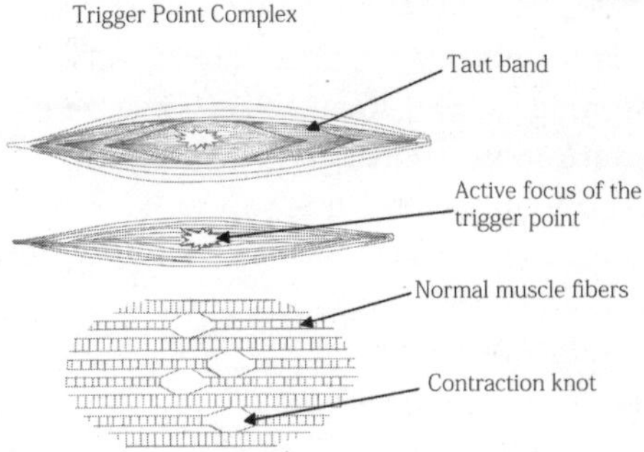

Also sprach Dr. Wise.

Die betreffenden Muskeln waren hauptsächlich die des Beckenbodens, vor allem der mit dem wundervollen Namen Levator ani, und das Buch enthielt beunruhigende Bilder von einem Finger, der durch den Anus geschoben wird, um diese Muskeln zu ertasten und zu massieren – wie aus dem Körperinneren nach unten blickend gesehen. Jede Grafik erklärte, wo die fraglichen Muskeln die Schmerzen hinleiteten.

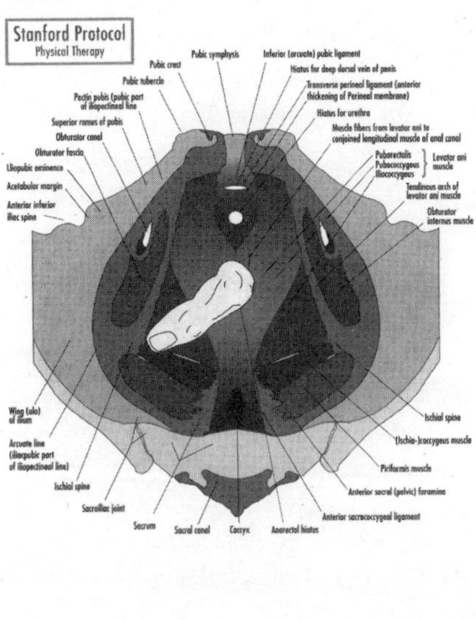

Nachdem die Triggerpunkte gefunden und von fachmännischen Masseuren in der Stanforder Klinik abgeklopft worden waren, erhielten die Patienten ein spezielles Instrument, einen Stab (womöglich den Aneros), mit dem sie diese Punkte selber massieren konnten. Zu Hause.

Ich fragte mich, ob ich je so weit kommen oder so tief sinken würde, eine derartige Selbstbehandlung durchzuführen. Auf dem Rücken liegen, mit angezogenen Knien, einen Zauberstab im Po. Oder auf allen vieren …

Lieber nicht daran denken.

Einige der Problemmuskeln waren jedoch leichter und züchtiger von außen erreichbar, sie lagen in den Oberschenkeln, in der Leistenbeuge, im oder gleich oberhalb des Pos. Einer von denen, die am häufigsten Schmerzen in die Blase leiteten, meinem größten Schwachpunkt, war der Quadratus lumborum, der Muskel, der auf beiden Seiten das Becken mit der Wirbelsäule verbindet. Ich schlug den Quadratus lumborum bei Wikipedia nach und erhielt eine genaue Beschreibung seiner Anfälligkeit bei ständiger Anspannung aufgrund von längerem Sitzen, besonders längerem Sitzen am Schreibtisch, vor allem vor dem Computer. Der Wiki-Autor hat außerdem folgende Überlegungen hinzugefügt:

> *Diese Kette von Ereignissen kann und wird oft durch eine Kyphose (Rundrücken) und die immer damit einhergehenden ›hängenden Schultern‹ beschleunigt, da beide Phänomene den Druck auf die QLs (die Quadratus-lumborum-Muskeln) erhöhen, indem sie das Körpergewicht nach vorne verlagern und so den Erector spinae, die QLs, die Musculi multifidi und besonders den Levator scapulae zwingen, sowohl im Sitzen als auch im Stehen mehr zu arbeiten als vorgesehen, um den Oberkörper aufrecht zu halten.*

Kurz gesagt, indem ich weder gerade saß noch stand, sondern mit krummen Schultern nach vorne starrte, belastete ich unter anderem einen Muskel, von dem bekannt war, dass er im Falle von Überbelastung Schmerzen in die Blase leitete. War das der Grund, fragte ich mich, warum der krumme Leopardi, der, wie er so wunderschön beklagte, seine Jugend über seine ›sudate carte‹ (geschundenen Seiten) gebeugt vertan hatte, diese Bauchschmerzen und Schwierigkeiten beim Pinkeln schon so jung bekommen hatte? Mit seiner fortgeschrittenen Skoliose hatte er sich seinen Quadratus lumborum schon mit achtzehn versaut. Und wie unheimlich, dass ein Gedanke, der mir eines Tages plötzlich auf der Straße gekommen war – wenn du dich gerade halten könntest, Tim, dann würde es dir besser gehen –, ein Gedanke, den ich sogleich als dumme Einbildung abgetan hatte, sich nun womöglich als echte Einsicht erwies.

Als wüsste mein Körper Dinge, die ich nicht wusste! Oder als wüsste ich Dinge, die mein Geist nicht wusste.

Aber wie soll man mit über fünfzig noch lernen, sich gerade zu halten?

Tag für Tag lag ich mit geschlossenen Augen auf dem Rücken, atmete, konzentrierte mich auf jede Anspannung, derer ich gewahr wurde. Schlimmstenfalls war das langweilig, entmutigend und unüberzeugend. Meine Aufmerksamkeit rutschte von ihrem Betrachtungsgegenstand ab wie einer, der in Ballettschuhen eine Eiswand erklimmen will. Um mich an irgendetwas festzuhalten, brauchte ich Worte. Aber mit Worten lassen sich Empfindungen nur *beschreiben*, nicht erfahren. Hier führten Worte nur dazu, dass ich an Halt verlor; die Eiswand brach unter ihrem Druck, und kleine Lawinen nahmen meine Aufmerksamkeit mit. Ohne Worte brauchte ich ein Ziel, eine Aktivität: Konzentrier dich auf diesen Muskel, um ihn anzuspannen, um ihn zu bewegen. Beim Entspannen allerdings musste ich mich konzentrieren, *ohne* irgendetwas erreichen oder bewegen zu wollen; ich musste vollkommen still bleiben.

Das gelang mir nicht. Ich wurde frustriert. Ich verfluchte Dr. Wise dafür, dass er mir die geheimnisvollen Tonbänder vorenthielt, die vielleicht hätten helfen können. An manchen Tagen gab ich es auf.

Aber wenn ich wie durch ein Wunder doch einen Halt im Eis fand, wenn meine Gedanken bei der Sache blieben, und sei es nur für kurze Zeit, wenn ich nicht versuchte, zu drücken oder zu ziehen, sondern nur aufmerksam und wortlos ausharrte, dann war es eine gute Sitzung, die mich weiterbrachte; dann überschwemmte mich mit etwas Glück irgendwann die warme Welle, inzwischen sanfter als am Anfang, freundlicher, so als hätte sich die Landschaft bereits an ihr Durchrollen gewöhnt. Und ich stellte plötzlich fest, dass meine Hände in meinen Bauch gesunken waren. Die Flut hatte es ihnen ermöglicht, sich in den Grund meines Bauches einzugraben, wie Aale in den Sand. Meine Hände steckten tief in meinen Eingeweiden und leuchteten. Manchmal wechselten sie die Seiten. Die linke Hand war rechts. Warum, weiß ich nicht. Ich war voller Neugier. Die Spannung wurde heftiger und löste sich dann auf, erhitzte sich und schmolz dahin. In den Oberschenkeln, Waden, Schultern. Zwei, drei Mal schien mein Körper sich vom Bett zu lösen, zu schweben. Ich schwebte mit zurückgelegtem Kopf in warmem Salzwasser. An diesen Tagen gingen die Schmerzen drastisch zurück, wie Felsen, die in der Frühjahrsflut untergingen. Dann erlebte ich zwei, drei schmerzfreie Stunden. Ich fing an zu hoffen, die Schmerzen würden nicht zurückkehren.

Aber die Flut ebbte ab, und der Schmerz zeigte wieder seine scharfen Kanten.

Ein guter Tag ist kein Grund zum Feiern, warnte Wise.

Ein schlechter Tag ist kein Grund zum Verzweifeln.

Trotzdem wurde es Zeit, nach etwas Ausschau zu halten, das diese Entspannungsübungen ergänzen konnte. Ich wollte mehr, als nur den Schmerz bekämpfen. Ich wollte noch weiter blicken.

Ich hatte keine Ahnung, wohin oder wie das gehen sollte.

Dann wachte ich eines Morgens abrupt auf, setzte mich im Bett hin und sagte die Worte: *Du bist zwei verschiedene Menschen.* Es war beunruhigend. Kein Traum war schuld daran. Keine Geschichte. Nur dieses plötzliche Erwachen in den frühen Morgenstunden, diese Worte, die wie eine Offenbarung über mich gekommen waren. Zwei verschiedene Menschen, Tim.

Ich ging auf die Toilette.

Na schön, und wer?

Ein Rechen

Es war Juli und Zeit zum Bootfahren. Vor Monaten schon hatte ich drei Tage mit einem Kajakführer in Österreich gebucht. Mehr als einmal hatte ich überlegt, dort abzusagen. Meine Schmerzen würden zu groß sein. Aber zu meiner Verdrängungsstrategie hatte auch von jeher gehört, niemals etwas abzusagen.

Da das Leben inzwischen besser geworden war, entschloss ich mich zu fahren. Die paar Tage waren eine seltene Gelegenheit, Arbeit und Familie zu entkommen. Es war das erste Mal, dass ich nur für mich alleine einen Führer engagiert hatte: eine Lernerfahrung und ein Luxus. Ich holte meine Wildwasser-Ausrüstung hervor, packte alles ins Auto und fuhr Richtung Norden.

Zwei verschiedene Menschen. Wie seltsam, mit Worten auf den Lippen zu erwachen, mit einer Botschaft an mich selbst.

An meine beiden Ichs.

Oder von dem einen Ich an das andere.

Also nicht: Doktor, heil dich selbst, sondern: Parks und Parks, heilt euch selbst!

Vermutlich ist es gefährlich, solche Dinge ernst zu nehmen.

Ich beschloss, früher loszufahren und vorher noch einen kleinen Abstecher nach Südtirol zu machen, um eine Flusstour mit meinem Freund Roland zu unternehmen. Zum Aufwärmen. Roland ist ein kleiner, dunkelhaariger, drahtiger Typ, dessen Muttersprache der örtliche deutsche Dialekt ist; Italiener dürften ihren Spaß haben, wenn sie uns ihre Sprache sprechen hören, er mit seinem Tiroler Akzent, ich mit meinem englischen. Dennoch sind wir beide voll und ganz Italiener, Roland dank der aberwitzigen Grenzbestimmung von Versailles, ich aus freiem

Willen. Wir trafen uns an der Autobahn-Ausfahrt nach Brixen, fuhren den Eisack hinauf, ließen mein Auto auf dem Parkplatz stehen und zurrten die Kajaks auf seinem Kleinbus fest, um zur Einbootstelle zu fahren.

»Wie ist das Wasser?«, fragte ich unterwegs.

Er zuckte die Achseln und rollte sich eine Zigarette, während er über enge, gewundene Straßen fuhr, vorbei an Weinstuben und Kruzifixen.

»Schnell, langsam, harmlos, gefährlich?«

Ein kleines Lächeln umspielte seine unrasierte Oberlippe. Roland ist ganz und gar kein arischer Typ, er hat etwas Pockennarbiges, Zigeunerhaftes an sich. Strähniges Haar unter einem Schweißband, Halsketten, Tattoos. Alles, was ich über seine Vergangenheit weiß, ist, dass er irgendwann einmal beim öffentlichen italienischen Fernsehen angestellt war, das heißt, er muss irgendetwas gelernt haben. Sechs Monate später war er wieder in seinem abgeschiedenen Dorf im Ahrntal. Vielleicht hatte er Angst gehabt, zwischen seinen beiden Ichs könnte eine Wunde aufbrechen: dem italienischen Stadtmenschen und dem Tiroler Bergbuben. Jetzt unterrichtet er Kajakfahren und macht Rafting-Touren mit Touristen. Er wirkt wunderbar gelassen und mit sich im Reinen.

»Also, schwierig oder nicht?«

Lachend blies er den Rauch aus. Roland macht sich immer über meine Nervosität vor der Flussfahrt lustig.

Schließlich fragte er mich, was ich dieses Jahr so gemacht hatte.

Ich hatte soeben einen Roman veröffentlicht, der genau hier in Südtirol spielte, erzählte ich ihm.

Er zog eine Augenbraue hoch.

»Über einen Medienstar, einen gefeierten Londoner Fernsehmoderator, der in gewisser Hinsicht hierherflieht, um einen klaren Kopf zu bekommen. Sucht sich absichtlich einen Ort aus, wo er kein Wort der Landessprache spricht, noch dazu hoch oben in den Bergen, wo sowieso niemand ist, mit dem er reden könnte. Oberhalb von Luttach«, fügte ich hinzu.

Luttach war Rolands Dorf. Er lächelte wieder. Um uns herum erhoben sich steile Kiefernhänge bis zu den schwindelerregend hohen, blau-grauen Gipfeln.

Dann, als wir gerade in einen Weg einbogen, der hinunter zum Fluss führte, sprach ich etwas aus, das mir beim Schreiben von *Stille* nie mit solcher Klarheit in den Sinn gekommen war: »Im Grunde hat er eine Art Todessehnsucht. Er würde die Felsen und die Bäume am liebsten so lange anstarren, bis er einer von ihnen wird.«

Diesmal nickte Roland. »Das kommt vom Fernsehen«, sagte er.

Etwa eine Stunde später hätte ich beinahe das von Harold Cleaver herbeigesehnte Ende gefunden. Es war ein Schock. Der Eisack ist ein reißender Fluss, der durch eine tiefe Felsschlucht rauscht und hier und da hoch oben von der Brennerautobahn gekreuzt wird. Es ist seltsam, sich mit eisigem Wasser an den Händen, Gischt im Gesicht und dem Spritzen und Gurgeln des Wassers im Ohr die Fahrzeuge dreißig Meter weiter oben vorzustellen, die brummend diese Landschaft durchquerten, als sei sie gar nicht vorhanden. Ich glaube, ich gehe paddeln, um wieder mit der Welt in Verbindung zu treten, dachte ich. Eine Sekunde später ging ich unter.

Ich hatte den Fehler gemacht, der auf dem Fluss noch unverzeihlicher ist als bei Dr. Wise' paradoxer Entspannung, nämlich meinen Gedanken nachzuhängen: also nicht die Verbindung zur Welt herzustellen, sondern über die Herstellung dieser Verbindung nachzudenken. In der Nähe des rechten Flussufers paddelte Roland über ein kleines Wehr und plumpste auf die Felsen darunter. Da ich nicht konzentriert war, nahm ich an, das war ein Versehen gewesen, und fuhr nach links in den Hauptstrom. Roland brüllte jetzt etwas, aber ich verstand ihn nicht. Dann sah ich, dass etwa ein Viertel des Flusswassers über das Wehr in der Mitte floss, die Hauptströmung mich jedoch unweigerlich in Richtung einer grauen Eisenbarriere auf der linken Seite zog. Darunter, das wurde mir sofort klar, befand sich ein Gitter zum Auffangen von Abfall. *Ein Rechen.* Dem man um jeden Preis aus dem Weg gehen musste. Aber zu spät. Im nächsten Moment war ich schon an der Barriere, quer davor, und das Boot neigte sich unter dem Druck des Wassers.

Das Leben ist schnell. Hier kam keine warme Welle auf mich zu, die mir den Kopf freispülte und mich entspannt zurückließ. Das hier war eine Falle. Sobald ich untertauchte, würde ich gegen das Gitter des Abflusskanals unter mir gepresst und das war's dann. Nicht zwei Ichs, sondern gar keins mehr.

Zwischen Strömung und Barriere eingequetscht, begann das Kajak zu kentern. Ich ignorierte Rolands Gebrüll, das im Tosen des Wassers unterging, riss die Spritzdecke ab und katapultierte mich wie ein Wilder irgendwie aus dem Boot in Richtung des Wehrs neben der Sperre. Einen unheimlichen Moment lang blieb ich auf dem Fleck, war gefangen zwischen zwei gleich starken Kräften, dem Abwärtssog auf das Gitter zu und der Seitwärtsströmung zum Wehr hin. Dann kam ich frei und trieb auf das Wehr zu. Ich vermute, meine Schwimmweste hat mich gerettet.

Der Unfall machte Roland gesprächig. Immer wieder bat er mich um Entschuldigung. Er hatte nicht mitgedacht. Er staunte über die Harmlosigkeit meiner Verletzungen. »Beweg mal deine Handgelenke, ja? Du hast einen Schnitt an der Hand. Und dein Hals? Roll mal den Kopf.« Ich war drei Meter tief über das Wehr auf Steine gefallen und hatte mir nur das Knie angeschlagen und einen heftigen Stoß gegen meinen Helm abgekriegt. Von meinem Gewicht befreit, war das Kajak hinter mir hergetrieben. »Es tut mir so leid«, wiederholte er. Er umarmte mich. »Ruh dich aus. Du zitterst. Deck dich zu.«

Eine halbe Stunde später musste ich pinkeln. Ein Mal, zwei Mal, drei Mal. Im Auto wallten meine Schmerzen auf. Aber ich war euphorisch. Ich war davongekommen! Und optimistisch. Das Pinkeln und die Schmerzen waren bestimmt eine Reaktion auf das Adrenalin, die Eine-Million-Volt-Spannung. Diese Reaktion war der Beweis. Und sosehr ich mein Leben womöglich würde ändern müssen, ich spürte sehr stark, dass ich es liebte; ich liebte meinen Körper, liebte Roland, liebte die Boote, die Berge, die Gerüche von Moos und Harz, und vor allem liebte ich das Wasser, ich liebte das wilde, stürzende, gefährliche Wasser. Timmy hat keinen Todeswunsch, dachte ich. Und als wir anhielten, um ein Sandwich zu essen, und ich zum *vierten Mal* pinkeln musste, erzählte ich Roland einfach von meinem Problem. Es war das erste Mal, dass ich außer meiner Frau und den Ärzten irgendjemandem von meiner Krankheits-Odyssee erzählte. Es war eine Erlösung. Und ich wusste, es war durch die Atemübungen möglich geworden, durch meine neue Einstellung zu allem und durch die eben erlebte Gefühlsaufwallung. Es war mir kein bisschen peinlich. »Ja, ich habe ein echtes Pinkelproblem.« Der Unfall war zu einem Teil meiner Genesung geworden.

Menschen mit Beckenbodensyndrom, sagte Dr. Wise, neigen dazu, vom katastrophenorientierten Denken direkt ins Gegenteil umzuschwenken: in exzessiven, aufgeregten Optimismus.

Dann war man doch gut beraten, die optimistischen Phasen zu genießen, oder?

Ich fasste mich kurz beim Erzählen meiner Geschichte. Als

ich zu Ende war, erzählte mir Roland, er habe einen Leistenbruch, der operiert werden müsse. Schon zum dritten Mal. Es war sehr schmerzhaft. Er grinste. Seine Frau gab Yoga-Unterricht, sagte er. Mit dem Atmen kannte er sich aus. Er steckte sich eine Zigarette an und schüttelte den Kopf. »Ich bin so froh, dass dir nichts passiert ist.«

Nachdem wir uns verabschiedet hatten, fuhr ich in eine Seitenstraße, suchte mir eine leere Wiese und legte mich mit dem aufgerollten Schlafsack unter den Knien ins Gras. Wenn man solche Sachen draußen im Freien macht, fühlt man sich viel verletzlicher. Ich schloss die Augen und schlug sie gleich wieder auf. Niemand hatte sich angeschlichen. Nur eine Wolke hatte sich vor die Sonne geschoben. Ein leichter Wind strich über meine Haut. Das dicke Gras knarzte leise. Die Schmerzen waren gleichbleibend stark.

Es gelang mir nicht, den Kopf freizubekommen. Immer, wenn ich tief atmete und versuchte, mich auf eine Verspannung zu konzentrieren, war ich plötzlich wieder dort, vor der eisernen Barriere. Gefangen im Sog der Strömung, das Kajak kurz vor dem Kentern. Ich sah vor mir, wie mein Körper nach unten gesogen und mein totes Gesicht gegen das Gitter gedrückt wurde. Ich schauderte und schob das Bild weg. Es kam wieder. Es kam wieder wie die Schmerzen, dachte ich. Vom Gitter aufgehalten, konnte es nicht weiterfließen. Blockiertes *vata*. Nach fünf oder zehn Minuten wurde mir klar, dass es keinen Sinn hatte, dagegen anzukämpfen. Dann beweg dich darauf zu, wie du es mit den Schmerzen machst. Tauch unter.

Eine Zeit lang betrachtete ich mein totes, an das Gitter gepresstes Gesicht in dem dunklen Kanal, während der Fluss unter der Barriere hindurch abwärtsstürzte. Es war gar nicht so schlimm. Ein paar Minuten Erstickungsangst, dann die endgültige Stille. Gemälde von Ertrunkenen, dachte ich, zeigten meistens heitere Gesichter. Millais' Ophelia wird dadurch sogar noch schöner, als sie im Leben gewesen ist. Die Algen und das Teichwasser stehen ihr gut. Und jetzt fiel mir ein Albtraum ein, den ich kürzlich gehabt hatte und in dem ich meinen Sohn tot in der Badewanne fand. Sag mir, dass es nicht wahr ist, wiederholte ich immer wieder. Vollkommen angezogen lag er ertrunken in der Wanne. Bitte, es darf nicht wahr sein! Das kann nicht sein! Aber gleichzeitig dachte ich, wie schön er war, wie ruhig und ernst, mit offenen Augen und sorglosem Blick. Ophelia ist schön, weil sie sich nicht mehr wegen Hamlet zerfleischt. Wir verzweifeln bei ihrem Anblick, aber sie ist frei und kann mit der Natur eins werden. Entspannt sogar. Phlebas der Phönizier hat Gewinn und Verlust vergessen. Eine Tiefseeströmung nahm wispernd seine Knochen auf.

Trotzdem, überlegte ich jetzt etwas nüchterner, wie viel besser war es doch, wenn man die Qualen abschütteln konnte, ohne den letzten Atemzug zu tun, wenn man aufhören konnte, wegen des Prinzen von Dänemark oder der Lebenshaltungskosten zu leiden, ohne tot zu sein. Was mein Protagonist Harold Cleaver in *Stille* gewollt hatte, stellte ich hiermit klar, war, nicht direkt zu sterben, sondern ›*diese Welt zu verlassen*‹, dem Lärm in seinem Kopf zu entkommen.

Ein religiöser Gedanke.

Je genauer man über diese Dinge nachdenkt, desto schwerer

fällt es einem, ruhig zu werden. Es gelang mir nicht, die Schmerzen zu verdrängen. Sie waren fest verankert. Dr. Wise' paradoxe Entspannung war kein Notverband. Ich musste noch mal pinkeln.

Als ich wieder im Auto saß, lief auf dem einzigen Radiosender, den ich hereinbekam, eine politische Phone-In-Sendung. Die Leute empörten sich über Guantánamo. Es ging auch um die Frage, ob der Oberste Gerichtshof einem Mann, der auf die eiserne Lunge angewiesen war, das Recht zu sterben zusprechen würde. Der Moderator hatte etliche Experten am Telefon, die anscheinend wegen ihrer sehr unterschiedlichen Standpunkte ausgesucht worden waren. Ein Hörer aus Bari fand, wir sollten das Leiden als gottgewollt akzeptieren. Er war äußerst feindselig. Alle wirkten sehr erregt. Aber ich rege mich auch manchmal über die Nachrichten auf. Es gibt Tage, da interessiere ich mich mehr für die Wahlen in Amerika als für sonst etwas, Tage, an denen ich dauernd im Internet die neuesten Meinungsumfragen studiere. Ein Hörer rief an, um zu sagen, dass Vergewaltiger kastriert werden sollten. Vergewaltigung schien der liebste Zeitvertreib der slawischen Immigranten zu sein, sagte er.

Es wurde Zeit abzuschalten.

Mein Auto, ein alter Vectra, muss eines der letzten Modelle gewesen sein, die mit Kassettenrekorder statt CD-Spieler ausgestattet wurden. Ich nehme immer ein paar Hörbücher mit, wenn ich verreise. *Moby-Dick* ist eines meiner Lieblingswerke. Ich habe es bestimmt schon ein Dutzend Mal gehört. Aber ehe ich einschaltete, versuchte ich noch eine kurze Zusammenfassung, etwa so:

Du hast Schwierigkeiten beim Pinkeln und damit zusammenhängende Schmerzen. Du träumst von Flüssen und Stränden, die ausgetrocknet sind, die nur noch aus melancholischem Schlamm bestehen. Sport treibst du am liebsten dort, wo es Wasser in rauen Mengen gibt, wildes und gefährliches Wasser. Du findest das unwiderstehlich. Und du fühlst dich hingezogen zu literarischen Werken, in denen Wasser als etwas beschrieben wird, das den Geist mit sich davonträgt, das die Gedanken in der Ewigkeit ertränkt. Du stellst dir solche Erfahrungen vor, wenn du auf dem Bett liegst, um dich zu entspannen. Aber wenn du tatsächlich vom Wasser davongetragen wirst, dann reagiert dein Geist blitzschnell, um dir das Leben zu retten. Damit du weiter denken kannst.

Das Seltsame an *Stille*, dachte ich dann, war der Umstand, dass der Roman verschiedene Entwicklungen in meinem Leben vorhergesehen hatte, und zwar mindestens ein Jahr bevor sie mir bewusst wurden. In der Annahme, kreativ zu sein, hatte ich bloß eine Metapher meiner Memoiren der kommenden Monate niedergeschrieben. Wieder einmal hatte ein Teil von mir ein Wissen besessen und sogar zum Ausdruck gebracht, das der Stimme im Kopf, die sich Ich nennt, verborgen geblieben war. Die beiden Ichs, von denen ich an jenem Morgen beim Aufwachen gesprochen hatte, waren vielleicht dasjenige, das über Harold Cleavers Probleme schrieb, und dasjenige, das meine eigenen Probleme leugnete. Das erste, das literarische Ich, tut kaum etwas, um dem anderen, dem Leidenden, zu helfen. Das literarische Ich sucht gern nach Formen und Worten, um die Dinge metaphorisch zu beschreiben, sie dramatischer und interessanter zu machen, als sie sind. Es hält das für Kunst und beglückwünscht sich, wenn es dafür bezahlt wird. Das leidende versucht unterdessen, die Schmerzen zu ignorieren. Die beiden Ichs stehen nicht miteinander in Verbindung.

Man nenne mich Ismael.

Den Rest der Fahrt verbrachte ich mit Melville. Das war zwar keine Stille, aber zumindest eine Ruhepause für meine eigenen Gedanken. Ich überquerte den Brenner, während Ismael mit Quiqueg ins Bett ging, und die Europabrücke, als er Kapitän Peleg auf dem Deck der Pequod begegnet. Trotz der vielen Aufregungen entspannte mich die Erzählung. Ich fühlte mich langsam besser. Und wieder fand ich den Gedanken an die örtlichen

Verlagerungen in der Literatur seltsam: Melville, der in New York geschrieben hatte, der Walfänger, der von Nantucket aufbricht, und ich, der durch Österreich rast, in Gedanken aber weit weg ist. Über eine Stunde später, als ich durch das Inntal nach oben in Richtung Schweiz fuhr, während die Pequod am Äquator in Windstille lag, kam alles zusammen. Ich hielt das Band an und spulte zurück. Es war eine Passage über das Ausschauhalten vom Masttopp.

> *Seelenruhig steht einer da droben, in die Unermesslichkeit der See verloren; und wenn sich etwas kraus zieht, ist es nicht seine Stirne, sondern höchstens die Wasserfläche. Lässig und wie verzaubert schlingert das Schiff dahin; schlaftrunken regt sich die Passatbrise; alles trägt dazu bei, einen in Träumerei versinken zu lassen. Das Leben eines Südseefahrers ist zumeist von einer erhabenen Ereignislosigkeit; man vernimmt keine Nachrichten, liest keine Zeitungen, wird von keinerlei Sonderausgaben mit schreienden Berichten über gleichgültigen Kram unnötig aus seiner Ruhe aufgescheucht; man erhält keine Kunde von häuslichem Missgeschick, entwerteten Wertpapieren, fallenden Kursen …*

Unnötig aus seiner Ruhe aufgescheucht! Schon 1850 hat Melville verstanden, dass man durch die Medien nervös und dumm werden konnte. Er fährt fort:

> *… doch der geistesabwesende junge Mann wird durch den verschmelzenden Gleichtakt von Seegang und Gedankengang in eine solch wesenlose, entrückte Traumtrunkenheit gewiegt, dass er zuletzt kaum noch er selber ist; dass er das geheimnisvolle Meer zu seinen Füßen für das sichtbare Abbild der tiefen, blauen, grundlosen Weltseele hält, die das All belebt; und jede seltsame, ahnungsvoll entgleitende Schönheit, jede schattenhaft flüchtige Finne irgendeiner unfassbaren Gestalt*

> *erscheint ihm lediglich als Verkörperung jener unbegreiflichen Gedanken, die das Gemüt als stete Durchzuckungen bevölkern. In dieser zauberhaften Stimmung verebbt der Geist dahin, von wannen er gekommen, wird von Zeit und Raum aufgesogen und bildet zuletzt wie Cranmers in alle Winde verstreute Asche einen Bestandteil jedweden Gestades auf dem ganzen Erdenrund.*

Der verschmelzende Gleichtakt von Seegang und Gedankengang. Das klang sehr nach einigen meiner eigenen Erfahrungen. Aber in dieser Trance verpasst der Ausgucker den Wal, nach dem er suchte. Die Mannschaft verflucht ihn. Und ich verpasste die Abzweigung zu meinem Campingplatz. Ich fuhr zehn Kilometer zu weit und musste umkehren.

»Was macht das denn im Auto?«, war das Erste, was Andy sagte. Mein Führer erwies sich als schlaksiger Mann aus Yorkshire. Ich habe mir angewöhnt, aus Faulheit einfach das Kajak auf die umgeklappte Rückbank zu schieben.

»Eine harte Bremsung, und es schießt Ihnen durch die Windschutzscheibe, wenn es Ihnen nicht vorher noch den Kopf abreißt«, protestierte er. »Das gehört aufs Dach!«

Ich scheine ständig zu denken, aber nie aufzupassen.

Am nächsten Morgen, nachdem wir den ersten Fluss gemeinsam befahren hatten, sagte Andy zu mir: »Ich bin heilfroh, dass Sie paddeln können. Als Sie gestern aus dem Auto stiegen und ich Ihren krummen Rücken sah, habe ich mir echt Sorgen gemacht.«

Das Scafell-Syndrom

Patienten mit Beckenbodenbeschwerden, merkt Dr. Wise an, haben oft auch ein Reizdarmsyndrom. Das war eine der Beobachtungen in *A Headache in the Pelvis*, die mich davon überzeugten, dass die Autoren ein bisschen mehr wussten als der durchschnittliche Urologe, der nie über den Harntrakt hinausdenkt. Ich hatte selbst schon ein paar Mal unter Reizdarm gelitten. Aber nie so stark wie auf Kajakfahrten. Man steht um sechs Uhr auf, weiß, dass man einen ernst zu nehmenden Fluss befahren wird, und schon muss man kacken. Zwei Mal, drei Mal, vier Mal. Nicht Durchfall, richtig kacken. Gegen halb acht schnallt man in der festen Überzeugung, nichts mehr zu geben zu haben, lachend und Witze machend die Kajaks aufs Autodach, und kaum kommt der Fluss in Sicht, eine rauschende Stromschnelle, stellt man fest, dass man unbedingt noch einmal muss!

Das ist ein echtes Problem, wenn man seinen Neoprenanzug schon angezogen hat.

Und die Trockenjacke.

Und die Spritzdecke.

Andy hat immer einen kleinen Plastikspaten im Transporter. »Vergrab dein Geschäft und verbrenn das Klopapier«, schnaubt er grimmig und reicht mir dazu noch ein Feuerzeug. Er fürchtet, die Flusszugänge könnten sich zu Minenfeldern menschlicher Scheißhaufen entwickeln. Die Deutschen sind die Schlimmsten, versichert er mir. »Die setzen ihre Haufen direkt neben die Einbootstelle.« Ich schlage mich in die Büsche und muss natürlich feststellen, dass andere schon vor mir da waren. Ohne Spaten und Feuerzeug.

Ist es aus reiner Angst, dass man so oft muss? Es gibt eine Menge Sachen, vor denen ich wirklich Angst habe: Bergsteigen, Fallschirmspringen, Drachenfliegen, Bungee-Jumping, alles, was mit Höhe zu tun hat. Auch beim Höhlenforschen wird man mich niemals antreffen. Aber sooft ich auch vor einer Flussfahrt kacken muss, ich freue mich immer, aufs Wasser zu kommen. Und wenn ich dabei vor irgendetwas Angst habe, dann davor, mich zu blamieren.

Am zweiten Tag fuhren wir Richtung Schweiz, um durch die Scuolerschlucht in einem der höher gelegenen Abschnitte des Inn zu fahren. Es hatte die ganze Nacht geregnet, und der Fluss würde Hochwasser führen. Ich war früher aufgestanden und hatte eine Stunde paradoxe Entspannung eingeschoben, um zu sehen, ob ich mir dadurch das peinliche Reizdarm-Problem ersparen konnte, das ich inzwischen auch für ein Symptom meiner Verspannungs- und Adrenalinprobleme hielt.

Der Plan ging auf. Nach achtundvierzig Stunden ohne Familie, Uni, Zeitungen, Bücher, SMS und E-Mails fiel es mir schon deutlich leichter, mich auf die körperlichen Empfindungen zu konzentrieren und die Worte in Schach zu halten. Ich wachte um sechs auf, legte mich im Zelt in Position, schob mir einen kleinen Seesack unter die Knie und stellte fest, dass ich fast augenblicklich tief und gleichmäßig atmete. Die unterschiedlichen Verspannungen – in Gesicht, Unterarmen und Oberschenkeln – meldeten sich prompt wie fleißige Schüler. Ich hakte sie eine nach der anderen ab, aß mein Frühstück, ging wie immer aufs Klo, und dann … nichts. Natürlich hatte ich die üblichen Schmerzen, aber sie blieben im Hintergrund, gedämpft. Ich fühlte mich gut.

Bis wir den Fluss sahen.

Mehr als alle anderen Führer, mit denen ich schon unterwegs gewesen war, legte Andy Wert darauf, dass wir jeden schwierigen Abschnitt vom Ufer aus inspizierten, ehe wir losfuhren. Er kannte alle Wege und Pfade zu den Aussichtspunkten, von wo aus man den Fluss sah, wie er sich zwischen Wänden und Steinen hindurchschlängelte oder zwischen Felsblöcken in eine Schlucht stürzte. Am Ende der Scuolerschlucht, kurz vor dem Auslass, knickt der Fluss nach links ab und prallt auf eine steile Felswand, sodass man zwanzig Meter weit durch ein heftiges Presswasser muss, das brodelnd von der Felswand zurückgeworfen wird.

In meinen Eingeweiden rührte sich etwas.

In der Scuolerschlucht gibt es drei schwierige Stellen. Mit der Inspektion fängt man natürlich unten an, auf dem Weg zum Einstiegspunkt am oberen Ende. Die erste Stelle, die wir infolgedessen als letzte inspizierten, kommt schon zwei Minuten nach dem Start. Zu früh. Der Fluss verengt sich von links und fließt über eine etwa meterhohe Stufe, während ein Felsvorsprung in der Wand rechts ein Prallpolster erzeugt, das man unbedingt umfahren muss. Wenn man in das raue Wasser unterhalb der Stufe fällt – und man muss die Durchfahrt sehr genau treffen –, hat man zur Rechten eine unterspülte Felswand, der man auf keinen Fall zu nahe kommen darf. Um es noch gemeiner zu machen, muss man kurz vor der Stromschnelle durch zwei Walzen stechen, die eher großen Brechern am Meer ähneln, wodurch, selbst wenn man alles gut gesehen hat, wenig Aussicht besteht, auf den richtigen Kurs für die optimale Durchfahrt zu kommen.

Kaum waren wir auf dem Wasser, machte ich alles falsch. Ich war super konzentriert, aber mein Körper kam mir steif vor, fast so, als nehme er mir die aufgeregte Vorbereitung und höchste Wachsamkeit übel. Meine Arme bewegten sich zurückhaltend. Hüften und Oberschenkel streikten. Als das Rauschen der Stromschnelle näher kam, wusste ich, was passieren würde. Die Walzen warfen mich aus der Bahn. Das Prallpolster brachte mich zum Kentern. Ich wurde kopfüber durch die Stromschnelle gespült, schlug mit dem Kopf gegen Andys Boot, als ich versuchte hochzurollen – er versuchte verzweifelt, nach mir zu greifen –, und musste dann ein Stück schwimmen, wobei ich mir etliche unangenehme Schläge und Kratzer einfing und ganze Fleischstückchen aus meinen Fingerknöcheln gerissen wurden. Es war sehr enttäuschend. Ich atmete schwer.

»Machen wir's noch mal«, sagte ich.

Andy riet davon ab. Ich war bestimmt noch ganz aufgewühlt, meinte er. Das Wasser war eisig. Es würde anstrengend sein, die Boote zurückzutragen. Warum nicht lieber im nächsten Abschnitt aufwärmen, der war abenteuerlich genug.

»Ich möchte es noch einmal versuchen.«

Wir stapften durch Unterholz und Steine zurück, die unhandlichen Boote geschultert, die Paddel in der Hand. Ich hasse es, im Neoprenanzug durch die Gegend zu laufen. Das enge Gummi scheuert. Als wir an der Stromschnelle vorbeikamen, bat ich um genauere Anweisungen. Als wäre das die Lösung. Wir betrachteten die Walzen, die den Zugang versperrten, die Durchfahrt zwischen Prallpolster und Felsblock. Vom Ufer aus schien alles klar zu sein, aber ich wusste, im Wasser würde alles größer, gewaltiger, komplexer sein und vor allem unglaublich schnell gehen.

Es gibt keine Pause vor einer Stromschnelle.

Andy bestand auf ein paar Dehnungsübungen, dann legten wir ab. Sofort verlor ich die Orientierung. Wellen türmten sich auf, fielen ab, schwollen an und brachen sich. Es gab Steine, die vom Ufer aus nicht zu sehen waren. Der Fluss beschleunigte rücksichtslos, das Rauschen wurde zum ohrenbetäubenden Tosen. Warum ist in solchen Momenten immer die Versuchung groß, die Kontrolle abzugeben, mich ganz dem Wasser zu überlassen?

»Paddeln!«, brüllte Andy. »Paddeln, verdammt noch mal!«

Mein Körper reagierte, aber mehr auf Andy als auf meinen eigenen Willen. Mein Handgelenk setzte einen entschlossenen Schlag in die zweite Walze. Mein Oberschenkel bohrte sich förmlich hinein. Plötzlich war ich ganz da. Ich erwischte die richtige Stelle, hielt das Boot aufrecht in dem Chaos und arbeitete mich vor bis in die Stille des großen Kehrwassers weiter unten.

»Geschafft!«, schrie ich. »Geschafft!«

Andy schüttelte den Kopf. »Sie verspannen sich«, sagte er. »Sie haben aufgehört zu paddeln.«

Den Rest des Morgens sah ich angespannt der Korkenzieherwalze bei der Felswand am Ende der Strecke entgegen. Am tiefsten Punkt der Schlucht gibt es eine wunderschöne Stelle, wo die Felswände zu beiden Seiten hundert Meter hoch senkrecht aufragen und man die Boote in einer Art überhängenden Felsnische anlanden kann und über eine steinerne Treppe zu einem Café auf einer Felsenterrasse hoch über dem Fluss gelangt. Das Café war besonders hübsch an dem Morgen, ein Sonnenstrahl fiel durch Geranien auf weiße Tischdecken, und es kam mir seltsam vor, dort in unseren feuchten Sachen zu sitzen. Andy, wurde mir klar, versuchte, etwas mit der Kellnerin anzufangen, und hatte Schwierigkeiten, sich auf meine Fragen bezüglich der letzten Stromschnelle zu konzentrieren.

»Entspannen Sie sich«, klagte er, »genießen Sie die Aussicht.«

Meinte er die Landschaft oder die anmutigen Kurven der Blondine, die sich beim Servieren zu uns herunterbeugte? Er sagte ihr mit breitem Yorkshire-Akzent, dass sie heute sehr fröhlich wirkte. Sie lächelte und sagte auf Deutsch etwas über *das Wetter*. Ich fragte, in welchem Winkel ich mich der Wand nähern sollte.

»Sie sind so sprachfixiert«, bemerkte Andy, nachdem das Mädchen an einen anderen Tisch gegangen war. »Schauen Sie sich das Wasser einfach genau an und dann durch.«

»Bitte, führen Sie mich mit Worten.«

Seufzend rückte er die Kaffeetassen, Löffel und Kekse zurecht, um die verschiedenen Felsen flussaufwärts der betreffenden Stelle darzustellen. Ich wiederholte alles, was er sagte, sorgfältig.

»Sie haben's kapiert«, sagte er nickend. »Aber noch sind wir nicht da, oder, Kumpel? Wir sind hier, in diesem Café. Genießen Sie es.«

Als wir aufbrachen und die Kellnerin Andy das Wechselgeld gab, schenkte sie ihm ein funkelndes Auf-Wiedersehen-Lächeln, aber er hatte immer noch nicht den Mut, sie nach ihrer Telefonnummer zu fragen. Ich verstand sein Problem nicht. Für mich sah es so aus, als hätte sie die Gelegenheit sofort ergriffen.

Jedem seine Ängste.

Vor der Stromschnelle stiegen wir aus und kletterten über Steine und durch Buchengebüsch, um den Fluss noch einmal zu betrachten. Obwohl ich total angespannt war, so als stünde ich vor einer wichtigen Prüfung, musste ich weder pinkeln noch kacken. Ich war jenseits von alldem. »Sie brauchen nichts zu sagen. Ich werde einfach hinter Ihnen herfahren«, sagte ich.

Die Walze, die von der Wand zurückprallte, brachte mich sofort zum Kentern. Die Unterwasserströmung war erstaunlich. Der ganze Fluss fädelte sich durch ein Öhr, das keine zwei Meter breit war. Kaum war das Schlimmste passiert, entspannte ich mich und rollte ohne Schwierigkeiten hoch, traf erneut auf die Walze und kenterte wieder, um dann wohlbehalten in einem tiefen Becken weiter unten wieder hochzurollen.

»Kopfunter befahren«, war Andys einziger Kommentar, »ist immer noch besser als schwimmen.«

Die folgende Nacht war schlimm. Ich hatte eine große Plastikflasche mit ins Zelt genommen, um mir die Gänge durch das nasse Gras bis zu den Toiletten zu ersparen. Alle halbe Stunde musste ich mich hinknien, um hineinzupinkeln. Das erforderte Konzentration. Ich hatte eine Taschenlampe ans Zeltdach gehängt, in deren gelbem Lichtkegel ich kniete. Langsam füllte sich die Flasche. Gegen vier Uhr morgens hatte ich die gesamte Palette von Symptomen. Und nach einem weiteren Tag auf dem Fluss war die letzte Nacht dann noch schlimmer.

Diese Reise hat mich um Monate zurückgeworfen, wurde mir klar, als ich am letzten Tag vom Campingplatz fuhr. Warum mache ich das also? Der Zusammenhang zwischen Aufregung und Schmerzen war jetzt mehr als deutlich geworden; auf die eine oder andere Art, beim Schreiben oder beim Kajakfahren, verspannte ich mich tagsüber und bezahlte dafür in der Nacht.

Auf der anderen Seite fühlte ich mich trotz der Schmerzen, der wunden Knöchel und dem ständig unterbrochenen Schlaf erfrischt. All die kleinen Ärgernisse des Alltags, die Reibereien und die Bürokratie an der Uni, die Mühsal und manchmal die Langeweile des Schreibens waren wie weggewischt. Am letzten Tag war ich zwei schwierige Flüsse hinuntergefahren, ohne baden zu gehen. Oder zu kacken! Sogar Andy hatte mir gratuliert.

Aber sollte ich nicht in der Lage sein, ohne Schmerzen von solchen körperlichen Aktivitäten zu profitieren? Andy war auf dem Wasser ganz locker. Sein Körper reagierte von selbst auf jede Veränderung des Wassers. Einmal war er sogar rückwärts durch eine Stromschnelle gepaddelt, um mir zuzusehen, wie ich ihm folgte. Mein Körper dagegen schien nur ab und zu ganz da, ganz bei der Sache zu sein. Manchmal war der geistige Eindruck, den ich vom Wasser hatte, so stark, dass meine körperlichen Fähigkeiten in Streik traten. Dann kam es mir so vor, als wäre mein Körper eine Marionette ohne Puppenspieler. Ich wurde mitgerissen.

Als ich bei Innsbruck auf die Autobahn fuhr, schob ich die

Moby-Dick-Kassette ein, konnte aber nicht zuhören. Die Frage verlangte nach einer Antwort: Warum mache ich diesen gefährlichen Sport? Ich ließ das Tape auswerfen und wiederholte die Frage laut. Warum? »Sie sind so sprachfixiert«, hatte Andy gesagt. »Einfach hinschauen und durch.« Am letzten Tag, nachdem ich in ein Loch gefahren war, dem wir eigentlich ausweichen wollten, hatte er mir geraten, es mal mit Kontaktlinsen zu versuchen. »Sie tragen sonst eine Brille, oder?« Er hatte den Eindruck, ich könne den Fluss nicht richtig sehen. »Sie müssen das Wasser gut sehen können«, sagte er. »Sie sehen es nicht. Sie richten sich nur nach meiner Beschreibung.«

War das ein Augenproblem? Wenn mein Körper sich einklinkte, dann lief es wunderbar, so als hätte ich bei einer kraftvollen Maschine aufs Gaspedal getreten. Etwa eine halbe Stunde nach Beginn einer Befahrung erwachten plötzlich meine Hüften und mein Rücken, waren voll bei der Sache, bewegten sich intuitiv und mit sicherem Gespür. Sie übernahmen die Führung. Das Bewusstsein machte einem Gefühl reiner Konzentration Platz. Dann gelang mir alles.

Es war kein Augenproblem.

Schweigend fuhr ich hoch zum Brenner, dann runter nach Italien. Zur Linken erhoben sich im Dunst die eleganten Spitzen der Dolomiten. Ich betrachtete die hohen Hänge und empfand plötzlich den Druck einer Tatsache oder eines Gedankens, der sich in die Debatte einmischen wollte. Vor ein paar Jahren, als ich gerade mit einem Studenten zu tun hatte, der für seine Hausarbeit Bergsteigerberichte aus dem 19. Jahrhundert übersetzte, war ich auf Samuel Taylor Coleridges Beschreibung seines seltsamen Abstiegs vom Scafell im Lake District im Jahre 1802 gestoßen, der als der erste schriftliche Bericht von einer Bergbesteigung zum Zwecke der Freizeitgestaltung gilt.

Coleridge, erinnerte ich mich, war meine erste literarische Liebe gewesen, ungefähr mit fünfzehn, obwohl unsere Lehrer uns natürlich nichts vom Scafell Pike erzählt hatten. Der erste literarische Essay, den ich je geschrieben habe, in ein liniertes Schulheft, handelte von seinem Gedicht *Frost um Mitternacht.*

Und wieso war das jetzt wichtig? Im Auto versuchte ich, die Einzelheiten zusammenzufassen. Coleridge, ein Intellektueller, dessen Gesundheit fast ständig angegriffen war, ein übergewichtiger Träumer, der »jeder körperlichen Aktivität abgeneigt« war, gab damit an, dass er beim Bergwandern einen Aufstieg oder Abstieg am liebsten jenseits der vorgegebenen Pfade machte. Nach oben oder nach unten, er lief einfach drauflos. Am Scafell Pike brachte ihn das in Schwierigkeiten.

Ich schüttelte den Kopf. Wenn es einen Grund gab, warum mir das jetzt einfiel, dann erkannte ich ihn jedenfalls nicht.

Als ich wieder in Verona war, googelte ich die Geschichte. Coleridge hatte sich in seinem Landhaus mit Frau und Kind eingesperrt gefühlt und war wandern gegangen, um der Enge zu entkommen. In einem Brief an die Frau, in die er eigentlich verliebt war, Sara Hutchinson, erzählte er von seinen Abenteuern. Er mochte gefährliche Wanderungen, schrieb er ihr, an Flüssen und Wasserfällen entlang, an stürmischen Tagen, im strömenden Regen. »Ich habe diesen Zustand der Anspannung und Unsicherheit«, sagt er, »immer den ergötzlichen Eindrücken vorgezogen.«

In der Schule hatte man uns natürlich über das Erhabene und den Kult der Gefühle unterrichtet. Aber beim Lesen dieser intimen Worte schienen die übergeordneten Kategorien unwichtig zu sein. Man fragte sich eher, wie der Geisteszustand aussah, den Coleridge so gerne durch einen Zustand der *Anspannung und Unsicherheit* ersetzen wollte? Ich selber war in der Scuolerschlucht mit Sicherheit bis zum Anschlag gespannt und unsicher gewesen. Aber warum brauchte ich das?

Dann beschreibt er einen Fluss. Damit hatte ich nicht gerechnet. Ich hatte mich nur an das Klettererlebnis erinnert.

> *… ein großer Sturzbach vom Gipfel des Berges bis zum Fuß … das wahnsinnige Wasser rauscht durch sein gewundenes Bett, vielmehr sein steinernes Gefängnis, es rast um Kurven und Ecken, als folge es nicht mechanischen Kräften, sondern einem Vorauswissen, wie ein grimmiger und geübter Fahrer. Große Wassermassen, eine nach der anderen, die man im Zwielicht ergriffen mit einer Horde riesiger weißer Bären vergleichen mag, die rasend übereinanderstürzen, gegen den Wind – ihr langes weißes Haar nach auswärts stiebend.*

Das ist merkwürdiges Zeug. *Mich* hat noch nie ein Fluss an weiße Bären denken lassen, obwohl ich diesen Eindruck von Wassern, die übereinanderstürzen, wenn das Flussbett sich verengt, sehr gut kenne. Und was für eine seltsame Mischung der Bezüge: Das Wasser ist »wahnsinnig« und »gefangen« (in einer Irrenanstalt?). Es wird personifiziert als jemand, der wegwill – so wie Coleridge von zu Hause wegwill – und Vorauswissen besitzt, »ein grimmiger und geübter Fahrer«. Wovon, im Jahr 1802? Einer Pferdekutsche? Dann die Bären mit dem »nach auswärts stiebenden Haar«. Haben Bären lange Haare? Können Haare stieben? Nach auswärts? Waren diese drei Worte je zusammen verwendet worden? Was hier zerstob, war der übliche Sprachgebrauch, ja sogar der gesunde Menschenverstand. Ich dachte an die Zeit, als ich meinen Roman *Weißes Wasser* geschrieben habe, an die große Herausforderung, Bergflüsse zu beschreiben. Vielleicht ging Coleridge an solche Orte, weil sie seine Fähigkeit, die Welt in Worte zu fassen, bis an die Grenzen herausforderte.

Ich grub meine alte Schulausgabe seiner ausgewählten Gedichte aus und stellte fest, dass er *Niedergeschlagenheit: eine Ode* nur wenige Monate vor diesem Abenteuer geschrieben hatte. Er beklagt darin seine schlechte psychische Verfassung und die Tatsache, dass seine vielen »Gebrechen« ihn veranlasst haben, *Denken und Fühlen, Geist und Körper* voneinander zu trennen, in der Hoffnung, »abstruse Forschungen« könnten »den ganzen natürlichen Mann aus meiner eigenen Natur entwenden«. Als Schlafloser freut er sich auf einen Sturm, der so wild ist, dass er ihn zwingt, über seine Sorgen hinauszugehen. Eindeutig ein Mann voller aufgestautem *vata*, der nur darauf wartete, hinweggeblasen zu werden.

Der Scafell Pike tat ihm den Gefallen.

> *Sodann kam ich zu einem glatten, senkrechten Fels von gut 2 Metern Höhe – das war nichts – ich ergriff mit den Händen den Rand und ließ mich fallen – ein paar Meter weiter kam erneut so einer – ich ließ mich auch von diesem fallen, und dann noch einer, der nicht höher schien – um nicht der Lächerlichkeit mich preiszugeben, sprang ich auch von diesem – aber die Dehnung der Muskeln in Händen und Armen, der Stoß auf die Füße beim Aufprall, ließ all meine Glieder erzittern, und ich hielt inne, schaute hinab und sah, dass mir nichts anderes bevorstand als eine Folge solcher kleiner Felsvorsprünge – es war in Wirklichkeit ein Pfad, der bei heftigem Regen zweifelsohne das Bett eines prachtvollen Wasserfalls darstellt.*

Jetzt ist Coleridge also da, wo das Wasser sein sollte. Auf den Steinen eines Wasserfalls. Sehr bald schon beschreibt er sich selber als »wahnsinnig«, so wie in der früheren Beschreibung das Wasser wahnsinnig war. Er hat einen Punkt erreicht, von dem aus er nicht mehr zurück nach oben klettern kann, wo aber der nächste Vorsprung so tief unten ist, dass …

> *wenn ich darauf spränge, ich zwangsläufig nach rückwärts fallen musste und natürlich dabei den Tod fände. Meine Glieder zitterten – ich legte mich auf den Rücken, um mich auszuruhen, und fing getreu meiner Gewohnheit an, mich als einen Wahnsinnigen zu verlachen, als der Anblick der zu beiden Seiten aufragenden Steilwände und der ungestümen Wolken darüber, die so erschreckend schnell nordwärts eilten, mich mit tiefer Ehrfurcht erfüllte. In einem Zustand nahezu prophetischer Verzückung und Freude lag ich da – und laut pries ich Gott für die Kraft der Vernunft und des Willens, denn solange diese zwei bestehen, kann keine Gefahr uns überwältigen!*

Ich wurde daraus nicht schlau. Er erstarrt vor Ehrfurcht und freut sich ganz offensichtlich darüber – er hat bekommen, worauf er aus war –, aber gleichzeitig preist er Gott für die Kraft von Vernunft und Willen. Weil sie ihm aus seinem Dilemma heraushelfen werden? Oder weil sie ihn in die Lage versetzen, später darüber zu schreiben? Er ›erklärt‹:

> *Ich weiß nicht vor noch zurück, doch ich bin ruhig, ohne Angst, voller Zuversicht – wäre diese Wirklichkeit ein Traum, erlebte ich dies im Schlaf, ich hätte Höllenqualen gelitten! Und laut geschrien! Wenn Vernunft und Wille ausgeschaltet sind, was bleibt uns dann als Dunkelheit und Düsternis, verwirrende Scham und Schmerz, die sich unserer ganz bemächtigen, oder aber ein fantastisches Vergnügen, das die Seele mitreißt und sie in vielerlei Gestalt durch die Lüfte schwimmen lässt, wie ein Spatzenschwarm im Wind.*

Es ist verwirrend; ohne Vernunft und Willen schwanken wir wie im Traum zwischen Entsetzen und fantastischem Vergnügen; aber Coleridge beschreibt Letzteres mit solcher Begeisterung, dass es Ersteres auszulöschen und den ruhigen, unerschrockenen Geist, den er so sehr mag, uninteressant zu machen scheint. In vernunftfreier Freude schwimmt die Seele und wandelt ständig ihre Gestalt. Hat also keine Identität? Wie mein Cleaver scheint sich der Dichter nicht ganz sicher zu sein, ob er sich wünscht, es möge mit ihm ein schlechtes Ende nehmen oder nicht.

Ein ziemlich dröger Absatz erläutert dann, wie Coleridge doch noch aus der Zwangslage herausgekommen ist, indem er durch eine Rinne nach unten kletterte, die er zuvor nicht bemerkt hatte.

Ein paar Tage lang ließ ich mir diese Geschichte durch den Kopf gehen und ging ab und zu ins Netz, um Auszüge aus der Biografie des Mannes oder eines seiner Gedichte zu lesen. Vor allem versuchte ich, etwas über Coleridges viele Krankheiten in Erfahrung zu bringen. Es ist erstaunlich – und das traf auch zu, wenn über Thomas Hardy geschrieben wurde –, wie viele Biografen einfach schreiben, Coleridge sei krank gewesen und habe deshalb Laudanum genommen, wovon er abhängig wurde. Ohne zu spezifizieren, um was für eine Krankheit es sich handelte. Als könnte man einen Mann kennen, ohne seine Krankheit zu kennen. Auf einer Website hieß es, er habe ein geschwollenes Knie gehabt. Auf einer anderen war von rheumatischem Fieber die Rede. Auf gut Glück googelte ich ›Coleridge, Urin‹ und fand Folgendes:

Wie schön doch der Urin ist, in einem Topf, braun-gelb, durchscheinend, darin das rautenförmige Abbild der Kerze.

Durchscheinend! Das sollte ›klar‹ bedeuten, nehme ich an. Aber das Wort selber ist eher auffällig als transparent. Jedenfalls haben wir es mit jemandem zu tun, der es gewohnt ist, in der Nacht zu pinkeln, eine Kerze über den Nachttopf zu halten. Ich musste an die Taschenlampe im Zelt denken, die auf meine Plastikflasche hinableuchtete.

Dann stieß ich auf einen Artikel, in dem Coleridge bewundert wurde, weil er in seinem Tagebuch wenig zimperlich war. Er sprach ganz offen von »quälenden Darmschmerzen« und »Hoden doppelt so groß wie üblich«.

Für zwanzig Dollar erwarb ich eine Studie der Johns Hopkins University Press, die eine Betrachtung von Coleridges langer, schriftstellerischer Beschäftigung mit seiner Gesundheit versprach. Seiner angegriffenen Gesundheit. Die Studie war deprimierend. Angesichts der endlosen Beschreibungen von Coleridges Darmbeschwerden kommt der Autor zu dem Schluss, der Dichter sei vermutlich »einer der unverbesserlichsten Hypochonder der Geschichte«, ein Mann, dessen Geisteszustand sich »in prachtvoll formulierten Selbstdiagnosen ausdrückte, die typischerweise voller interner Widersprüche steckten und mehr Fragen aufwarfen, als sie Antworten gaben«. Der Autor fährt fort:

Natürlich repräsentiert die Beziehung zwischen dem komplexen medizinischen Leiden unter dem Namen »Hypochondrie« und den Eingeweiden in der Geschichte der Medizin einen breiten Teil der Kulturgeschichte, dessen Bedeutung wir hier nicht einmal ansatzweise gerecht werden können, abgesehen von der Feststellung, dass Coleridge dem Typus des viel sit-

zenden, eigenbrötlerischen, symbolträchtigen Gelehrten entsprach, der mit Sicherheit eine zentrale Stellung darin einnehmen dürfte.

Das erinnerte mich stark an den Einband von Dr. Wise' *A Headache in the Pelvis*. Der viel sitzende Gelehrte Zacharias. Das ist der Typus, der ständig Bauchschmerzen hat. Mir war schlecht. Der Johns-Hopkins-Professor war skrupellos. Weil die Schmerzen des Dichters abgesehen von häufigen Stuhlentleerungen keine Folgen hatten, kommt er zu dem Schluss, dass Coleridges ausführliche Berichte zu dem Thema substanzlos, autistisch und für alle, die etwas über Darmleiden erfahren wollten, völlig unbrauchbar waren.

Medizinische Kategorien, ob nun beständig oder unbeständig, existierten in seiner Vorstellung hauptsächlich als sprachliche Konstrukte; weil alle Sprache mehr oder minder metaphorisch war, eigneten sich unbeständige Kategorien weitaus besser als beständige Kategorien für irrwitzige Bilder.

Kurz gesagt, die Schmerzen, sowenig greifbar wie ein Wasserfall in den Bergen, inspirierten Coleridge dazu, sich seltsame Bilder auszudenken. Und da das Selbstbild des Schriftstellers zum größten Teil von seiner Fähigkeit abhing, kreativ mit der Sprache umzugehen, lohnten sich die Schmerzen, oder die eingebildeten Schmerzen, ähnlich, wie es sich gelohnt hatte, am Scafell Pike sein Leben zu riskieren, denn das half ihm beim Schreiben.

Coleridge scheint eine begierige, fast morbide Freude daran gefunden zu haben, die semantischen Mehrdeutigkeiten medizinischer Kategorien herauszukitzeln.

Das ist eine aggressive Art der Kritik. Und natürlich können wir es nicht wissen. Wir können nicht wissen, ob er tatsächlich

Schmerzen hatte, und wenn ja, wie stark sie waren. Ich versuchte zusammenzufassen. Besorgt, er könnte, fünf Jahre nach *Der alte Seefahrer* und *Kubla Khan*, seine kreative Kraft verloren haben, während er unglücklich zwischen einer Ehefrau und einer Geliebten hin- und hergerissen ist, sucht Coleridge in der Natur nach Erlebnissen, die heftig genug sind, um diese Sorgen zu überdecken, und damit auch die unerträglichen Gedankengänge, die ihn Tag für Tag quälen. Dann findet er die extremen Erfahrungen so aufregend, dass er sie ausschlachten will, um seine Kreativität zurückzugewinnen, um zu zeigen, dass er immer noch bemerkenswerte Bilder schaffen, immer noch die Sprache an ihre Grenzen treiben kann, indem er die weißen Bärenhaare der stürzenden Wasser nach auswärts stieben lässt. Da liegt ein Konflikt schon im Kern: Die Sprache muss als Teil der quälenden Gedankengänge abgeschüttelt werden (»Gedanken, die mich peinigten«, las ich in einem Gedicht von 1803); aber gleichzeitig muss die Sprache als (einziges) Werkzeug zur Vermittlung der aufregenden Erfahrung einer Flucht aus den Gedanken (und aus der Sprache) verherrlicht werden.

In *Hymne vor Sonnenaufgang, im Tal von Chamouni* aus dem Jahre 1802 entdeckte ich die folgenden Worte, gerichtet an den Montblanc:

Ich blickte dich an,
bis du, immer noch den Sinnen gegenwärtig,
aus meinem Denken schwandest: In Andacht entrückt,
betete ich den Unsichtbaren allein an.

Und an anderer Stelle diese Anmerkung:

An etwas zu denken unterscheidet sich von etwas wahrzunehmen, wie ›gehen‹ sich von ›den Boden unter sich spüren‹ unterscheidet

Während er den Mont Blanc wahrnimmt, ohne ihn zu denken (in Worten), gerät Coleridge in eine Art Trance, so wie er auch am Scafell beinahe in Trance geraten war. Und soweit ich mich jetzt entsann, war auch der *Alte Seefahrer* in Trance, als er sich durch die Segnung der Wasserschlangen erlöste. *Unbewusst* ist das Wort. Ich schlug die Zeilen nach. »Er segnete sie unbewusst.« Wenn man – womöglich nach einem Moment der Stille – in eine unmittelbare Wahrnehmung der Welt eintrat, eine nicht durch Sprache vermittelte, dann bestand die Aussicht, dass Liebe und Freude aus dem eigenen Herzen emporschossen. »Kein menschlicher Mund nannte je dieser Schönheit Lust«, sagt der Seefahrer über die Wasserschlangen.

Unsagbar.

Wenn der Montblanc gerade nicht für eine Betrachtung verfügbar war, versuchte Coleridge, sich in diese unmittelbare Beziehung zur Welt zu begeben, indem er sich im Lake District von den Felsen stürzte. Wenn der Scafell auch nicht verfügbar war, nahm er Laudanum. Und brachte *Kubla Khan* aus der Trance mit. Die Bewegung war immer die gleiche: Weg von Schmerzen/Gedanken/Worten hin zu extremen Erfahrungen/dem Erhabenen/den Drogen; dann zurück zu Worten/Gedanken/Schmerzen über den Umweg erhabener Dichtung. Auf die Art nährte die Flucht genau den Zwang, dem sie entkommen wollte.

Ich geh wie Nacht von Land zu Land,
Hab seltener Rede Gewalt

Das ist pervers, dachte ich. Coleridge war pervers. Ich bin auch pervers, wenn ich versuche, seine Erfahrungen in Bezug auf meine eigenen zu betrachten. Die einzige vage Ähnlichkeit bestand vielleicht darin, dass die Art geistiger Anspannung, unter der ich stand – bekanntermaßen lebte ich in einer Welt der Worte –, mich bewogen hatte, mich einem Hobby, dem Kajakfahren, zu widmen, das den Vorteil hatte, die Gedanken zu verjagen und mich in eine unmittelbare, direkte Beziehung zu meinem Körper und der Welt zurückzuführen. Dadurch allerdings stiegen meine Adrenalinwerte bis zum Äußersten und erzeugten eine noch größere Anspannung, wenn auch von einer anderen Art. Ich verschlimmerte das dann noch durch meine Anstrengungen, diese Erfahrungen wieder in die Welt der Worte zu übertragen. Folglich pendelte ich zwischen einer besessenen, super-wortorientierten Anspannung in meinem Arbeitszimmer und einer intensiven körperlichen Anspannung auf dem Wasser. So oder so musste mein Darm dafür büßen.

Genau wie der von Coleridge.

Schlussfolgerung. Es ist ein großer Fehler zu glauben, man könne die Beziehung zum eigenen Körper verbessern, indem man ihm extreme Aktivitäten aufzwingt. In meinem Fall wurde es Zeit, einen Ausweg aus meinem Dilemma zu finden, bei dem ich nicht die eine Anspannung verjagte, indem ich sie durch eine andere ersetzte.

Vorsatz. Sollte ich je über diese ›Krankheit‹ schreiben, dann erst, nachdem ich genesen war und es keine ›Klageschrift‹ mehr werden konnte. Und dann in ganz einfachen Worten. Keine weißen Bären mit stiebendem Haar. Keine ausgefallene Literatur auf Kosten des Wohlbefindens.

Träume von Flüssen und Meeren

Anfang September kündigte ich meine Saisonkarte für das Stadion und machte einen Termin mit einem Shiatsu-Lehrer. Was war eigentlich so schlimm an Worten?, hatte ich mich gefragt. Vermutlich dasselbe, das gut an ihnen war. Ohne Worte ist es schwierig, sich auf etwas zu beziehen, das nicht hier und jetzt vor uns steht, es ist schwierig, zu abstrahieren oder auch nur eine Geschichte zu erzählen. Es ist schwierig, Pläne zu schmieden. Schwierig, sich Sorgen zu machen.

Was für ein Verlust das wäre.

Mit Worten dagegen kommt man überallhin, kann alles umspannen, in die Vergangenheit und in die Zukunft gehen. Vergangene Sorgen, gegenwärtige Sorgen, künftige Sorgen: Dinge, die man morgen sagen sollte, Dinge, die man gestern hätte sagen sollen. Mit Worten kann man planen und Pläne ändern. Man kann sich Daten merken und Zahlen. Man kann Luftschlösser bauen. Und abreißen. Mit Worten kann man über Dinge sprechen, die es gar nicht gibt, über Zeiten, die nie da waren, das, was hätte sein können, die Ewigkeit, grammatische Konstruktionen. Wenn man will, oder sogar wenn man nicht will, kann man gänzlich in Büchern und Zeitungen, Chatrooms und Radioshows leben, in Dimensionen, die vom Hier und Jetzt unseres Daseins vollkommen abgekoppelt sind. Man kann anrufen und seine Meinung zu AIDS in Afrika sagen oder zur Oskarverleihung in Los Angeles. Man kann die gleiche E-Mail an drei Freunde gleichzeitig schicken oder beim Sex SMS lesen. Sprache ist ein intensiver *geistiger* Prozess. Ging es darum nicht, fiel mir jetzt ein, im zweiten Teil von *Kubla Khan*?

Könnt ich in mir erneuern
Ihr Lied, den Saitenklang
Entzücken würde mich befeuern
Dass ich mit Musik den Bau
Schüfe in der Lüfte Blau,
den Sonnendom! Gewölb von Eis!
Und alle Hörer nähmens wahr,
und schrieen: Wunder und Gefahr!

Worte bauten Dome, die es gar nicht gab. In der Luft. Rein geistiger Stoff. Eine Gefahr, in der Tat! Denn wann kann man je – mit Worten – ausdrücken, wo das Wirkliche anfängt oder endet?

weil alle Sprache mehr oder minder metaphorisch ist

Die Sprache baut Dome, und dann weitere Dome obendrauf, während die ersten verfallen. Weil Worte nie still sind. Der Anfang eines Satzes weist nach vorne, das Ende verlangt, dass man sich des Anfangs gewahr ist. Ein Absatz führt zum anderen und eine Seite zur nächsten. Das Auge eilt den Lippen voraus. Beim Lesen blättern wir um, während die letzten Zeilen der vorigen Seite noch Gestalt annehmen. Beim Tippen eilen meine Gedanken meinen Fingern voraus. Werden vorangetrieben. Sind nie im Jetzt. Nie im Moment verankert.

Beim Lesen, Schreiben, Reden und Denken bewegt man sich in einem abgetrennten System. Die Karte mag echt sein, aber sie ist nicht das Gebiet, das sie zeigt. Einen Gegenstand zu denken ist nicht das Gleiche wie ihn wahrzunehmen. Einer Freundin eine SMS zu schicken nicht das Gleiche wie bei ihr zu sein. Man verliert den Zugriff auf die Dinge, wie sie sind. Aber dieses zweite Leben ist zwanghaft. Man kann es nicht lassen. Eine wirbelnde Wortmaschine erhebt sich von der schweren Oberfläche aus Erde, Zement oder Haut. Geist und Körper trennen sich. Man ist plötzlich auf dem Blatt heimischer als auf dem Pflaster, im Netz heimischer als auf der Straße. Der Geist wird zum Ich. Der Körper ist nur Vehikel. Ein Mittel zum Zweck. Ein Ohr zum Hören, ein Mund zum Sprechen, Augen zum Lesen, Finger zum Schreiben. Manchmal auch modisches Accessoire. Oder eine Peinlichkeit. Wenn eine körperliche Störung sich ihren Weg ins Bewusstsein bahnt, in die Worte, ist man verwirrt und fühlt sich verraten.

Dies atmende Haus, nicht von Händen erbaut,
Dieser Körper, der mich schmerzlich kränkt

So Coleridge.

Unsicher geworden, ergreift man (von Zeit zu Zeit) drastische Maßnahmen. Man versucht (ab und zu), den Körper wieder in Beziehung zu sich selbst zu bringen. Man nötigt ihn (zwei Mal in der Woche), weiter zu rennen, als er will, hundert Bahnen zu schwimmen (sonntagnachmittags); dadurch schüttet er Wohlfühl-Endorphine aus. Man zwingt ihn (zwei Mal im Jahr), auf gefährlichen Flüssen zu paddeln, mit einem Fallschirm aus einem Flugzeug zu springen oder sich (an Feiertagen) an einem elastischen Seil von einer hohen Brücke zu stürzen, denn dadurch produziert er Adrenalin und Gefühle: Angst, Erregung, Rausch. Man stellt sich vor, dass man seinen Körper durch diese Aktivitäten neu entdeckt, ihn lüftet, ihn auf Herz und Nieren prüft, dafür sorgt, dass er vorzeigbar bleibt, so wie meine Eltern immer Wert darauf legten, dass unsere Körper vorzeigbar waren. Man will ja nicht übergewichtig werden. Oder magersüchtig. Dann setzt man ihn vor einen Bildschirm und schreibt über seine Erfahrungen. Das Ganze war von Anfang an eine geistige Angelegenheit. Selbst wenn es sich am körperlichsten anfühlte, war es geistig. Das geistige Leben hat über das körperliche gesiegt, sagt Lawrence in *Lady Chatterleys Liebhaber*. Das moderne Fitnessstudio mit seinen Geräten und Spiegeln, die Schönheitschirurgie mit ihren verlockenden Broschüren sprechen für sich. Ebenso die Pornografie und die Begeisterung für Unterwäsche. Die Männer lieben nicht die Frauen, beklagte Lawrence, sondern deren Unterwäsche. Der Geist erfindet den Körper, baut Kurven in der Luft. Über Gewölben von Eis. »Während Freundlichkeit das oberflächliche Gebot der Stunde ist … entdecken wir darunter eine Kälte des Herzens … Ein jeder ist eine Bedrohung für alle anderen.« Den Kontakt zu seinem Körper zu verlieren bedeutet, seinen Nächsten nicht mehr zu lieben.

Und wenn einem zum Gewichtheben die Energie und fürs Chirurgenmesser der Mut fehlt, dann kann man immer noch ins Stadion gehen und den echten Sportlern *zuschauen*. Zehn Jahre lang hatte ich eine Saisonkarte für Hellas Verona FC. Direkt in der *curva sud*. Im Stadion konzentrierte ich mich fieberhaft auf das Hier und Jetzt des Spiels, das Hin und Her des Balls, die Unmittelbarkeit des Augenblicks vor dem Tor: Jetzt schießen! Na los, jetzt! Kein Zurückspulen, kein zweiter Versuch. Keine Möglichkeit, es anders zu formulieren oder zu übersetzen. Das Drama des Augenblicks. Die verstreichende Zeit. Das vergehende Leben.

Im Stadion sind die Worte, die man verwendet, in der Gegenwart verhaftet, sie sind Ermahnungen, Anfeuerungsrufe, Mantras. Hellas Hellas Hellas! Angreifen, Angreifen, Angreifen! Los, geh ran! Es ist ein Kampf (im Falle von Hellas ein Abstiegskampf). Die Menge kämpft mit ihrer Mannschaft. Psychologisch gesehen natürlich. Ich bin nicht der Stürmer vor dem Tor. Ich brauche jetzt gar nichts zu tun. Nichts Körperliches jedenfalls. Ich bin gespannt, aber auf die Leistung eines anderen. Ich genieße die schreckliche Unmittelbarkeit des Lebens, seines Lebens (meine Enttäuschung), aus der Distanz. Abgehoben vom Spielfeld brülle ich von meiner Überblicksposition auf der Tribüne zu den Spielern hinunter. Ich weiß, dass sie meine Verwünschungen nicht hören. Ich brülle für mich selbst. Um mich selbst zu erregen.

Vor einem großen Spiel zittert mein Körper. Ich bin angespannt. Ich muss auf die Toilette. Mein Körper leidet unter der Aufregung meines Geistes. Meine Hände zittern. Heute bleiben wir drin oder steigen ab. Hellas steht auf der Kippe. Hellas steht immer auf der Kippe. Ich kann kaum hinsehen, wenn ein Strafstoß ausgeführt wird.

Beim Verlassen des Stadions bin ich emotional ausgelaugt. Erschöpft. Euphorisch oder niedergeschlagen. Im Autoradio haben aufgeregte Stimmen angefangen, das Spiel auszuwerten. Als ich nachts aufwache, bin ich immer noch wütend, weil wir keinen Elfmeter gekriegt haben. Mein Bauch steht in Flammen. Ich kann nicht pinkeln, aber ich muss pinkeln.

Genug. In diesem Herbst habe ich meine Saisonkarte nicht verlängert, sondern mich stattdessen auf einen großen Futon gelegt, der vielleicht drei mal drei Meter misst und einen kleinen stickigen Raum in der Innenstadt von Verona mit Blick auf den Fluss nahezu vollständig ausfüllt. Warme Hände hoben meinen rechten Fuß hoch.

»Locker lassen«, sagte eine sanfte Stimme. »Überlasse mir das Gewicht.«

Ich versuchte, die Kontrolle abzugeben. Die Hände hielten meinen Fuß fest, aber sanft. Dann, nach kurzem Abtasten, legte der Mann die Ferse auf eine seiner Handflächen, fragte: »Hier?«, und drückte einen Finger in meine Fußsohle. Eine Verbindung tat sich auf. Der Schmerz schoss vom Fuß in die Blase und *gleichzeitig* von der Blase in den Fuß. Auf der Rückseite meines Beins verlief ein Strom führendes Kabel.

»Au! Ja!«

»Das ist der Wassermeridian!«, sagte Ruggero.

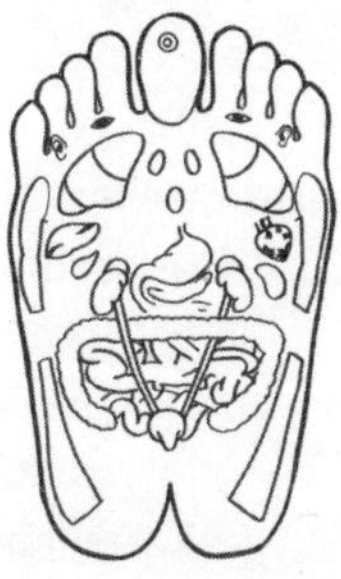

Vorher war ich skeptisch gewesen.

»Wenn du nicht nach Kalifornien fahren kannst, um diese Analmassage zu bekommen«, hatte meine Frau lachend gesagt, »warum versuchst du es dann nicht mal mit Shiatsu?«

Über zwei Monate hinweg hatte die paradoxe Entspannung die Schmerzen allmählich gelindert. Die Ringe des Wohlbefindens um meine Sitzungen herum wurden immer größer. Aber sie waren immer noch eng. Es gab Rückschläge. Die Nächte waren nicht besser geworden. Dann packte mich in meinem neu gewonnenen Optimismus die Ungeduld. Ich wollte *schnelle* Veränderungen. Nachdem ich nun in meinen Körper und seine seltsamen Regungen und Zusammenhänge eingeführt worden war, wollte ich mehr wissen, und zwar *sofort*.

Trotzdem war ich skeptisch.

»Ruggero ist bloß Schneider«, sagte ich. »Was kann der schon für mich tun?«

Wir kannten einen Mann in unserem Alter, einen Einheimischen aus Verona, der Shiatsu-Lehrer geworden war. Vor zehn Jahren, in der Midlife-Crisis. Jetzt unterrichtete er Shiatsu in Mailand und Padua. Früher hatte er Kleider für die reichen Frauen aus Verona geschneidert. Er war der Vater eines Grundschulfreundes von meinem Sohn. Unsere Familien hatten sich einmal zum Pizzaessen getroffen. Ruggeros Frau war Stenografin bei Gericht. Sie waren nicht gerade gebildete Leute.

»Schaden kann es doch nicht«, sagte Rita.

Ich hatte eine geistige Blockade, was Massage anging. Vielleicht, weil ich Massage mit Faulheit und Selbstaufgabe assoziierte oder mit einer bedrohlichen fernöstlichen Denkweise. Vielleicht hatte ich Angst davor, berührt zu werden. Ich weiß noch, wie einmal, als ich Mitte dreißig war, das Management des Fitnessstudios, in dem ich heftiges Bauchmuskeltraining betrieb und mit fanatischer Hingabe Volleyball spielte, den Kunden kleine Weihnachtsgeschenke machte. Wenn man ein kleines rotes Päckchen vom Weihnachtsbaum im Eingangsbereich nahm, fand man darin zum Beispiel einen Gutschein für eine kostenlose dreimonatige Mitgliedschaft oder zehn Schwimmbadbesuche. Mein Päckchen berechtigte mich zu drei Massagen. Ich war so erschrocken, dass ich darum bat, das Geschenk tauschen zu dürfen. Gegen irgendetwas anderes, egal was. Sie gaben mir die Schwimmbadgutscheine, und ich schwamm mit platschenden Zügen hin und her, um festzustellen, ob ich noch so viele Bahnen schaffte wie mit achtzehn.

»Shiatsu ist keine Massage«, korrigierte mich Ruggero. »Es ist eine Therapie, die mit Berührung und Druck arbeitet.«

Er wollte wissen, warum ich gekommen war. So knapp wie möglich schilderte ich ihm meine Lage. Er machte sich Notizen. Er stellte sicher, dass ich alle entsprechenden medizinischen Untersuchungen hinter mir hatte. Er sagte, ich solle mich bis auf Hose und T-Shirt ausziehen und hinlegen. Dann suchte er nach einem Punkt an meiner Fußsohle und drückte darauf, wie jemand, der einen Stecker einsteckt, um einen Stromkreis zu überprüfen. Der Schmerz in meiner Blase kam unmittelbar und heftig, verschwand aber sofort wieder, als er losließ.

»Was ist mit Träumen?«, wollte er wissen.

»Was soll damit sein?«

Es sollte die erste einer Reihe von peinlichen Unterhaltungen werden. Ruggero sprach von Meridianen und Yin und Yang, als wären sie so real wie rote und weiße Blutkörperchen, Nerven und Hautgewebe, und nicht nur Worte, Erfindungen und Geschichten. Ich beschloss mitzuspielen, war aber verunsichert. Sein Eröffnungszug mit meinem Fuß hatte mich beeindruckt.

»Träume erzählen uns etwas über unseren Zustand.« Sagte Ruggero. »Ich nehme an, du träumst von Wasser.«

Ich starrte ihn an. Ich beendete gerade ein Buch mit dem Titel *Träume von Flüssen und Meeren*. Aber das erzählte ich ihm nicht.

»Ab und zu«, antwortete ich.

Er wollte wissen, von welcher Art Wasser ich träumte und welche Elemente sonst noch vorkamen. Ich erzählte ihm, dass ich in meinem letzten Traum von einem Hügel aus Bagger beobachtet hatte, die ein Flussbett verlagerten; ein riesiger Felsblock wollte sich nicht rühren. In einem anderen Traum hatte ich ein Rufen gehört und war eine hundert Meter lange Treppe unterhalb unseres Hauses hinabgestiegen und unten auf einen Fluss gestoßen, der im Stockdunkeln gleichmäßig durch massive Felsen floss.

Ruggero dachte nach. Er studierte Grafiken, auf denen verschiedenfarbige Linien wie ausgeklügelte Schaltkreise durch den menschlichen Körper verliefen. Ruggero ist ein kleiner Mann mit leichtem Bauchansatz, einem rundlichen Mönchsgesicht und buschigem Bart. Ich war leicht verärgert, denn ich fand, da ich hergekommen war und ihn dafür bezahlte, mich zu therapieren, sollte er es auch tun.

Er war kein Arzt, sagte er. Solche Probleme hatten mit grundsätzlichen Unausgewogenheiten und blockierten Energieströmen zu tun. Erde zum Beispiel soll Wasser begrenzen, aber nicht stauen. Wasser soll die Erde erfrischen, aber nicht wegspülen. Er konnte mit solchen Beziehungen arbeiten, aber wenn ich gänzlich genesen wollte, dann musste ich höchstwahrscheinlich ein paar Dinge in meinem Leben ändern.

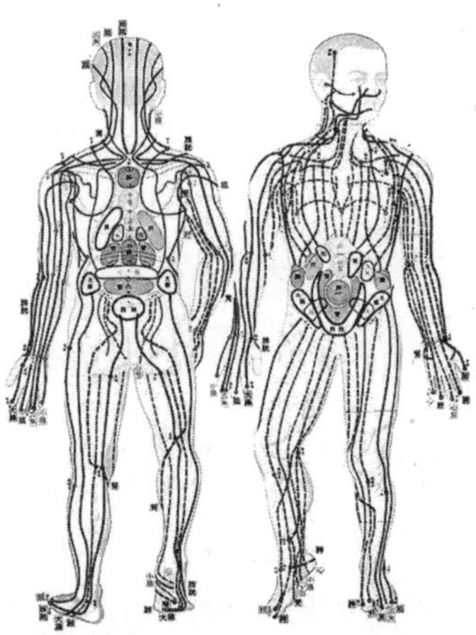

Ich ließ diese skurrilen Bemerkungen unkommentiert, ähnlich wie ich nichts dazu sage, wenn meine Mutter von den Gaben des Heiligen Geistes oder der Unausweichlichkeit des Jüngsten Gerichts spricht. Aus ihm sprach eine exzentrische New-Age-Mentalität. Oft, sagte Ruggero, spielte auch die Jahreszeit oder die Position eines bestimmten Planeten eine Rolle. Mir fielen Dr. Hazan und sein Geburtshoroskop ein, seine Theorien über Gerangel im Kopf. Jedes Element, erklärte Ruggero – Erde, Luft, Feuer, Wasser und Holz – hatte starke und schwache Zeiten. Meine Beschwerden waren zweifellos im Winter schlimmer.

Ruggero sprach nur allzu gern von solchen Dingen, die in keinster Weise vorführbar waren. Aber wenn er anfing, mich anzufassen, war Schluss mit dem Reden. Er kniete auf dem Futon und schien in eine Art Trance zu verfallen oder gar in ein Gebet. Wenn er ein Bein nahm oder einen Arm, strahlten seine Hände sofort Sicherheit und Wissen aus. Man wurde gehalten, und er erkannte einen durch die Berührung. Manchmal schien er darauf zu warten, dass mein Körper ihm etwas mitteilte. Er hielt eine Hand eine ganze Weile reglos fest. Für mich war das alles neu, und ich muss sagen, ich fand es sehr schön, sogar bewegend. Die Gefühle bewegten sich in meinem Innern wie Schlamm, der mit einem Stock aufgewühlt wird. »Lass los«, murmelte er und hob meinen Kopf an. Das waren die einzigen Worte, die er sagte. Oder vielmehr, auf Italienisch, ein Wort: »Molla«, lass los.

Eine seltsame Beziehung entwickelte sich. Vor und nach jeder Behandlung ließ ich ihn ein bisschen über die Stärkung dieses oder jenes Meridians reden oder den Energieabzug aus dem Ober- oder Unterkörper. Alles Hokuspokus. Gleichzeitig vertraute ich seinen Händen uneingeschränkt. Ich wusste, diese Hände waren wissend. Es schien besser zu sein, nicht den Versuch zu machen zu formulieren, was sie wussten. Wenn ich nach der Sitzung aufstand, fühlte ich mich entweder angenehm erschöpft oder energiegeladen. Einmal lief ich den Hügel zum Parkplatz mit den federnden Schritten eines Fünfzehnjährigen hinauf. Ich konnte fliegen. Und manchmal fiel meine Körpertemperatur drastisch ab. Ich fror.

Ruggero machte nie zweimal das Gleiche. Er fragte, wie es mir ging. Ich hielt das Reden kurz; ich konnte es kaum erwarten, mit der Behandlung anzufangen. Seine Neigung, Zeit zu verschwenden, ärgerte mich, und ich zog mir immer sofort die Schuhe aus, um ihn zur Eile anzuhalten. Dann schämte ich mich, wenn er mir, statt nach einer Stunde aufzuhören, anderthalb Stunden widmete, manchmal sogar zwei Stunden. Aber immer das Gleiche dafür verlangte. »Jede Behandlung ist eine Reaktion auf deinen Zustand an dem Tag«, sagte er. Also veränderte sich mein Zustand ab und zu. Wenn ich in der Zwischenzeit von Wasser oder einem der anderen Elemente geträumt hatte, erzählte ich ihm in einem Satz davon. Einmal bemerkte er, dass ich ihn mehr als jeder andere Patient davon überzeugt hatte, dass die Shiatsu-Meister recht hatten, was die Träume betraf. Ich lachte und sagte, ich glaubte ihm kein Wort. Es waren seine Hände. Nur seine Hände. Dann bat ich ihn ganz spontan: »Hilf mir, mich gerade zu halten, Ruggero. Bitte. Zeig mir, wie ich aufrecht gehen kann.«

Die verhedderte Glyzinie

In der Regel legt Dr. Wise in *A Headache in the Pelvis* Wert darauf, seine Behauptungen durch Verweise auf ernst zu nehmende Forschungsberichte zu stützen. Das Konzept der paradoxen Entspannung zum Beispiel wird als Weiterentwicklung der Arbeit von Dr. Edmund Jacobson in den Zwanziger- und Dreißigerjahren des zwanzigsten Jahrhunderts präsentiert. Der allgemeine Tenor ist, dass dieses Konzept zurzeit vielleicht noch keine gängige schulmedizinische Praxis ist, es aber zweifellos bald sein wird.

Doch wie ich bereits angemerkt habe, besitzt Dr. Wise auch eine mystische Seite. An einer Stelle benutzt er die vier Pferde aus dem Zen-Gleichnis als Analogie zu vier Stufen der Therapiebereitschaft, und gegen Ende des Buches erwähnt er ganz selbstverständlich die »uralte Weisheit des Buddha«, so als wäre diese positive Einschätzung etwas, worüber sich alle einig sind, und nicht etwas, bei dem meine Mutter vor Entsetzen die Hände ringen würde. Bei dem Versuch, denen, die es mit der paradoxen Entspannung probieren wollen, die nötige »hinnehmende Haltung« zu erklären, zitiert er ausgerechnet ein japanisches Haiku.

Knackige Herbstblätter
rascheln leise
und wehen weg

Diese Beschreibung, die ohne Beschönigung, Urteil oder Interpretation auskommt, bemerkt Wise, zeigt, dass der Dichter die Dinge so hinnimmt, wie sie sind, und diese Haltung sollten Patienten mit Beckenschmerzen auch einnehmen. In meinen Augen enthalten diese kurzen Zeilen eine ganze Reihe von Beschönigungen; hilfreich für jemanden, der sich entspannen möchte, ist vielleicht das Bild, wie etwas ganz natürlich und zu Recht verschwindet, widerstandslos, wie es Herbstblättern gebührt, und das Verstummen des Dichters in dem Moment, in dem sein Gegenstand weggeweht wird. Dieses Haiku legt die Vorstellung nahe, seine sieben raschelnden Wörter seien mit den Blättern davongeweht, ganz natürlich und unausweichlich, und nun könne der Geist sich in ihrer Abwesenheit ausruhen. Dr. Jacobson, erläutert Wise, hatte festgestellt, dass *jedes Denken, so still es auch sein mochte*, unweigerlich zu einer Anspannung der verschiedenen Muskeln führt, die zum Sprechen benutzt werden. Um sich tief zu entspannen, muss man sich aller Gedanken entledigen.

Als ich Ruggero von dieser Entspannungstechnik erzählte, meinte er, sie sei schon älter als 1920: Ich praktizierte da eine uralte Form der Meditation, sagte er. Wenn ich sie besser beherrschen lernen wollte, dann kannte er eine Organisation, die Schweige-Retreats anbot.

Ich wehrte mich gegen das Wort Meditation. Ohne je ganz verstanden zu haben, was es bedeutet, hatte es für mich den Beigeschmack des Mystischen, Fernöstlichen. Meine Mentalität war mit solchen Praktiken (was immer sie auch sein mochten) nicht kompatibel. Wenn ich akzeptierte, dass ich Meditation praktizierte, und nicht eine therapeutische, von promovierten Ärzten entwickelte Entspannungstechnik, dann müsste ich die harte, realistische Seite meines Wesens aufgeben, die ich mir mit einer gewissen Dringlichkeit angeeignet hatte, als ich den religiösen Glauben meiner Eltern aufgab.

Und natürlich dachte ich beim Gedanken an ein solches Retreat unweigerlich daran, wie wir mehrmals über Ostern für eine Woche mit dem christlichen Jugendklub wegfuhren, damit man uns durch Predigten und Gebete zu wiedergeborenen Dummköpfen erziehen konnte. Keine noch so großen Schmerzen würden mich dazu bringen, solchen Schwachsinn noch einmal mitzumachen.

Auf dem Futon in Ruggeros winzigem Studio versuchte ich, mich in den entspannten, gedankenlosen Dr.-Wise-Zustand zu bringen, um besser auf das achten zu können, was der Shiatsu-Mann mit meinem Körper machte. Die Behandlung schien wirksamer zu sein, wenn ich mich wortlos auf die Empfindungen konzentrierte, die er auslöste, vielleicht weil man die Muskeln, die er knetete, umso tiefer entspannen konnte, je konzentrierter man war.

Plötzlich ging direkt vor der Tür ganz laut ein Radio an.

Das war empörend. Ruggero mietete diesen Raum von einer Ernährungsberaterin, der die kleine Wohnung gehörte und die ihre Patienten in dem anderen Zimmer empfing. Oft saßen draußen in dem kleinen Flur zwei, drei unsichere, übergewichtige Frauen und lasen *Gioia* oder *Gente*. Manchmal war auch eine hagere Mutter mit ihrer magersüchtigen Tochter dabei. Um zu verhindern, dass die Wartenden im Flur die Geheimnisse hörten, die man ihr in ihrem Arbeitszimmer anvertraute, hatte die Ernährungsberaterin, eine geschäftige Frau Mitte fünfzig mit einer lauten, selbstbewussten Stimme, ein großes Radio aufgestellt und bestand darauf, dass es angeschaltet blieb, solange sie »empfing«. Sie hatte den Sender RAI 2 eingestellt, den dümmsten aller italienischen Sender: Zwischen Popmusik und Werbspots witzeln zwei oberflächliche Männer mittleren Alters auf die langweiligste Art miteinander oder mit Studiogästen und Anrufern.

Sobald dieses Radio die Stille unterbrach, war die Wirksamkeit des Shiatsu gefährdet. Ich spürte es, und je deutlicher ich es spürte, desto abgelenkter war ich und desto gefährdeter war die Behandlung. Ich konnte nicht anders, als die beiden aufdringlichen Stimmen und ihr blödes Gequatsche zu hören und zu hassen. Ich konnte ihren Witzen und Kommentaren nicht *nicht* zuhören; im Gegenteil, ich hörte unwillkürlich besonders genau zu, um mir zu bestätigen, wie idiotisch und schädlich sie waren. Das hier kostet mich fünfzig Euro, dachte ich. Bei dem Krach war das rausgeschmissenes Geld. Ganz zu schweigen von der verschwendeten Zeit. Meine Muskeln verspannten sich. Ich konnte nicht locker lassen. Ich brauchte Ruhe.

Ruggero spürte, was los war. Er hatte bereits, so versicherte er mir, mit der Frau gesprochen und versucht, sie zu überreden, eine etwas ruhigere Musik zu verwenden, aber sie hatte sich geweigert. Er saß ruhig da und hielt meinen Fuß fest, als wolle er mir zeigen, dass ihm meine erhöhte Anspannung bewusst war. Ein paar Minuten später sagte er: »Überempfindlichkeit gegenüber Lärm ist übrigens eine typische Begleiterscheinung bei Störungen des Wasser-Meridians.«

Ruggero sprach diese Wahrheiten, oder auch Mythen, mit solcher Überzeugung aus, dass ich nicht viel darauf entgegnen konnte, abgesehen vielleicht von einem vagen ›wie interessant‹. Ich hatte nicht vor, mich in die Shiatsu-Theorie zu vertiefen.

Ich fing an, meine Ohrstöpsel mitzubringen. Zugleich fiel mir auf, dass der Krach mich kaum störte, wenn es mir gelang, mich in Dr. Wise' Entspannungsmodus zu versetzen, *ehe* er losging. Ich hörte ihn zwar, aber er machte mir nichts aus. Das war seltsam. Einerseits wehrte ich mich gegen Ruggeros Meridian-Mysterien, andererseits gab es aber doch überraschende Zusammenhänge.

»Tatsache ist«, sagte Ruggero, »wenn du eine aufrechte Haltung lernen willst, wäre ein Meditationsseminar durchaus nützlich.«

Das erschien mir verrückt. Man verbringt mutmaßlich neunzig Prozent eines Meditationsseminars im Schneidersitz, mit dem Gehirn im Bauchnabel. Was ich brauchte, war ernsthafte Rückengymnastik. Und vielleicht einen Physiotherapeuten.

Ruggeros Behandlungen waren zunehmend brutaler geworden. Nein, ›brutal‹ ist das falsche Wort. ›Aggressiv‹ trifft es auch nicht. Mir fällt kein Wort ein, dass zutreffend beschreiben würde, wie Ruggeros Behandlungen inzwischen waren. Sagen wir, er machte alles mit größerer Kraft und größerem Druck. »Wenn ich das gleich beim ersten Mal versucht hätte, wärst du im Krankenhaus gelandet«, sagte er kichernd, während er seine Finger unnachgiebig unter mein Schulterblatt schob. Viele seiner Bewegungen erinnerten an Wrestling-Griffe. Beine, Hüften, Rücken und Nacken wurden in verschiedenen Richtungen gedehnt. Seine Faust grub sich in meinen Bauch. Aber ich empfand es nie als brutal. Wenn es wehtat, dann war der Schmerz immer mit einem angenehmen Gefühl der Entspannung verbunden. Er presste seinen Handballen tief in den Muskel auf der Innenseite des Oberschenkels, und wenn ich mir nicht vorgenommen gehabt hätte, während der Sitzungen nicht zu reden, hätte ich ihn gebeten, es noch einmal zu machen.

»Als Nächstes wirst du mit ihm schlafen«, kommentierte meine Frau.

»Ich fürchte, ich bin nicht sein Typ. Er findet meine Muskeln jämmerlich verspannt.«

Homoerotische Gedanken kamen mir nicht in den Sinn, aber ich fragte mich doch, wie Ruggero es bei der jungen Frau schaffte, die manchmal im Flur wartete, wenn ich ging: Anfang zwanzig, lange Beine, breites, nervöses Lächeln.

»Oh, ich bin sehr schüchtern«, sagte er lachend.

War er nicht.

Ich ging seit ungefähr drei Monaten zu Ruggero, als etwas Neues eintrat. Nachts kochten die Oberschenkelmuskeln direkt über den Knien plötzlich vor Anspannung. Ich wachte auf und konnte nicht mehr einschlafen. Meine Oberschenkel schienen bersten zu wollen. Ich musste aufstehen. Das ging wochenlang so.

Hatte ich Krampfadern?, fragte ich mich. Meine Frau meinte, ich solle mich untersuchen lassen.

»Drainage«, sagte Ruggero.

Ruggero bereitet es nie Probleme, unerwartete Entwicklungen in seine Sichtweise der Dinge zu integrieren, in seine Geschichte. Darin ähnelte er meiner Mutter, die alles Positive Gott zuschreibt und alles Negative dem Teufel. Seine Arbeit, erklärte Ruggero, zielte darauf ab, aufgestaute Energie (*vata?*) vom Bauch abwärts durch die Beine und dann durch die Füße nach draußen fließen zu lassen. Offensichtlich war sie jetzt bis in meine Oberschenkel gesunken. Wie Schlamm in einem verstopften Rohr.

Das war immerhin eine harmlose und optimistische Deutung der Ereignisse, dachte ich, und immer noch besser als eine, bei der ich auf dem Operationstisch landete. Und tatsächlich war ich die Schmerzen weiter oben, die mir ein Jahr oder länger das Leben zur Hölle gemacht hatten, inzwischen zu neunzig Prozent los. Abgesehen von den häufigen nächtlichen Toilettenbesuchen war ich geheilt.

»Dann kann ich also damit rechnen, dass dieses Gefühl eines Tages von den Oberschenkeln in die Waden wandert?«

»Genau.« Er klang zuversichtlich.

»Und von da in die Knöchel und die Zehen?«

»In die Knöchel, dann die Fußsohlen und dann auf und davon«, sagte Ruggero lächelnd. »Die Meridiane enden unterhalb des Fußes.«

»Und wieso würde mir Meditation helfen, gerade zu gehen?«

Nachdem er fertig war und ich mich angezogen hatte, setzte sich Ruggero an einen winzigen Holztisch und notierte sich alles, was er bei mir gemacht hatte. In dieser Hinsicht war er geradezu akribisch. Alles wurde aufgeschrieben und abgeheftet. Er hätte auch Arzt sein können.

»Im Augenblick versuchst du nur, deinen Kopf hochzuhalten und deinen Rücken durchzudrücken.«

Das stimmte: Besonders wenn ich laufen ging, gab ich mir große Mühe, den Blick hochzuhalten, entfernte Bäume oder Hecken anzuschauen; aber sobald meine Konzentration nachließ und ich an etwas anderes dachte, schaute ich wieder auf den steinigen Boden. Mein Leben lang habe ich, in Gedanken ganz woanders, auf den Boden geschaut.

Grinsend stand Ruggero auf und machte einen Mann nach, der tief gebückt ging, aber das Gesicht zum Himmel wandte, einen Buckligen, der den Mond sehen will.

»Etwa so.«

»Schwer zu erkennen, was ich sonst tun sollte«, sagte ich mutlos.

Tatsächlich hatte ich keine Ahnung, wie der Prozess, aufrecht gehen zu lernen, ablaufen könnte. Ich hatte angenommen, Ruggero würde alles ein bisschen auflockern, Muskeln und Knochen und so weiter – vielleicht würde es sogar irgendwann einen dramatischen, befreienden Knacks geben –, und dann würde ich alles mit einem übermenschlichen, stark masochistischen Willensakt zu Ende bringen, indem ich den Bauch vorstreckte und die Schultern zurückschob, als befolge ich das Kommando eines grimmigen Oberstabsfeldwebels.

»Das wird nicht klappen«, sagte Ruggero und schüttelte den Kopf.

Ich tat, was ich konnte, um ihm das Gegenteil zu beweisen. Ich hielt ständig den Kopf hoch, bekam davon einen steifen Nacken, den Ruggero wieder lockerte, aber auf meine Haltung hatte das keine Auswirkungen. Ein Sommer verging und ein Winter. Wenn ich mich jeden Tag eine Stunde auf den Rücken legte und Dr. Wise' Anweisungen folgte, war ich frei von Bauchschmerzen. Aber ich wusste, sie waren nicht weit weg. Sie lauerten am Rand des kleinen Hafens des Wohlbefindens, den ich mir gebaut hatte, wie Raubtiere, die darauf warteten, dass ich müde wurde, Schatten von Wölfen jenseits des Feuerscheins.

Und ich wurde tatsächlich langsam müde. Die Entspannungssitzungen fingen an, mich zu langweilen. Die gelegentlichen Wellen der Entspannung beeindruckten mich nicht mehr. Ich wusste nicht, wohin damit und was es sonst noch zu erreichen gab. Ich fing an, Sitzungen auszulassen. Schließlich hatte ich nach wie vor jede Menge Arbeit zu erledigen. Es wurde immer schwieriger, ausreichend Zeit für die Universität, das Schreiben, das Übersetzen und meine Familie zu finden, und natürlich für mein Bedürfnis, fit zu bleiben.

Allmählich ging also die Freude, mich selbst geheilt zu haben, in Enttäuschung über. Eine Revolution war nicht zu Ende geführt worden. Ich hatte die Aufgabe nicht erfüllt. Ich hatte mich nicht verändert. Das Leben dauert immer länger als unsere Phasen der Begeisterung, dachte ich. Jeder Welle ihre Unterströmung. Ich träumte, wie ich mit meiner Frau und Freunden auf einem Balkon stand und wir versuchten, eine Glyzinie zu entwirren, die sich so dicht um das Geländer gewunden hatte, dass die beiden kaum noch zu trennen waren. Es war eine uralte Pflanze, und ich wusste, es war sehr wichtig, jeden Zentimeter davon unversehrt abzulösen, denn sonst würde sie nie wieder blühen. Alle waren sehr hilfsbereit und behandelten die Pflanze, die mir gehörte, mit großer Sorgfalt – aber die Glyzinie wirkte so verknotet, so starr und so alt und unflexibel, dass ich mir sicher war, uns würde früher oder später nichts anderes übrig bleiben, als sie unten am Stamm abzuhacken.

Katastrophenorientiertes Denken. Schließlich stieg ich im April 2008 in einen Zug nach Maroggia, einem kleinen Dorf im Veltlin, nördlich von Mailand, wo ich abgeholt und zu einem planlos renovierten Bauernhaus hoch oben in den Alpen gefahren wurde. Als sich das Tor hinter uns schloss, bemerkte ich ein Schild mit der Aufschrift: Die Kursteilnehmer dürfen das Gelände während der Dauer ihres Aufenthaltes nicht verlassen.

Der Gong

Zur paradoxen Entspannung legt man sich hin und schiebt sich ein Kissen unter die Knie, um den Rücken flach zu halten. Zur Vipassana-Meditation sitzt man wie Buddha im Schneidersitz. Ehe ich meine Buchung bestätigte, rief ich im Meditationszentrum an, um sie zu warnen, dass ich noch nie im Schneidersitz sitzen konnte; ich war nicht sehr gelenkig. Man versicherte mir, ich könne auch einen normalen Stuhl benutzen. Hinlegen allerdings war nicht erlaubt. Der Rücken musste aufrecht sein.

Ich war gespannt.

»Die Sitzhaltung ist nicht das Problem«, verkündete ein Mann mit ausgemergeltem Mönchsgesicht.

Als ich eintraf, stellte ich überrascht fest, dass die Leute redeten. Ich hatte angenommen, das ganze Seminar würde schweigend stattfinden. Auf der Eingangstreppe zum Bauernhaus, mit Blick auf eine alpine Landschaft aus Felsen, Bergspitzen und Nebelwolken, hatte ein Mädchen von etwa Mitte zwanzig seiner (und meiner) Besorgnis darüber Ausdruck verliehen, zehn bis zwölf Stunden täglich mit dem Po auf einem flachen Kissen verbringen zu müssen.

»Die Sitzhaltung ist nicht das Problem«, wiederholte dieser schwermütige, gut aussehende Mann. So wie er sprach, kam es einem vor, als gäbe es durchaus ein Problem, nur war es eben nicht »die Sitzhaltung«.

Was war es dann?

Ehe ich losfuhr, hatte ich ›Vipassana-Meditation‹ im Netz nachgeschlagen:

> *Vipassana bedeutet so viel wie »die Dinge zu sehen, wie sie wirklich sind«. Es ist ein Weg der Selbstreinigung durch Selbstbeobachtung und ein universelles Heilmittel gegen universelle Krankheiten.*

›Universell‹ und ›Heilmittel‹, dachte ich, sind zwei Begriffe, die zusammen verwendet nur Sinnbild reinen Wunschdenkens sein können, es sei denn, wir reden von einer Kugel im Kopf. Reinigung wiederum war ein Konzept, das ich nicht mal ansatzweise verstand, und deshalb ein Ziel, nach dem ich kaum strebte. Was das Sehen der Dinge, wie sie wirklich sind, betraf, so wusste ich, dass die Meditation mit geschlossenen Augen durchgeführt wird.

»Vipassana hilft dir, deinen Körper zu spüren«, sagte Ruggero. Viele Shiatsu-Lehrer machten es; es erlaubte ihnen, die Meridiane genauer zu erforschen. Er schlug vor, ich solle das Retreat als *rein körperliche Therapie* betrachten.

Was sollte das heißen aus dem Mund eines Mannes, der nicht an die Trennung von Körper und Geist glaubte?

Am frühen Abend versammelten wir uns im Meditationsraum und wurden aufgefordert, das Schweigegelübde abzulegen. Wir waren siebzehn. Von jetzt an konnten wir uns nicht mehr gegenseitig beistehen. Da das Zentrum sich selber als nicht-religiöse buddhistische Organisation präsentierte, überraschten mich die liturgische Feierlichkeit und der moralische Ernst einiger der Bekenntnisse. Während unseres Aufenthaltes galt: Wir dürfen nicht sprechen oder auf irgendeine andere Art kommunizieren; wir dürfen kein Lebewesen töten oder verletzen; wir dürfen nicht stehlen und nichts benutzen, das nicht uns gehört; wir dürfen keine Rauschmittel oder bewusstseinsverändernden Medikamente nehmen; wir dürfen uns keinen sexuellen Handlungen hingeben; wir dürfen unsere Mitmenschen nicht stören; wir dürfen weder lesen noch schreiben; wir dürfen keiner anderen religiösen oder meditativen Praxis nachgehen; wir dürfen das Gelände nicht verlassen; wir dürfen im Gemeinschaftsraum keine Schuhe tragen; wir dürfen uns im Gemeinschaftsraum nicht hinlegen; wir dürfen nicht mit den Füßen zum Lehrer zeigend sitzen.

Ich hatte gegen nichts davon etwas einzuwenden.

Es gab eine positive Anweisung: Wir mussten den Lehrer, einen gewissen Edoardo Parisi, bitten, uns Vipassana beizubringen. Er wollte uns nicht bekehren. Wir mussten auf ihn zugehen.

Indem wir eine Formel nachsprachen, die uns vorgelesen wurde, baten wir ihn. Wir wollten unterrichtet werden.

Dann folgte eine ›geleitete Meditation‹.

Das Gemeinschaftszimmer befand sich in einem modernen Anbau aus Holz und Glas an der Seite des renovierten Bauernhauses, das an einem steilen Berghang lag. Draußen fiel gleichmäßig der Regen durch die Dunkelheit. Das einzige Licht drinnen kam von brennenden Scheiten hinter der Glastür eines Ofens und von einer trüben Lampe auf dem Fußboden. Die Teilnehmer saßen nach Männern und Frauen getrennt im Schneidersitz auf Kissen, das Gesicht zum Lehrer gewandt, der etwas erhöht auf einem Podium saß. Nur eine ältere Dame hatte sich für einen Stuhl entschieden. War es also Eitelkeit, die mich bewogen hatte, im Schneidersitz zu sitzen? Als wir eingetreten waren und unsere Schuhe auszogen, hatte ich es einfach den anderen gleichgetan. An der Wand befand sich ein Stapel Kissen, weiche und harte. Ich legte mir zwei davon unter den Po und stützte meine Knie rechts und links ebenfalls mit Kissen ab. Ich musste meine Knöchel mit Gewalt in die richtige Position zwingen.

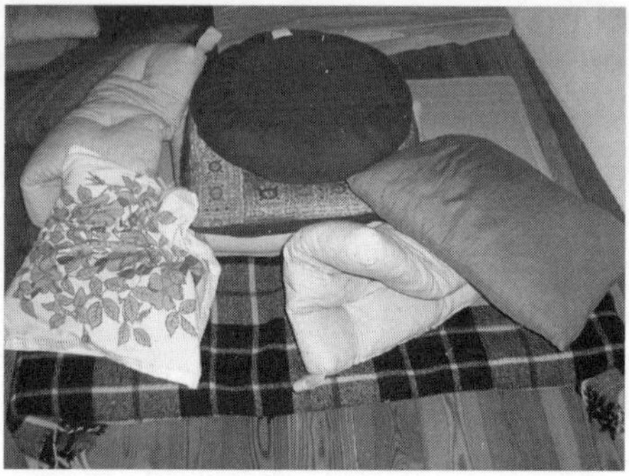

Ein langes Schweigen trat ein. Die Außenseiten der Füße, die auf die Matte gedrückt wurden, würden sich als Erste bemerkbar machen, dachte ich.

»Mögen alle Wesen in Frieden leben«, begann die Meditation, »mögen alle Wesen frei sein von allen Bindungen und allem Kummer.«

»Mögen alle Wesen glücklich und erleuchtet sein.«

»Sadhu Sadhu Sadhu«, erwiderten die erfahrenen Meditierenden.

Ich war verblüfft über den religiösen Beigeschmack – besonders diesen »Sadhu«-Hokuspokus –, aber ich nahm es an als eine Routine, durch die ich hindurchmusste, wenn ich aus den kommenden Tagen meinen Nutzen ziehen wollte. Im Geiste stimmte ich nicht zu. Die Vorstellung, dass alle Wesen je frei von Kummer sein könnten, war unmöglich, und deshalb konnte ich mir das auch nicht wünschen. Ich erinnerte mich daran, wie Emil Cioran utopische Ideen abtat, die »das Herz ehren, aber den Verstand ausschalten«, und rief mich gleichzeitig selbst zur Ordnung, denn wenn ich gekommen war, um meine ›überlegene‹ Intelligenz gegen uralte Lehren auszuspielen, dann hätte ich gleich zu Hause bleiben können.

Nach einer weiteren langen Schweigephase wurden wir aufgefordert, uns auf das Spüren des Atems zu konzentrieren, der über die Oberlippe streicht, wenn er in die Nasenlöcher hinein- und aus ihnen herausströmt. Bereits jetzt drückte mein rechter Knöchel schmerzhaft auf den linken. Bereits jetzt war mein mit Mühe durchgedrückter Rücken zu einem Buckel zusammengesackt. Wie sollte ich mich in dieser unangenehmen Position auf etwas so Flüchtiges wie den Atem auf der Oberlippe konzentrieren? Im Liegen wäre es vielleicht gegangen. Im Liegen hatte ich gelernt, die Verspannungen in meinem Körper zu lösen. Dank Dr. Wise. Im Schneidersitz wurde die Anspannung schnell größer. Alles wurde steif.

Ich wand mich. Vielleicht hatte ich die Kissen falsch platziert. Sie sollten leicht nach vorne geneigt sein.

Ich versuchte, sie zurechtzurücken, und ich versuchte stillzusitzen. Es war harte Arbeit.

»Wenn Gedanken kommen«, sprach endlich der Lehrer, »habt keine Sorge, das ist okay, sagt euch einfach: Gedanken, Fantasien, nicht *meine* Gedanken, nicht *meine* Fantasien, und lenkt eure Aufmerksamkeit langsam wieder zurück zu dem Atem, der unterhalb der Nase über die Lippe streicht. Beim Einatmen geht der Atem über die Lippe« – Pause –, »beim Ausatmen geht der Atem über die Lippe.«

Die Stimme war sanft und beruhigend, und ich versuchte, ihren Anweisungen zu folgen. Zugleich war mir jetzt klar, dass es ein Fehler gewesen war herzukommen. Ich würde niemals eine Stunde in dieser Haltung ausharren können. Es war definitiv ein Fehler gewesen, mir kein drittes Kissen unter den Po zu legen und zusätzlich etwas, das den Druck an der Stelle ausgleicht, wo meine gekreuzten Beine aufeinandertrafen. »Nicht *meine* Gedanken«, wiederholte ich ungläubig. Als ich ganz kurz einen leichten Atemhauch auf meiner Lippe spürte, klammerte ich mich daran, wie einer, der in eine Feuergrube stürzt, sich an einen Bindfaden klammern würde. Die Feuergrube waren meine Beine, in denen sich Stiche wie von tausend Nadeln ausbreiteten. Inmitten eines Ansturms wütender Gedanken fiel mir etwas ein, das ich einmal aus einem Buch über vor-vedische Philosophie übersetzt hatte: »Um nicht verletzt zu werden, hüllt sich der Weise, ehe er dem Feuer nah kommt, in die Verse.« Diese obskure Anweisung hatte mich beeindruckt, ich hatte sie mir gemerkt, und nun hatte ich die vage Vorstellung, dass sie jetzt gerade irgendwie passend sein könnte, aber sie klang auch wie ein Zitat aus *Indiana Jones.*

»Gedanken, Fantasien«, wiederholte ich entschlossen und machte mich wieder auf die Suche nach meinem Atem. Er entging mir.

»Falls Schmerzen kommen«, ertönte die ruhige Stimme des Lehrers, »keine Sorge, das macht nichts, sagt euch einfach: Leiden, Schmerzen, nicht mein Leiden, nicht meine Schmerzen, und lenkt eure Aufmerksamkeit dann langsam zurück zu dem Atem, der unterhalb der Nase über die Lippe streicht. Beim Einatmen geht der Atem über die Lippe« – Pause –, »beim Ausatmen geht der Atem über die Lippe.«

»Schmerzen, nicht *meine* Schmerzen« zu sagen, klappte noch weniger als »Gedanken, nicht *meine* Gedanken«. Wessen Schmerzen denn, wenn nicht meine? Nach zwanzig Minuten waren die Nadelstiche von meinen gequetschten Knöcheln bis in meine verkrampften Waden gestiegen. Meine Oberschenkel brannten und fühlten sich gleichzeitig taub an. Meine gekrümmten Schultern waren ein starrer Klotz. Heute Abend war keine warme Welle der Entspannung zu erwarten. Ärgerlich hielt ich aus. Als die Stunde endlich vorbei war, konnte ich nicht aufstehen.

Wieso bist du eigentlich gekommen?, fragte ich mich im Bett. Wohl kaum, weil du wirklich gedacht hast, dieses Experiment würde dir helfen, dich gerade zu halten? Was spielt es schon für eine Rolle, ob man sich gerade hält oder nicht? Warum hatte ich beschlossen, der Frage der Haltung eine so starke symbolische Kraft zu verleihen?

Seltsamerweise schien es jetzt eine Kluft zu geben zwischen meiner tatsächlichen Anwesenheit hier, in diesem abgelegenen

Tal, wo ich mir mit zwei jüngeren Männern (von denen der eine ununterbrochen schnarchte) ein Zimmer teilte, und einem Zeitpunkt in der Vergangenheit, zu dem ich anscheinend gute Gründe gehabt hatte, mich zu fünf Tagen Vipassana-Meditation anzumelden.

Hatte ich es mir als Strafe auferlegt?

Nein. Schon seit ich fünfzehn bin, habe ich mich immer geweigert, mich selbst als Sünder zu betrachten.

Ich lag eine Weile wach, stand auf, um auf die Toilette zu gehen, kam zurück, hörte dem Schnarchen zu, steckte mir einen Ohrstöpsel ins Ohr und drehte mich zur Wand.

Du wolltest einen Showdown mit dir selber, murmelte ich. Das war der Grund. Einen Showdown mit diesem verwickelten Ich, deinen beiden rangelnden Ichs. Du nimmst an, dass die Schmerzen ohne einen solchen Showdown bald zurückkehren werden. Oder andere Schmerzen kommen.

Wie würde dieser Showdown aussehen? Ich hatte keine Ahnung. Aber man hatte mir gesagt, dass Menschen, die tagelang schweigend dasitzen, tatsächlich zu neuen Erkenntnissen über sich selber kommen. Das war mein Ziel. Erkenntnisse, Konfrontation. Um die Ursache meiner Verspannungen zu ergründen und sie ein für alle Mal aufzulösen. Um *ein für alle Mal* dieses ›Gerangel im Kopf‹ zu beenden.

Natürlich hatte ich ebenso wenig geglaubt, dass mir das gelingen würde, wie ein Ritter auf der Suche nach dem Heiligen Gral tatsächlich annimmt, dass er der Auserwählte sein wird, der den Gral zurückgewinnt. Tief im Innern war ich nicht einmal überrascht, eine ganze elende Stunde nur damit verbracht zu haben, mir zu bestätigen, dass meine Hüften, Beine und Oberschenkel zu steif waren, um im Schneidersitz zu sitzen. Was hatte ich denn erwartet? Aber am nächsten Morgen, nach einer nervtötenden Nacht, in der ich mir große Mühe gegeben hatte, meine Zimmergenossen mit meinem ständigen Hin und Her zwischen Bad und Zimmer nicht aufzuwecken, ging ich erneut zu den Kissen und nicht zu einem Stuhl. Und zwar *ohne zu zögern*. Ich ging fröhlich hin, *erwartungsvoll*.

Im Grunde genommen glaube ich nicht mehr daran, dass es uns gegeben ist zu verstehen, warum wir handeln, wie wir handeln. Ich sollte aufhören, es zu versuchen.

Ich sage »am nächsten Morgen«. Tatsächlich ertönte der Gong um vier Uhr früh. Mitten in der Nacht. Es war ein sehr schöner Gong, eine Art hörbares Mondlicht, das durch die tiefe Stille im Haus rieselte und Ruhe und Klarheit versprach. Ich war bereits wach und ging sofort nach unten. In der Küche standen Karaffen mit Kräutertee. Ich schenkte mir etwas Minziges ein und ging nach draußen, um es unter dem Vordach des Hauses zu trinken, während ich mir die Wolken und den Nebel anschaute. Eine Frau ungefähr in meinem Alter kam heraus und zündete sich neben mir eine Zigarette an. Es war gar nicht unangenehm, dort schweigend zusammen zu stehen, dem Tropfen der Bäume und Regenrinnen zu lauschen und den Zigarettenrauch in der feuchten Luft zu riechen. Ich weiß noch, dass die Frau von einem Fuß auf den anderen trat. Durch das Nicht-Reden waren wir uns der Gegenwart des anderen umso bewusster.

Um halb fünf ertönte wieder der Gong, und die Meditation begann. Ohne Anleitung, zwei Stunden lang. Siebzehn Leute, die atmeten, schnüffelten, husteten. Manche trugen Mützen oder hatten sich gegen die Kälte Decken um Kopf und Schultern gewickelt, was dem Ganzen eine mönchische Note verlieh. Ich hatte mir meinen Sitz etwas höher gebaut und ein T-Shirt mitgebracht, das ich mir zwischen die Knöchel legte. Ich rechnete nicht damit, dass diese kleinen Hilfsmittel mir Erleichterung verschaffen würden, und sie taten es auch nicht. Nach einer halben Stunde waren Zehen, Füße, Knöchel, Knie, Oberschenkel und Hüften zu einem glühenden Scheiterhaufen verschmolzen, aus dem mein gekrümmter Oberkörper sich erhob wie der Torso eines gebrochenen Märtyrers. Um dieses Gemetzel herum huschten und kreisten meine Gedanken wie Fledermäuse im Rauch. Es wäre unmöglich zu beschreiben, wie viele Gedanken hochkamen und wie entschieden sie jeden Versuch vereitelten, mich auf meinen Atem zu konzentrieren. Als ich zu Hause mit der paradoxen Entspannung nach Dr. Wise begonnen hatte, war nichts von vergleichbarer Intensität passiert. Wenn ich mich tatsächlich mal drei Sekunden wortlos auf das Empfinden des Atems konzentrierte, ging sofort ein Aufschrei der Selbstbeglückwünschung los, gefolgt von der sachdienlichen Überlegung, dass solch ein Aufschrei völlig unangemessen war, und der weiteren, ähnlich sachdienlichen Überlegung, dass diese verbalisierte Feststellung der Unangemessenheit das Problem nur verstärkte, und schließlich noch der Überlegung, dass solche sachdienlichen Überlegungen mir die Erfahrung raubten, deretwegen ich hergekommen war, nämlich die Erfahrung der Wortlosigkeit. Überlegungen gehen auf Kosten des Seins, sagte ich mir. Vielleicht ganz besonders dann, wenn sie sachdienlich sind. Ich freute mich darüber, den Gedanken so prägnant gerahmt zu haben. Und ironisch. Ob ich mich am Ende der Sitzung an diese Worte erinnern würde? Wie konnte ich sie mir merken, ohne Stift und Papier? Aber Tim, wieso versuchst du eigentlich zu meditieren, wenn du ohnehin nur daran interessiert bist, die Perversität all dessen zu beschreiben, was dich davon abhält?

Und so ging es weiter. Geistiger Aufruhr. Eine wild gewordene Rinderherde, Fliegen, die ein Stück Scheiße umschwirren, Rattengewimmel an einer Leiche. Durch die beißende Ironie des Schicksals lag unser Bauernhaus in einem Tal mit mindestens drei Kirchen, deren unterschiedliche Uhren und Glocken, die die Stunden schlugen und zu den Gottesdiensten riefen, uns ständig an die vergehende Zeit erinnerten und damit die Hoffnung auf ein Ende schürten, aber auch Verwirrung darüber erzeugten, wie viel Zeit schon vergangen war, und Verzweiflung auslösten, wenn das Ende nicht kommen wollte. Wenn ich die Augen öffnete und ganz leicht den Kopf wandte, konnte ich die Armbanduhr erkennen, die mein Nachbar zur Linken neben sich auf den Boden gelegt hatte. Aber was hatte es für einen

Sinn, auf die Uhr zu schauen? Wozu war ich hier, wenn ich mich nur danach sehnte, dass die zwei Stunden schnell vorbeigingen, wenn ich meine Gedanken in die Zukunft richtete, während ich eigentlich die Gegenwart auskosten sollte – »die Gegenwart, in der es keinen Konflikt gibt«, hatte der Lehrer in der gestrigen geleiteten Sitzung gesagt. Was sollte das bedeuten? Andererseits, wie sollte ich die Gegenwart auskosten, wenn die Gegenwart von Schmerzen bestimmt war, Schmerzen, von denen ich wusste, sie würden verschwinden, sobald ich den Entschluss fasste, mich zu bewegen. Aber wenn ich mich bewegte, zum Beispiel den Oberkörper hin- und herwiegte oder, radikaler, meine Beine löste und neu kreuzte, dann kehrten nach kurzer Erleichterung die brennenden Stiche nur umso heißer zurück. Dann wurde es noch schlimmer.

Ich gab mich geschlagen und öffnete die Augen. Keine Anzeichen von Dämmerung. Die dunklen Fensterscheiben waren glänzende Spiegel. Das Feuer glühte rot. Auf einem niedrigen Podium saß vollkommen still der Lehrer – Anfang sechzig, Glatzenansatz, blond, schmale, spitze Nase, in eine dünne weiße Decke gewickelt. Auch um mich herum saßen manche vollkommen still. Besonders ein junger Mann hatte einen sagenhaft geraden Rücken und ein wunderbar ausgeglichenes Gesicht. Die Frau zu meiner Rechten saß halb im Lotossitz, unerschütterlich und reglos, nur ihre Brust hob und senkte sich gleichmäßig und sacht. Ich beneidete die beiden. Aber *ihretwegen* hielt ich aus. Der junge Mann hatte etwas kraftstrotzend Heiteres, konzentriert Stilles an sich, das all meine wohldurchdachten Einwände zu widerlegen schien. Ich schloss die Augen wieder und bemühte mich einmal mehr, diesen flüchtigen Punkt zu finden, an dem sich Atem und Haut trafen. Etwa eine Minute lang hatte ich dann das Gefühl, die Luft, die durch meine Nasenlöcher strömte, sei ein silberner Faden, der durch klares Wasser gezogen wird. Überall um mich herum war dunkles, aber durchsichtiges Wasser, dem im Glas des Wasserverkäufers nicht unähnlich, und dieser feine, quecksilbrig glänzende Luftfaden verlief mitten hindurch und verband mich mit einem entfernten Punkt außerhalb meines Gesichtskreises.

Hätte ich das Retreat am dritten Tag nach dem Mittagessen verlassen, dann hätte ich nie wieder ›meditiert‹. Am Abend des zweiten Tages verschwanden zwei junge Männer. In der Nachmittagspause hörte ich ihre verärgerten Stimmen aus dem Garten, und zur Abendsitzung waren sie nicht mehr dabei. Wäre ich mit ihnen abgereist, dann hätte ich ein Buch lesen können oder joggen gehen oder Kajak fahren oder mit Rita und dem Hund einen Spaziergang machen. In der Mitte des dritten Vormittags blieb noch ein Platz leer. Der Meister sprach gelassen von »rechter Mühe, rechter Konzentration und rechtem Bewusstsein«. »Wenn ihr beim Meditieren Lust erfahrt«, sagte er, »dann hängt euch nicht voll Sehnsucht daran. Wenn ihr Schmerzen erfahrt, dann hängt euch nicht voll Abscheu daran.«

Voll Abscheu an etwas zu hängen war ein neuer Gedanke für mich. Aber ich spürte sofort, was er meinte. Es war so ähnlich, wie die Bücher eines Autors zu lesen, den ich verabscheute, gerade *weil* ich ihn verabscheute, weil ich es genoss, mich darüber zu empören, dass dieser Mann eine Berühmtheit war. Oder wenn ich mich immer wieder über einen Kollegen an der Universität beklagte, weil meine Identität dadurch gestärkt wurde, dass ich ihn ablehnte. Oder wenn ich in Ruggeros Studio dem Radio zuhörte, gerade *um* es zu verabscheuen. Hängte ich mich in der gleichen Weise an meine Schmerzen? Indem ich an alten Wunden kratzte? Konnte es sein, dass der große Showdown mit mir selber, den ich geplant hatte und der mir verwehrt geblieben war, genau mit den Schmerzen zu tun hatte, die ich jetzt empfand? Der Showdown fand statt, ohne dass ich mir dessen bewusst war. Warum sonst saß ich weiterhin im Schneidersitz, ununterbrochen, während andere zwischendurch immer mal wieder die Stühle benutzten?

Diese Form der Meditation, bei der man sich ausschließlich auf den Atem konzentrierte, wurde Anapana genannt, so erklärte man uns, und diente nur zur Vorbereitung auf die Vipassana-Meditation, die etwas ganz anderes war und eine viel größere Herausforderung darstellte. Erst wenn der Geist gezähmt und an den Atem, der über die Lippe fließt, gebunden war, wie ein Hund an eine Kette, konnten wir weitergehen. Das sollte am vierten Tag der Fall sein. Ich wusste, ich würde nicht so weit sein. Aber am dritten Abend, gegen Ende der letzten Sitzung, geschah etwas. Mitten in den üblichen heftigen Schmerzen verschmolz mein Bewusstsein plötzlich mit erstaunlicher Selbstverständlichkeit mit meiner Oberlippe: Atem, Lippe, Geist – diese anscheinend unvereinbaren Instanzen passten auf einmal doch zusammen, flossen ineinander, wurden eins. Ich war meine Lippe, in sanften Atem getaucht. Sofort flaute mein bis dahin unregelmäßiges, gezwungenes Atmen zu einer leichten Liebkosung ab, die über die Haut strich, hin und her; es war ein sanftes Auf und Ab, das, so schien es, nicht von mir, sondern von meinem ganzen Körper ausging, von der Luft außerhalb meines Körpers und von allem um mich herum. Dann, als wäre ein Schalter umgelegt worden, löste sich auch die brennende Starrheit, die Oberschenkel und Hüften steif gemacht hatte. Augenblicklich wurde der Unterkörper geschmeidig. Wo formloser Schmerz gewesen war, spürte ich jetzt Oberschenkel, Knie, Waden, Knöchel und Füße. Eine seltsame Hitze wurde durch sie hindurch nach unten gepresst. Meine nackten Füße waren kalt, aber ein heißer Schmerz lief wohlig durch sie hindurch und über die Sohlen nach außen.

Diese Erfahrung hätte überraschender nicht sein können. Auch nicht willkommener. Sofort fürchtete ich, sie würde gleich wieder vorbei sein, fürchtete, ein böswilliger Gedanke würde hochkommen und sie zunichtemachen. Nicht denken, Tim. *Nicht* denken! Gib dir doch nicht die Anweisung, nicht zu denken! Still! Ich konzentrierte mich auf diesen Atem, der mir jetzt so eigenartig abgetrennt von mir vorkam, oder eher, von dem ich nur ein kleiner Teil war, so als wären die Grenzen, die mich sonst von der Welt trennten, verwischt. Nach ungefähr einer Minute – allerdings hat man unter diesen Umständen kein Zeitgefühl – richtete sich mein Rücken, der verkrampft und krumm gewesen war, ganz sachte auf wie ein Gefangener, den man aus dem Joch befreit, und wurde gerade. Dabei spürte ich jeden einzelnen der Muskeln, die ihn behutsam anhoben. Ich merkte, wie natürlich die aufrechte Haltung war. Ich fühlte mich beglückt.

Wenige Augenblicke später war alles beim Alten: die Schmerzen, die Enttäuschung, das Warten auf den Gong, der Erlösung brachte.

Überraschungsparty

Am vierten Tag weinte ich. Über diese Erfahrung zu sprechen ist mir peinlicher, als von meinen Pinkelproblemen zu berichten, aber sie auszulassen würde bedeuten, einen Wendepunkt zu unterschlagen.

Ich hatte die zweistündige Sitzung am frühen Morgen überstanden. Die kurze Seligkeit des Abends zuvor hatte sich nicht wiederholt, aber nichtsdestotrotz war eine Seite umgeblättert worden, denn ich merkte, je mehr ich losließ, ohne mich darum zu kümmern, wann die Sitzung enden würde oder was ich dachte oder spürte, desto weniger störten mich die Schmerzen, die der Schneidersitz mir verursachte. Im Gegenteil, es war beinahe so, als würde der Sitzschmerz mir helfen, eine Geisteshaltung zu entdecken, die ich bisher nicht kannte: bedingungsloses Hinnehmen und Loslassen. An diesen Punkt zu kommen war harte Arbeit gewesen, und erst als ich diese Geisteshaltung entdeckte, oder vielmehr als sie mich einfach überkam, hielt ich sie überhaupt für möglich. Mit Worten lässt sich eine mentale Erfahrung im Nachhinein beschreiben, aber man hätte mir dieselben Worte vor dieser Erfahrung hundert Mal sagen können, ich hätte doch nicht mehr damit anfangen können, als ein Kind, das in den Tropen geboren wurde, mit den Worten Graupel und Schnee anfangen kann. Dieser schwermütige Mann hatte recht gehabt: Die Sitzhaltung war nicht das Problem. Das Problem war in meinem Kopf.

Also saß ich still, immer noch mit Schmerzen, aber nicht mehr so wütend. Und je weniger wütend ich war, desto weniger Schmerzen hatte ich. Manchmal war diese Position beinahe bequem, sogar schön, weil sie das Stillsein förderte: Die Beine waren verschlungen, der Rücken verankert, die Hände ruhig zusammengelegt, und auch der Geist schien *durch die Sitzhaltung* zur Ruhe gekommen zu sein. All das, weil man akzeptiert hatte, für volle fünf Tage hier zu sein, weil man sich tatsächlich *nicht* wünschte, die Zeit möge schnell vergehen, sich tatsächlich *nicht* wünschte, man säße schon wieder zu Hause am Computer und schriebe alles auf.

Wie recht sie hatten, uns Papier und Bleistift zu verbieten!

Nach der Morgensitzung, gegen halb sieben, gingen wir frühstücken. Wir nahmen uns Teller, stellten uns an einem kleinen, mit Speisen gefüllten Tisch an und saßen dann schweigend gemeinsam beim Essen. Ich hatte nicht damit gerechnet, daran so großen Gefallen zu finden. Die vielen, mit geschlossenen Augen und im Kampf gegen streunende Gedanken verbrachten Stunden schienen den Geschmackssinn verfeinert zu haben. Alle aßen langsam und genüsslich. Eine Scheibe frisches Weißbrot schmeckte so gut wie Kuchen. Die Gesichter strahlten eine solche Ruhe und Würde aus, dass man geradezu froh war, ein Angehöriger der menschlichen Rasse zu sein. Es gab kein Eifern um Aufmerksamkeit, kein Flirten, keine Koketterien, keinen Exhibitionismus, keine bevorzugten Partnerschaften. Kurzum, kein Material für eine Geschichte. Wenn man Milch, Wasser oder Tee brauchte, verstanden die anderen und reichten es einem sofort, mit dem Anflug eines Lächelns. Nach dem Essen ging jeder zum Waschbecken und spülte seinen Teller und seine Tasse ab. Kein Wunder, dass sie von »edler Stille« sprachen.

Aber an diesem Morgen schaffte ich es nicht zum Frühstück. Wenn man den Meditationsraum verließ, trat man hinaus in den kleinen Garten, von wo aus es noch ein paar Meter bis zur Haustür und dem Esszimmer waren. Schon auf der Schwelle spürte ich, wie mir ein Schluchzer von der Brust in die Kehle stieg.

Das Neue an dieser Erfahrung war, dass ich mich überhaupt nicht unglücklich fühlte. Ganz im Gegenteil. Ebenso ungewöhnlich war die unmittelbare Erkenntnis, dass es sich um etwas handelte, das außerhalb der üblichen sozialen Kontrolle lag. Mein Körper hatte beschlossen zu schluchzen, so wie er beschließt sich zu übergeben, wenn es ihm schlecht geht.

Ich trat beiseite, um die anderen vorbeizulassen, und wandte mich ab, um mein Gesicht zu verbergen, sodass ich über den niedrigen Gartenzaun hinweg auf das weite Tal schauen konnte, auf die zerrissenen Wolken, durch die breite Sonnenstrahlen fielen, auf die Dörfer mit ihren Kirchen und auf die Reihe der erhabenen Berggipfel am Ende des Tals: Wälder, Geröll, Schnee.

Das Weinen überfiel mich wie ein Sturm. Ich wurde geschüttelt.

Die Krise dauerte eine halbe Stunde. Zweimal versuchte ich, zum Essen zu gehen – ich hatte Hunger –, aber jedes Mal wallten die Gefühle mit neuer Kraft auf. Mein Hals tat weh. Also setzte ich mich an einen Steintisch unter einer Markise und schaute weiter durch meine Tränen hindurch ins Tal, das unbedingt zu dieser Erfahrung dazuzugehören schien, so als gäbe es wieder einmal nichts, was mich von der Außenwelt abgrenzte – ich war ganz eingetaucht in dieses großartige Panorama, mit Körper und Geist, schluchzend.

Dann hörte ich im Geiste Namen, einen nach dem anderen, als würden sie von einer Stimme aufgerufen, die in der Klasse die Anwesenheit der Schüler prüft; es waren die Namen von Menschen, die ich kannte oder gekannt hatte: Und mit den Namen kamen Gesichter, Körper, lebendige Gesichtsausdrücke oder

Gesten. Einer nach dem anderen drängten sich diese Leute mit wachsender Geschwindigkeit in mein Bewusstsein. Es war, als sei auf einer sorgfältig geplanten Überraschungsparty eine Tür aufgegangen, und ich war mit allen konfrontiert, die je in meinem Leben eine Rolle gespielt hatten: meine Frau grundsätzlich und durchgängig – wir waren seit dreißig Jahren zusammen –, dann mein Sohn, meine Töchter, meine Mutter, mein Vater, mein Bruder, meine Schwester, Freunde, Geliebte, alle wichtigen Menschen, aber auch Kollegen, alte Bekannte und sogar Nachbarn – sie alle waren hier bei mir, auf dieser Terrasse, unter der Markise, während ich ins Tal schaute; nicht von mir gebeten, nicht in der Erwartung, mich zu sehen, aber dennoch froh, bei diesem spontanen Treffen dabei zu sein – und heiter dazu, heiter im Bewusstsein unser aller Sterblichkeit, im Bewusstsein, dass einige schon von uns gegangen waren, während sich andere noch auf dem besten Weg durch das Leben befanden. Dann erkannte ich, dass der Weg das lang gestreckte Tal war, auf das wir schauten. Ich war eins mit der Gruppe, den Toten und den Lebenden, und wir alle waren eins mit der Landschaft. Und allmählich, zwischen heftigen Tränenausbrüchen, ging mir auf, endlich, dass der Weg zur Gesundheit und der Weg zum Tod ein und derselbe sind: Um ganz gesund zu werden, musste ich den Tod akzeptieren, so wie ich die Schmerzen akzeptiert hatte, als ich im Schneidersitz im Meditationsraum saß. Das konnte ich nicht. Ich konnte es einfach nicht. Aber ich wusste, wenn ich es tat, dann hatte ich erreicht, was sie mit Reinigung meinten.

Ich hatte noch nie so intensiv geweint. Wie die meisten Menschen bin ich manchmal sehr unglücklich gewesen und manchmal auch sehr glücklich. Aber noch nie hatte ich einen solchen Tränenstrom erlebt, auch nicht dieses Gefühl, einfach da zu sein, ein bloßer Zeuge, während etwas Notwendiges sich entfaltete. Hätte ich ihm widerstehen wollen, es wäre mir nicht gelungen.

Schließlich, als es tatsächlich vorbei war und ich ins Bad gehen konnte, um mir das Gesicht zu waschen, traf mich beim Blick in den Spiegel der naheliegende Gedanke: Die beiden Ichs, die beim Aufwachen an jenem Morgen vor fast einem Jahr ihre Getrenntheit herausgeschrien hatten, waren mein Alltagsleben auf der einen und die Ambitionen, die diesem Leben gegenüber immer den Vorrang gehabt hatten, auf der anderen Seite. Ich hatte immer eine scharfe Trennlinie gezogen zwischen dem körperlichen Dasein und dem Vorhaben, etwas zu erreichen, jemand zu werden, Bücher zu schreiben, Preise zu gewinnen, geachtet zu werden. Letzteres hatte immer Vorrang vor Ersterem gehabt. Wie soll man es sonst im Leben zu etwas bringen? Deshalb war es eine so große Herausforderung für mich, als Dr. Wise mich ermahnte, meinen schmerzvollen, peinlichen Gesundheitszustand ins Zentrum meines ›Projekts‹ zu stellen. Ich erkannte jetzt, dass er damit meinte, dass das eigentliche Projekt immer die Sterblichkeit war.

Eine schwarze Katze war an Bord geklettert.

Die nächste Meditationssitzung war erst um acht Uhr morgens, und während ich mich so lange in mein Bett zurückzog, rief ich mir jede Menge Buchstellen ins Gedächtnis, um das, was mir soeben zugestoßen war, in den Griff zu kriegen, es wie gewohnt in Worte umzuwandeln. »Das Leben stellt sich vor allem als Aufgabe dar. Wir haben keine Freude daran, es sei denn, wir streben nach etwas.« Ich erinnerte mich, das irgendwo gelesen zu haben, wusste aber nicht mehr wo. Es hatte wie eine Warnung geklungen, und ich hatte es mir gemerkt. Allerdings hatte ich im Laufe der Jahre Hunderte von Warnungen gelesen und sie mir gemerkt, doch war keine davon so überzeugend gewesen wie die grässlichen Bauchschmerzen, die mich daran hinderten, am Computer zu sitzen.

»Wir wenden uns Romanen zu, um das Leben zu finden.« Das, oder etwas in diesem Sinne, hatte ich erst kürzlich in James Woods Buch *Die Kunst des Erzählens* gelesen. Aber es könnte genauso gut von D. H. Lawrence oder F. R. Leavis stammen. Und ich erkannte jetzt mit absoluter Sicherheit, dass diese Behauptung einer falschen, selbstbezogenen Frömmigkeit entsprang.

Das Leben befindet sich *nicht* in Romanen. Die Romane, die uns am meisten fesseln und vom Leben ablenken, sind diejenigen, die es am genauesten, intensivsten und wundervollsten beschwören und ersetzen können, die Romane von Dostojewski und, ja, von Lawrence, von den wirklich großen Schriftstellern. Aber die Romane selber sind nicht das Leben, und wir wenden uns ihnen nicht zu, um das Leben zu finden. Wenn wir leben wollen, legen wir das Buch beiseite. Mir fielen ein paar dumme Zeilen von Browning auf Schullektüreniveau ein:

Du, Bildner, hast der Kunst allein
Getreu gedient, Jahr aus, Jahr ein;
Und doch – von deiner Venus fort
Zieht uns die Maid am Bache dort

»Zieht uns die Maid am Bache dort« klang scheußlich, fand ich. Warum war mir derart schlechte Poesie im Gedächtnis geblieben?

Oder Poes Geschichte über den Maler, der seine junge Frau so lange für ein Porträt Modell sitzen lässt, dass er erst, als das absolut lebensechte Gemälde fertig ist, bemerkt, dass die Frau tot ist. Kunst auf Kosten des Lebens.

Dann fielen mir – das Erlebnis mit dem Schluchzen hatte mein Gehirn so richtig in Fahrt gebracht – Robert Walser und das Benjamenta-Institut in seinem Roman *Jakob von Gunten* ein. Genau. Jakob, der Erzähler, wird auf eine Schule geschickt, wo er lernen muss, ›an nichts zu denken‹, was er zunächst absurd findet, wofür er sich aber mit der Zeit erwärmt. »Man muß tapfer ins Unvermeidliche hineingehen«, lautete ein Satz, an den ich mich erinnerte.

Doch warum wollte ich die Intensität dessen, was mir widerfahren war, durch diese ganzen literarischen Bezüge festzurren? Zuerst das Gefühl, dann die aufgeregte Reflexion des Gefühls, die versucht, es von seiner ursprünglichen Funktion abzulösen, es für mein Karrierevorhaben einzuspannen, es in Klugheit und Text zu verwandeln. Zuerst die Krankheit, um mich vor der Monomanie zu bewahren und ins Leben zurückzuwerfen, dann die Reflexion dieses Prozesses, die mich vom Leben entfernt und zurück zur Monomanie bringt, zum Schreiben und zu den Büchern. Zurück zu Coleridge. Oder gar Wordsworth. »Gefühle erinnert in der Ruhe«. Diese Formel klang ganz unverfänglich, aber der nächste logische Schritt war der, das Gefühl zu suchen, um sich dann in Ruhe daran zu erinnern, mehr Wert auf die Erinnerung zu legen als auf das Gefühl an sich, denn erst die ausgefeilte Erinnerung brachte einem Anerkennung, Ruhm und Selbstachtung ein. »Wer kann sich wohlbefinden, wer auf die Achtungsbezeugungen und Auszeichnungen der Welt Wert legt?« Noch einmal *Jakob von Gunten*. Auch diesen Satz hatte ich mir gemerkt. Jakob lernt in seiner Schule das ›An-nichts-Denken‹ schätzen, weil ihn die Macht und die Hässlichkeit des Ehrgeizes abstoßen. Mir fiel eine Anekdote über Walser ein. Eines Tages besuchte ihn sein Bewunderer Carl Seelig in der Nervenheilanstalt, in der er lebte. Weißt du, Robert, sagte Seelig zu ihm, du bist zurzeit womöglich der größte deutschsprachige Schriftsteller. Walser war darüber sehr aufgebracht. Wenn du so etwas noch mal sagst, erklärte er Seelig, werde ich nie wieder mit dir reden.

Ich lag auf meinem Bett und blätterte die Seiten meines literarischen Gedächtnisses durch. Mir war bewusst, dass das dumm war. Ich sollte zur Stille zurückkehren. Geh jetzt in den Meditationsraum, sagte ich mir, schon *vor* der nächsten Sitzung. Geh und setz dich schweigend hin. Sofort kam mir ein Zitat in den Sinn, mit dessen Hilfe ich sogar diese Entscheidung vereinnahmen konnte.

> *Es kommt nicht darauf an zu lernen, sondern ein Gefühl zu erleben und sich in einen bestimmten Zustand zu begeben.*

Das war von Aristoteles. Ich lachte und entdeckte etwas, das mir seitdem gute Dienste getan hat: Je mehr wir Gedanken und Worte mit Stille bedrohen, oder auch nur danach streben, sie von dem aberwitzigen Thron, auf den unsere Kultur und unsere Erziehung sie gehoben haben, zu stürzen, desto fruchtbarer werden sie in ihrer Not, sich selbst zu rechtfertigen und zu bestätigen. Nachdenken ist selten so anregend, wie wenn man über den Schaden nachdenkt, den das Nachdenken anrichtet, Sprache selten so verführerisch, wie wenn man sich ihre Unwirklichkeit eingesteht.

Das ist Becketts Revier, dachte ich. Das »Jetzt geht's los« aus *Der Namenlose.* Das geistlose Geplapper des Geistes. Auch Beckett hatte davon gesprochen, sich seines krankhaften psychologischen Zustandes durch eine Reihe unerklärlicher Schmerzen bewusst geworden zu sein.

Ich bremste mich und ging nach unten zu meiner ersten Vipassana-Sitzung.

Anicca

Wortlose Wachsamkeit, lebendige Stille – die Meditation widersetzt sich einer Beschreibung. Wenn am Anfang Worte und Bilder geradezu hervorsprudeln, um sich gegen unsere Versuche, sie beiseitezuschieben, zu wehren, kann der Schriftsteller dabei durchaus seinen Spaß haben. Aber wenn die Gedanken schließlich nachgeben, wenn die Augen sich hinter den geschlossenen Lidern schließen und der Geist schweigend ins Fleisch einsinkt, dann fällt es schwer, jenen seltsamen Zustand der Wachheit, Einheit und Ruhe zu beschreiben. Und mehr noch, der Meditierende verliert alle Lust, es zu tun.

Wozu?

Vipassana bietet allerdings auf dem Weg zur Gelassenheit ein paar Feuerwerke, die alle Praktizierenden wiedererkennen. Ein bisschen lässt sich doch davon erzählen, obwohl die Erfahrung jenseits jeglicher Nachprüfbarkeit liegt. Vor allem kann man sie nicht sehen. Es gibt nichts, was man nachahmen könnte, so wie wir alle die Bewegungen eines Tennisspielers nachahmen könnten oder wie Eugen Herrigel seinen Zen-Meister beim Bogenschießen nachgeahmt hat.

»Jetzt«, sagt unser Lehrer, »nehmt eure Aufmerksamkeit weg von dem Atem, der über die Lippe streicht, und lenkt sie nach oben zum Mittelpunkt des Kopfes, einem kleinen Bereich, etwa so groß wie eine Münze, der der Fontanelle bei Babys entspricht. Konzentriert euch darauf. Spürt jede Empfindung, die kommt – ohne Empfindungen hervorrufen zu wollen, wo keine sind, und ohne Empfindungen, die kommen, abzuwehren oder zu verändern.«

So beginnt es. Bei jedem Retreat, an dem ich teilgenommen

habe, ob es nun fünf oder zehn Tage dauerte, mit zwanzig oder sechzig Teilnehmern stattfand. Am Morgen des vierten Tages. Beim ersten Versuch stelle ich nie die geringste Empfindung in diesem vernachlässigten Teil meiner Anatomie fest: der kahlen Stelle. Ich spüre nicht einmal, wo sie genau ist. Allerdings lodern Kopfschmerzen auf, sobald mein Geist sich vom Atem abwendet, um den Körper zu erforschen. Für ein paar Sekunden wandert die Spannung in den Kopf und schwillt dort an, ehe sie abflaut.

Oberflächlich gesehen ist die Vipassana-Methode dem autogenen Training, bei dem ich mit Anfang dreißig so kläglich versagt habe, oder auch der paradoxen Entspannung von Dr. Wise nicht unähnlich. Man soll die Empfindungen betrachten, die durch den Körper fluten und wieder verebben. Der Unterschied besteht in der Intensität und Gründlichkeit der Erforschung, und in der Haltung, mit der sie betrieben wird. Man sagt sich von jedem anderen Ziel außerhalb der Betrachtung selber los. Man ist nicht da, um sich zu entspannen oder um Schmerzen zu überwinden oder ein gesundheitliches Problem zu lösen – die Erfahrung ist keinem höheren Ziel unterworfen –, man ist da, um da zu sein, Seite an Seite mit dem bis ins Unendliche nuancierten Strom der Empfindungen im Körper.

Zuerst die Fontanelle, dann die Stirn, dann die Schläfen (die linke und die rechte), der Hinterkopf, die Ohren (das linke und das rechte), die Augen (das linke und das rechte), die Nase, die Nasenlöcher (das linke und das rechte), die Wangen (die linke und die rechte), die Lippen (Oberlippe und Unterlippe), das Zahnfleisch (alles), die Zähne (jeder einzelne), die Zunge (Oberseite und Unterseite), der Gaumen, die Wangenknochen (der linke und der rechte), die Kehle, das Kinn, der Nacken.

Und das ist erst der Anfang. Der Körper ist ein Universum. Er hat viele Teile. Er besteht aus vielen Materialien. Haut, Muskeln, Nerven, Sehnen, Blut, Knochen …

Aber was bedeutet es, dass der Geist oder die Aufmerksamkeit sich durch den Körper *bewegt*? Der Körper ist absolut still (man spannt die Muskeln nicht an, um sie zu spüren, wie es damals in der Anfangszeit der paradoxen Entspannung der Fall war), und dennoch hat man, innerhalb der dreidimensionalen Stille von Gliedmaßen, Kopf und Oberkörper den Eindruck, dass die Gedanken sich verlagern, forschen, wandern, nach oben, nach unten, nach links, nach rechts, so als könne der sonst fest verankerte Geist sich nun, da die Körperteile, die sonst in Bewegung sind, fest verankert wurden, nach Belieben hin und her bewegen. Und es ist nicht die Bewegung eines Schuljungen, der anatomische Zeichnungen betrachtet. Es ist nicht die Bewegung des Blicks. Vielmehr ist es wie ein Mann, der durch die Räume eines Hauses schreitet, im Dunkeln, und hier und da an eine Tür klopft, der vielleicht lange weg war und jetzt schaut, ob jemand zu Hause ist, ob jemand mit ihm sprechen möchte oder sich beklagen oder jubeln oder einfach für ihn ein Licht anschalten will.

Eine Zeit lang kommt vielleicht keine Antwort. Die Türen sind zu, vielleicht sogar abgeschlossen. Man braucht Geduld. Lange ist niemand hier vorbeigekommen, und es wäre sehr unhöflich, an den Klinken zu rütteln. Schließlich handelt es sich nicht um eine Polizeirazzia.

Die Stirn reagiert nicht.

Die Ohren reagieren nicht.

Der Nackenansatz reagiert nie.

In einem anderen Teil des Hauses, vielleicht in einem tieferen Stockwerk, verlangt ein lautstarkes Melodrama nach Aufmerksamkeit. Ein heftiger Krampf schreit in den Waden. Ein Schmerz hämmert im Rücken. Diese Leute suchen Streit. Sie protestieren. Aber das sind nicht die Türen, an die man jetzt klopft. Sie kommen später an die Reihe. Im Augenblick klopft man ganz leicht und höflich bei der Nase an. Man hört aufmerksam der Haut auf dem Nasenrücken zu.

Keine Reaktion.

Aber man hat Zeit! Stundenlang. Man hat es nicht eilig. Es sind reichlich Türen da, an denen man es versuchen kann.

Aufmerksamkeit wird gewidmet, aber nicht erwidert.

Dann, ganz unvermittelt, die Schläfen!

Ich weiß noch sehr genau, dass es bei meiner ersten Vipassana-Sitzung in den Schläfen anfing. Zuerst in der einen, dann in der anderen: ein Singen, Summen, Tanzen. Hätte ich eine Empfindung in diesem Teil des Körpers hervorrufen wollen, hätte ich mir niemals ein solches Gewirr vorgestellt; als wären Insekten ausgeschlüpft oder als hätte man in Asche geblasen und ein Nest roter Glut aufgestöbert. Dennoch war es nicht unheimlich. Und nicht heiß. Es war wie das lebhafte Perlen von frisch eingeschenktem Mineralwasser.

In meinen Schläfen.

An dem Punkt merkt man, dass die Konzentration – mit geschlossenen Augen – auf einen Körperteil etwas ganz anderes ist als die Konzentration auf etwas außerhalb des eigenen Körpers, etwa auf einen Ball, eine Flasche oder ein Schiff. In dem Fall bleibt der Gegenstand ein Gegenstand, egal, wie lange man ihn anschaut. Aber wie Licht, das durch eine Linse fällt, oder vielleicht durch ein Glas stilles Wasser, erleuchtet der Geist den Körper. Oder der Körper den Geist, es ist schwer zu sagen; die Haut glüht im Geist, und der Geist knistert in der Haut. Zusammen, weder Fleisch noch fleischlos, oder sowohl Fleisch als auch fleischlos, brennen sie.

Das ist der Anfang von Vipassana.

Man neigt dazu, diese neue Empfindung genießen zu wollen. Es ist eine große Erleichterung, nach vielleicht zwanzig Minuten endlich eine Reaktion vom Körper zu bekommen, endlich zu verstehen, wohin der Lehrer einen führen wollte. Jetzt also entspannen und genießen. So wie man sich bei Dr. Wise entspannt hat. Dieses Singen in den Schläfen, dieses Schläfenlied, ist ein so angenehmes Gefühl.

Aber der Lehrer geht bereits weiter. Wir dürfen uns nicht an die Lust hängen, genau wie wir uns nicht an den Schmerz hängen dürfen.

Jetzt die Nase.

Jetzt die Lippen.

Jetzt die Zunge.

Das Ermutigende ist, dass, nachdem ein Teil des Körpers auf die höfliche Anfrage geantwortet hat, auch die anderen Teile bereitwilliger zu reagieren scheinen: hier ein heißer Strom, dort ein kalter Fleck, hier ein dumpfes Pochen, dort ein helles Kribbeln. Das ganze Haus erwacht, und während man von Tür zu Tür geht, würdigen die Bewohner die Anwesenheit, indem sie irgendetwas einschalten: hier ein blaues Licht, da ein rotes, dort eine Kaffeemühle, hier den Fernseher. Das Hochhaus fängt an zu summen.

Diese unterschiedlichen Empfindungen, erklärt uns der Lehrer jetzt, sind Ausdrücke von *anicca*, oder anders gesagt, der immerwährenden Instabilität aller Dinge. Er fordert uns auf, *anicca* zu betrachten. *Anicca*, den ewigen Fluss, kennenzulernen, in unseren Händen, in unserer Brust. Zu erkennen, dass nichts unveränderlich ist. Das Ego, die Identität, sie besitzen keine Beständigkeit.

Sofort rebelliert mein denkender Geist. Mein zielstrebiges Ich wehrt sich. Wozu dieser Hokuspokus – ich bin sauer –, diese rätselhaften Fremdwörter? *Anicca!* Wozu diese *Theorie*? Kann sein, dass der Körper ständiger Veränderung unterliegt, aber es stimmt auch, dass er über viele Jahre im Wesentlichen derselbe bleibt. Ich erkenne meine Freunde seit Jahren problemlos wieder. Auf Kinderfotos ist mein Gesicht bereits in den Grundzügen meins, das Gesicht von *Tim Parks*.

Während ich diese Gedanken denke, verblasst der Schläfentanz, das Licht wird dunkler, das Geschrei der Schmerzverkäufer in den unteren Stockwerken wird lauter.

Verdammt, verdammt, verdammt.

Ich beschließe, die Debatte zu beenden und mich auf die Empfindungen zu konzentrieren. Mir fällt Ruggero ein: Betrachte es als eine rein körperliche Angelegenheit.

Das Schlagen des Herzens, das Heben und Senken des Zwerchfells, ein brennender Reif um die Taille, ein warmes Zittern im

Bauch – ganz langsam, Stück für alterndes Stück fügte sich der Körper zusammen. Das Buch über frühe indische Philosophie, das ich übersetzt hatte, *Ka* von Roberto Calasso, erzählte die Geschichte des sogenannten Feueraltars. Die niederen Götter, mit Langlebigkeit gesegnet, aber dennoch sterblich, suchten den obersten Gott Prajapati auf, dessen zerbrochener Körper über die ganze Welt verteilt war, die Welt geradezu ausmachte, um ihn zu fragen, wie sie ›erlöst‹ werden könnten. »Ihr müsst meine verlorene Ganzheit wiederherstellen«, sagte Prajapati zu ihnen. »Wie denn?« »Nehmt dreihundertsechzig Grenzsteine und zehntausendachthundert Ziegel …« Die Zahlen entsprachen den Tagen und Stunden des vedischen Jahres. Jeder Ziegelstein stand für eine ›intensive Konzentration‹.

Der Altar wurde von außen nach innen gebaut, um den Geist zu bündeln. Seine Gestalt war die eines Adlers, des Vogels der ewigen Wachsamkeit. Wenn man es je schaffte, das Bauwerk fertigzustellen, würde ein Feuer entfacht, und der Adler würde ins Paradies der Unsterblichkeit fliegen.

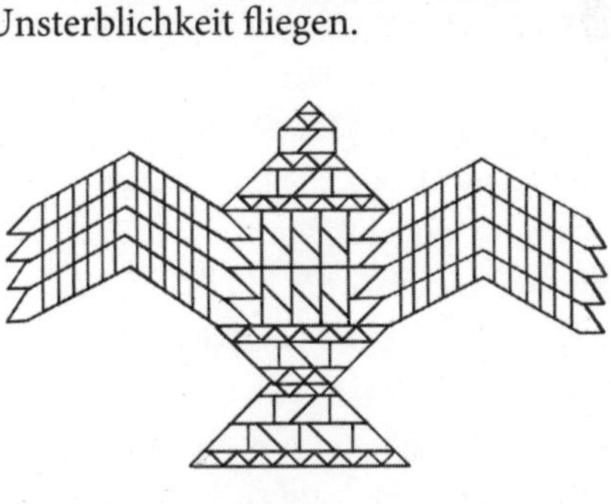

Es kommt also, wenn man Glück hat, wenn man konzentriert bleibt, wenn man lernt, einen solchen Moment nicht herbeizuwünschen, ein Moment bei der Vipassana-Meditation, in dem der ganze Körper zusammenkommt und sich entzündet. Einmal, das weiß ich noch, fing es in meinen Handgelenken an. Pulsierende Wellen verwandelten sich mit wachsender Geschwindigkeit in wirbelnde Umlaufbahnen aus leuchtenden Elektronen, aus reiner, substanzloser Energie. Betrachtete ich dieses Wunder, schien das Ego auszubluten und sich in dem hektischen Strom gänzlich zu verlieren. Wenn sie es *anicca* nennen wollten, sollten sie doch.

Aber meistens fängt es beim Betrachten eines Schmerzes an, jedenfalls bei mir. Es ist schwer, unter Schmerzen stillzusitzen, sie einfach zuzulassen, ohne zu klagen. Zum Beispiel eine Messerklinge zwischen den Wirbeln stecken zu lassen. Aber wenn man es tut, dann wird vielleicht, nur vielleicht, denn diese Dinge passieren nicht auf Bestellung, urplötzlich der Schmerz in der Wirbelsäule schärfer, und es schießt eine grimmige Hitze durch die Brust in Arme und Beine und verflüchtigt sich nach außen. Die Schmerzen gehen weg. Der krumme Rücken richtet sich auf, die Lungen füllen sich, und der Körper wird eins, so als wären alle Türen im Haus herausgenommen worden, um Bewegungsfreiheit in alle Richtungen zu erlauben. Man spürt *alles*, gleichzeitig, oder vielmehr, man *ist* alles, von den Zehen bis zu den Fingerspitzen und den Haaren auf dem Kopf. Man tanzt durch alle Zimmer, obwohl man nie tanzen gelernt hat.

Als mir das zum ersten Mal passierte, in der letzten Sitzung des ersten Kurses, wurde das Erlebnis begleitet von drei warmen Duschen. Es war so unglaubwürdig wie eine Science-Fiction-Geschichte, aber die kleine Stelle auf dem Oberkopf hatte erst zu summen angefangen, dann zu leuchten; dieses Licht war dann übergeflossen und hatte drei Wellen der Wärme über mich ausgeschüttet. Eine Taufe. Als die Stunde zu Ende war, sprang ich leichtfüßig auf.

Auf der Autofahrt zum Bahnhof von Maroggia machte der junge Mann am Steuer seiner Wut Luft. Diese fünf Tage waren totale Zeitverschwendung gewesen. Der Lehrer war ein Scharlatan, ein Idiot. Man hatte uns über den Tisch gezogen. Anicca, anicca, anicca! Das mit dem Buddha war der reinste Quatsch. Nirwana war der reinste Quatsch. Wiedergeburt nichts als Quatsch. Niemand kann fühlen, wie der Atem über seine Lippe streicht. Dummes Zeug. Er hatte Höllenqualen durchgestanden wegen diesem blöden Schneidersitz, dabei hätte er stattdessen Ski laufen gehen können. Oder Tennis spielen.

Ich glaubte an gar nichts, sagte ich, am allerwenigsten an die Wiedergeburt, aber für mich war es eine wichtige Erfahrung gewesen.

Der dritte Mann im Auto war der schwermütige, auf attraktive Art hagere Typ, der uns gesagt hatte, die Sitzhaltung sei nicht das Problem. Sitzung für Sitzung hatte er zwei Plätze links von mir gesessen, in versteinerter Stille, auf einem runden Kissen. Er sagte nichts zu dem wütenden Jungen, der uns am Bahnhof absetzte, aber im Zug nach Mailand erzählte er mir, er leite eine sehr gut ausgelastete Autoversicherungsagentur. Er hatte schon an einem Dutzend solcher Kurse teilgenommen. Es waren die einzigen Tage im Jahr, die nur ihm allein gehörten. Er hatte es sich zur Regel gemacht, sagte er, nicht von seinen Erfahrungen beim Meditieren zu sprechen. Aber ein Aspekt von Vipassana machte ihm immer noch zu schaffen, machte ihm sogar mit der Zeit mehr und mehr zu schaffen, so sehr, dass er kurz davor war, das Meditieren aufzugeben. »Was soll es bedeuten«, fragte er, »wenn sie sagen, die Gedanken sind nicht *meine* Gedanken. Was kann das bedeuten? Wie können die Gedanken nicht *meine* Gedanken sein?«

Die Booker-Preis-Rede

Seit ich nicht mehr interessiert daran war, gerade zu stehen, richtete sich mein Rücken wie von alleine auf. Das geschah im Laufe des Frühlings. Als ich meinen üblichen Lauf über die Hügel absolvierte, spürte ich zu meinem Erstaunen Muskeln am Ansatz der Lendenwirbelsäule. Wie merkwürdig. Ein paar Tage später spürte ich meine Schultern. Ein leichtes Wärmegefühl. Schließlich meinen Nacken. Es war, als hätte jemand mit leichtem Strich ein paar Freiräume zwischen meinen Knochen eingezeichnet. Mir der Muskeln bewusst zu werden bedeutete zugleich, dass sie gestreckt wurden. Oder dass sie mich streckten. Ich tat nichts. Ich musste nur aufmerksam sein. Das einzig Schwierige war, mich daran zu gewöhnen, die Welt aus einem neuen Blickwinkel zu betrachten.

»*Complimenti*«, sagte Ruggero grinsend. Er behauptete, ich sähe zehn Zentimeter größer aus.

Seit ich mich nicht mehr für Prostata, Beckenboden und verstopfte Leitungen interessierte, waren meine Schmerzen weg. Ganz weg. Sogar die Wölfe hatten sich verzogen. Ich hielt nicht mehr nach ihnen Ausschau, und sie waren davongeschlichen. Das Wohlbefinden und die Leichtigkeit in Bauch und Rücken machten das Gehen zu einem Vergnügen, das mir ein machtvolles Gefühl für das Jetzt vermittelte und mich gleichzeitig an die Kindheit erinnerte. Ich ging sehr langsam und genoss meinen Körper beim Gehen. Vormittags, auf dem Weg ins Café, nickte ich dem schnauzbärtigen Mann mit dem weißen Cowboyhut zu. Er erwiderte das Nicken, mit neuem Respekt, so hoffte ich. Ich konnte mir tatsächlich kaum noch vorstellen, in was für einem Zustand ich zwei Jahre zuvor gewesen war. Hatte ich wirklich diese verzweifelten Einträge in mein Tagebuch geschrieben? Waren die Schmerzen so schlimm gewesen?

Nur die nächtlichen Gänge auf die Toilette waren geblieben, drei bis vier. Da sie nicht auf irgendein Krankheitsbild zurückzuführen waren, sagte ich mir, sie waren geblieben, damit ich nicht zu selbstgefällig wurde oder damit mir die Nacht im Bewusstsein blieb. Meine Kajakmanöver hatten sich auch nicht verbessert.

Mit der Meditation machte ich zu Hause weiter, mit unterschiedlichen Ergebnissen. Die paradoxe Entspannung hatte ich hinter mir gelassen. Sie war direkt auf die Symptome bezogen gewesen, und die Symptome waren weg. Ich legte eine Matte und ein paar Kissen in eine Ecke des Schlafzimmers und versuchte, täglich eine Stunde zu meditieren. Es war von Anfang an bequemer als im Kurs und weniger intensiv. Die warmen Duschen kamen nicht mehr. Auch die heftigen Schmerzen nicht. Es war die Liturgie nach der Offenbarung.

Da ich wusste, dass ich bisher nur an der Oberfläche gekratzt hatte, meldete ich mich zu einem zehntägigen Kurs im August an. Dieses Mal wurde der Kurs von einem berühmten Lehrer geleitet, einem älteren Amerikaner namens John Coleman. Ich unternahm nichts, um etwas über den Mann zu erfahren oder mich über die der Vipassana-Praxis zugrunde liegende Philosophie zu informieren. Buddhist zu werden war so ungefähr das Letzte, was mir vorschwebte. Ich wollte einfach das Stillsitzen, die erhöhte Körperwahrnehmung, die edle Stille. Ich war überzeugt, dass ich diesmal keine Schmerzen haben würde. Das hatte ich zu Hause geregelt. Ich konnte jetzt im Schneidersitz sitzen. Manchmal probierte ich sogar die burmesische Position. Es ist sehr schwer, nicht selbstgefällig zu werden.

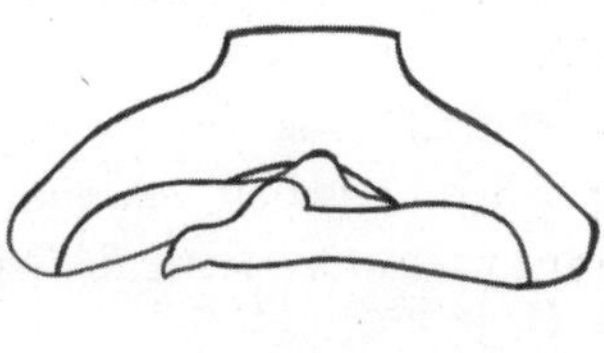

Da der Kurs sechzig Teilnehmer hatte, fand er in einem ehemaligen Kloster in der Toskana statt. Weniger schick, als man denken würde. Bei der Ankunft drehten sich die vor dem Schweigegelübde besonders eifrigen Gespräche ausschließlich um Coleman und was für ein fantastischer Lehrer er war. »*Mein* Lehrer«, sagte jemand. »Il *mio* maestro.« »Ich bin von Goenka zu Coleman gegangen«, sagte ein anderer. Alle beeilten sich, um ihre Matte und ihr Kissen möglichst weit vorne im Meditationsraum zu platzieren, in der Nähe des charismatischen Gurus. Mögen alle Wesen frei sein von allen Bindungen, fiel mir ein, aber ich wollte nicht außen vor bleiben, und so beeilte ich mich ebenfalls. Ich ergatterte einen guten Platz.

Coleman pfiff aus dem letzten Loch; er ging auf die achtzig zu, schlurfte, war fett, manchmal albern. In weiten Jeans und Schlabberpullover saß er ausgestreckt in einem tiefen Sessel und sprach langsam, mit sonorer Stimme, von schweren Seufzern begleitet. Ein mildes Lächeln ließ vermuten, dass auch er sich selbst gefiel. Auf einem Tisch neben ihm saß ein junger Mann mit nur einem Bein, der seine Worte mit hoher, schriller Stimme ins Italienische übersetzte. Das mit der Übersetzung irritierte mich sofort. Ich hatte nicht daran gedacht, dass die Sprache ein Problem sein könnte. Die Übersetzung war zum großen Teil ungenau und gänzlich ausdruckslos. Es gab Momente, in denen ich mich schwer beherrschen musste, um nicht bessere Lösungen in den Raum zu brüllen.

Coleman sprach von den Drei Juwelen, den Vier Edlen Wahrheiten, den Fünf Silas, den Sieben Stufen der Läuterung, dem Achtfachen Pfad zur Erleuchtung, den Zehn Betrachtungen, dem Buddha, Dhamma, Sangha, Karma, Anicca, Anatta, Samsara, Dukkha, dem Leid, der Wurzel allen Leids, dem Heilmittel für alles Leid, dem Bodhi-Baum.

Was für ein Gefasel, dachte ich. Und wieso haben alle Glaubensgemeinschaften – denn das hier war eindeutig keine Wissenschaft – diese wahnsinnige Vorliebe für Nummerierungen?

Die Dreieinigkeit, die sieben Sakramente, die zehn Gebote. In diesem Fall lohnte es sich kaum, eine gute Übersetzung zu liefern. Andererseits sage ich meinen Studenten immer, treffend zu übersetzen sei ein Vergnügen an sich, unabhängig von der Dummheit des Originals. Und ich litt eindeutig mehr unter der schlechten Übersetzung als unter dem mystischen Inhalt der Worte.

Alle paar Minuten schniefte der Mann hinter mir – er saß sehr dicht hinter mir – drei Mal schnell hintereinander, räusperte sich dann und hustete schließlich. Zu meinem Entsetzen ließ sich der fette alte Coleman, als die eigentliche Meditation begann, von jemandem eine riesige Küchenuhr bringen, die er zu seinen Füßen aufstellte. Es war die Art von Uhr, die man noch auf zehn Kilometer Entfernung ticken hört. Sofort dachte ich an all die Hotelzimmer, Klassenzimmer, Universitätsbüros und Mietwohnungen, in denen ich gleich nach meiner Ankunft als Erstes die Batterie aus einer tickenden Uhr entfernt hatte. Was für eine Befriedigung, den Ton abzustellen, der einen ständig an den vergehenden Augenblick erinnert, einen davon abhält, im Geiste ganz woanders zu sein. Hier aber war ich ausgeliefert. Es wird die Hölle sein, dachte ich.

Und die Schmerzen hatte ich mitnichten überwunden. Zwanzig Minuten nach Beginn der ersten Sitzung litt ich Todesqualen.

Auch das aufrechte Sitzen hatte ich keineswegs gelernt. Mein Rücken krümmte sich, er klappte förmlich zusammen. Meine Nase lag praktisch auf meinen Füßen (meinen schmerzenden Füßen). Warum? Es war *schlimmer* als in Maroggia. Ich hätte auf keinen Fall herkommen sollen.

Der Meditationsraum war schmal und lang, und ich saß ungefähr in der vierten Reihe von vorne, inmitten von rasterartigen Wellen der Unruhe und des Herumrutschens. Immer wenn ich glaubte, jetzt endlich meinen Atem aufspüren zu können, immer wenn der Schmerz nachließ, weil mein Geist sich auf die Haut über der Lippe konzentrierte, kam von hinten schnief, schnief, schnief, err err hemmmm! Sofort tickte die Uhr lauter. Schnief,

schnief, schnief, err err *hemmmm*! Tick tick *TOCKTOCK*! Der Vulkan in meinen Hüften drohte auszubrechen.

»Wenn Schmerzen kommen«, schnurrte der Möchtegern-Hypnotiseur Coleman zum x-ten Mal, »macht einfach einen objektiven Vermerk, Schmerzen, Schmerzen …«

Wie würde denn ein subjektiver Vermerk aussehen, Mr. Coleman? Oder einer, der weder subjektiv noch objektiv war? Wieso müssen wir so tun, als hätte das hier irgendetwas mit dem Verstand zu tun?

Zum x-ten Mal übersetzte der Einbeinige auf dem Tisch – *fare una nota obiettiva* – (sagt man ›fare‹ una nota?), mit einer Stimme, die so gelangweilt und mechanisch klang, wie Colemans sonor und rhythmisch war.

Inzwischen hatte ich Mordgelüste.

Vom Flur kam das Geklapper eines Rollwagens voller Geschirr und Besteck, der durch den endlosen, mit unregelmäßigen Steinplatten gefliesten Klosterkorridor geschoben wurde. Zuerst hörte man ihn etwa eine Minute lang näher kommen. Auf dem Höhepunkt der Lautstärke hielt er an, direkt vor dem Meditationsraum. Jetzt wartete ich darauf, dass er weitergeschoben wurde. Wurde er irgendwann weitergeschoben oder nicht? Machte man sich über uns lustig? Ich konnte nicht meditieren, solange er nicht entweder weitergefahren war oder ich sicher sein konnte, dass er stehen blieb. Dann, gerade wenn man dachte, er bleibt stehen, fuhr er mit einem langen, durchdringenden Quietschen weiter, gefolgt von lautem Geklapper der Teller, Messer, Löffel und Töpfe, wie ein Güterzug in der Nacht, und das Rattern, Scheppern und Poltern ging noch einmal mindestens eine volle Minute weiter, ehe der Lärm, vermutlich beim Abbiegen an der Ecke des Korridors, endlich abflaute. Wie oft wird die Uhr noch ticken, bis der Krach nicht mehr zu hören ist, fragte ich mich. Zwanzig Mal? Ich zählte mit. Tick-tack. Tick-tack. Nein, nach zehn Ticks wurde das Echo des Geklappers immer noch von den steinernen Wänden zurückgeworfen. Und das Rattern. Es wurde schwächer und schwächer, aber es war noch zu hören. Tick … tick … tick. Der Typ machte *absichtlich* langsam! Ein Klimpern von Teelöffeln. Tick tick tick. Immer noch, ganz schwach. Vielleicht machte er immer zwei Schritte vor und einen zurück. Er fuhr *absichtlich* über die unebenen Stellen im Steinfußboden, er rüttelte an den Besteckkästen!

Weg. Ganz plötzlich war es weg. Aber jetzt war das Ticken der Uhr in meine Haut eingedrungen und nähte mir den Mund zu; jedes Ticken ein Stich, hoch und runter, durch die Lippen. Wie sollte ich meinen Atem spüren, während eine Nadel mir die Lippen zusammennähte? Ich stellte mir das erste große Massaker bei einem Meditationskurs vor. »Der Attentäter war ein Mann Anfang fünfzig, der bekanntermaßen nach innerem Frieden strebte. Warum er mit einer Kalaschnikow bewaffnet in das Kloster gekommen war, ist noch unklar.«

Gleichzeitig kam mir dieses Bündel von Gefühlen nur allzu bekannt vor. Das bin ich, dachte ich, ganz der Alte. Der unerlöste T.P. Alter Groll, Dramatisierungen, bemühter schwarzer Humor. Das Wütendsein verschafft dir Befriedigung. Du gefällst dir darin, auf schöpferische Weise wütend zu sein. À la Geoff Dyer, der wiederum sein wollte wie D.H. Lawrence. Mit zusammengebissenen Zähnen hielt ich bis zum Ende der Sitzung durch und stolperte dann über tausend Nadelstiche nach draußen in den Garten, wo ich auf dem Rasen zusammenbrach.

Das Kloster war angeblich einsam gelegen, hoch oben auf einem steilen, heißen Berg, und von einer eindrucksvollen Steinmauer umgeben, aber das Dorf, das gleich am Fuße des Berges lag, feierte in dieser Woche sein Sommerfest. Um acht Uhr abends ging Rockmusik los, gespielt von Musikern, die in ihrem Fach genauso schlecht waren wie Colemans Dolmetscher in seinem. Die Sommerluft filterte die meisten Höhen heraus, sodass nur die Bässe und dumpfen Schlagzeugrhythmen übrig blieben – und der klagende, furchtbar angestrengt klingende Gesang.

Zu allem Überfluss waren auch noch gerade die Olympischen Spiele im Gange. Aus den Klosterfenstern auf der anderen Seite des Hofes, direkt gegenüber vom Meditationsraum, drangen die Schreie der Nonnen, die den italienischen Sportlern zujubelten. In China. Wenn ich etwas hasse, dann sind es die Olympischen Spiele, dieses Fest der leeren Pietäten, des krassen Patriotismus und der hoch entwickelten leistungssteigernden Drogen. Es war erstaunlich, wie aufgeregt und patriotisch diese alten Nonnen waren. Offenbar kam es ihnen gar nicht in den Sinn, dass sie uns stören könnten. Was für eine fürchterliche Farce das alles war! Zehn Tage meines kostbaren, sehr ausgefüllten Lebens vergeudet!

Dennoch hielt ich durch. Ich hatte keine Ahnung warum. Mein Eifer war mir ein Rätsel. Eines Tages fragte ich mich, ob sie diesen ganzen Krach extra für uns bestellt hatten, um unser meditatives Durchhaltevermögen auf die Probe zu stellen.

Üblicherweise wird bei diesen Kursen um 6.30 Uhr gefrühstückt, nach der wunderbar stillen frühmorgendlichen Sitzung; um 11 Uhr gibt es Mittagessen, dann noch etwas Obst am späten Nachmittag und dann nichts mehr bis zum nächsten Morgen. »Ein bisschen Hunger am Abend kann nicht schaden«, sagte der fette Coleman lächelnd. Das Essen, alles streng vegetarisch, war nicht so gut wie die hausgemachte Kost bei dem kleineren Kurs in Maroggia. Es wurde von außen gebracht, und die pickligen Caterer grinsten uns an, als wären wir ein Haufen bunter

Vögel. Sie schienen sich einen Spaß daraus zu machen, beim Tischdecken die Messer und Gabeln hinzuknallen und beim Abräumen die Besteckkästen heftig zu schütteln, so als siebten sie Gold. Das Obst am Nachmittag waren meistens Kiwis. Ich mag Kiwis nicht besonders gern. Wie soll man eine Kiwi schälen, ohne klebrige Finger zu kriegen? Fünfzig Leute standen an zwei Teespendern an. Ich hatte stark den Eindruck, dass der alte Coleman ein Techtelmechtel mit der hübschesten Frau aus dem Kurs am Laufen hatte. Ich hatte die beiden drei Mal auf dem Treppenabsatz erwischt. Beim Reden.

Und was war mit der edlen Stille?

Jeden zweiten Nachmittag fand eine Stunde lang das sogenannte ›Check-up‹ statt. In alphabetischer Reihenfolge wurden alle aufgefordert, in Vierergruppen mit ihren Kissen nach vorne zu kommen, sich vor dem Lehrer hinzusetzen und von ihren Fortschritten zu berichten. Am zweiten Tag sprachen fast alle von den Schmerzen aufgrund der Sitzhaltung und den Schwierigkeiten, ihre Gedanken auszuschalten; viele klagten darüber, dass hinter ihren geschlossenen Augen ein Film ablief, irgendein altes Drama, das sie schon hundert Mal ohne befriedigende Lösung durchexerziert hatten, wie ein Geist, der immer wieder im selben Kostüm am selben Ort erscheint – ein Ex-Ehemann, eine tote Schwester –, die gleichen Gesten vollführt, dann verschwindet, um erneut aufzutauchen. Nie ganz da, nie ganz nicht da.

»Ich befinde mich in einer Schleife«, sagte ein Mann. Er empfand es als quälend.

»Ich muss eine schwerwiegende Entscheidung treffen, wenn ich wieder nach Hause komme, die geht mir nicht aus dem Kopf, ich sehe das Gespräch immer wieder vor mir.«

Manche konnten die Stelle auf den Lippen nicht spüren, wo der Atem über die Haut streicht. Und wenn sie sie doch fanden, konnten sie sich nicht darauf konzentrieren, die Empfindung entglitt ihnen wieder. »Es liegt wohl an meinem Schnurrbart«, meinte ein Mann. Er wollte ihn abrasieren. Manche spürten die

Luft beim Ausatmen, aber nicht beim Einatmen. Oder sie spürten sie in der Nase, aber nicht auf der Lippe. Warum war es so wichtig, den Atem auf der Oberlippe zu spüren?

»Ich habe Schmerzen in der Schulter, von einem Unfall vor ein paar Jahren.«

»Ich bekomme immer stechende Kopfschmerzen, direkt hinter den Augen, sie gehen einfach nicht weg.«

»Meine Füße brennen.«

»Ich habe Menstruationskrämpfe.«

All diesen Menschen, die im Schneidersitz vor ihm auf ihren Kissen saßen, gab Coleman von seinem Sessel aus den gleichen Rat. »Du musst dir sagen, macht nichts, Schmerzen, Schmerzen, nicht *meine* Schmerzen. Du musst sagen, Gedanken, Gedanken, macht nichts, nicht *meine* Gedanken.«

Lächelnd rückte er seinen dicken Leib zurecht.

Er brachte mich zur Weißglut.

Angesichts meiner Position im Alphabet war klar, dass ich erst am dritten Tag aufgerufen würde, mich dem großen alten Mann vorzustellen. Sosehr ich auch versuchte, das Geplapper aus meinem Kopf zu verbannen, ich ging doch immer wieder durch, was ich sagen wollte. Ich wollte von meinem Staunen darüber sprechen, dass ich zu Hause ohne Schwierigkeiten meditierte, hier jedoch alle möglichen Schmerzen hatte. Warum? Zu Hause saß ich kerzengerade, hier sank ich in mir zusammen. Hatte er noch einen anderen Rat in petto, außer Schmerzen, Schmerzen, nicht *meine* Schmerzen …

Ich überlegte mir mehrere attraktive Formulierungen für diese kleine Rede, Formulierungen, die klarstellen würden, dass ich weder ein totaler Anfänger noch ein erfahrener Meditierer war. Ich wollte etwas anderes sagen als die anderen. Und natürlich würde ich Englisch sprechen und nicht den Dolmetscher in Anspruch nehmen; diesen lausigen Dolmetscher. Vielleicht konnte ich die Gelegenheit nutzen, um meine eigenen Dienste als Dolmetscher anzubieten.

Dann ärgerte ich mich über mich selbst. Wo waren wir denn hier, etwa im Theater? In einer Fernsehshow? Ich erinnerte mich daran, wie ich damals, als ich erfahren hatte, dass ich für den Booker-Preis nominiert war, nichts dagegen tun konnte, dass eine bescheidene Dankesrede sich immer wieder in meinem Kopf abspulte, Wochen vor der Verleihung. Wochenlang hat mich diese Dankesrede verrückt gemacht. Von dem Moment des Anrufs, der mich über die Nominierung informierte, bis zur Bekanntgabe schließlich eines anderen Gewinners ging mir meine Dankesrede, mit der ich den Preis annahm, im Kopf herum. Jedes Mal in einer leicht veränderten Variante, mit einem neuen kleinen Schnörkel. Diese Erfahrung war zugleich ausgesprochen ärgerlich und ausgesprochen befriedigend. Es war wirklich eine kluge, ironische und bescheidene Rede. Die Leute wären nicht gleich beeindruckt, dachte ich. Zuerst würden sie nur denken, was für ein sympathischer, normaler Typ ich war. Erst später würde ihnen aufgehen, wie klug meine Rede gewesen war. Dann würden sie mich für doppelt klug halten und doppelt bescheiden, weil ich ihnen nicht gleich meine ganze Klugheit auf die Nase gebunden, sondern auf Langzeitwirkung gesetzt hatte, so wie diese Düngestäbchen, die man in die Erde steckt und die sich dann über Monate hinweg langsam auflösen. Wieder und wieder spulte sich diese Rede in meinem Kopf ab, noch mal und noch mal und noch mal. Und jetzt machte ich das Gleiche *für Coleman*. Bei jedem neuen Schmerz, jedem Krampf oder Wehwehchen, jedem Geräusch, das mich störte, revidierte ich meine kleine Rede. Ich feilte an meiner Rede, kürzte meine Rede, verlängerte meine Rede. Was irrsinnig war. Beim Booker-Preis gab es wenigstens ein Publikum. Hätte es ein Publikum gegeben. Fernsehen! Wenn ich gewonnen hätte. Hier waren nur sechzig schweigende Leute, die schweigend versuchten, ihr Verhältnis zu sich selber und zum Dasein im Allgemeinen zu verbessern. *Was für eine Rolle spielte es schon, wie ich bei denen ankam?* Ich war ihnen völlig egal. Und sie mir auch. Und außerdem, was spielt es *je* für eine

Rolle, wie man bei irgendwem ankommt? Wen kümmert schon die Dankesrede bei der Verleihung des Booker-Preises? Herrgott noch mal! Und außerdem hatte ich von Anfang an gewusst, dass ich mit dem Roman, den ich geschrieben hatte, den Booker-Preis nicht bekommen würde. Meine Chancen standen nicht sechs zu eins, sondern sechs Millionen zu eins. Es war ein Wunder, dass ich mit einem so wütenden Buch, in dem manche Sätze über zwei Seiten lang waren, überhaupt nominiert worden war. Sie würden es nie gewinnen lassen. Die Dankesrede vorzubereiten war also doppelt lächerlich. Hier zumindest würde ich gehört werden. Von sechzig Leuten. Diese Rede würde stattfinden.

Oder auch nicht. Denn jetzt kam mir die Idee, dass ich am besten darum bitten sollte, nichts sagen zu müssen. Das war die Lösung. Dann konnte ich aufhören, die Rede immer wieder in Gedanken durchzuspielen. Ich könnte einfach erklären: »Bitte, Mr. Coleman, ich würde lieber nichts sagen.« Oder: »Mein Lehrer, ich möchte lieber das Schweigegelübde einhalten.« Das war gut. Dann würden die Leute kapieren, dass ich die Aufmerksamkeit *nicht* auf mich ziehen wollte. Vielleicht würde ich Italienisch sprechen, damit sie nicht staunen mussten, dass ich Engländer war. Allerdings hatte ich natürlich einen Akzent. Irgendetwas verrät einen immer. Dann wären sie gezwungen, über mein gutes Italienisch zu staunen. Trotz des leichten Akzents. Und natürlich würde ich das, was ich gesagt hatte, sogleich ins Englische übersetzen, damit Coleman meine sorgfältig gewählten Worte nicht aus dem Munde dieses inkompetenten einbeinigen Schnösels hören musste, der uns alle regelmäßig störte, wenn er sich auf seinen Krücken aus dem Zimmer schleppte oder wieder hereinkam. Vermutlich um auf die Toilette zu gehen.

»Ich möchte lieber nichts sagen, wenn das gestattet ist«, würde ich auf Italienisch erklären. Oder noch besser, ich könnte Coleman auf dem Flur ansprechen, schon vor morgen, und ihn leise flüsternd bitten, mich gar nicht erst aufzurufen. Die Leute konnten wohl kaum behaupten, ich buhlte um Aufmerksamkeit, wenn ich sitzen blieb, während die anderen nach vorne gingen, um zu reden.

Oder doch?

Es war zum Verrücktwerden, wie beharrlich dieses sinnlose Geplapper während der ersten drei Kurstage in meinem Kopf umherschwirrte. Vielleicht, überlegte ich, sollte ich, wenn ich nach vorne gerufen wurde, gestehen, dass ich Stunden um Stunden dieser kostbaren Meditationszeit mit selbstbezogenen Gedanken darüber verschwendet hatte, was ich sagen sollte, wenn ich aufgerufen wurde, Gedanken, die sich nur um die Wirkung meines Auftritts auf die Zuhörer und nicht um einen ehrlichen Bericht über meine Meditationserfahrungen drehten. Die natürlich schlecht waren. Sollte ich eine Beichte abliefern? Oder hätte das eine noch viel größere *Wirkung*?

Dann dachte ich natürlich daran, über dieses sinnlose Geplapper und darüber, wie wunderbar ich mich selbst oder jemanden, der mir ähnlich ist (sehr ähnlich), selbst auseinandernehmen kann, zu schreiben, in einem Roman vielleicht. Ich konnte auf äußerst clevere Art und Weise vorführen, wie unfähig ich war. Sollte ich einen Roman schreiben oder lieber ein Sachbuch? Was erschien mir *dringlicher*? Und wenn ich mich für ein Sachbuch entschied, sollte ich dann in der dritten Person schreiben, so wie Coetzee es in *Der Junge* und *Die jungen Jahre* gemacht hat, oder die schlüpfrige Freimütigkeit der ersten Person annehmen? Das sind seltsame Bücher, die Coetzee geschrieben hat. Sie verunsichern einen.

So ging es immer weiter. Ich hasste es. Ich konnte einfach nicht aufhören. Nach dem ersten Kurs hatte ich Coetzees Essay über Robert Walser gelesen und mich über einen merkwürdigen Umstand und über Coetzees Reaktion darauf gewundert, einen Umstand, der mir jetzt wieder einfiel und mir sehr relevant im Hinblick auf diese Sprachbesessenheit erschien. Mit Mitte dreißig stellte Walser plötzlich fest, dass er mit dem Federhalter nicht mehr zurechtkam. Seine Finger verkrampften sich schmerzhaft, sobald er einen in die Hand nahm. Er konnte nicht schreiben. Aber er musste natürlich schreiben, denn wer war er sonst, was war mit seinem alten Ehrgeiz? Also fing er an, mit dem Bleistift zu schreiben. Und seine Handschrift veränderte sich drastisch. Statt der großzügig gerundeten Schönschrift des gebildeten jungen Mannes aus der Provinz schrieb er jetzt in so winzigen Lettern, dass man mit bloßem Auge glaubte, einen unentzifferbaren Code vor sich zu haben. Selbst Fachleute, bemerkte Coetzee, können sich nicht sicher sein, alles richtig entziffert zu haben.

Warum konnte Walser mit dem Bleistift arbeiten, mit dem Federhalter aber nicht, fragte ich mich jetzt, zum Teil als Gegengift zu diesen idiotischen Rede-Übungen in meinem Kopf und zum Teil, weil ich, so anmaßend das auch erscheinen mag, vermutete, dass Walsers Problem und das meine sich nicht unähnlich waren. Und vor allem, warum sprach er von seiner »Bleistiftmethode«? Hier ist Coetzees skurrile Interpretation: Wie ein Künstler, der mit Kohle arbeitet, meint der Nobelpreisträger, musste Walser »eine stetige rhythmische Handbewegung herbeiführen, ehe er in den geistigen Zustand eintreten konnte, in dem Träumerei, Komposition und der Fluss des Schreibinstruments ein und dasselbe wurden«. Das heißt, er brauchte die rhythmische Bewegung des Bleistifts, um ein Hindernis zu überwinden, das Coetzee nicht genauer benennen wollte.

Aber inwiefern ist ein Bleistift rhythmischer als eine Feder? Ist der Vergleich mit der Zeichenkohle treffend? Maler stellen mit Zeichenkohle keine Miniaturen her, oder? Wenn Walsers Schrift unentzifferbar klein geworden war, dann müssen seine Handbewegungen doch wesentlich verkrampfter gewesen sein als vorher und kein bisschen frei und rhythmisch. Ist es nicht wahrscheinlicher, dass Walsers Problem eher die Selbstbezogenheit und der Exhibitionismus waren, die dem Schreiben und Veröffentlichen innewohnen? Deshalb verkrampfte sich seine Hand. »Schriftsteller wissen gar nicht, was sie verloren haben, nachdem sie die Anonymität aufgegeben haben«, hatte Walser irgendwo geschrieben.

Etwas in diesem Sinne. Seine Romane waren alle auffällig autobiografisch, im Zentrum jeder Geschichte stand ein Alter Ego des Schriftstellers. Konnte es sein, dass der Wechsel zum Bleistift, der sich im Gegensatz zu Tinte ausradieren lässt, ihm das Gefühl gab, sein Tun sei vorläufig und könne revidiert werden? Und dass er mit der winzigen Handschrift seine Arbeit in gewissem Sinne vor anderen verbergen wollte? Er tat es und tat es doch nicht. Eine Zeit lang schrieb Walser seine Bleistiftmanuskripte in Schönschrift für die Verleger ab, mit einem Federhalter. Losgelöst vom Akt der Schöpfung, der Selbstoffenbarung und Selbstbestätigung, konnte er die Feder komischerweise wieder benutzen. Aber später ließ er seine Werke in Bleistift stehen, ohne sie zu veröffentlichen, und noch später *hörte er ganz auf zu schreiben.*

Ich dachte immer wieder an Walser angesichts dieses komplexen Themas der Selbstdarstellung, dem Wunsch, nach vorne zu gehen und zu reden, und dem gleichzeitigen ehrlichen Wunsch, es nicht zu tun, vor allem dem Wunsch, es nicht zu wollen oder nicht zeigen zu wollen, dass ich es wollte. Und lag nicht eine ähnliche Komplexität hinter Coetzees beunruhigender Entscheidung, seine Autobiografie in der dritten Person zu verfassen? So als schreibe er gar nicht über sich, sondern über jemand anderen? Und keiner geht mit diesem anderen härter um als Coetzee in *Der Junge* und *Die jungen Jahre*, mit dieser Person, die daran schuld ist, dass er die unverzeihliche Indiskretion begeht, diese Bücher zu schreiben. Er war hart zu sich, weil er Bücher über sich selber schrieb. Und alle es wussten. Obwohl er so tat, als ginge es nicht um ihn. Er verabscheute das. Beim Schreiben über sich selbst schrieb er gegen sich selbst. Sich selbst als Schriftsteller, der sich selbst beschrieb. »Nicht Ich.« Erklärte Beckett. Oder ließ er einen Mund erklären. Einen Mund ohne Gesicht. Ohne Ich, ohne Auge. »*Werde ich bis ans Ende unfähig sein, über etwas anderes zu lügen als mich selber?*«, fragt sich Malone, oder Beckett, in *Malone stirbt*. Eine rhetorische Frage. Nein. Schmerzen, Schmerzen, nicht *meine* Schmerzen. Bitte. Und als Deirdre Bair zu Beckett kam, um ihn für die Biografie zu interviewen, war das Erste, was er sagte: »Sie sind also hier, um aufzuzeigen, dass letztendlich alles autobiografisch war.«

Und das war es!

Und ich steckte tief in der Klemme. Ich konnte nicht mehr. Über lange Strecken, während die Stunden tickend vergingen, spürte ich, dass ich ins Schwanken kam und früher oder später auf die Seite fallen musste. Ich fing an, mich darauf zu freuen. Oder auf die Nase. So krumm wie ich saß. Es wäre eine große Erleichterung, auf die Nase zu fallen, sodass alle sehen könnten, wie sehr ich litt, denn dann könnte ich aufhören und mich ausruhen, spazieren gehen oder mich ins Bett legen, vielleicht nach Hause fahren. Ich spürte jetzt einen stechenden Schmerz zwischen den Schulterblättern. Scharf wie Messerstiche. Die Stelle strahlte blitzende Lichter und eine glühende Hitze aus. Wie konnte ich solche Schmerzen haben, wenn ich wusste, dass ich kerngesund war? Was lernte ich aus all dem, fragte ich mich? Nichts. Nichts, außer dass *jeder einzelne Gedanke*, der mir in den Sinn kam, in gewisser Hinsicht *selbstbezogen* war. Nein, in *jeder* Hinsicht selbstbezogen. Jeder Gedanke. Meine Analyse von Walsers Problem traf zweifellos zu, beglückwünschte ich mich, und sie passte zu vielen anderen Elementen in Walsers Biografie. Meine Vermutung, dass Coetzee den Kern der Sache geradezu verfehlen musste, entsprach seinem eigenen offensichtlichen Konflikt in Bezug auf die Selbstdarstellung. Aber was soll man beim Schreiben denn darstellen, wenn nicht sich selbst? Auch wenn ich über den Mann im Mond schriebe, wäre das eine Selbstdarstellung. *Erst recht,* wenn ich über den Mann im Mond schriebe. Was ich sagen muss, entschied ich, wenn ich schließlich nach vorne gerufen werde, ist, dass diese drei Tage des Meditierens mir gezeigt haben, dass jeder Gedanke, den ich denke, auf die eine oder andere Art eine hässliche, törichte Selbstbeweihräucherung ist. Auch das, was als beißende Selbstkritik daherkommt, ist in Wirklichkeit nur Selbstbeweihräucherung. Du gratulierst dir dazu, deine schlimmsten Eigenschaften erkannt zu haben. Coetzee gefällt sich darin, hart mit sich umzugehen. Gut beobachtet, Tim. Gab es irgendeinen Ausweg aus diesem Dilemma? Wie konnte ich damit aufhören, gänzlich damit aufhören, ein für alle Mal? Ohne mir eine Kugel durch den Kopf zu jagen?

»Lenkt eure Aufmerksamkeit behutsam wieder auf den Atem, der über die Stelle an der Oberlippe streicht. Beim Einatmen streicht die Luft über die Stelle, und beim Ausatmen streicht die Luft über die Stelle. *Nama* und *Rupa*, Geist und Materie. Alles auf der Welt, Geist und Materie. Ohne Identität.«

Tom Pax wurde mit drei anderen Namen zusammen aufgerufen, nach vorne zu kommen.

So viel zum Thema Identität. Der Dolmetscher las falsch von seiner Namensliste ab. An Pax bin ich gewöhnt, aber ich kann es nicht ausstehen, wenn man mich Tom nennt.

Weil ich wusste, dass Coleman immer von links nach rechts vorging, platzierte ich mein Kissen ganz rechts.

Der erste Mann gab zu, Panikattacken zu haben.

Coleman schwieg. »Konzentrier dich einfach auf den Atem«, sagte er schließlich. »Und mach dir im Geiste einen objektiven Vermerk über diese Angst.«

Der zweite Mann gestand, dass er immer wieder einschlief und sich dann selber weckte, wenn sein Körper abrutschte oder zusammensackte.

Wie die Jünger im Garten von Gethsemane, dachte ich und beglückwünschte mich noch während ich es dachte zu diesem treffenden Vergleich. Dann rügte ich mich erschöpft für dieses erneute Beispiel meiner Selbstbezogenheit.

»In den ersten drei Tagen wird man leicht schläfrig«, sagte Coleman zu ihm. »Das wird mit der Zeit besser. Ärgere dich nicht über dich selber. Mach dir im Geiste einen objektiven Vermerk – Schläfrigkeit – und lenke deine Aufmerksamkeit dann wieder auf den Atem an deiner Lippe.«

Ich änderte schnell noch meinen Plan und beschloss, einfach zu erzählen, dass ich viele Schmerzen hatte und es schwierig fand, mich zu konzentrieren. Weiter nichts. Die schlichteste Zusammenfassung von dem, was alle anderen gesagt hatten. Ich hoffte, das würde nicht nach Provokation klingen. Ich hoffte, es würde nach gar nichts klingen.

Ich wollte es auf Italienisch sagen. Sprich italienisch, so als wärst du einer von ihnen.

Was hatte das ›so als‹ zu bedeuten?

Dann gestand der dritte Mann, sein größtes Problem in den letzten beiden Tagen sei gewesen, dass er die ganze Zeit darüber nachgedacht hatte, was er sagen wollte, wenn er nach vorne gerufen wurde. Also jetzt. Und Coleman lachte. Coleman lachte tief aus seinem fetten Bauch heraus, ein richtig herzliches, rumpelndes, dickes Lachen, und er sagte, er habe sich schon gefragt, wann wohl jemand dieses Geständnis machen würde. Er war offensichtlich sehr belustigt.

Man hatte uns reingelegt.

»Und jetzt sage ich etwas ganz anderes, als ich mir vorgenommen hatte«, beklagte sich mein Kamerad.

Coleman lächelte. »Du hast also die Gegenwart an eine Zukunft verloren, die gar nicht eingetreten ist.«

Das war genau meine Geschichte mit dem Booker-Preis.

»Wir sagen nie, was wir uns vornehmen, nicht wahr?«, fügte Coleman wohlwollend hinzu. »Warum also nicht einfach warten, bis der Moment gekommen ist? Hier steht nichts auf dem Spiel. Du bewirbst dich nicht um eine Anstellung.«

Danach war ich dran. Mach es wie geplant, dachte ich. Wie zuletzt geplant. Es gibt nichts Schlimmeres, als wenn der Elfmeterschütze sich in letzter Sekunde doch für die andere Ecke entscheidet.

Der fette Mann wandte sich mir zu. Er hatte etwas Charismatisches an sich. In seinen fleischigen Gesichtszügen lag Heiterkeit. Die tief liegenden Augen wirkten strahlend und jung.

»Nun, Tom Pax?«

Ich machte den Mund auf, und es kam nichts heraus. Diese Erfahrung hatte ich hundert Mal im Traum gemacht, aber bis dato noch nie in Wirklichkeit. Ich hatte keine Stimme. Ich sollte reden, brachte aber kein Wort heraus. Drei, vier Mal versuchte ich es. Nichts als Luft und ein Schmerz in der Kehle.

Kopfschüttelnd schaute Coleman von seinem Thronsessel aus zu mir herunter, mit einer Mischung aus Herablassung und Mitgefühl.

»Ich weiß nicht, was los ist«, krächzte ich schließlich angestrengt. Die Worte waren kaum zu hören.

Er beugte sich mir ein Stückchen entgegen. »Warum gehst du nicht einfach wieder auf deinen Platz?«, sagte er.

Ich persönlich bedaure natürlich alles

In den nächsten vier Tagen fasste ich den Entschluss, mit dem Schreiben aufzuhören. Ich hatte es gerade geschafft, mich halbwegs zu konzentrieren, hatte meine Gedanken meinem Atem angepasst, dem Ticken der Uhr gestattet, in meinen willigen Puls einzutreten, über Wangen und Lippen und durch Arme und Beine zu laufen und sich dann in meiner Brust und meinem Bauch zu verflüchtigen, hatte, kurz gesagt, gerade die richtige Sitzhaltung gefunden, mich im Meditationsraum in der Gesellschaft meiner Meditationskollegen eingerichtet, als der Zeitpunkt kam, von Anapana zu Vipassana überzugehen, vom Atmen zum Erforschen. Das war, als trat ich aus einem abgedunkelten Schlafzimmer in ein brennendes Haus. Oder als erwachte ich nach einer Operation aus der Narkose. Zuerst gab es eine anhaltende Explosion tief im Innern des Schädels, gefolgt von einer Reihe von Ereignissen in der dunklen Landschaft hinter den geschlossenen Augen – weniger ein Feuerwerk als vielmehr brennende Steine, große schmerzhafte Felsblöcke, die mir die Sicht versperrten.

Nach der ersten Stunde lief ich eilig nach draußen in die Nachmittagssonne, überwältigt von einem Déjà-vu. Hätte ich über diese Erlebnisse einen Roman geschrieben, dachte ich, dann wäre die Krise in der Morgendämmerung auf der verregneten Bergterrasse in Maroggia der naheliegende Moment gewesen, die Geschichte mit einem lebensverändernden Durchbruch enden zu lassen. Aber er war nicht lebensverändernd gewesen. Jetzt, fünf Monate später, stand ich wieder am Anfang, war ganz der Alte, hatte wieder das Gefühl, irgendetwas würde sich niemals bewegen, hatte wieder einen Körper, der sich mir zu widersetzen schien, der nicht mit mir zusammen sein wollte.

Hatte wieder einen krummen Rücken.

Ich sah zu, wie die anderen mit Tee und Kiwis nach draußen in den Garten kamen. Am ersten, zweiten und dritten Tag waren die Leute energisch auf und ab gegangen oder hatten sich auf den Rasen gelegt, um Sit-ups und Dehnübungen zu machen. Es war ein ebenerdiger Garten im Renaissance-Stil, mit einer von Wegen durchkreuzten Rasenfläche. Jetzt, am vierten Tag, bewegten sich alle wie in Zeitlupe. Die Leute machten ein paar Schritte und blieben dann stehen, wie angewurzelt verharrten sie fünf oder sogar zehn Minuten lang reglos. Sie nippten bedächtig an ihrem Tee und schälten ihre Kiwis in einem Tempo, als wäre es ganz egal, ob sie jemals dazu kommen würden, das Obst zu essen. Niemand machte Gymnastik. Auch ich hatte jedes Bedürfnis nach Gymnastik oder Sport verloren. Und ich hatte den Eindruck, ich war nicht der Einzige, der von Vipassana überrumpelt worden war. Der junge Mann, der vor mir hin und her ging, wirkte verstört; vorsichtig setzte er einen Fuß vor den anderen und rollte ihn von der Ferse zur Spitze ab, so als liefe er auf dem Hochseil über einen Abgrund.

Da hatte ich das Gefühl, eine unwiderrufliche Veränderung in meinem Leben nur erzwingen zu können, wenn ich mich von dem Projekt lossagte, das mich seit ich denken kann angespornt, aufgerieben und krank gemacht hat: DAS PROJEKT DER WORTE. Wenn Krankheit bei Schriftstellern ein Zeichen des Auserwähltseins ist, dachte ich – wo hatte ich das gelesen? –, dann könnte ein notwendiger Schritt zur Genesung der sein, dem Schreiben abzuschwören. Nicht, dass ich im eigentlichen Sinne noch *krank* war. Aber *geheilt* war ich mit Sicherheit auch nicht. Was wollte ich sonst an diesem verrückten Ort?

Während ich meine Knöchel für die nächste Stunde im Schneidersitz in Position zog, fiel mir ein, dass es V.S. Naipaul war, der das zu mir gesagt hatte. Als wir vor vielen Jahren auf einer Tagung einmal zusammen Mittag gegessen hatten. »Ein Schriftsteller muss eine ernste Krankheit durchmachen«, hatte Naipaul feierlich erklärt. Das war ein paar Jahre vor seinem Nobelpreis. »Um sein Gewissen zu erwecken.« Womit Naipaul natürlich nichts anderes sagen wollte, als dass er selber eine ernste Krankheit durchgemacht hatte und nun zu den Auserwählten gehörte. Der Mann war absolut eitel. Wie konnte ich auf so einen Unsinn hereinfallen? Natürlich, weil er in der Tat ein paar großartige Romane geschrieben hat. Dann fiel mir die Stelle in *Information* von Martin Amis ein, wo ein Schriftsteller sich fragt, warum ein rivalisierender Schriftsteller sich immer noch die Mühe macht, weiter zu schreiben. Und man weiß sofort, dass sich in Wirklichkeit Amis diese Frage stellt. Er rechnet den Verdienst des Mannes aus. Der Stundenlohn ist geringer als der eines Taxifahrers. Warum macht er das? Um nicht der *nackten, ungeschminkten, unmittelbaren* Realität ins Auge blicken zu müssen, denkt sich der Schriftsteller (und zweifellos auch Amis). Vielleicht wurde es also Zeit für mich, mich dem zu stellen, dem einfachen Dasein, anstatt davor zu fliehen, indem ich über das Dasein schrieb. Ich musste sprachlos werden. Der Verlust meiner Stimme beim Check-up hatte mir den Weg gezeigt.

Guru Coleman, das spürte ich, wollte uns in seinen Abendansprachen etwas Ähnliches deutlich machen. Die unmittelbarste Realität, die *einzige* Realität, zu der wir in jedem Moment unseres Lebens Zugang hatten, sagte der fette Mann, war der Atem, dieser Atem, in diesem Augenblick, der über unsere Lippe streicht, wenn er in die Lunge hinein- und aus der Lunge herausströmt. *Der* Atem, nicht *unser* Atem. Alles andere waren leere Fantasien.

Diese Abendansprachen – von sechs bis sieben Uhr – boten eine bemerkenswerte Kombination aus Inhaltslosigkeit und Pessimismus. Coleman saß breit in seinem Sessel, ein geistloses Lächeln auf den schlaffen Wangen, die tollpatschigen Hände auf den molligen Knien, und spulte die Art von schlappen Predigergleichnissen ab, für die mein Vater sich selbst im Kindergottesdienst zu schade gewesen wäre. »Ihr wollt einen roten Ferrari haben?«, sagte Coleman beinahe schnurrend zu den italienischen Zuhörern. Bei jedem Punkt machte er eine Pause. »Euer Leben lang träumt ihr schon von einem roten Ferrari.« – Pause – »Ihr müsst einfach einen roten Ferrari haben.« – Pause, Lächeln – »Und wenn ihr ihn dann bekommt?« – Pause, tiefer Seufzer – »Wenn ihr ihn habt?«

Er machte sich nicht die Mühe zu sagen: Was dann?

Bitte, dachte ich, während der Dolmetscher für die sehr wenigen Italiener, die nicht sowieso schon kapiert hatten, worum es ging, durch seine ausdruckslose Annäherung trudelte, bitte, tu mir den Gefallen und nimm ein Objekt der Begierde, das man wirklich nur schwer aufgeben könnte.

Ich muss eine bestimmte Frau haben.

Ich muss den Nobelpreis gewinnen.

Es ärgerte mich maßlos, dass er weiter von diesem roten Ferrari faselte. Die Leute, die zu Meditationskursen kommen, sind wohl kaum der Typ, der seine Seele für einen Sportwagen verkaufen würde.

Nahm ich an.

Manchmal war Coleman zu müde zum Reden, dann ließ er seinen Dolmetscher etwas direkt auf Italienisch vorlesen, während er mit dem gleichen geistlosen Lächeln einfach zuschaute.

»Es gibt in der Vipassana-Meditation zehn Stufen der Erkenntnis«, las der Dolmetscher mit seiner stockenden Schuljungenstimme und ließ sein eines Bein von der Tischkante baumeln.

»*Sammasana*, die theoretische Erkenntnis der drei Merkmale *anicca*, *dukkha* und *anatta* (unbeständig, leidvoll, herrenlos) in allem durch Betrachtung und Analyse;

udayabbaya, die Erkenntnis des ständigen Entstehens und Vergehens von *nâma* und *rûpa*, Geist und Stoff, durch Betrachtung und Analyse;

bangha, die Erkenntnis des rapiden Wandels von *nama* und *rupa*, wie ein schneller Strom oder Energiefluss; das klare Bewusstsein des Vergehens aller Dinge;

bhaya, die Erkenntnis, dass unser Dasein schrecklich ist;

adinava, die Erkenntnis, dass unser Dasein voller Elend und ohne Zuflucht ist;

nibbida, die Erkenntnis, dass unser Dasein abscheulich ist;

muncitukamayata, die Entstehung des Wunsches nach Erlösung;

patisankha, die Erkenntnis, dass man sich von allem loslösen muss, mittels *anicca*;

sankharupekkha, die Erkenntnis, dass man allem gegenüber gleichmütig werden und das egozentrierte Leben aufgeben muss;

anuloma, die Erkenntnis, die einen der erlösenden Wahrheit nahebringt.«

Als er bei *adinava* war, musste ich lächeln, und bei *munci*-wie-auch-immer lachte ich. Ich konnte nicht anders. Es klang so sehr nach Beckett, so sehr wie Arsenes großartige Rede in *Watt*, die ich immer meinen Studenten im zweiten Jahr vorlege und über die ich auch jedes Mal kichern muss:

> *Ich persönlich bedaure natürlich alles. Kein Wort, keine Tat, keine Not, keinen Rat, kein Glück, kein Leid, keinen Bursch, keine Maid, keine Furcht, keinen Hass, keinen Mut, keinen Spaß, keinen Wahn, keinen Hohn, kein Lachen, keinen Ton, keinen Namen, keine Fratz, keine Zeit, keinen Platz, die ich nicht zutiefst bedaure. Ein Dreck vom Anfang bis zum Ende.*

Und es geht weiter:

> *Dienstags fühlt man sich flau, der Mittwoch ist verrucht, donnerstags ist alles grau, der Freitag wird verflucht, samstags säuft man sich blau, der Sonntag wird verpennt, der Montag ist mau, der Montag ist mau. Die Zügel, das Krächzen, die Prügel, das Ächzen, die Riemen, das Peitschen, die Striemen, das Kreischen, das Stechen, das Beten, das Treten, die Tränen, das Stoßen und das Stöhnen …*

Aber warum musste ich über diese Zeilen von Beckett so lachen, fragte ich mich, so wie ich jetzt über *bhaya*, *adinava* oder *nibbida* lachte – dieses Dasein schrecklich, dieses Dasein voller Elend, dieses Dasein abscheulich. Weil es so übertrieben war, nahm ich an, weil die banalen Rhythmen und Reime zeigten, wie irreführend die Sprache sein kann, wie sie suggerieren kann, dass alles bestens ist, obwohl man eigentlich von tiefer Verzweiflung redet; so als hätte ich von meinen eigenen monatelangen Schmerzen in einem Kinderreim erzählt.

Aber es war mehr als das. Ich hatte, so wurde mir klar, schon als Jugendlicher über Beckett gelacht, weil solche Gedanken *verboten* waren. Meine anglikanischen Eltern hätten eine solche Sicht auf das Leben niemals gebilligt. Die Inhaltslosigkeit der anglikanischen Predigt mündete unweigerlich in Optimismus: der auferstandene Jesus Christus, Erlösung, erneute Hingabe, die Verheißung der Herrlichkeit. Mein Leben lang hatte ich Inhaltslosigkeit mit christlichem Konformismus verbunden, mit sozialistischem Optimismus und Selbstgefälligkeit; und daher im Umkehrschluss Pessimismus mit Nonkonformismus, Scharfsinn und Befreiung vom Zwang zum Schönreden der unangenehmen Wahrheit.

Meine Eltern verabscheuten Beckett, sie waren entsetzt, als ich anfing, Beckett zu lesen. »Du hast dich von deinem Bruder in die Irre führen lassen!«, riefen sie. Sie verabscheuten Becketts *Nihilismus* und seinen Defätismus.

> *»Und wenn ich alles wieder von Neuem beginnen könnte«, fährt Arsene fort, »mit dem Wissen, das ich jetzt habe, würde das Ergebnis das gleiche sein. Und wenn ich ein drittes Mal von Neuem beginnen könnte, mit dem Wissen, das ich dann haben würde, würde das Ergebnis das gleiche sein. Und wenn ich hundert Mal alles wieder von Neuem beginnen könnte, jedes Mal mit etwas mehr Wissen als zuvor, würde das Ergebnis immer das gleiche sein, das hundertste Leben wie das erste, und die hundert Leben wie eins. Ein Durchfall.«*

Hundert Leben wie eins. Ein Durchfall! Das gefiel mir! Und jetzt stellte ich fest, dass es der Kerngedanke des Buddhismus war und dass ich beim Meditieren zu einem Bewusstsein von dieser Abscheulichkeit gelangen sollte. Für viele Menschen ist die Wiedergeburt beruhigend, ja sogar Wunschdenken – man stirbt nicht, man darf es noch einmal versuchen –, aber Beckett, ebenso wie der Buddha, wusste es besser. Jedes Leben wirft dich zurück auf die Achterbahn aus Begierden und Enttäuschungen, auf der du dich von einer Obsession befreist, nur um dich in die nächste zu stürzen. Da kann man froh sein, wenn man endlich rauskommt! Und zu dumm, dass Selbstmord einen nur noch tiefer in die *Samsara*-Scheiße reitet.

Nihilismus war böse, betonten meine Eltern. Wenn meine Mutter ›Nihilismus‹ sagte, klang schon das Wort fremd und gefährlich, wie ein italienisches Stilett. Oder wie Nietzsche. Fremde

Namen, böse fremde Worte. Am Nihilismus ist nichts Vernünftiges oder Angelsächsisches. Nihilismus ist Teufelswerk, der Anfang aller kriminellen Handlungen. Warum sollte man sich überhaupt benehmen, wenn das Leben sinnlos war? Noch schlimmer, Nihilismus führte dazu, dass man sich keine Mühe gab, keinen redlichen anglikanischen Versuch unternahm, die Welt zu verbessern. Gott hatte uns nach seinem Bilde geschaffen, das Leben war gut; wenn die Welt durch den Sündenfall unvollkommen geworden war, dann war das unsere Schuld, und es war an uns, sie zu verbessern. Und nicht zu jammern. Oder sich wie ein Feigling davonzuschleichen. Der buddhistische Fatalismus war böse, er machte die Menschen korrupt und mutlos, und deshalb starben in Asien Millionen an Hunger und Krankheiten. »Wir wissen Bescheid, wir sind da gewesen«, sagten meine Eltern, denn sie hatten Missionarsreisen nach Malaysia, Indien und Pakistan unternommen.

All das bekam ich zu hören, als ich sechzehn, siebzehn war.

Jetzt, da ich dem selbstgefälligen, pessimistischen Coleman zuhörte, fiel mir auf, dass der Buddhismus die Dinge anders formulierte. Um die Leere im Herzen des Daseins zu erkennen, muss man *zuerst* Reinheit erlangen. Weit entfernt vom Ansporn zu kriminellem Verhalten war diese Erkenntnis – wie seltsam! – die Belohnung für gutes Benehmen und der Schlüssel zur ersten Tür, durch die man sich aus dem Gefängnis befreien konnte. Unreinheit und Ignoranz verhinderten, dass man die Dinge so sah, wie sie wirklich waren (schrecklich), und deshalb hing man am Leben und litt. Wer tief im Innern weiß, dass das Leben leer ist, der muss moralisch untadelig sein, denn sonst hätte er nie die Konzentration erreicht, die man braucht, um das zu begreifen. Stimmt, dachte ich, ich hatte immer den Eindruck gehabt, Beckett habe etwas von einem Heiligen oder zumindest etwas von einem Eremiten in seinem Pessimismus; jedenfalls war er wohl kaum einer, der sich nach den Gütern dieser Welt verzehrte.

Auf der anderen Seite, und da wurde es kompliziert, empfand ich persönlich das Leben überhaupt nicht als einen Schleier des

Elends. Colemans Sichtweise entsprach meiner eigenen überhaupt nicht. Und Becketts ebenso wenig. Mein Problem ist ja gerade, dass das Leben *so schön* ist. Ich hänge sehr daran. Mein Elend, als ich krank war, bestand nur zum Teil aus den Schmerzen. Wichtiger war der Verlust der Schönheit, meine Unfähigkeit, Dinge zu genießen. Aber ich war nie der Ansicht, Genuss und Freude seien unmöglich.

Daher meine verwirrten Überlegungen in dem alten Klostergarten nach der Abendansprache, wo die Luft jetzt im Dämmerlicht silbern wurde und aus dem Tal unten die laute Musik heraufdrang. Es war schön, hier zu sein, dachte ich, in dieser lauen Luft unter den Zypressen, hoch oben in den toskanischen Bergen. Der Lärm vom Volksfest störte mich nicht mehr. Es war schön, meinen Meditationskollegen zuzusehen, wie sie im Zwielicht in Gedanken versunken waren, schweigend und edel in der Stille. Ich erinnere mich an eine junge Frau, im sechsten oder siebten Monat schwanger, die an dem niedrigen Eisenzaun stand und ins Tal hinunterblickte. Ihre Finger, die sich über ihrem Bauch gerade noch berührten, waren entspannt und schlank, und ab und zu drehte sie den Kopf hin und her und reckte den langen Hals, so als wolle sie eine Verspannung lösen. Das Leben ist *zu* schön, dachte ich. Überhaupt nicht abscheulich. Auf ihren Lippen lag der Anflug eines Lächelns. Und die Meditation machte es noch schöner, denn durch sie konnte ich alles mit größerer Ruhe erleben. Allein der Akt des Essens war zu einem tiefen, ruhigen Vergnügen geworden: eine raue Brotrinde am Gaumen zu spüren, eine knackige Möhre zwischen den Zähnen, eine Gabel voll Reis, der mit Speichel vermischt auf der Zunge zergeht und dann durch die Kehle rutscht, dann das kühle, klare Wasser, das alles wegspült, das stille Gefühl der Sättigung. Schweigend mit den anderen bei Tisch zu sitzen war ebenfalls ein Vergnügen, ihre schweigenden Gesichter zu betrachten, während sie aßen, ihre Konzentration zu sehen. Die Abendluft einzuatmen war schön.

Ich sollte unbedingt mit dem Schreiben aufhören, entschied

ich. Wie sollte ich Tag für Tag diese tiefe Ruhe erlangen, wenn ich weiter schrieb, hoffte und kämpfte? Ich dachte an Emil Cioran, der von Beckett gesagt hat, er wäre immer, wenn beim Essen jemand anfing, über die relativen Vorzüge zeitgenössischer Schriftsteller zu sprechen, wütend geworden und hätte in stummem Protest seinen Stuhl zur Wand gedreht. Er wollte an solchen Diskussionen einfach nicht teilnehmen. War nicht alles, was Beckett später geschrieben hat, überlegte ich, ähnlich wie Walsers winzige Bleistiftschrift ein Versuch, mit dem Schreiben aufzuhören, während man weiterhin schrieb? Zuerst der Wechsel ins Französische – Sprache, Sprache, nicht *meine* Sprache –, dann wurden die Stücke immer kürzer, jeder Satz schien den vorhergehenden auszulöschen, alles widersetzte sich mehr und mehr dem Leser, konzentrierte sich auf einfache physische Bewegungen wie Laufen, Augenrollen, Atmen. »Alles Schreiben ist eine Sünde wider die Sprachlosigkeit«, hat Beckett gesagt. Wenn er gekonnt hätte, dachte ich, hätte er aufgehört. Vielleicht war seine Gewohnheit der letzten Lebensjahre, jeden Satz, kaum dass er geschrieben war, sogleich zu übersetzen, seine Art zu sagen: Schreiben, Schreiben, nicht *mein* Schreiben.

Wieder fiel mir der Abend ein, als ich beim Booker-Preis-Dinner war. Während meine Dankesrede mir im Kopf herumschwirrte, bereitete ich mich dennoch darauf vor zu klatschen, wenn Arundhati Roy gewann. Ich glaube, alle Nominierten wussten, dass Arundhati Roy gewinnen würde: Das Buch war charmant, bereits ein Bestseller, es kam aus Indien, es handelte von armen Kindern, die missbraucht wurden und sich dennoch im Leben zurechtfinden, die Autorin war schön, aber nicht zu jung, gebildet, aber keine Angehörige der britischen Oberschicht. Wie sollte sie nicht gewinnen? Ich bereitete mich darauf vor zu klatschen, und ich klatschte, verdammt noch mal! Und Arundhati Roy ging aufs Podium und stand lächelnd da, wunderschön – sie trug ein sehr schönes Kleid –, und sagte, sie sei sprachlos, ihr fehlten die Worte, denn sie hätte nie gedacht, dass sie gewinnen würde, und hatte keine Rede vorbereitet. Und ich wusste, das war gelogen, denn ich hatte am Tag zuvor mit ihr Mittag gegessen, und da schien sie durchaus auf einen Sieg vorbereitet zu sein. Und im Übrigen wurde sie von den Buchmachern ohnehin als Favoritin gehandelt. Diese Rede war also, genau wie die, die ich schließlich nicht gehalten habe, sorgfältig vorbereitet, erkannte ich, und wie meine wollte sie unvorbereitet und bescheiden wirken und war somit doppelt verlogen.

Dann kam Salman Rushdie mit gerunzelter Stirn zu mir und sagte, er an meiner Stelle wäre stinksauer; er würde mit Stühlen um sich werfen und sich beschweren, dass nicht er gewonnen hatte. Ich sagte lächelnd, ich sei auch stinksauer, nur nicht in diesem speziellen Augenblick, sondern eher im Allgemeinen. Ganz generell wütend. Wenn ich die ganze Zeit mit Stühlen um mich werfen würde, hätte keiner mehr einen Platz zum Sitzen.

Wie kann man ein solches Leben führen, ohne Magengeschwüre zu kriegen?

Stopp.

Vermutlich hat es etwa eine Stunde oder länger gedauert, diese letzten Überlegungen aufzuschreiben, aber sie brauchen nur ein oder zwei Sekunden, um einem durch den Kopf zu gehen, während man versucht, sich auf den Atem auf seiner Oberlippe zu konzentrieren. Wie oft sind mir diese Gedanken in den folgenden Tagen wohl durch den Kopf geschwirrt, in den langen stillen

Stunden der Dämmerung, in den geleiteten Sitzungen, wenn Guru Coleman uns aufforderte, unsere Körper zu ergründen, in der Abenddämmerung beim Gekicher der Nonnen, der dröhnenden Musik und dem lauten Geschrei der Kinder, die draußen vor den Klostermauern spielten? Hör mit dem Schreiben auf, sagte ich mir. Genug. Genug.

Ungerufen und ungewollt kreuzten diese Gedanken durch den Raum in meinem Kopf, flogen hin und her und auf und ab wie Vögel am Abendhimmel, jagten sich, verloren sich und fanden sich wieder, rasten, wirbelten, stoben auseinander und sammelten sich wieder, glitten eine Weile still dahin, um dann mit schnellem Flügelschlag Tempo zu machen, immer in Bewegung, durcheinander und übereinander, in unterschiedlichen Höhen und unterschiedlichen Geschwindigkeiten, während das Licht schwindet, leichter Wind aufzieht und der Regen die raschelnden Blätter bespritzt. Dann, endlich, kommen sie einer nach dem anderen zur Ruhe, verschwinden aus dem Blickfeld. Ein letztes Flattern, dann setzt sich ein Gedanke auf seinen Hochsitz und wird still.

Vielleicht auf einem Dach oder in meinem Handgelenk, in meiner Kehle. Ein zweiter gesellt sich dazu, dann noch einer. Gedanken plustern ihre Federn auf, ehe sie ruhig sind. Ein letzter Schrei vielleicht – *Rushdie hatte recht! Ich hätte einen Stuhl schleudern sollen!* – und dann Stille. Bis sie, auf ihrer Leitung zwischen meinen Ohren eng beieinanderkauernd, ihre Gestalt verlieren, ineinanderfließen, zu einer Masse fedriger Schatten werden, tiefen Schatten in der Dunkelheit, eine Schicht unter der nächsten, unter anderen Schichten, während Augen sich hinter den geschlossenen Lidern schließen, beobachtet von noch tiefer liegenden Augen, und der Geist schließlich durch sich selbst hindurchsieht; endlich ist der Geist still und klar wie klares Wasser und der Körper randvoll mit durchsichtigem, wortlosem Geist, so wie ein Glas in ruhigen Händen an einem brütend heißen Nachmittag in Sevilla im Halbdunkel des Säulengangs randvoll sein kann mit durchsichtigem Wasser, welches das dunkle Geheimnis der schwarzen Feige umgibt.

Am sechsten oder siebten Abend stellte ich, als ich im Meditationsraum zu mir kam, fest, dass ich allein war. Die anderen waren schon weg. Ich kam zu spät zum Zubettgehen.

Coleman

Schmerz für Schmerz, Pulsschlag für Pulsschlag, Juckreiz für Juckreiz wurde der Körper erkundet. Zum ersten Mal spürte ich die Wurzeln meiner Zähne, eine Vibration tief unten im Zahnfleisch, zum ersten Mal pochte und zuckte meine Zunge und war wirklich im Mund spürbar, zum ersten Mal stieg ein Feuerball langsam aus dem Bauch in die Brust. Schmerzen flammten auf, brannten, verglommen. Und kamen zurück.

Die Persönlichkeit wurde unterdessen zerlegt. Es war ein komplexer Demontage-Prozess, der in einer bestimmten Reihenfolge ablaufen musste: Zuerst fiel die eine Gewissheit, dann eine andere, dann die eine Etage tiefer angesiedelte. Kein plötzlicher Einsturz, sondern ein methodischer Abriss. Oder vielleicht war es auch nur so, dass die Konstruktion, die mich ausmachte, ohne die Menschen um mich herum – Frau, Familie, Kollegen, Freunde –, ohne Arbeit, Fernsehen, Radio, ohne Zeitungen und Bücher, Telefon und E-Mail, ohne Tastatur oder Schreibblock einfach auseinanderfiel, so als würde ein Schiff, das von dem Wasser, in dem es segelt, zusammengehalten wird, aufs Trockendock gezogen. Teile fielen ab. Es gab einen Tag der Tränen, einen Tag der Verwirrtheit, einen Tag der Panik, einen Tag der Zuversicht.

»Mögen alle Wesen frei von allen Bindungen sein«, psalmodierte Coleman und erklärte die Schmerzen, die wir erlebten, so: Der Körper war ein asbestverkleideter Ofen voller brennender Kohlen. Die Kohlen waren die schwelende Anhäufung unserer vergangenen Gedanken und Handlungen. Wenn wir keine Hitze im üblichen Sinne verspürten, dann lag das daran, dass die ständigen Sinnesreize und unsere endlos brodelnde geistige Aktivität eine wirksame Isolierung darstellten: Wir merkten nichts, weil wir uns ständig bewegten, nachdachten und handelten. Aber durch Beachtung der fünf Verhaltensrichtlinien und die Anapana-Praxis hatten wir die Asbestschicht entfernt und den Ofen geöffnet. Nun spürten wir die schmerzhafte Hitze unseres Karmas. Und jetzt begaben wir uns Tag für Tag durch Vipassana in alle Ecken des Ofens und wendeten die Kohlen, sodass sie aufglühten und Funken sprühten. Es war schwer, sagte er. Doch langsam, aber sicher würden sie ausbrennen, und dann würde Ruhe einkehren. Unser Geist würde rein und leer werden.

Ich dachte: Sie warten also bis zum siebten Tag, ehe sie uns verraten, dass das Ganze auf Schmerzen aufgebaut ist, auf der Erfahrung und dem Annehmen der Schmerzen, etwas, das dich höchstwahrscheinlich am Kommen gehindert hätte, wenn du es vorher gewusst hättest.

»Die Bindung an das Ich«, sagte Coleman, »ist so stark, dass wir sie niemals lösen können, es sei denn, unser inneres Leiden ist stärker.« Ich dachte an Becketts *Endspiel.* »Du musst noch besser leiden lernen, Clov, wenn du willst, dass man es sattkriegt, dich zu strafen – eines Tages.«

Ich war im Zuge dieser Abendansprachen in einen seltsamen Geisteszustand geraten. Ich glaubte nichts. Ich fand diese Ansichten lächerlich und widersprüchlich: wenn das Leben völlig leer war, wie konnte man dann der Reinheit einen Wert beimessen, wie konnte es Regeln geben, die auf der Basis des Verhaltens die Wiedergeburt bestimmten usw. usw. Gleichzeitig hörte ich aufmerksam zu, genoss das Zuhören, und merkte, dass Colemans Worte tatsächlich in mancherlei Hinsicht auf meine Erfahrungen anwendbar waren. Ich hatte das Gefühl zu wissen, was er meinte, wenn er davon sprach, dass alles im Fluss sei, dass Geist und Materie sich auflösten und zu Energie wurden. Und es war auch nicht undenkbar, dass meine Schmerzen etwas damit zu tun hatten, dass ich jahrelang angespannt auf meinem Stuhl gesessen hatte, während ich mir vor einem leeren Blatt Papier den Kopf zerbrach, Hoffnungen schürte, mich über kleine Erfolge freute oder bei Rückschlägen und Enttäuschungen überreagierte. Und es stimmte – wenn man sich, oder seine Aufmerksamkeit, auf etwas *neben* diesen Schmerzen konzentrierte, sich einfach mit ihnen hinsetzte und sie da sein ließ, ohne auf sie zu reagieren oder sie wegzuwünschen, dann zogen sie sich in der Tat allmählich zurück. Ebenso die Gedanken: Wenn man sie hochkommen ließ, ohne sie zu bewerten oder in irgendeiner Weise zu belegen, dann verpufften sie langsam. Und mehr noch, man spürte, wie man dabei eine gewisse Heiterkeit gewann, ein Verständnis dafür, dass ein großer Teil der Schmerzen, die wir empfinden, von unserer Reaktion auf Schmerzen herrührt und ein großer Teil unserer inneren Unruhe von unserer aufgeregten Bereitschaft zur Unruhe.

Vor allem aber spürte ich ganz generell die ersten Anzeichen des berühmten Gleichmuts, von dem Coleman ständig sprach. Ich hatte gelernt, mich mit der schlampigen Übersetzung abzufinden. Ich verzieh unserem einbeinigen Wunder. Ich verzieh sogar mir selber, wenn ich mich immer noch ab und zu über ihn ärgerte. Mir selbst zu verzeihen war weitaus schwieriger. Mir ging jetzt auf, dass ich immer in die Falle getappt war, mich selbst anzubrüllen, immer entschlossen gewesen war, die Demütigung des Misserfolgs auszukosten und auszustellen. Also war das in gewisser Weise ein Fortschritt; durch das Loslassen gewann man paradoxerweise an Kontrolle, wenn es auch eine andere Art der

Kontrolle war als die, nach der man sein Leben lang gestrebt hatte. Distanz statt Zugriff. Jetzt brauchst du nur noch das Schreiben aufzugeben, dachte ich, dann hast du es geschafft. Du wirst dich für immer verändert haben.

Aber wenn ich das Schreiben aufgab, wovon sollte ich dann leben? Das war eine verlogene Frage. Ich hatte noch meine Seminare. Ich würde Lehrer sein, eine Art Dienstleister. Robert Walser war vom Prinzip der Dienstleistung besessen gewesen, von der Vorstellung, das Ego im Dienste anderer zu begraben. Er träumte davon, Butler zu sein, und hat auch tatsächlich eine Zeit lang als solcher gearbeitet. Ich wusste, das ging mir einen Schritt zu weit. Aber das Unterrichten ist eine redliche Sache. Ich unterrichte gerne. Wenn das Schreiben erst hinter mir lag, wäre auch das Gerangel im Kopf vorbei, und ebenso die Kluft zwischen Erfahrung und der Produktion eines schriftlichen Berichts über die Erfahrung, und das alberne Streben nach Lob und Anerkennung. Alles vorbei. Meiner Gesundheit würde das nur dienlich sein.

Am achten Morgen hatte ich einen Termin bei Coleman. Die nachmittäglichen Check-ups waren seit dem vierten Tag ausgefallen. Ich fragte mich, ob der Grund dafür die Sorge war, einige der eher negativ eingestellten, aggressiveren Teilnehmer könnten einen Aufstand anzetteln (eine Frau hatte das Wort Gulag benutzt, als sie sich über die Regel beschwerte, das Gelände nicht zu verlassen); oder ob es ihnen bei sechzig Leuten als eine zu große Zeitverschwendung erschien, zu viel Ablenkung, wenn alle immer wieder den anderen zuhörten. Wer Rat brauchte, sagten sie, könne sich für ein fünfzehnminütiges Treffen mit Coleman während der ungeleiteten Meditationssitzungen am siebten, achten und neunten Tag eintragen.

Mein erster Gedanke war, mich nicht einzutragen. Ich hatte keine Frage an Coleman, und es gab nichts, was ich ihm sagen wollte. Wenn ich mehr über Buddhismus erfahren wollte, konnte ich etwas darüber lesen, obwohl ich keinen Sinn darin sah, Anschauungen nachzugehen, die so schrullig waren, dass ich sie niemals akzeptieren könnte; wer in einem so reichen, schönen und friedlichen Land wie Italien geboren wurde, hatte Coleman uns gesagt, konnte sich dazu beglückwünschen, in seinem vorherigen Leben gut abgeschnitten zu haben. Ergo hatten alle, die im Sudan geboren worden waren, sich zuvor schlecht benommen. Ich nahm auch nicht an, dass der Guru seinerseits an meinen Ansichten und Überlegungen interessiert wäre. Warum sollte er? Und warum sollte ich Wert darauf legen? Nein, der einzige Grund für mich, Coleman zu treffen, wäre Neugier, was in meinem Fall bedeutete, ein interessantes Gespräch zu führen, das ich später in irgendeinem Buch verwenden konnte. Oder einem Artikel. Ich könnte an *The New York Review* schreiben und sie fragen, ob sie Interesse an einem Beitrag über Vipassana-Meditation hatten. Oder an den *Guardian*.

Aber wenn du nicht mehr schreiben willst, wozu dann Sachen sammeln, über die du schreiben kannst? Tu es nicht.

Auf der anderen Seite war ich tatsächlich neugierig auf Coleman. Er war ein Typ Mensch, dem ich noch nie begegnet war, eine seltsame Mischung aus Farblosigkeit, Heiterkeit und Verschrobenheit. Er hatte von einem früheren Leben gesprochen, in den Fünfziger- und Sechzigerjahren, als er in Thailand für die CIA tätig war, ehe seine Suche nach mehr innerer Ruhe ihn nach Burma und damit zum Buddhismus und der Vipassana-Meditation geführt hatte. Die Anekdoten in seinen Abendansprachen waren kindisch, und zwar mit Absicht, wie ich inzwischen glaubte, und er erzählte sie mit einer kindlichen Mach-damit-was-du-willst-Begeisterung. Mit Absicht beleidigte er den Verstand, um diese nervtötende Instanz in ihre Schranken zu weisen. Auf der anderen Seite hatte er nichts von der Scheinheiligkeit, die allen christlichen Geistlichen fatalerweise anhaftet. Und er trug auch keine Kleidungsstücke, die nach Robe oder Ritual oder auch nur nach New Age aussahen. Er trug immer alte Hausschuhe, ausgebeulte Hosen und ein ausgeblichenes T-Shirt. »Ich musste mir diese Hosen extra machen lassen«, verkündete er ohne jeden Anlass. »Weil ich so dick bin.«

Mein erster Eindruck war daher, dass der Mann harmlos war. Er konnte vermutlich keiner Fliege etwas zuleide tun, was angesichts der Tatsache, dass er Buddhist war, nur von Vorteil sein konnte. Aber nachdem wir von der Eintönigkeit der Anapana-Meditation zum anspruchsvolleren Abenteuer der Vipassana-Praxis übergegangen waren, wurde mir langsam klar, wie stark Colemans Charisma sein konnte. Er wartete, bis wir alle im Meditationsraum Platz genommen hatten, ehe er hereinkam. Wir zogen an der Tür unsere Schuhe aus, gingen zu unseren Plätzen, rückten unsere Kissen zurecht, schoben und zogen unsere Knöchel in Position, legten die Hände in den Schoß oder auf die Knie, schlossen die Augen und kamen zur Ruhe. Erst wenn wir schon ein paar Minuten da waren, hörten wir das Schlurfen von Hausschuhen auf dem Flur. Draußen blieb der Guru kurz stehen, so als hätte er sich noch nicht entschieden, ob er hineingehen sollte oder nicht. Dann klickte die Tür, ging knarrend auf und fiel mit nochmaligem Klicken wieder zu. Wieder blieb er kurz stehen, gleich hinter der Schwelle, und ich weiß noch, dass ich den Eindruck gewann, er halte sich gern an etwas fest, etwa an der Türklinke oder dem Tisch des Dolmetschers, um sich zu stützen. Oder vielleicht auch einfach nur, um die Sachen anzufassen. Er fasste gern Sachen an. Wir hörten seinen herausfordernd langsamen Schritten zu, während er zu dem schäbigen Sessel ging. Dann seufzte er tief, ließ sich in die Polster fallen und schwieg.

Mit geschlossenen Augen spürten wir, wie seine Anwesenheit sich im Raum ausbreitete und sein schweres Atmen zu unserem Atmen wurde. Die Uhr tickte. Manchmal hörte man in der Ferne einen Zug pfeifen oder, wie an einem Nachmittag, ganz leise die Sirene eines Rettungswagens. Hundegebell kam häufiger vor; ein angeketteter Hund, der andere, vorbeigehende ankläfft, dachte ich. Gedanken, Gedanken. Ich machte mir einen objektiven Vermerk. Die Minuten vergingen. Coleman schwieg. Es gab keine Eile. Zugleich breitete sich eine schleichende Spannung im Raum aus, ein kollektives Warten auf seine Stimme; wenn sie endlich ertönte, zuckten wir zusammen. Sie schien aus unserem eigenen Innern zu kommen.

»Mögen alle Wesen in Frieden leben.«

Wenn er Meditationssitzungen leitete, sprach Coleman mit einer tieferen, gemesseneren, klangvolleren Stimme als bei seinen Ansprachen. »Mögen alle Wesen frei sein von allen Bindungen und allem Kummer. Mögen alle Wesen erfüllt sein von Glück und mitfühlender Freude.«

»Sadhu Sadhu Sadhu.«

Ich selber sprach die Worte nicht aus, aber ich stimmte zu.

Er begann ganz zahm. Er forderte uns auf, uns ein paar Minuten lang auf den Atem zu konzentrieren, den Atem, der über die Lippe strich. Wenn er eine Zeit lang nichts sagte, fragte man sich, ob er womöglich eingeschlafen war. Dann dröhnte die Stimme wieder los. Zweifellos wegen unserer geschlossenen Augen und des langen Stillsitzens wurden Töne zu körperlichen Empfindungen. Die Uhr tickte in den Finger- und Zehenspitzen. Der Gong, mit dem jede Sitzung anfing und endete, prickelte in meinen Wangen. Das Knallen einer Tür war wie ein Klaps. Colemans Stimme brachte eine Glocke in der Brust zum Läuten. Der ganze Körper schallte.

»Und jetzt nehmen wir unsere Aufmerksamkeit weg von unserem Atem«, sagte er ruhig, »und lenken sie nach oben zum höchsten Punkt des Kopfes.« Er fing an, uns durch unseren Körper zu führen, und wenn er ein Körperteil benannte, dann fiel es tatsächlich leichter, mit diesem Körperteil in Kontakt zu treten, als wenn man alleine meditierte. Durch das Benennen des Körperteils berührte seine Stimme die Stelle, aber ohne irgendeine mystische Formel zu benutzen. »Jetzt lenkt eure Aufmerksamkeit in die Wangen. In die linke Wange. In die rechte Wange. In beide Wangen. Seid achtsam. Bemerkt jede Empfindung, die in diesem Körperteil auftritt.«

Sein Timing war beeindruckend. Er ließ uns so lange die Aufmerksamkeit auf ein Handgelenk, einen Oberschenkel oder eine Schulter richten, bis diese extreme Konzentration geradezu schmerzhaft wurde. Ich hätte nie gedacht, dass die Kombination aus der Befreiung des Geistes von allen Gedanken und der Konzentration auf körperliche Empfindungen so harte Arbeit sein könnte. »Spürt, wie die Empfindung sich verändert, in euren Händen, den Handrücken, den Fingern, den Fingerspitzen, wie sie sich ständig verändert, wie unendlich verschieden und unendlich zart sie ist; *anicca*, erfahrt *anicca*.«

Dann, nach langem Schweigen, sagte er genau in dem Moment, in dem man das Gefühl hatte, die Konzentration keinen Augenblick länger ertragen zu können: »Und jetzt lasst los. Haltet nicht an der Empfindung fest, wenn sie angenehm ist, und kämpft nicht gegen sie an, wenn sie schmerzhaft ist. Lasst ... einfach ... los.«

Und das tat ich. Es war, als könne Coleman, Colemans Stimme, diese Wellen der Lockerung, die mir bei der paradoxen Entspannung so unerwartet begegnet waren, herbeizitieren. Er befahl, und ich ließ los; eine seltsame Flüssigkeit strömte herein, meine Steifheit verschwand.

»Tiefer«, beharrte Coleman. »Tiefer und tiefer, in den Muskel hinein, in den Knochen. Spürt bis in den Knochen hinein. Spürt, dass selbst der Knochen sich verändert. *Anicca*.«

Wir konzentrierten uns auf die Arme, die Ellbogen, und jetzt kam es mir so vor, als spürte ich tatsächlich die beiden Knochen in meinem rechten Unterarm. Die Elle und die Speiche waren gegenwärtig, ihre Form, ihre Beschaffenheit. Es war das erste Mal, dass Coleman uns aufgefordert hatte, in die Knochen hineinzuspüren, und als gewohnheitsmäßiger Skeptiker fragte ich mich, ob das Hypnose war. War ich zum Objekt einer cleveren hypnotischen Suggestion geworden? Aber wenn es sich um Hypnose handelte, wäre ich dann überhaupt noch in der Lage, mir diese Frage zu stellen?

»Lasst los«, sagte Coleman sanft, »lasst einfach los«, und eine weitere Barriere fiel. Ich fing an, mich darauf zu freuen, dass er die Worte wiederholte. Ich war enttäuscht, wenn er es nicht tat. Mir wurde klar, dass ich in Zukunft, wenn ich zu Hause alleine meditierte, mir diese Formel selber sagen würde – lass los – und mir dabei Colemans Stimme vorstellen würde, den besonderen Tonfall, in dem er sie sagte, und ich würde feststellen, wie viel wirksamer sie waren, wenn er persönlich anwesend war, um sie auszusprechen.

Ich beschloss, nun doch einen Termin mit Coleman zu vereinbaren, und trug mich für den Morgen des achten Tages ein. Als ich vor seiner Tür stand, wurde ich ganz unerwartet von Gefühlen überwältigt. Ich hatte mir am Tag zuvor große Mühe gegeben, keine Rede vorzubereiten, mir das Gespräch nicht vorzustellen und auch keine Liste von den Dingen zu machen, die ich ansprechen wollte. Trotzdem beschäftigte mich das Treffen in Gedanken als etwas Besonderes. Vor seiner Tür war ich aufgewühlt. Es ging um etwas Wichtiges. Das Gefühl irritierte mich. Ich war erwachsen, klug, erfahren und illusionslos. Warum um alles in der Welt wollte ich mit einem Guru sprechen?

Bemerkenswert pünktlich kam die Frau vor mir gemeinsam mit dem Dolmetscher aus dem Zimmer, und ich ging hinein und nahm Platz. Coleman lächelte und fragte mich, ob ich meine Stimme wiedergefunden hätte, und ich sagte: »Wir werden ja sehen.«

»Bravo!«, gab er lachend zurück.

Es war ein kleines Zimmer mit zwei Sesseln, die sich gegenüberstanden. Die Jalousie war halb heruntergelassen, um die Augustsonne abzuschirmen. Ich fragte ihn, warum er so schlimm hinkte, und er erklärte, er sei in Malaysia in einem offenen Golfbuggy über ein Konferenzgelände gefahren worden, der Fahrer habe zu stark gebremst, und da sei er vom Buggy gefallen und habe sich die Hüfte gebrochen.

Mehrere Minuten lang beschrieb Coleman den Unfall und das Krankenhaus. Er wirkte seltsam angetan von dem ganzen Vorgang. »Die malaysischen Krankenschwestern waren toll!« Dann fragte er: »Aber wie geht es Ihnen?«

Ich erzählte ihm, der Kurs habe eine Menge Gefühle und Überlegungen bei mir ausgelöst.

Er wartete.

Ich schaute ihn an. Er lächelte mir zu. Nicht ermutigend, einfach abwartend. Das Problem war, sagte ich, dass ich nicht wusste, wie ich mein bisheriges Leben weiterleben und Vipassana in dieses Leben integrieren konnte. Ich hatte das Gefühl, diese Praxis müsse an erster Stelle stehen und verlange, dass ich mein Leben vollkommen veränderte.

Schon als ich diese ominösen Worte sagte, erkannte ich, dass meine Eltern in ihrer religiösen Glanzzeit jemanden wie mich, der so etwas erklärt, solche Schwäche zeigt, im Handumdrehen dazu gebracht hätten, auf die Knie zu fallen und sein Herz Jesus zu verschreiben. Es hätte Tränen gegeben, Gebete und Gefühlsausbrüche. Coleman zog eine seiner buschigen Augenbrauen hoch. Nach langem Schweigen sagte er: »Viele Menschen kommen auf diese Idee.«

Das brachte mich ein bisschen aus dem Gleichgewicht. Ich wartete, aber mehr kam nicht.

»Nun«, sagte ich schließlich, »ich werde aufgefordert, das Leben als eine Last zu betrachten, eine Quelle des Leids, und zu lernen, mir nichts daraus zu machen, aber in Wirklichkeit finde ich es richtig schön. Das Leben. Diese Berge, die Leute hier. Ich hänge sehr an alldem. Vielleicht kann ich mir deshalb nicht vorstellen, wie die Vipassana-Praxis da hineinpassen könnte. In meine Art zu leben, meine ich. Ich werde das Gefühl nicht los, gebeten zu werden, dem Leben abzuschwören.«

Coleman war aufmerksam, freundlich, distanziert. Wieder wartete er eine ganze Weile, ehe er sagte: »Konzentrieren Sie sich auf *anicca*, erkennen Sie *anicca*.«

Das klang langsam so wie »Erkennen Sie Jesus, unseren Herrn«. Ich wurde ungehalten. Taub stellen konnte ich mich so gut wie jeder andere, dachte ich. Ich nahm mir vor, nichts mehr zu sagen, bis er dieses Gespräch ernst nahm.

Wir betrachteten einander. Er schien meine Entscheidung verstanden zu haben, und anstatt das Schweigen zu verlängern, fragte er: »Womit verdienen Sie Ihren Lebensunterhalt?«

»Ich unterrichte Übersetzen. Und ich schreibe Bücher.«

»Wie interessant. Was für Bücher?«

»Romane, Essays.«

Er saß da und lächelte mich an. Ich wartete. Dann wurde mir klar, dass er lächelte, weil er wusste, ich wartete darauf, dass er noch eine Frage zu meinen Büchern stellte, damit ich über sie sprechen konnte. Was er nicht tun würde.

»Ich meine«, sagte ich eilig, »ich frage mich, wie man das Schreiben, das Streben nach Erfolg, mit Vipassana vereinbaren kann. Ich habe mich schon gefragt, ob ich es aufgeben sollte.«

»Vipassana?«

»Nein, das Schreiben.«

»Aha.« Er runzelte die Stirn und seufzte. »Wissen Sie, viele Leute besuchen unsere Kurse und kommen auf die Idee, sie sollten sich in ein Kloster zurückziehen oder so etwas. Ich verstehe nicht wieso.«

So langsam fand ich die Begegnung ärgerlich. »Na ja, Mönche schreiben keine Bücher, oder? Das passt offenbar nicht zusammen.«

Wieder ein mattes Lächeln. »Mönche tun vieles nicht. Wer sagt denn, dass man Mönch werden muss?«

»Also, Wörter scheinen mich mehr als alles andere vom gegenwärtigen Augenblick abzulenken. Ich bin nie richtig hier. Ich bin ständig mit Wörtern beschäftigt. Ich habe den Eindruck, sehr vieles, was in meinem Leben nicht stimmt, hat mit Wörtern zu tun.«

Er wartete immer eine Weile, ehe er antwortete.

»Wir sprechen gerade«, sagte er schließlich. »Wir benutzen Wörter. Es ist durchaus angenehm, nicht wahr? Nützlich sogar.«

»Mit Büchern ist es etwas anderes.«

Die Art, wie er einen ansah, gab einem das Gefühl, er konzentriere sich trotz seiner über achtzig Jahre auf einen und bringe einem echtes Interesse entgegen. Und dann waren seine Antworten kurz angebunden.

»Aber Bücher sind etwas Wunderbares.« Er schmunzelte. »Ich habe sogar mal selber eins geschrieben, vor langer Zeit.«

»The Tranquil Mind.«

»Genau.«

Ich hatte ein Exemplar auf dem Tisch vor dem Meditationsraum liegen sehen.

»Ich glaube, es ist kein sehr gutes Buch, aber eine wirksame Art, vielen Menschen eine Menge Informationen zu vermitteln.«

Mir wurde klar, dass mich das nicht weiterbringen würde, und ich fragte abrupt: »Mr. Coleman, vielleicht können Sie mir mit einem kleineren Problem behilflich sein. Es fällt mir schwer, beim Meditieren aufrecht zu sitzen. Besonders hier. Zu Hause geht es besser. Aber hier sacke ich einfach in mir zusammen. Ich habe ständig das Gefühl umzukippen.«

Coleman überlegte oder erweckte zumindest diesen Eindruck. Vielleicht war es die reine Show.

»Ich hatte auch oft Schwierigkeiten, aufrecht zu sitzen«, sagte er.

»Aber was kann ich da machen?«

Er holte tief Luft. »Ich frage mich, warum Sie unbedingt aufrecht sitzen wollen.«

»Nun, weil das zum einen bequemer ist und zum anderen besser für den Rücken. Ich könnte auch besser atmen.«

Er wirkte nicht überzeugt. »Ich würde gar nichts machen.«

»Aber es ist doch ein legitimer Wunsch.«

Er schaute aus dem Fenster. Vielleicht wurde er senil. Geistesabwesend.

»Sicher.« Er wandte sich mir wieder zu. »Alle möchten lieber aufrecht sitzen, das stimmt.« Er wartete. »Wissen Sie, manchmal, wenn wir etwas nicht schaffen, liegt es daran, dass wir es uns zu sehr wünschen.«

Ich schwieg.

»*Anicca*«, sagte er. »Konzentrieren Sie sich auf *anicca.*« Er beugte sich vor und reichte mir die Hand. »Ich würde gern noch länger mit Ihnen reden, aber ich habe nur fünfzehn Minuten pro Person.«

Das war's also! Ich schüttelte ihm die Hand, lächelte grimmig und ging wutschnaubend zur Tür. Ich hatte mich herabgelassen, mit einem Guru zu sprechen, und er hatte kaum meine Existenz gewürdigt. So viel zum Erlangen von Weisheit. Als ich ging, wartete draußen ein älterer Mann auf seinen Termin. Coleman hielt den Zeitplan ein.

Ich stand in dem steinernen Korridor. Er war vor Kurzem renoviert und weiß gestrichen worden, aber die gotischen Bögen über den Türen vermittelten nach wie vor ein Gefühl von Altertum. Das Fenster am Ende des Flurs war ein Rechteck aus hellem Licht, das die dunkle Kerze einer Zypresse umgab. Ich ging hin, um hinauszuschauen. Die Hügel leuchteten im staubigen Sonnenlicht. Unten auf dem Rasen lag auf einem Liegestuhl die junge Frau, mit der Coleman am ersten Kurstag gesprochen hatte, rauchte und sonnte sich. Sie nahm sich eine Auszeit. Setz dich zu ihr, dachte ich. Was soll's.

Unten, kurz vor dem Haupteingang, hielt ich inne. Der alte

Bastard hatte mich auf die Probe gestellt. Er hatte mich durchschaut. So einfach war ich gestrickt. Ich schüttelte den Kopf, zögerte und machte dann kehrt.

Ich hatte den Meditationsraum noch nie mitten in einer Sitzung betreten. Ich schloss die Tür so leise ich konnte, und trotzdem ging beim Klicken des Schlosses ein Zittern durch die Körper um mich herum. Die Tür war am Ende des Raums, wo drei, vier Leute auf Stühlen saßen. Ich ging an ihnen vorbei und tapste barfuß durch den engen Gang zwischen den Männern, die in Zweierreihen auf den Matten zu meiner Linken saßen, und den Frauen, die, ebenfalls in Zweierreihen, rechts hockten. Die vier Fenster an der rechten Wand standen offen, und eine sommerliche Brise strömte herein. Dennoch empfand ich die intensive, stille Ruhe, die fast wie ein Summen anmutete. Ich war umgeben von einer kollektiven geistigen Energie, die mir fast greifbar erschien, es war, als watete ich durch ein warmes Meer aus Geist.

An meinem Platz angelangt blieb ich kurz stehen und schaute mich um. Reihenweise sitzende oder kniende Gestalten. Ein dicker Mann auf einem Berg von Kissen. Ein hagerer, arabisch aussehender Junge, der nur auf einem Holzstück saß. Manche saßen aufrecht, manche gekrümmt. Es gab glatte, ausgeglichene Gesichter, solche mit gerunzelter Stirn und solche, die milde lächelten.

Manche trugen die einschlägigen Klamotten, hatten orientalische Tücher um den Hals und saßen auf Kissen mit esoterischen Symbolen; andere trugen verwaschene Shorts und formlose T-Shirts. Die schwangere Frau saß im halben Lotossitz und wirkte heiter. Ein Mann hatte die Hände mit den Handflächen nach oben auf die Knie gelegt; Zeigefinger und Daumen berührten sich leicht. Ein anderer hatte seine Arme in den Schoß sinken lassen. Dann sah ich, dass die ältere Frau zu meiner Rechten eine Fliege auf der Wange hatte. Eine schwarze Schmeißfliege. Sie lief an ihrem Hals entlang bis hoch zu ihrer Wange. Die Frau zuckte nicht mit der Wimper. Die Uhr tickte. Die Fliege folgte dem Haaransatz oberhalb des Ohrs. Die Frau hatte ihre langsam grau werdenden Haare zu einem Knoten zusammengesteckt. Spürte sie das Tier oder nicht?

Ich setzte mich hin. Ich war froh, zurückgekommen zu sein. Ich fühlte mich privilegiert, weil ich den Raum sehen durfte, während alle so still und konzentriert waren. Ich brachte mich so leise ich konnte in Position und schloss die Augen. Mein Zorn auf Coleman war verflogen. Er hatte recht gehabt mit seiner Vermutung, warum ich gerne aufrecht sitzen wollte. Ich wollte beweisen, dass ich es konnte, mir selbst und anderen. Exhibitionismus. Vielleicht hatte er auch recht, was das Schreiben betraf. Vielleicht bestünde die wahre Veränderung darin, mich nicht dauernd selbst mit diesem ganzen Gerede von drastischen Veränderungen beeindrucken zu wollen. »Viele Menschen kommen auf diese Idee«, hatte er gesagt. Und: »Ich hatte auch oft Schwierigkeiten, aufrecht zu sitzen.« Sie und ich sind uns ähnlich, und den anderen auch, wollte er damit sagen. Versuchen Sie nicht, eine besondere Beziehung zu mir aufzubauen, nur weil Sie ein geplagter Schriftsteller sind. Er war sehr höflich gewesen, dachte ich. Er wollte niemanden bekehren, er war nicht auf der Suche nach Jüngern. Ich schloss die Augen und wartete darauf, dass sich mein Atem auf meiner Oberlippe bemerkbar machte.

Liebe

Die Dinge sind, wie sie sind. Diese Schale. Der Tisch. Weißer Joghurt. Beim letzten Frühstück war ich überwältigt von der schieren Gegenwart aller Dinge. Dieses Brot, dieses Stück Butter. Die Dinge sind, wie sie sind. Meine Hand. Die fleckige Haut, ein vernarbter Fingerknöchel, ein schmutziger Fingernagel. Alles war ganz es selbst, gab Anlass sowohl zum Staunen als auch zur Gleichgültigkeit. Verstreute Krümel, verschüttete Milch. Ich starrte alles an. Wie bei einem Cézanne war jeder Gegenstand befreit vom Geflecht menschlicher Interpretation. Eine Tasse neben einer Melonenspalte. Ganz sie selbst. Ich benutze jetzt die Worte – Tasse, Melone –, aber damals war mein Geist wortlos. Die Tasse, die Melone waren Dinge ohne Worte, standen nicht in einem Zusammenhang, waren nicht Teil eines Satzes oder einer Geschichte. Und es gab keine Distanz zwischen uns. Ich war in der Tasse, ich war klebrig von der Melone. Beim Aufblicken betrachtete ich den jungen Mann, der mir am Tisch gegenübersaß, seine frisch rasierten Wangen, das rote T-Shirt, die Tätowierung am Mittelfinger. Sie täuschte einen Ring vor, in die Haut eingraviert. Ich schaute. Er hielt einen Zwieback in der Hand, auf den er mit einem Messer rosafarbene Marmelade strich. Es war zu intensiv. Die Marmelade war zu rosa. Die starken Finger zu präsent. Ich berührte sie. Sie berührten mich. Das Anschauen war eine Berührung. Vielleicht sind Worte ein Schutz. Worte halten die Welt auf Abstand. Das sage ich jetzt. Damals kam mir dieser Gedanke nicht. Ich war sprachlos, dort, mittendrin. Ich war wirklich ganz da.

In Zeitlupe gingen wir zum Meditationsraum. Der Mann hinter mir nahm seinen Platz ein, schloss die Augen, presste die Lippen zusammen. Ich hatte ihn seit Tagen nicht husten hören. Der Mann vor mir war wie ein Sack Kohlen, seine Körpermassen schoben sich ineinander. Die Frau rechts von mir thronte wie elektrifiziert da, vollkommen still; sie war ein Vogel, ein Papagei. Jeden Augenblick konnte sie wegfliegen.

Ich schloss die Augen und wartete. Tatsächlich gingen in der Dunkelheit andere Augen auf. Ich befand mich in schwarzer Finsternis, im Begriff, in See zu stechen. Mein Boot war zerbrechlich, ein ruderloses Skiff. Ich war unbesorgt. Ich war schön öfter in See gestochen, ohne zurückzukehren. Das war nicht schlimm. Der Kiel knirschte auf den Steinen und schwamm dann frei, so frei wie der Atem, der über meine Oberlippe strich.

Wie schnell ich eingestiegen war!

Die Zeit verging. Obwohl ich stillsaß, wand sich mein Körper; mein Gesicht hatte sich von meinem Kopf abgelöst, es schwebte davon: Lippen, Nase und Augen waren gestreckt und verzerrt wie bei einem Wasserspeier. Egal. Das Meer hat seine Strömungen und Gezeiten. Beim Betrachten des Raums zwischen Schädel und Haut entdeckte ich graue Rauchspiralen unter meinen Nasenlöchern. Ich sah zu, wie sich der Rauch kringelte. Er kam mir außergewöhnlich fein vor. Die flauschigen Spiralen wanden sich eng um die Haare in meinen Nasenlöchern.

»Mögen alle Wesen«, ertönte Colemans Stimme, »frei von allen Bindungen sein.« Ein Zittern versteifte meinen Rücken. Ich hatte ihn nicht hereinkommen hören. Er seufzte tief und sagte: »Heute, an unserem letzten Tag, die Metta Bhavana. Heute das Teilen der Verdienste.«

Mit seiner verheißungsvollsten und hypnotischsten Stimme fing Coleman an zu lesen:

> *Wenn ich mit Menschen- und mit Engelszungen redete, und hätte der Liebe nicht, so wäre ich ein tönend Erz oder eine klingende Schelle.*

Verdammt. Die Welle, die mich jetzt überschwemmte, war genau das Gegenteil von einer Entspannungswelle. Nichts hätte mich heftiger aus meiner tranceartigen Konzentration auf den Augenblick reißen können als diese Worte, nichts hätte mich gewaltsamer in die Welt der Geschichte und der Narration zurückwerfen können. 1. Korinther 13 war das Lieblingskapitel meines Vaters in den Paulusbriefen. Einen Moment lang waren die Stimme meines Vaters und Colemans Stimme ein und dieselbe. Mein kleines Boot sank wie ein Stein.

> *Und wenn ich weissagen könnte und wüsste alle Geheimnisse und alle Erkenntnis und hätte allen Glauben, also dass ich Berge versetzte, und hätte der Liebe nicht, so wäre ich nichts.*

Liebe! Meine Gedanken rasten. Warum las Coleman ausgerechnet das? Kannte er meine Vergangenheit? Ich sah meinen Vater auf der Kanzel, wie sein Talar in dem Sonnenlicht, das im Sommer vormittags durch das Rosettenfenster fiel, schimmerte und sein kahler Kopf glänzte. Das waren die Worte, so fand er, die mehr als alle anderen die Überlegenheit des Christentums zum

Ausdruck brachten. Das große Loblied des Paulus an die Liebe. Gelesen von einem Buddhisten.

Und wenn ich alle meine Habe den Armen gäbe und ließe meinen Leib brennen, und hätte der Liebe nicht, so wäre mir's nichts nütze.

Coleman las jeden Vers einzeln vor, und der einbeinige Übersetzer las die italienische Fassung. Da ich beide Sprachen sprach, traf mich jeder Schlag doppelt.

Se distribuisse anche tutti i miei beni ai poveri, e dessi il mio corpo ad essere bruciato, se non ho la carità, tutto questo non mi giova nulla.

Was bedeutet das, »und ließe meinen Leib brennen«?

Warum sollte irgendjemand das tun? Sofort war ich wieder in der Welt der Worte und wütenden Fragen, der Welt meines jungen Ichs, das sich gegen Dads Predigten wappnete, gegen die Bekehrungsversuche, die Nötigungen und den Mysterienhandel.

Die Liebe ist langmütig und freundlich, die Liebe eifert nicht, die Liebe treibt nicht Mutwillen, sie blähet sich nicht.

Es war seltsam. Ich war wütend auf Coleman, weil er diese Stelle vorlas, weil er meinen Vater heraufbeschwor, die Kämpfe meiner Jugend, wütend, weil er ruinierte, was ich mir als eine weitere lange, friedvolle Entleerung des Geistes in den Bann der Gegenwart vorgestellt hatte. Andererseits, wie konnte ich diesen Worten nicht beipflichten? Wie konnte ich nicht sehen, dass sie genau zu all dem passten, was ich gedacht hatte. Die Liebe treibt nicht Mutwillen, sie bereitet nicht pausenlos Dankesreden vor. Ergo hat Selbstbezogenheit nichts mit Liebe zu tun. Vollkommen richtig! Und wenn ich auch eine Million Exemplare meines nächsten Romans verkaufte, wenn ich auch zwei Mal hintereinander den Nobelpreis gewinnen und mich in den heiligen Kanon der großen Literaten einreihen würde, und hätte der Liebe nicht, so wäre ich nichts.

> *Sie stellet sich nicht ungebärdig, sie suchet nicht das Ihre, sie lässt sich nicht erbittern, sie rechnet das Böse nicht zu, sie freut sich nicht der Ungerechtigkeit, sie freut sich aber der Wahrheit; sie verträgt alles, sie glaubet alles, sie hoffet alles, sie duldet alles.*

Das war Wahnsinn. Wie kann man alles glauben, alles hoffen? Aus irgendeinem Grund war ich den Tränen nah. Ich versuchte, mich an eine Predigt meines Vaters zu erinnern, in der er die verschiedenen Arten der Liebe, die in der Bibel vorkommen, erklärte, seiner Gemeinde sagte, dass das griechische Wort, das hier mit Liebe wiedergegeben wird, nicht romantische Liebe, sondern die aufopfernde Liebe Gottes zu den Menschen bezeichnet. Es gelang mir nicht. Ich erinnerte mich nicht. Ich muss diese Gefühle hinunterschlucken. Der Sturm war so schnell heraufgezogen. Ohne jede Warnung.

> *Die Liebe höret nimmer auf, so doch die Weissagungen aufhören werden und die Sprachen aufhören werden und die Erkenntnis aufhören wird.*

Richtig, das alles war vollkommen richtig! So doch die Romane von den Regalen verschwinden werden. Vermutlich schon einen Monat nach dem Erscheinen. Und Essays und Artikel und Zeitungen und Webseiten und sogar die schönsten Gedichte. Und wenn dein Buch tausend Jahre überdauerte, wenn es hunderttausend Jahre überdauerte, würde es doch vergehen. Du bist nichts.

Aber würde die Liebe nicht auch vergehen, bemerkte eine nüchterne Stimme. Was bedeutete das, die Liebe höret nimmer auf? Das war leere Frömmigkeit.

Denn unser Wissen ist Stückwerk, und unser Weissagen ist Stückwerk. Wenn aber kommen wird das Vollkommene, so wird das Stückwerk aufhören.

Wie ich Colemans tiefer Stimme lauschte, und dem lahmen Echo des Dolmetschers, wurde mir klar, dass ich diese Verse nie wirklich begriffen hatte. Sie hatten immer zu den ärgerlichen Bibelstellen gehört, die einen zwangen anzuerkennen, dass das Christentum nicht gänzlich albern war und Paulus nicht bloß ein verklemmter, analfixierter junger Mann. Hier ist das Wissen »Stückwerk«. Das war genau das Problem. Wissen ist zerstückelt. Der Urologe, der Neurologe, der Psychologe. Und der Mathematiker, der Linguist, der Klimatologe. Selbst im täglichen Umgang teilt jedes Wort die Welt in Stücke. Wenn aber kommen wird das Vollkommene …

Was? Was ist vollkommen? Und wann?

Ich öffnete die Augen und schaute Coleman beim Lesen zu. Wie mein Vater kannte er den Text so gut, dass er kaum hinzuschauen brauchte.

Da ich ein Kind war, da redete ich wie ein Kind und war klug wie ein Kind und hatte kindische Anschläge; da ich aber ein Mann ward, tat ich ab, was kindisch war. Wir sehen jetzt durch einen Spiegel in einem dunklen Wort; dann aber von Angesicht zu Angesichte. Jetzt erkenne ich's stückweise; dann aber werde ich erkennen, gleichwie ich erkannt bin.

War ich je ein Mann geworden, fragte ich mich? Und was würde das bedeuten, zu erkennen, wie man erkannt wird? Wer kennt mich denn eigentlich? Niemand. Trotz all deiner Romane und halbherzigen Bekenntnisse kennt dich niemand. Es war etwas sehr Schönes an der Formulierung »durch einen Spiegel in einem dunklen Wort«, so schön, dass man eigentlich nichts mehr auf andere Art erkennen wollte. »Durch einen Spiegel in einem dunklen Wort« war mir sehr recht. Oder durch einen Spiegel in einer dunklen Feige, wie der Wasserverkäufer und der Junge.

Coleman hielt inne und setzte dann zum letzten großen Vers an:

> *Nun aber bleibt Glaube, Hoffnung, Liebe, diese drei; aber die Liebe ist die Größte unter ihnen.*

Warum, fragte ich mich – während ich ganz langsam den Kopf schüttelte –, warum warum warum konnte ich nicht einfach von den Vorteilen, die ich ohne Zweifel aus diesem Kurs gezogen hatte, aus dieser Meditationsmethode, dem achtsamen Atmen, der Erkundung des Körpers, dem wachsenden Bewusstsein und Gleichmut profitieren, ohne dass diese religiösen Unwägbarkeiten ins Spiel kamen, die mich immer so sehr aufwühlten? Warum konnte Coleman nicht einfach eine letzte Vipassana-Sitzung abhalten und uns dann glücklich und zufrieden nach Hause entlassen?

Der Guru redete jetzt. Am Ende unseres zehntägigen Kurses, sagte er, sollten wir das Level eines sogenannten *sotapanna* erreicht haben, was so viel heißt wie ›der, der in den Strom eingetreten ist‹, manchmal auch als *sotapatti, Stromeintritt* bezeichnet. Er lächelte vage. Er hoffte, es wäre klar, wie diese Worte mit der Praxis, die wir geübt hatten, zusammenhingen. Wir hatten gelernt, in den Strom einzutreten. Anicca. Aber wir hatten das nicht nur zu unserem eigenen Besten getan. Wir waren nicht hier, um Nabelschau zu betreiben. Die sehr harte Arbeit, die wir geleistet hatten, sagte er, hatte uns allen viele Verdienste gebracht. Jedes kurze Entkommen aus unserem eng begrenzten Ego verwandelte sich in einen Quell des Verdienstes. Und wenn wir nun diese Verdienste mit anderen teilten, konnten wir ihnen damit helfen, wir konnten die Welt verbessern.

Wie wunderschön Paulus war, dachte ich. Jedenfalls diese eine Stelle über die Liebe. Und was für ein Gewäsch Coleman da von sich gab.

Es folgte eine dieser seltsamen halben Stunden, in denen der Verstand in aussichtslosem Clinch mit den Gefühlen liegt. Unser Guru faselte weiter von Verdiensten und wie sie sich durch das Teilen mit anderen für einen selbst noch einmal vervielfachten, man also, je mehr man seine Verdienste teilte, umso mehr Verdienste zu teilen hatte. Jetzt würden wir, sagte er, mit der Metta Bhavana, der Liebenden-Güte-Meditation beginnen, bei der man zuerst intensiv an die dachte, die einem am nächsten standen, und ihnen Gutes wünschte, dann an die weitere Familie, dann allmählich auch an die, die man nicht so gut kannte, an die, die man gar nicht kannte, an die, die in allen Winkeln der Erde litten, und an die, die töteten, folterten und vergewaltigten, und sogar an die, die im Pentagon oder im Kreml auf Zerstörungsknöpfe drückten. Wir würden unsere Verdienste mit ihnen allen teilen und dadurch ihr Leben und unser eigenes Leben besser machen.

Quatsch. Wenn man die Welt mit guten Gedanken retten könnte, hätte das längst jemand gemacht.

Während Coleman sprach, rutschten die Leute auf ihren Kissen herum, nickten oder schüttelten die Köpfe, wiegten sich hin und her oder verlagerten ab und zu ihr Gewicht. Es war interessant, dass es, sobald man die Konzentration von Anapana oder Vipassana aufgab, unmöglich wurde, in der Meditationspose zu verharren. Man musste sich bewegen. Ich fragte mich, ob die anderen von alldem ebenso peinlich berührt waren wie ich.

Coleman bat uns, an unsere Eltern zu denken. Wir sollten wieder die Augen schließen, um uns auf unsere Eltern zu konzentrieren, uns ihre Gesichter ins Gedächtnis zu rufen, an all das zu denken, was sie für uns getan hatten, unsere Verdienste mit Vater und Mutter zu teilen, ihnen alles Gute zu wünschen. »Mögen sie frei von allen Bindungen sein. Möge ihr Leben von Glück, Mitgefühl und Freude erfüllt sein. Ich teile gern all meine Verdienste mit ihnen.«

Ich dachte an meinen toten Vater, meine alternde, kranke, aber noch rüstige Mutter. Natürlich konnte ich meinem Vater nicht alles Gute wünschen, weil er tot war.

Oder?

Etwa doch?

Ich meine, logisch gesehen konnte ich es nicht, aber was, wenn ich ihm trotzdem alles Gute wünschte? Was konnte es schaden, wenn ich meinem Vater Gutes wünschte? Es war sinnlos, weil Dad sich jenseits aller Schmerzen und jenseits allen Wohlbefindens befand. Er befand sich jenseits des Daseins. Andererseits konnte es auch nicht schaden, oder? Zum Teufel noch mal. Ist es denn so schlimm, etwas Sinnloses zu tun?

Wieso beschäftigte mich das so sehr?

Ich wünschte meiner Mutter alles Gute.

Wünsch deinem Vater alles Gute, sagte eine Stimme. Ich weigerte mich. Es ist total sinnlos, meinem Vater alles Gute zu wünschen, verdammt noch mal. Er ist tot. Ich will mit diesem Hokuspokus nichts zu tun haben, und er würde das auch nicht wollen, oder vielmehr, er hätte es auch nicht gewollt. Genau genommen wäre er der Erste gewesen, der mir gesagt hätte, ich solle auf der Stelle aufstehen und diesem heidnischen Unsinn den Rücken kehren. Ich lächelte. Dad war durch und durch Anglikaner gewesen und hatte den katholischen Brauch der Fürbitte für die Toten verabscheut. »Heidentum«, sagte er kopfschüttelnd, »das ist reinstes, ungetrübtes Heidentum!« Sein Gesicht hatte ich zwar nicht deutlich vor Augen, aber an seine Stimme erinnerte ich mich sofort.

Ich wünschte meiner Mutter alles Gute, weil ich meiner Mutter immer alles Gute wünschte. Ich teile meine Verdienste nicht mit ihr, weil ich nicht an dieses Gewäsch von metaphysischer

Buchführung glaube. Als Nächstes werden wir noch Ablasshandel betreiben. Und Kerzen neben den Fotos der lieben Verstorbenen anzünden.

Mein Gott!

Ich kam nicht weiter. Warum? Warum mussten diese ganzen Gefühlsausbrüche sein? Warum konnte ich nicht einfach meine Bauchschmerzen und Pinkelprobleme kurieren und mich dann wieder meiner Arbeit zuwenden?

Ich wünsche meinem Vater alles Gute, dachte ich.

Wie seltsam es mir vorkam, diese Worte im Geiste zu sagen! Dad ist schon so lange tot. Bevor er starb, haben wir uns gestritten. Ich wünsche ihm alles Gute. Wir haben uns gestritten, weil ich mich an seinem Bett, seinem Sterbebett, weigerte, ihm zuliebe zu erklären, dass ich an Gott glaubte, dass ich Christ war. »Ich bin sicher, dass du gläubig bist, Timothy«, sagte er. Sein Gesicht war fahl, geisterhaft. »Sag mir, dass es so ist.« Seine Lippen bewegten sich kaum. Das war zwei Tage, bevor er starb. Er stank. »Nein.« Ich blieb standhaft. Ich weigerte mich, das ihm zuliebe zu sagen, weil es nicht wahr war. Ich war kein Christ. »Du solltest mich nicht bitten, so etwas zu sagen.« Ich war wütend. Das war übelste Nötigung.

Dad, ich wünsche dir alles Gute.

Dann regte sich etwas bei mir, ich spürte, wie ich tief aus mir heraus, aus Kopf, Bauch und Eingeweiden, Gutes wünschte; es war ein Wünschen, das nicht in den Worten war, die ich probte, sondern das vielmehr durch diese Worte erweckt oder offenbart wurde. Licht war in eine dunkle Ecke gefallen. Ich wünschte meinem Vater tatsächlich alles Gute, und zwar aus vollem Herzen! Ich platzte geradezu vor guten Wünschen für meinen Vater. In mir wogte ein Ozean aus guten Wünschen. Woher kam das?

»Vielleicht haben wir Probleme mit denen, die uns nahestehen. Sie haben uns wehgetan. Wie haben wir unter ihrem Verhalten gelitten! Und wir haben ihnen auch wehgetan. Ohne Zweifel haben auch sie viel gelitten.« Coleman hielt inne und seufzte.

»Dennoch bin ich nur allzu bereit, meine Verdienste mit ihnen zu teilen. Ich teile meine Verdienste gerne mit ihnen. Möge ihr Leben erfüllt sein von Glück, Freude und Mitgefühl.«

Zu schade, dass ich nicht an dieses Geschwafel von Verdiensten glauben konnte. In Colemans Stimme lag eine so tiefe Aufrichtigkeit. Ich gewann ein wenig Achtung vor ihm, obwohl es in meinen Augen intellektuell abwertend war, so bescheuerte Ansichten zu vertreten. Ich musste an meine Frau denken. Wie weh wir einander getan hatten!

Lass dich darauf nicht ein.

Unsere Kinder. Unsere drei Kinder. Mein Bruder. Meine Schwester.

Gesichter tauchten auf. Ich erinnerte mich an jene Momente auf der Terrasse in Maroggia. Es war die gleiche Geschichte, kontrollierter diesmal, aber die gleiche Geschichte. Irgendetwas an diesem Stillsitzen, am Entleeren des Geistes, am Eliminieren der Selbstbezogenheit, am Sicheinlassen auf das eigene Fleisch und Blut, etwas an dem leisen Atmen und den langen Stunden, in denen man einfach hier war, das Hiersein einfach annahm oder vielmehr akzeptierte, heute hier und morgen nicht mehr hier zu sein, führte dazu, dass man irgendwann sein Herz öffnete.

Da. Jetzt habe ich Worte benutzt, die mich normalerweise erschaudern lassen. Man öffnete den Menschen um einen herum sein Herz. Man wünschte ihnen plötzlich alles Gute. Sogar Menschen, denen man eigentlich überhaupt nichts Gutes wünschte. Plötzlich tat man es. Und sei es auch nur für einen Moment. Barrieren fielen, Grenzen wurden verwischt. Zuerst in den Muskeln, dann im Kopf. Tief im Innern. Erstarrungen und Gewohnheiten lösten sich auf. Der Geist verschmolz mit dem Fleisch. Die Kluft zwischen einem selbst und dem Frühstücksgeschirr schwand, ebenso die zwischen einem selbst und der Landschaft, zwischen einem selbst und den Leuten neben einem. Wir befanden uns alle auf der gleichen Ebene. Am achten oder neunten Tag hatte ich mit einer Tasse Kräutertee auf einer Bank im Garten gesessen, als der Mann, der gesagt hatte, er wolle sich den Schnurrbart abnehmen, um den Atem auf seiner Oberlippe zu spüren, über den Rasen kam und sich neben mich setzte. Es war die einzige Bank im Schatten. Er war ein großer, kräftiger Mann, schätzungsweise Anfang vierzig. Die Sonne war heiß. Wir saßen ungefähr einen halben Meter voneinander entfernt auf der Bank, ohne uns anzuschauen. Wir beachteten das Schweigegelübde. Dennoch entstand zwischen uns sofort eine verblüffende Verbundenheit. Ich spürte sie unmittelbar und intensiv, und ich wusste, er spürte sie ebenfalls. Wir wussten beide, dass wir unwillkürlich und unbeabsichtigt ein tiefes Mitgefühl empfanden, ein Verständnis, das gleichwohl inhaltslos war. Ein Verständnis füreinander. Beide waren wir überrascht und wussten voneinander, dass wir überrascht waren. Wir freuten uns beide darüber, in aller Stille. Das Gefühl muss ein paar Minuten angedauert haben. Ich hatte keine Ahnung, wer er war. Aber, so verrückt das auch klingen mag, ich bin überzeugt, wenn irgendein alter Mann uns aus einem Tonkrug ein Glas Wasser eingeschenkt hätte, natürlich mit einer Feige auf dem Boden, und es uns gereicht hätte, dann hätten wir jeder, ich selber und der Mann, der seinen Schnurrbart nicht abgenommen hatte, eine Hand an das Glas gelegt und es festgehalten, es dort auf der schattigen Bank in dem sonnigen Garten ganz still gehalten, ohne das Wasser anzuschauen und ohne einander anzuschauen.

War das die Liebe, von der Paulus sprach?

Wie kannst du, fragte ich mich, während Coleman gerade seine Verdienste mit amerikanischen Generälen und irakischen Selbstmordattentätern teilte, wie kannst du so tun, als wolltest du der Kleinteiligkeit der westlichen Medizin entkommen, und dich dann beschweren, wenn jemand aufs Ganze geht und von Spiritualität, Aura und Wiedergeburt spricht?

Wie kann das gehen? Wo soll man die Grenze ziehen?

Glaubet alles. Hoffet alles.

Vielleicht ist es unmöglich, Körper und Geist zu vereinen, ohne beide gleichzeitig mit allem anderen zu vereinen.

Wäre es Liebe gewesen, meinem Vater zu sagen, dass ich an Gott glaubte, obwohl ich es nicht tat? Ich tue es nicht.

Sie: Ist langmütig und freundlich.

Ich wünsche dir alles Gute, Dad.

Ich konnte Coleman nicht zuhören. »Wie sie für ihre Verbrechen leiden müssen«, sagte er über Bush und Blair und Putin und Bin Laden. »Ich teile gerne all meine Verdienste mit ihnen.« Coleman war verrückt. Ich wandte mich wieder Paulus zu, Dads erster Liebe. Und wenn ich auch all diese wundervollen Gaben besäße, sagt er, die nur ein Teil sind, oder Teile, und hätte der Liebe nicht, so wäre ich nichts. Es wäre nichts nütze. Weil es unvollständig wäre, vorübergehend. Die Teile sind nichts. Die Liebe ist jenseits der Teile, jenseits der Grenzen, jenseits der Zeit. Also auch jenseits der Worte. Von Abwesenheiten bestimmt. Sie treibt nicht Mutwillen. Sie höret nicht auf. Oder durch die Abwesenheit von Einschränkungen. Vertraget, glaubet, hoffet, duldet alles. War es also die Liebe, die ich mithilfe von Vipassana gelernt hatte? Das Wissen, dass man mit allem eins ist. Vielleicht kommt einmal der Tag, dachte ich, an dem die Wasserschlangen neben meinem kleinen Boot auftauchen und ich sie von ganzem Herzen segnen werde.

»Euer Schweigegelübde ist aufgehoben«, sagte Coleman. »Ihr dürft jetzt sprechen.«

Sofort gab es Bewegung im Meditationsraum, Lärm, Aufregung. Ich war erstaunt, wie erpicht alle darauf waren zu reden, sich kennenzulernen, wie laut sie sich beim Namen nannten. Die Leute sprangen förmlich von ihren Matten auf, schüttelten sich die Hände, begrüßten sich oder stellten sich vor. Schrille Stimmen, tiefe Stimmen. Augenkontakt, Gesten, Vielfalt. Eine Kamera blitzte auf.

Leicht benommen war ich gerade bis zur Tür gekommen, als eine junge Frau barfuß und strahlend auf mich zutänzelte.

»Sind Sie zufällig«, fragte diese hübsche Frau, »Tim Parks, der Schriftsteller?«

Kirche

»Die Klimaanlage ist kaputt.«

»Mist!«

Der Hausmeister zuckt die Achseln: »Ich habe alles aufgemacht, was sich aufmachen lässt.«

Die Studenten sind bereits im Seminarraum im vierten Stock versammelt. Eine Fensterfront geht nach Südosten auf einen kleinen Park inmitten der industriellen Vororte von Mailand hinaus. Durch das offene Fenster schickt die langsam höher steigende Sonne Lichtbalken durch den schmutzigen Dunst bis in den Raum hinein. Vierzig Tischcomputer verstärken noch die Hitze.

Emanuela erklärt mir, sie habe Angst, ohnmächtig zu werden. Sie hat Probleme mit dem Blutdruck. Ich gebe ihr einen Platz in der Nähe der Tür. Vielleicht geht da ein kleiner Luftzug. Ich entschuldige mich vage für die Situation. »Die einzige Lösung wäre, ins Hauptgebäude umzuziehen, wo die Klimaanlage funktioniert, aber das würde bedeuten, die Prüfung auf Papier abzulegen. Dort gibt es keine Computer.«

Ohne Ausnahme entscheiden sich die Studenten für den Computer. »Ich kann kaum noch mit der Hand schreiben«, sagt Silvia kichernd. Eine von drei Silvias. Sie ist nervös.

Alle sitzen neben ihren besten Freundinnen oder Freunden. Die letzte Reihe ist ganz voll. Ich setze einige um. Es ist eine altmodische, ziemlich englische Manie von mir, dass Prüfungen total fair ablaufen müssen: absolut kein Reden, kein Austausch von Zetteln, kein Abschreiben vom Nachbarn. Die Studenten wehren sich dagegen. Eine gewisse Autorität ist nötig. Ich löse die Vierergruppe auf und schicke sie in alle vier Ecken des Raums.

Die anderen lachen. Dann trenne ich die Zwillinge. Ich nenne sie nicht beim Namen, denn sie sind unmöglich zu unterscheiden. Wenn ich zwischen zwei Studenten immer einen Platz frei lasse, habe ich genau die richtige Anzahl von Plätzen. Dann trifft Francesco ein. Francesco ist immer spät dran, immer höflich und unverbindlich, so als sei er erstaunt, sich hier wiederzufinden. Mir bleibt nichts anderes übrig, als ihn auf den Dozentenplatz an dem großen Schreibtisch zu setzen. Damit verweise ich mich selber auf den einzigen Stuhl, der nicht im Boden verankert ist, und habe keinen Tisch zum Schreiben.

Ich verteile Fotokopien und wiederhole die Anweisungen. »Denkt daran, alles regelmäßig auf eure USB-Sticks zu speichern. Es ist jetzt 9.10 Uhr. Ihr habt Zeit bis 12.10 Uhr. Los geht's.«

Verständlicherweise murren ein paar. Es ist jetzt schon brütend heiß im Raum. Die Luft ist feucht. Da wir zum Lüften die Tür auflassen müssen, dringen Geräusche herein, wenn draußen Leute vorbeigehen. Geplapper, Lachen. In einem entfernten Seminarraum brüllt ein Dozent. Alles hallt. Nicht gerade ideale Bedingungen für das Abschlussexamen. Dennoch, kaum habe ich das Startsignal gegeben, senken die Studenten die Köpfe. Eine Spannung breitet sich im Raum aus, als sei ein leistungsstarkes elektrisches Gerät eingeschaltet worden. Könnte man sie hören, wäre sie ein stetes Summen; dreiundzwanzig junge Leute, die nachdenken, so scharf sie können; und ich, der ihnen zuschaut, sie behütet und aufpasst.

Drei Aufgaben müssen sie bewältigen. Die Übersetzung eines Artikels von Christopher Hitchens. Die Übersetzung einer Textpassage von Beckett. Die kritische Analyse der veröffentlichten Übersetzung eines Absatzes von Virginia Woolf. Keine zehn Minuten sind vergangen, als im Park gegenüber eine Motorsense anfängt zu jaulen.

Ich leide mit ihnen. Vor zwei Jahren noch wäre ich fuchsteufelswild geworden. Ich weiß noch, wie einmal während einer Prüfung am Nachmittag im Hof eine Rockband zu spielen anfing, die für die Semesterabschlussparty probte. Im Geiste habe ich damals einen wütenden Brief an den Rektor verfasst. Die ganze Prüfung hindurch arbeitete ich an diesem Brief, formulierte, änderte, korrigierte ihn und fing dann noch einmal von vorne an. Sogar während ich das machte, war mir klar, dass es sinnlos war, ihn abzuschicken.

Ich gehe hinüber zum Fenster. Ein Mann im grünen Overall schneidet die Kanten und den Rasen um die Bäume herum. Der Motor heult und dröhnt. Warum muss das ausgerechnet an diesem Vormittag sein?

Die Studenten sind in ihre Papiere vertieft und scheinen nichts bemerkt zu haben. Maddalena hat ihr dickes Haar um ihre Finger gewickelt und hält es im Nacken hoch. Michele hat einen Bleistift im Mund und presst sich den Daumen an die Schläfe. Jemand wackelt mit dem Knie. Ich bin verblüfft, wie sehr das dem Szenario im Meditationsraum ähnelt, vor mittlerweile fast einem Jahr, und wie anders es gleichzeitig ist. Es herrscht die gleiche Vertieftheit in geistige Arbeit. Aber ohne die Heiterkeit. Man spürt, wie die Studenten ihre Körper anspannen, damit sie besser und schneller denken können beim Lesen der Wörter, beim Verstehen der Wörter, beim Ersetzen der Wörter durch andere Wörter. Da, die erste Tastatur klappert. Francesco hat angefangen zu schreiben. In der zweiten Reihe hebt Teresa den Kopf. Sie ist nervös. Sie ist mit dem Lesen noch nicht fertig.

Die Motorsense geht aus. Im Treppenhaus brüllt jemand in sein Handy. Jetzt fängt die Sense wieder an. Sie kreischt, wird leiser, dröhnt. Ich kann das Geräusch nicht ausstehen. Aber ich kann nichts dagegen tun. »Fragt euch immer«, hat Guru Coleman uns in einer seiner Abendansprachen geraten, »auf welche Art ihr zu eurem Leiden selbst beitragt.«

Wenn ihr nichts dagegen tun könnt, quält euch nicht.

Ich setze mich hin und lese die Aufgaben durch, die ich den Studenten gegeben habe. Hitchens ist schwer, aber er gehört zu den Journalisten, die der *Corriere della Sera* oft übersetzen lässt, und das ist das Niveau, auf das wir abzielen. Da dieser Text bereits übersetzt worden ist, musste ich auf den Rechnern den Netzzugang sperren. Sonst könnten die Studenten sich die Übersetzung einfach über die Suchfunktion herunterladen. Das bedeutet, sie können auch keine Online-Wörterbücher verwenden. Sie haben Bücher mitgebracht. Einige sind mit drei, vier dicken Wälzern angerückt, die sie in Rollkoffern transportieren. Sie haben sie auf die leeren Tische gelegt, blättern hektisch darin und wechseln eilig zwischen den zweisprachigen und den einsprachigen hin und her. Paola, die am Ende einer Reihe sitzt, musste ihre Bücher auf den Boden legen. Sie versucht, einen Zanichelli auf dem Oxford zu balancieren, den sie auf ihren Koffer gelegt hat. Als sie sich abwendet, um Text einzugeben, fallen beide Bücher auf den Boden. Der Krach bewirkt ein hörbares Einatmen überall im Raum, dann wenden sich alle wieder ihrer Arbeit zu. Ein Dutzend Tastaturen klappert.

»Fidel kriegt Religion«, lautet die Artikelüberschrift. Und der Untertitel: »Warum um alles in der Welt hat Castro in Havanna eine russisch-orthodoxe Kirche bauen lassen?«

Ich habe Christopher Hitchens manchmal beneidet. Immer unterwegs, im Licht der Öffentlichkeit, provozierend, vermutlich gut bezahlt. Der Artikel beginnt so:

> *Im Januar 2009 – genauer gesagt am Neujahrstag – wird es ein halbes Jahrhundert her sein, dass die Bärtigen in Havanna Einzug hielten und Fulgencio Batista und seine Kumpanen (die einen Großteil der kubanischen Staatskasse mitnahmen) von der Insel vertrieben. Aus dem Anführer der Bärtigen ist inzwischen ein tattriger alter Mann geworden, der, so muss man wohl annehmen, nur noch durchhält, um beim 50. Jahrestag seiner »Revolution« körperlich anwesend zu sein. Es ist recht interessant zu sehen, dass eine Art des Zeitvertreibs für ihn in der selbstgefälligen Duldung der Religion besteht, und zwar ausgerechnet der unglaublichen Religion der russischen Orthodoxie.*

Aber würde ich solche Sachen schreiben wollen? Interessiert sich Hitchens tatsächlich für Kuba? Oder Kuba für Hitchens? Oder der Leser für eins von beiden? … »der, so muss man wohl annehmen, nur noch durchhält, um … körperlich anwesend zu sein« ist eine scheußliche Formulierung.

Ich versuche mir vorzustellen, wie die Studenten die Passage wohl übersetzen werden. Plumpe Prosatexte sind schwierig. »Es ist recht interessant zu sehen, dass eine Art des Zeitvertreibs für ihn in der selbstgefälligen Duldung der Religion besteht …« Ich frage mich, wie viel Zeit Hitchens sich damit vertreibt, an seinem selbstgefälligen Sarkasmus zu feilen. Nicht genug jedenfalls. Die russische Orthodoxie ist keine Religion. Warum steht »Revolution« in Anführungsstrichen? Wird irgendeiner der Studenten so klug sein, das überflüssige »körperlich« wegzulassen?

Der Text ist so schwierig, dass ich ihnen nur zwei Absätze zum Übersetzen gegeben habe. Der zweite lautet:

Schon seit dem Aufruhr in seinen eigenen Gedärmen, der ihn schließlich zwang, die Macht an seinen nicht viel jüngeren Bruder Raúl abzutreten, hat Fidel Castro bei der kubanischen Presse ein Publikum für seine Ansichten gesucht (und mühelos gefunden). Jetzt, da er nicht mehr in der Lage ist, aufs Podium zu gehen und eine unterbrechungsfreie sechsstündige Rede aus dem Ärmel zu schütteln, brauchen sich zwei staatlich betriebene Zeitungen nicht darum zu streiten, regelmäßig seine Kolumnen veröffentlichen zu dürfen. Kauft man sich eine Ausgabe von Granma, *der Tageszeitung der Kommunistischen Partei (von dem radikalen argentinischen Journalisten Jacobo Timerman einst als »eine Degradierung des Lesens an sich« bezeichnet) oder der kommunistischen Jugendzeitung* Juventud Rebelde *(Rebellenjugend), kann man in beiden Organen die todgeweihten Träumereien des Maximo Líder lesen.*

Seinen *eigenen* Gedärmen? In wessen denn sonst, fragt man sich. Meine Gedärme haben sich in letzter Zeit sehr gut benommen. Ebenso Blase und Bauch. Ich weiß gar nicht, wann ich das letzte Mal Schmerzen hatte. Ich gehe nur zweimal pro Nacht auf die Toilette. Da das zweite Mal meistens zwischen fünf und sechs Uhr morgens ist, gehe ich gleich anschließend ins Wohnzimmer und meditiere. Das Haus ist um die Zeit ganz still. Der Tag bricht gerade an. Körper und Geist finden einander in wortloser Stille wieder. Manchmal scheint es mir, als hätte diese ganze unerfreuliche Geschichte nur dazu gedient, mich an diesen Punkt zu führen. Ich bin dankbar.

Andererseits habe ich mich ganz offensichtlich noch nicht davon befreit, mich »voll Abscheu an Dinge zu hängen«. Denn im Augenblick lausche ich mit Absicht auf störende Geräusche, stelle immer wieder fest, wie unangenehm heiß es ist, und koste meine ironische Reaktion auf Hitchens viel zu sehr aus. Todgeweihte Träumereien! Hitchens zeigt sich geistreich und kampfbereit im Interesse von Recht und Vernunft, aber der stärkste Eindruck, den man nach der Lektüre dieses Artikels zurückbehält, ist der seiner grenzenlosen Süffisanz. Castros erstes und oberstes Ziel, schreibt Hitchens gegen Ende des Artikels, war immer »seine eigene Verewigung als unsterbliche Ikone«. Kein so ungewöhnliches Ziel, wie man sieht.

Du beneidest ihn.

Paolas Bücher knallen erneut auf den Boden. Ich stehe auf und laufe im Raum herum. Als ich, vor über zwanzig Jahren, anfing, schriftliche Prüfungen zu beaufsichtigen, tat es mir immer leid um die vergeudete Zeit. Ich brachte mir Arbeit mit und war dann verärgert, wenn meine Entschlossenheit, die Studenten am Schummeln zu hindern, mich von meiner eigenen Lektüre oder Schreibarbeit abhielt. Ein Gerangel im Kopf. Ich hasste die Studenten dafür und mich selber ebenfalls. Aber seit ein paar Jahren nehme ich diese seltsamen Vormittage einfach an. Ich freue mich sogar darauf. Na ja, ein bisschen jedenfalls. Ich nehme mir nicht mehr vor, eigene Arbeit zu erledigen. Ich genieße es, den jungen Leuten zuzuschauen, wie sie sich ihrer Aufgabe hingeben. Ich habe sie zwei Jahre lang unterrichtet und kenne sie gut. Unwillkürlich wünsche ich ihnen alles Gute, selbst denen, die mich im Unterricht oft genervt haben. Warum trägt Anna an einem Tag wie heute ein Halstuch? Und enge lange Hosen? Brunas Haar fällt in feuchten Ringellocken auf ihre Wangen, die von der Hitze gerötet sind. Sie beißt auf einen Fingerknöchel. Ich hoffe, sie wird eine gute Note erzielen, ich hoffe, sie *alle* werden gute Noten schreiben, ich möchte nicht, dass sie enttäuscht sind. Gleichzeitig weiß ich nur zu gut, dass einige von ihnen sehr enttäuscht sein werden und dass ich beim Korrigieren der Texte wie immer streng sein werde. Keine Gefälligkeiten.

Was Hitchens angeht, überlege ich, während ich hinter den tippenden Studenten auf und ab gehe, so wäre es ein Erfolg, wenn ich seine Texte ganz sachlich beurteilen könnte, ohne feindselig oder missgünstig zu werden. Wieso fällt mir das so schwer? Enrico hat eine sehr kluge Lösung für »aus dem Ärmel schütteln« und »unterbrechungsfrei« gefunden. Ich bin richtig stolz auf den Jungen, als wäre er mein Sohn.

Vielleicht liegt es daran, dass Hitchens so kampflustig ist. Man stimmt ihm entweder zu, oder man schlägt zurück. Aber ich stimme ihm zu, jedenfalls was Castro betrifft, und schlage trotzdem zurück. Seine Prosa fordert einen einfach heraus. Die Worte springen auf und ab, machen obszöne Gesten und schwenken die Fäuste. Vielleicht liegt da das Problem vieler Einladungen, sich in der Welt einzumischen: Sie fordern einen zum Kämpfen auf, ohne dass der Anlass des Kampfes eine große Rolle spielt. Mir kommt der Gedanke, dass Guru Coleman seine Verdienste vermutlich schon tausend Mal mit Fidel Castro geteilt und damit nicht mehr, allerdings auch nicht weniger erreicht hat als Hitchens mit seinen aggressiven journalistischen Texten. Zweifellos hat er weniger Ärger erzeugt. Ich weiß ja selber nicht, welches der richtige Weg ist, sich ins Weltgeschehen einzumischen. Oder ob es überhaupt einen richtigen Weg gibt. Sollte ich versuchen, die Welt zu verändern, oder nicht? Eine von den Silvias, stelle ich fest, als ich dem Mädchen über die parfümierte Schulter schaue, hat Schwierigkeiten mit der Formulierung »Kauft man sich eine Ausgabe von *Granma*, der Tageszeitung der Kommunistischen Partei …« Ihr Unverständnis zeigt mir, wie gekünstelt das ist. Hitchens weiß genau, dass seine Leser sich kein Exemplar von *Granma* kaufen werden. Silvia hat nicht verstanden, dass es sich dabei nur um eine leere Zeitungsfloskel handelt.

Hoffentlich übersetzt niemand den Namen der Zeitung mit *Oma*.

Paola lässt schon wieder ihre Bücher fallen. Die Hetze, die Anspannung, die unerwartete Schwierigkeit, Bücher auf ihrem Koffer balancieren zu müssen, setzen ihr zu. Ich gehe schnell nach vorne, nehme meinen Plastikstuhl und trage ihn durchs Klassenzimmer. Sie kann ihre Lexika darauflegen. Ich stelle den Stuhl neben sie. Paola, die ein paar Jahre älter ist als die anderen, lächelt. Ich würde »gern geschehen« sagen, wenn ich nicht ein absolutes Redeverbot bei den Prüfungen verhängt hätte.

Vielleicht ist das die Art von Einmischung, die ich verfolgen sollte. Meinen Stuhl zur Verfügung stellen.

Als ich hinter Monica vorbeigehe, sehe ich mit Besorgnis, dass sie noch nicht angefangen hat zu schreiben. Zu den faszinierenden Aspekten des Übersetzungsunterrichts gehört, dass die Art, wie ein Student übersetzt, seine Persönlichkeit widerspiegelt. Sogar die Zwillinge unterscheiden sich in ihren Papieren. Angenommen, sie schreiben nicht ab. Monica besteht auf einem stilvollen Italienisch. Dazu muss sie zuerst das Englische so weit verdauen, bis es sich in eine wortlose Energie verwandelt, die dann ihr Italienisch hervorbringen kann. Aber Hitchens ist schwer. Er lässt sich nicht so leicht zersetzen. Sie ist gefangen zwischen ihrem unvollkommenen Verständnis des Englischen und ihrer Unwilligkeit, etwas Unvollkommenes auf Italienisch hinzuschreiben. Ich mache mir Sorgen um sie.

Wie kann man am Leben teilnehmen und frei von Anspannung bleiben? Selbst wenn man etwas so Simples tut, wie eine Prüfung zu beaufsichtigen? Wäre es gesünder, wenn ich überhaupt kein Mitgefühl empfände? Mein Mitleid mit Monica ist vielleicht, ähnlich wie meine Abneigung gegen Hitchens, eine Form der Selbstgefälligkeit. Das eine ist der Spiegel des anderen. Es gefällt mir, der Studentin gegenüber Wohlwollen zu empfinden, wie es mir gefällt, dem Journalisten gegenüber feindselig zu sein. Wie soll man sich eine Meinung bilden, eine Haltung entwickeln, ohne sich zu ereifern?

Es ist wirklich furchtbar heiß im Klassenraum 503. Es ist ein Skandal, dass die Klimaanlage so oft ausfällt. Eine Zeit lang bleibe ich einfach in der Ecke stehen und schaue mich um: dreiundzwanzig arbeitende Studenten, kluge und weniger kluge, hübsche und farblose, geistreiche und langweilige. Einer trinkt Wasser aus der Flasche, eine schiebt ihren BH-Träger hoch. Emilio kritzelt auf seinen Fotokopien herum. Für ein paar Minuten verschmelzen sie miteinander, scheinen eins zu werden. Im Laufe der zwei Jahre ist aus der Klasse natürlich eine Gruppe geworden, ein Gruppe mit einem ganz eigenen kollektiven Charakter und einer typischen Atmosphäre. Es macht mir Freude, die Namen meiner Studenten zu kennen, sie alle mit Namen anzusprechen – das scheint mir das Minimum an Höflichkeit zu sein –, aber manchmal gefällt mir auch die Vorstellung, sie wären namenlos. Eine Klasse. Eine Gemeinschaft. Ich versuche mir die größere Gemeinschaft aller Studenten vorzustellen, die ich in den letzten zwanzig Jahren unterrichtet habe. Es waren so viele. Alle namenlos. Und ich auch. Ich versuche mir mich selbst als Namenlosen unter meinen Kollegen und unter meinen Studenten vorzustellen. Würde Hitchens genauso schreiben, wenn Autoren namenlos blieben, wenn Bücher und Zeitungsartikel anonym wären, wie Robert Walser es sich gewünscht hat, so anonym wie Butler, die der Madame einen Stuhl hinterhertragen? Worte scheinen weniger Schaden anzurichten, wenn sie nicht mit Namen verbunden sind. »Wo nun? Wann nun? Wer nun? Ohne es mich zu fragen. Ich sagen. Ohne es zu glauben.«

Ich fange gerade an, über den Beckett-Text nachzudenken, den ich ihnen gegeben habe, als meine Vertretung eintrifft, Andrea. Es ist Zeit für meine Pause.

Natürlich habe ich den Studenten nicht etwas so Schwieriges wie den Anfang von *Der Namenlose* vorgesetzt. Beim Kaffee in der Gott sei Dank klimatisierten Cafeteria schaue ich mir den Abschnitt an und überlege, was ich erwarten, wie ich ihre Arbeiten beurteilen soll. Es ist ein Absatz aus *Malone stirbt*.

> *Dann war nur Frau Louis in der Küche … Sie stand einen Moment unentschlossen, mit auf den Tisch gestützten Händen da, bevor sie sich wieder hinsetzte. Wenn ihr Tagewerk beendet war, ging das Licht über anderen Plagen auf, in ihrem Innern, über denen des dummen zähen Lebens, mit den emsigen Schmerzen. Sitzend und auf und ab gehend, hielt sie sie besser aus als im Bett. Sie hörte nicht auf, aus der Tiefe dieser unendlichen Müdigkeit sehnlichst am Tage die Nacht, in der Nacht den Tag … herbeizuwünschen … Oft stand sie auf, lief durchs Zimmer oder ging draußen um das alte, baufällige Haus herum. Erst fünf oder sechs Jahre ging es ihr so. Ich habe eine Frauenkrankheit, sagte sie sich, ohne zu wagen, ganz daran zu glauben. In der von Tagesmühen erfüllten Küche schien ihr die Nacht weniger Nacht,*

der Tag weniger tot zu sein. In schwierigen Momenten, wenn sie Mut brauchte, presste sie gerne ihre Finger gegen den alten Tisch, um den sie bald wieder die Ihren sitzen sehen würde, in der Erwartung, von ihr bedient zu werden, und gerne hatte sie die vertrauten Töpfe und Pfannen griffbereit um sich herum.

Es ist seltsam. Zum ersten Mal wurde ich auf diese Stelle vor zwölf Jahren aufmerksam, durch einen Artikel des Kritikers Christopher Ricks. Er war in eine Auseinandersetzung mit anderen Kritikern verwickelt, die behaupteten, Beckett habe den Realismus ein für alle Mal begraben. Was konnte realistischer sein als das hier?, wollte Ricks wissen. Später, als ich krank war, las ich die Stelle noch einmal, und ich weiß noch, wie treffend ich die Formulierung ›das dumme, zähe Leben mit den emsigen Schmerzen‹ fand. Und wie recht Beckett hatte mit der Beobachtung, dass Schmerzen einen in Bewegung halten, so als könnte man einfach vor ihnen davonlaufen. Von der Küche ins Bad. Vom Bad in den Garten. Von dort wieder in die Küche. Dass sie einen einluden, außerhalb der Gegenwart zu leben, sich in der Nacht nach dem Tag und am Tage nach der Nacht zu sehnen und dabei immer mehr die verlässlichen Dinge liebzugewinnen, die das alte Ich stärken – die vertrauten Töpfe und Pfannen. Lauter Reaktionen, die Dr. Wise und später Guru Coleman mir rieten aufzugeben.

In seinen gesammelten Briefen, die erst ein paar Wochen vor dieser Prüfung erschienen sind und sich derzeit als Zuglektüre in meiner Tasche befinden, beschreibt Beckett, wie die Krankheit ihn zwang, sein Leben zu ändern:

Seit Jahren schon war ich unglücklich gewesen, bewusst & absichtlich … ich zog mich immer mehr zurück, unternahm immer weniger & verschrieb mich einer wachsenden Herabwürdigung meiner selbst & anderer. Aber in alldem lag nichts, das mir morbide erschien … Erst als diese Art des Lebens, oder vielmehr, der Lebensverweigerung, solch fürchterliche körperliche Symptome zeitigte, dass sie sich nicht länger aufrechterhalten ließ, erkannte ich morbide Züge in mir selbst.

Hautausschläge, Geschwüre, Angstzustände und Herzrasen zwangen Beckett schließlich in die Analyse. Über mehrere Jahre und, wie er sich erinnert, äußerst zögerlich, erholte er sich.

Ich frage mich, während ich den Rest Zucker aus meiner Tasse löffele, ob es seiner Frau Louis bestimmt ist, sich wieder zu erholen? Was bedeutet es, wenn dort steht, sie wagt nicht ganz daran zu glauben, dass sie eine Frauenkrankheit hat? Dass sie tief im Innern wusste, es war psychosomatisch, oder einfach Altersschwäche? Oder dass die Diagnose keine Rolle spielte? Sie war dem Tode geweiht. Vor ein paar Tagen hatte ein älterer Freund mich angerufen, um mir mitzuteilen, dass er Prostatakrebs hatte. Giorgio. Es war Mittagszeit. Er hatte die Diagnose wenige Minuten davor bekommen. Wir redeten ausführlich darüber. Er war ein ausgesprochen angespannter Mensch, oft in Depressionen gefangen, jemand mit Schlafstörungen, der regelmäßig Beruhigungsmittel einnimmt und großartige Aphorismen von erlesenem Pessimismus verfasst.

»Wie lange hattest du schon Schmerzen, ehe du zum Arzt gegangen bist?«, fragte ich.

Er hatte überhaupt keine Schmerzen, erklärte er mir. Kein nächtlicher Harndrang. Keine Vorwarnung. Nichts. »Soll ich mich sofort operieren lassen?«, fragte er besorgt. »Was meinst du?« Der Arzt hatte ihm gesagt, das wäre das Ende seines Liebeslebens.

Als ich keine Antwort herausbrachte, fügte er hinzu: »Immer noch besser als überhaupt kein Leben, schätze ich.«

»Giorgio«, sagte ich schließlich, »du solltest dich so gut wie irgend möglich beraten lassen.«

Aber es ist albern, über Frau Louis' Prognose zu spekulieren, und die Frage nach Becketts Realismus ist kniffliger, als sie scheint. Die leidende Frau ist eine beiläufige Erfindung von Becketts Erzähler Malone, der sich selber zum Zeitvertreib Geschichten erzählt, während er im Sterben liegt. Sie interessiert ihn augenscheinlich nur insoweit, als er sein eigenes Schicksal auf sie projizieren kann. Ein paar Zeilen weiter bricht er ab und schiebt die ganze Geschichte mit den Worten »tödliche Langeweile« beiseite. Frau Louis taucht danach nicht mehr auf. Sie war reine Einbildung. Später erfahren wir, dass Malone selbst nur eine der vielen Identitäten des ›Namenlosen‹ war.

»Das Ich ist eine Einbildung«, hatte Guru Coleman mit seiner beschwörenden Stimme gesagt. »Es existiert nicht.«

Thomas Hardy hat einmal genau das Gleiche gesagt, aber dennoch blieb er immer als Thomas Hardy erkennbar.

»Lasst los. Lasst einfach los.«

Es wird Zeit für mich, wieder in die Klasse zu gehen. Ich vertraue niemandem länger als ein paar Minuten, wenn es um die Beaufsichtigung meiner Studenten geht. Zweifellos ein weiteres Beispiel für meine Selbstüberschätzung. Im Klassenraum steht die Luft. Ein, zwei Studenten blicken auf, als ich eintrete, aber die Atmosphäre ist jetzt angespannt. Die Zeit rennt ihnen davon. Ich sehe zusammengepresste Kiefer und gequälte Blicke. Lexikonseiten werden schnell hin und her geblättert. Ich bitte Andrea, fünf Minuten vor Schluss wiederzukommen, um mir beim Einsammeln der Arbeiten zu helfen. Er ist ein ernster, bärtiger, viktorianisch wirkender junger Mann. Doktorand. Er kann gerne bleiben, sagt er.

»Nein, einer reicht.«

Dann kommt mir der Gedanke, dass ich den Malone-Text nicht als Prüfungsaufgabe hätte ausgeben sollen, weil er ursprünglich auf Französisch verfasst worden ist. Verdammt.

Das fällt mir ein, als ich Teresa betrachte, wie sie unruhig auf einer blonden Haarsträhne kaut. Das Mädchen ist zur Hälfte Deutsche, groß, mit breiten bloßen Schultern. Ihr T-Shirt hat Schweißflecke. Ich würde den Studenten gerne erklären, dass die Prüfung zwar enorm wichtig ist – denn ihr Abschluss hängt davon ab –, andererseits aber überhaupt keine Rolle spielt, sondern reine Einbildung ist. So oder so wäre es ratsam, ruhig Blut zu bewahren.

Sollte ich meinen Studenten einen Text zur Übersetzung aus dem Englischen vorlegen, der bereits eine Übersetzung aus dem Französischen ist? Steckt darin nicht ein methodischer Fehler?

Aber kann man in Becketts Fall tatsächlich von einer Übersetzung sprechen? Schließlich hat er den Text aus dem Französischen zurück in seine Muttersprache gebracht.

Ich stehe in der Nähe der Tür und denke über Beckett nach, der immer wieder von einer Sprache in die andere wechselte. Am Ende hat er anscheinend einen Satz auf Französisch geschrieben, ihn dann sofort ins Englische übersetzt und gleich darauf wieder ins Französische. Und so weiter. Vielleicht war das auch eine Methode, sich vom eigenen Schaffen zu distanzieren. Zuerst das Gefühl, die Lyrik, die Intensität – wie in der Geschichte von Frau Louis –, dann das Zurücktreten davon, die Verleugnung; sie war ja bloß jemand, den der Jemand, den ich erfunden habe, erfunden hat. Vielleicht gehörte das Übersetzen zu dieser Verleugnung, dieser Distanzierung dazu. *Moi, moi non.* Wie Walsers winzige Bleistiftschrift. Oder Coetzees Autobiografie in der dritten Person. Außer dass bei Beckett, da seine Muttersprache Englisch war, die ›Übersetzung‹ oft eindringlicher geriet als die französische Originalversion. Auf Englisch ist Beckett zweifellos einfallsreicher. Er kann seinem herausragenden Talent in dieser Hinsicht nicht widerstehen. Und dann muss er das, was er übersetzt hat, umso stärker ironisieren, muss Pointen und Kommentare einfügen. »Man hat die Wahl zwischen verschiedenen Bildern«, fügt er an einer Stelle in der englischen Version von

Malone hinzu. Dieser geringschätzige Schnörkel war ihm in dem schlichteren französischen Text nicht notwendig erschienen.

Monica ist in ernstlichen Schwierigkeiten. Sie fängt gerade erst mit dem zweiten von drei Texten an, und über die Hälfte der Prüfungszeit ist schon um. Francesco ist fast fertig. Er ist verspätet gekommen und wird der Erste sein, der geht. Die Studenten schwitzen vor ihren Bildschirmen, während sie die Grenzen zwischen dem Englischen und dem Italienischen ausloten. Aus Frau Louis ist in der englischen Fassung Mrs. Lambert geworden. Na und? Es gab sie ohnehin nie. Aber die Schmerzen, die Beckett beschreibt, sind vollkommen überzeugend.

Seit dem Schweige-Retreat im letzten Sommer bin ich mit meiner Meditation nicht viel weiter gekommen. Vielleicht braucht es mehr als eine Stunde am Tag, um bei der Vipassana-Praxis wesentliche Fortschritte zu machen. Dennoch kommt der Zeitpunkt, wo man vollkommen in den Augenblick eintritt, ganz gezielt und konzentriert, und tatsächlich eine Grenze überschreitet und alle Schmerzen, die körperlichen und die seelischen, hinter sich lässt; man erreicht eine Art Glückseligkeit. Dann, und das ist das Merkwürdige daran, kann man diese Grenze jederzeit durch eine winzige geistige Verschiebung in beide Richtungen ganz nach Belieben überschreiten. Glück … Schmerz … Glück … Schmerz … Glück … Schmerz. Die Reflexion, dass man die Glückseligkeit erlangt hat, bedeutet die Rückkehr zu den Schmerzen. Das Ausschalten dieser Reflexion bedeutet die Rückkehr in die Glückseligkeit. Man kann nicht dort sein *und* sich gratulieren, weil man angekommen ist.

Die Studenten machen unermüdlich weiter, angespannt, aber auch verzückt. Mir ist schon oft aufgefallen, dass das Übersetzen eine betäubende Wirkung hat, die dem Schreiben fehlt. Selbst in einer Prüfungssituation. Der Text ist bereits geschrieben. Man ist nicht der Autor. Die eigene Identität steht nicht auf dem Spiel. Man braucht nur zu folgen, so schwer das auch sein mag. Text, Text, nicht mein Text.

Die dritte Textstelle, die ich ihnen aufgegeben habe, ist eine klassische Woolf, ein Text, den ich schon hundert Mal verwendet habe. Sie sollen das Original und die Übersetzung lesen und dann anhand der Unterschiede zwischen beiden etwas über den Abschnitt sagen. Das haben wir im Unterricht oft geübt, es sollte also nicht schwer sein. Es ist eine von den kleinen Straßenszenen aus *Mrs. Dalloway*, nur ein Absatz, ein einziger Satz, eine Figur, die nur an der Stelle und sonst nirgendwo mehr auftaucht. Noch flüchtiger als Frau Louis.

> *Dann, während ein elend aussehender unscheinbarer Mann mit einer ledernen Tasche in der Hand auf den Stufen von St. Paul's Cathedral stand und zögerte, denn da drinnen war solcher Balsam, so herzliches Willkommen, so viele Grabsteine mit Bannern, die über ihnen flatterten, Andenken an Siege nicht über Armeen, sondern, dachte er, über diesen Plagegeist der Wahrheitssuche, der mich gegenwärtig ohne Stellung lässt, und mehr als das, die Kathedrale verschafft mir Gesellschaft, dachte er, trägt einem die Mitgliedschaft einer Gemeinde an; große Männer gehören ihr an; Märtyrer sind für sie gestorben; warum nicht eintreten, dachte er, diese lederne Tasche voller Flugblätter vor einem Altar niederlegen, einem Kreuz, dem Symbol von etwas, das sich weit über alles Suchen und Fragen und Wörterklittern erhoben hat und zu reinem Geist geworden ist, entkörpert, gespenstisch – warum nicht eintreten? dachte er, und während er zögerte, flog der Aeroplan heraus über Ludgate Circus.*

Was die Studenten erkennen sollten, war, dass hier der Konflikt des unscheinbaren Mannes – soll ich in die Kathedrale gehen oder nicht? – als zeitlich ausgedehnter Einschub in eine ganz einfache Aussage gebettet ist, deren Hauptsatz erst ganz zum Schluss erscheint: Dann, während ... bla bla bla ... flog der Aeroplan heraus über Ludgate Circus. Die Syntax, mit dieser langen Erweiterung nach dem »während«, erzeugt die Art von Aufschub – die Gedanken schweifen ab entlang einer Tangente, bis ein Ereignis sie unterbricht –, die Woolf liebte. Dieser Effekt ist im Italienischen gänzlich verloren gegangen, denn da heißt es: »Unterdessen tat ein Mann mit einer ledernen Tasche dieses, jenes und solches … dann flog ein Flugzeug in Richtung Ludgate Circus.«

In Richtung?

Eine Übersetzung mit dem Original zu vergleichen ist schwierig, denn die Studenten müssen die Erwartung überwinden, dass die professionelle Übersetzerin immer recht hat. Sie müssen *gegen* etwas andenken, was bereits durchdacht worden ist, etwas Getanes rückgängig machen. Es ähnelt der Anstrengung, die es kostet, anerkannte Meinungen zu hinterfragen. In diesem Fall hat die italienische Übersetzerin den englischen Ausdruck »without a situation« nicht verstanden, hat nicht erkannt, dass wir es vermutlich mit einem Sektenmitglied ohne feste Anstellung zu tun haben, das Pamphlete verteilt und jetzt in Versuchung gerät, in den Schoß der Kirche zurückzukehren. Vor allem hat sie seine provozierende Überlegung nicht verstanden: »Andenken an Siege nicht über Armeen, sondern, dachte er, über diesen Plagegeist der Wahrheitssuche, der mich gegenwärtig ohne Stellung lässt«, und stattdessen übersetzt: »Zeichen von Siegen nicht über Armeen, sondern über diesen verpesteten Wahrheitsgeist, der mich leitet in meiner Suche nach dem, was mich mittellos macht«, ein Satz, der im Grunde nichts bedeutet, im Italienischen aber durchaus elegant klingt. Übersetzungen sind voll von solchen stilvollen, aber unverständlichen Stellen, doch die Leser bemerken das kaum. Solange dort Wörter stehen, die alles in Bewegung halten, rattert der Geist munter weiter und gibt sich damit zufrieden, im Mittelpunkt zu stehen.

Mariangela hat auf ihrer Fotokopie das Wort »Wahrheitssuche« unterstrichen. Sie beißt sich auf die Lippe. Ich habe große Hoffnung, was Mariangela betrifft, ich glaube, sie wird eine ausgezeichnete Übersetzerin werden. Dann kommt mir der Gedanke, dass es eine Parallele gibt zwischen diesen Reflexionen aus *Mrs. Dalloway* und dem Artikel von Hitchens. Vielmehr einen Gegensatz. Der Journalist tut die Religion als selbstgefällig ab. Woolf, die ebenfalls Atheistin ist, betrachtet die Kirche dennoch als Möglichkeit, in der Gemeinschaft das Ich und alle spaltenden Ansichten aufzugeben. Worüber der unscheinbare Mann nachdenkt, ist das Aufgeben seiner angenommenen Überzeugungen – »diese lederne Tasche voller Flugblätter vor einem Altar niederlegen, einem Kreuz, dem Symbol von etwas, das sich weit über alles Suchen und Fragen und Wörterklittern erhoben hat und zu reinem Geist geworden ist, entkörpert«.

Der Mann zögert. Er braucht Guru Coleman, der ihm sagt: »Lass los!«, oder den Namenspatron der Kathedrale, der ihn daran erinnert, dass, selbst wenn er eine Million Flugblätter verteilte und hätte der Liebe nicht, er nichts wäre. Erstaunlicherweise hat die Übersetzerin »zu reinem Geiste geworden ist, *enttäuscht*« geschrieben.

Ich hoffe, das wird den Studenten auffallen.

Als ich von meinem zehntägigen Meditationskurs zurückkam, ging ich als Erstes in mein Büro, schaltete den Computer an und machte mich ans Wörterklittern.

Sind Sie zufällig Tim Parks, der Schriftsteller?

Hm, ja und nein. Ich hatte mich noch nie so seltsam gefühlt.

Nach zehn Tagen ohne Worte wusste ich nicht, wer ich war. Wenn ich die Augen schloss, schien ich im Strom eines schnellen Flusses zu schwimmen, oder vielleicht war ich selbst der Fluss. Ich war niemand. Das kam mir auf meinem Bürostuhl wesentlich komischer vor als auf der Meditationsmatte. Ich war niemand, aber ich saß auf dem Stuhl von Tim Parks. Einem Typen, den ich kannte.

Ich saß da. Ich wusste nicht, ob ich maßlos glücklich oder abgrundtief verzweifelt war. Der Computer summte. Immer, wenn ich versuchte, gegen den Strom zu schwimmen, das heißt, etwas zu *tun*, fühlte ich mich unzulänglich, nicht direkt gelähmt, aber unfähig, mich zu bewegen, unfähig, mich bewegen zu wollen. Kämpfe nie gegen das Wasser, sagen einem die Kajaktrainer immer. Das ging eine ganze Weile so, zehn Minuten, zwanzig Minuten, eine halbe Stunde. Die Nerven waren mir aus dem Körper gerissen worden, ebenso die Bänder und Sehnen. Ich stellte mir vor, wie sie zu einem Bündel zusammengebunden neben mir flussabwärts trieben. Als ich einmal die Augen aufmachte, sah ich, dass während meiner Abwesenheit 83 E-Mails eingetroffen waren. Ich schloss die Augen wieder. Ich wartete. Schließlich bewegten sich meine Finger, ganz von alleine. Immer wieder schrieben sie:

ich bin so müde ich bin so müde ich bin so müde ich bin so müde
ich bin so müde ich bin so müde ich bin so müde ich bin so müde
ich bin so müde ich bin so müde ich bin so müde ich bin so müde
ich bin so müde ich bin so müde ich bin so müde ich bin so müde
ich bin so müde ich bin so müde ich bin so müde ich bin so müde
ich bin so müde ich bin so müde

In den folgenden Tagen, als die Requisiten, die die Persönlichkeit stärken – Frau, Kinder, Unterricht, Kajak –, langsam wieder an ihren Platz gerückt wurden, stellte ich, während ich Tag für Tag an meinen Schreibtisch ging, fest, dass meine Einstellung zur Sprache sich ein bisschen verändert hatte. Sie war nicht mehr ganz so negativ. Ich schrieb ein paar Seiten – die schließlich die ersten Seiten dieses Buches wurden –, und alles kam mir angenehm langsam und sorgfältig vor, mein Kopf war ganz klar, ich war befreit von der früheren Unruhe und Zwanghaftigkeit.

Ich frage mich.

Ich frage mich, ob es nicht reicht, regelmäßig die verschlungene Glyzinie des eigenen Egos zurückzuschneiden, Jahr für Jahr, Kurs für Kurs, nicht ich, nicht ich, nicht ich.

Oder in den Text einzutreten wie ein Mormone, der St. Paul's Cathedral betritt, bereit, seine kostbaren Flugblätter wegzuwerfen.

Die alten Gewohnheiten aufzugeben, die vertrauten Töpfe und Pfannen wegzuräumen.

Oder Worte mit dem Leser zu teilen, wie ein Glas klares Wasser an einem heißen Sommertag. Meine Hände auf der Tastatur, Ihre auf der Buchseite.

Und sich Zeit zum Atmen zu nehmen. Daran zu denken, dass wir beide körperlich anwesend sind. Jetzt.

Jedenfalls die unsterblichen Ikonen, die todgeweihten Gedanken und die arrogante Selbstbestätigung aufzugeben.

Die Fanfaren des Literaturbetriebs, die hellen Glocken von Booker- oder Nobelpreis zu vergessen.

Eifert nicht. Treibt nicht Mutwillen.

Duldet alles.

Im Klassenraum schaltet sich mit einem Piepton der Drucker ein. Die Motorsense hat aufgehört. Wie viel Zeit ist vergangen? Francesco war es, der die Trance durchbrochen hat. Er ist fertig. Er druckt. Die anderen, bleich im Licht ihrer Bildschirme und klebrig von Schweiß, machen mit doppeltem Eifer weiter. Das Klappern der Tastaturen kommt mir sehr laut vor.

»Soll ich ihnen sagen, dass sie noch fünf Minuten haben?«, fragt Andrea. Er steht neben mir. Seit wann? Andrea ist ein sehr ernster, gebieterischer junger Mann. Mit einem echten Autorenbart! Er will die Kontrolle übernehmen.

»Schon gut, Andrea. Sie haben ja selber Uhren.«

Ich stehe vorne, mit leicht gespreizten Beinen und verschränkten Armen, und passe auf. In ein paar Minuten werden meine zwei Jahre mit dieser Klasse vorbei sein. Zwei schwierige, aber auch wunderbare Jahre. Die Sonne knallt auf die Fensterscheiben, und die Luft hier drinnen ist abgestanden und feucht. Ich leide nicht darunter. Mein Körper hat sich daran gewöhnt, so wie man sich an heißes Wasser gewöhnt, oder an den Schneidersitz. Die Sekunden vergehen, Andrea summt ungeduldig. Warum pfeife ich nicht ab? Die Zeit ist um. Es ist die Intensität ihrer Gegenwart, die mich davon abhält: die konzentrierten Blicke, die geschürzten Lippen, die erröteten Wangen, die flinken Finger, schwarzes, um den Bleistift gewickeltes Haar, Grimassen, Grinsen, hektisches Arbeiten und die brutale Ruhe eines auf die Hand gestützten Kinns.

»Fast Viertel nach«, murmelt Andrea.

Ich hänge an ihnen. Ich will nicht, dass Schluss ist.

Noch jemand setzt den Drucker in Betrieb. Francesco ist zum Drucker hinübergegangen, um seine Blätter zu unterschreiben.

Ein tiefer Atemzug.

Monica hat das Gesicht in den Händen begraben.

»O.k., das war's. Die Zeit ist um.«

Meine Stimme ist sehr laut. Einige blicken auf, erschrocken, erleichtert.

»Nur noch ein paar Minuten, Professor!«

»Beendet den Satz, bei dem ihr gerade seid. Dann ist Schluss. Ende. Keiner schreibt mehr! Klar? Bei Todesstrafe!«

Nachwort

Aber mit dieser Drohung aufzuhören wäre zu dramatisch. Immerhin wurde die Hälfte dieses Buches nach der Prüfung im Sommer geschrieben, und ich bin weder tot noch mit Schmerzen gestraft.

Ich verabschiede mich also mit ein paar Worten über den heutigen Morgen, Montag, den 26. Oktober 2009. Nach einer nur wenig gestörten Nacht bin ich um kurz vor sechs aufgestanden und im Dunkeln nach unten in das ehemalige Zimmer meines Sohnes gegangen. Da die Tage schon kühler werden, habe ich mir Pullover und Jogginghose angezogen und den Wecker in meinem Handy auf sieben gestellt. Man hat ja nicht immer einen tibetischen Gong zur Hand.

Hier ist nicht viel Platz. Eine gefaltete Decke liegt immer auf dem Fußboden bereit, ebenso ein Kissen zum Sitzen und zwei Bean Bags zum Stützen der Knie. An einem Tag schiebe ich das rechte Bein unter das linke, am nächsten das linke unter das rechte, zum Ausgleich. Bewusst ohne Eile lege ich mir einen Schal um die Schultern, schalte das Licht aus und sitze still.

Im Zimmer ist es jetzt stockdunkel. Die Fensterläden sind geschlossen. Das Iron-Maiden-Poster neben der Tür ist nicht zu erkennen. Ich sage in der Stille keine Formeln auf; ich suche nicht Zuflucht beim Dhamma oder wünsche allen Wesen, sie mögen Mitgefühl und Freude empfinden. Ich bin nicht andächtig. Aber wenn ich tief einatme, bin ich mir des schlafenden Hauses um mich herum bewusst: Lucy im Zimmer nebenan, Rita unter der Bettdecke im ersten Stock, der Hund in seinem Korb, wir alle hier oben auf dem Hügel, der nach Süden auf die italienische Ebene hinausgeht.

Morgengedanken steigen auf wie Luftblasen. Ich konzentriere mich auf den Atem in meinen Nasenlöchern, auf meinen Lippen. Nur die konstante Beachtung des Körpers kann dieses Blubbern des Geistes beschwichtigen. Ich bin nicht beunruhigt, wenn es mir nicht gelingt. Mein Ziel ist die Stille, aber ich giere nicht danach. Jetzt erwische ich mich dabei, wie ich eine E-Mail formuliere: Lieber Prof. Proietti, obwohl ... Und jetzt läuft noch einmal Torres' Tor gegen Manchester United am gestrigen Abend vor meinem inneren Auge ab. Wo war Rio? Halt. Ich leite meine Gedanken zurück zum Atem. Zurück zum Atem, immer wieder, bis die beiden sich schließlich zu einem flüsternden Strom auf meiner Oberlippe vereinigen. Eine warme Flut steigt in meiner Brust hoch. Meine Handgelenke pulsieren.

An alldem ist nichts Mystisches. Wenn ich an den Anfang zurückdenke, dann sehe ich, dass ich den Wunsch nach einer außergewöhnlichen Erfahrung hatte, mich nach Wellen kosmischer Heilung gesehnt habe. Man war doch immer hin- und hergerissen zwischen dem Festhalten an Vernunft, Pragmatismus und Wissenschaft, getreu der eigenen Kultur, und dem Wunsch, die Vernunft hinter sich zu lassen, dem Pragmatismus und der Wissenschaft zu entfliehen. Diese beiden Haltungen fordern sich gegenseitig heraus wie alte Sparringpartner. Es stand immer auf der Kippe. Deshalb sind die Neueinsteiger zu Beginn eines Vipassana-Kurses so wild auf dramatische Erlebnisse, auf die Begegnung mit ihren persönlichen Dämonen, darauf, sich einem Guru unterzuordnen. Wir wollen alle der eigenen Geschichte neue Episoden hinzufügen, das Garn verlängern, das wir aus unserem Umgang mit der Welt beständig spinnen. Deshalb gehen vermutlich so viele nach Indien, wo sie auch nichts anderes tun, als mit geschlossenen Augen auf einem Kissen zu sitzen. Sie hoffen, der exotische Ort, die Gewänder des Gurus und seine fremd klingende Stimme würden der Geschichte größere Intensität verleihen.

Aber während die Worte und die Gedanken sich aus dem Kopf verflüchtigen, wird das Ich schwächer. Es gibt keine Geschichte, die es nährt. Wenn die Wörter verschwinden, ist es gleichgültig, ob man in Verona oder in Varanasi ist. Ob es Abend oder Morgen ist, ob man jung oder alt, Mann oder Frau, arm oder reich ist, in der Stille, im Dunkeln, in der Ruhe nicht so wichtig. Ebenso wie Geister, Engel oder Götter ist das ›Ich‹, so stellt sich heraus, eine Einbildung, eine Geschichte, die wir uns selbst erzählen. Es braucht die Sprache, um zu überleben. Die Wörter erzeugen Bedeutung, die Bedeutung Absicht, die Absicht Geschichte. Aber hier gibt es für eine kurze Weile keine Geschichte, keine Erzählung, keine Täuschung. Hier gibt es Stille und Hinnahme; die Wonne eines Raums, der nicht mit Bedeutung gefüllt werden muss. Wenn das Bewusstsein achtsam ist, den Leib, den Atem, das Blut ganz wahrnimmt, erlaubt es dem ›Ich‹, sich davonzuschleichen.

So kann ich über die ersten Minuten berichten, aber nicht über den Rest. Es intensiviert sich. Etwas verflüssigt sich, die Oberschenkel fließen in die Waden hinein, der Kopf in die Brust. Und es gibt Widerstände: Steine, Hindernisse, Schmerzen. Der Geist kehrt immer wieder zu ihnen zurück. Ein Knöchel. Eine Schulter. Vielleicht rühren sie sich, vielleicht aber auch nicht. Ich bin vollkommen wach. Ich höre Rita die Treppe hinuntertappen, gefolgt von dem Hund. Ich höre einen Motorroller den Berg hochknattern. Und zugleich bin ich nicht da. Ich bin im Strom.

Dann klingelt der Wecker, und ich muss mich bewegen. Innerhalb von ein paar Minuten stehe ich auf, ziehe mich an und packe Lucy ins Auto. Um zehn nach sieben rasen wir den Berg hinunter, um die Ampel bei San Felice zu schaffen. Lucy macht sich Sorgen wegen einer Hausaufgabe, sie fürchtet eine schlechte Note. Ich wiederhole das elterliche Mantra: Gib dein Bestes, mehr kannst du nicht tun.

Wir halten an einer Konditorei und bestellen Cappuccino und Croissants. Die Schlagzeilen der Zeitung auf dem Tisch informieren mich darüber, dass eine Bombe in Bagdad 147 Menschen getötet hat, der Gouverneur von Lazio zurückgetreten ist, nachdem er nackt mit einer männlichen Hure und einigem Kokain gefilmt wurde, und dass der AC Mailand in der neunzehnten Minute den Endstand von 2:1 gegen Chievo erzielt hat. Ich zahle schnell und fahre Lucy noch anderthalb Kilometer weiter zu ihrer Bushaltestelle. Sie verschwindet in der Menge.

Während ich vor meinem Büro parke, sind mir die kleinen, alltäglichen Handlungen bewusst, die zwischen mir und meiner Arbeit stehen. Der blaue Schlüssel für das Tor. Der gelbe für die Haustür. Die Treppe, der große Schlüssel zur Wohnung. Strom einschalten, Computer einschalten, Rollläden hochziehen. Ich habe diese mühsamen kleinen Tätigkeiten schon immer lästig gefunden, die stumpfsinnigen, immer gleichen Abläufe, die mir nur im Weg sind. Ich versuche, sie mit Ruhe und Gleichmut auszuführen. Sie gehören zum Leben, sage ich mir. Immer wieder. Aber es fällt mir schwer, ich kann es kaum erwarten, endlich loszulegen, diese Geschichte aufzuschreiben, sie zu beenden und dann weiterzugehen.

Die Zitate wurden entnommen aus:

Samuel Taylor Coleridge
Zitat aus *Kubla Khan*, S. 134, in: *Englische Lyriker – Wordsworth – Coleridge*, Hrsg Alexander von Bernus, Heidelberg 1959 (Lambert-Schneider), dt. von Wolfgang Breitwieser
Zitat aus *Der alte Seefahrer*, Insel 1963, dt. von Heinz Politzer

T.S. Eliot
Gesammelte Gedichte 1909 – 1962, Suhrkamp 1988

Samuel Beckett
Drei Romane – Molloy, Malone stirbt, Der Namenlose
Suhrkamp tb 3672, Frankfurt a. M. 1976, dt. von Erich Franzen (Molloy), die anderen Elmar Tophoven
Watt, Suhrkamp 1972, dt. von Elmar Tophoven
Endspiel, in *Beckett*, Fünf Spiele, Fischer Bücherei 1970

D.H. Lawrence
Liebende Frauen, Rowohlt 1987, dt. von Thomas Mutzenbecher

Virginia Woolf
Mrs. Dalloway, SDZ-Bibliothek 2007, dt. von Walter Boehlich, Fischer 1997

Vitaliano Brancati
Der schöne Antonio, Wagenbach 1999, tb 351, dt. von Arianna Giachi

Bildnachweis

S. 21: TURP. National Institute of Diabetes and Digestive and Kidney Diseases, National Institutes of Health
S. 31: Der Wasserverkäufer von Sevilla. Diego Rodriguez de Silva y Velázquez, Galleria degli Uffizi, Florenz, Italien/The Bridgeman Art Library
S. 47: Kirchenfassade mit Geistlichem. Zeichnung von John Parks, www.johnparks.com
S. 50: Körperdiagramm. Shuttershock
S. 52: Ponte Pietra, Verona. Tim Parks
S. 53: Kajakfahrer. Isaac Levinson, www.isaackayak.com
S. 58: Diagramm der Urinkurve. Lucia Parks
S. 62: Der Wasserverkäufer von Sevilla, Detailansicht. Diego Velázquez, Galleria degli Uffizi/Bridgeman
S. 94: Yamuna. Lian Chang
S. 97: Gandhi. Kanu Gandhi/GandhiServe
S. 105: Zystoskop. MedTec Applications, Inc., www.medtecapp.com
S. 115: Analmassagegerät Aneros, www.highisland.com
S. 121: Phallische Säule. Tim Parks
S. 136: Parkbank. John Parks, www.johnparks.com
S. 138: Il bell'Antonio, Buchcover. Mondadori und Reporters Associati, Rom
S. 144: Freischwebender Wasserhahn. www.funny-potato.com
S. 150: Beckenboden. Google Bilder
S. 159: Lexotan. Tim Parks
S. 163: A Headache in the Pelvis, Buchcover. David Wise, Ph.D. und Rodney U. Anderson, M.D., National Center for Pelvic Research, P.O. Box 54, Occidental, CA 95465, USA
S. 174: Eidechse. Shuttershock
S. 176: Freudenfeuer (Bonfire Night). Harriet Purkey
S. 183: Welle. Shuttershock
S. 187: Tee in Tasse gießend. Shuttershock

S. 197: Triggerpunkte. Lucia Parks
S. 197: Analmassage. David Wise, Ph.D. und Rodney U. Anderson, M.D.
S. 204: Tim Parks beim Kajakfahren auf der Eisack. Andy Turton, www.andyturton.com
S. 216: Tim Parks beim Kajakfahren auf dem Inn. Andy Turton
S. 221: Scafell. Richard Adam, www.richardadam.pwp.blue-yonder.co.uk
S. 235: Shiatsu Punkte am Fuß. Bastari Alessandro & Sinerbiotica, www.sinerbiotica.eu
S. 238: Shiatsu Schaubild. Shiatsu Society (UK), www.shiatsusociety.org
S. 248: Glyzinie. Cathy Smith
S. 249: Bauernhaus in Maroggia. Edoardo Parisi, www.imcitalia.it
S. 252: Kissen. Lanfranco Brisighelli
S. 264: Tal. Massimo Dei Cas, www.paesidivaltellina.it and www.webalice.it/massimodeicas
S. 275: Vedischer Feueraltar. Lucia Parks
S. 279: »Burmesische Position« (Burmese Position). Zen Center of Los Angeles, www.zcla.org
S. 284: Kloster. Il Convento di Sandetole, www.sandetole.it
S. 297: Garten. Il Convento di Sandetole
S. 308: Der Wasserverkäufer von Sevilla, Detailansicht. Diego Velázquez, Galleria degli Uffizi/Bridgeman
S. 310: Kohlen. Shuttershock
S. 320: La mente tranquilla, Buchcover. IMC Italia, International, Meditation Center Italia, Via Borsieri, 14, Milano, www.imcitalia.it
S. 322: Klosterflur. Il Convento di Sandetole
S. 329: Verdunkeltes Fenster. Susan Hayek
S. 335: Skulptur. Giles Penny, www.gilespenny.co.uk
S. 348: Töpfe und Pfannen. Lucia Parks
S. 354: St Pauls Kathedrale, London. Shuttershock
S. 362: Straßenszene. Tim Parks